V&R

Luc Ciompi/Elke Endert

Gefühle machen Geschichte

Die Wirkung kollektiver Emotionen – von Hitler bis Obama

Vandenhoeck & Ruprecht

Bibliografische Information der Deutschen Nationalbibliothek

Die Deutsche Nationalbibliothek verzeichnet diese Publikation in der Deutschen Nationalbibliografie; detaillierte bibliografische Daten sind im Internet über http://dnb.d-nb.de abrufbar.

ISBN 978-3-525-40436-2
ISBN 978-3-647-40436-3 (E-Book)

Printed in Germany.
Layout und Satz: textformart, Göttingen
Umschlagabbildung: © dpa, picture alliance
Druck und Bindung: ⊕ Hubert & Co, Göttingen

Gedruckt auf alterungsbeständigem Papier.

Inhalt

Über dieses Buch

Sehr geehrte Leserin, sehr geehrter Leser!

Das zentrale Thema dieses Buches ist die Wirkung kollektiver Emotionen auf das menschliche Denken und Handeln auf unterschiedlichsten sozialen Ebenen.

Anschauungsmaterial für die Wirkung von kollektiven Emotionen wird uns von Fernsehen, Radio und anderen Medien sozusagen täglich ins Haus geliefert. Denken wir nur an die ungeheuren Wogen von Angst und Wut und Trauer, die nach den terroristischen Anschlägen auf die New Yorker Zwillingstürme vom 11. September 2001 große Teile der internationalen Gemeinschaft überschwemmt und einen weltweiten »Krieg gegen den Terrorismus« ausgelöst haben. Auch die Spiralen der Gewalt, die sich im Israel-Palästina-Konflikt oder, damit überlappend, im Islam-West-Konflikt seit Jahrzehnten immer weiter drehen, werden beidseits von kollektiven Emotionen angetrieben. Im Herbst 1989 führten die gewaltigen emotionalen Energien, die von Wellen der Hoffnung und Sehnsucht nach Freiheit in Ostdeutschland freigesetzt worden waren, von den Leipziger Montagsdemonstrationen zum Fall der Berliner Mauer, zur deutschen Wiedervereinigung und wenig später zum Zerfall des ganzen riesigen Sowjetreichs. Jahrzehnte zuvor hatten Gefühle der Scham, der Wut und der Erniedrigung über den verlorenen Ersten Weltkrieg und den ungerechten Versailler Frieden Entscheidendes zum Aufstieg Hitlers und des Nationalsozialismus in Deutschland beigetragen. Ein anderes Schul- und zugleich Gegenbeispiel für die Wirkung von kollektiven Emotionen ganz anderer Art, mit dem wir uns in diesem Buch beschäftigen, haben wir in jüngster Zeit erlebt: Die überraschende Wahl von Barack Obama zum ersten schwarzen Präsidenten der USA im November 2008 und die riesigen Hoffnungen, die sich weltweit an dieses Ereignis geknüpft haben.

Sowohl im großen Publikum wie in vielen Zweigen der Natur- und Geisteswissenschaften ist das Interesse an Emotionen und ihren Wirkungen in den letzten Jahren beständig gestiegen. Neben zunehmenden Zweifeln an der Rationalität des menschlichen Denkens und Handelns, die gerade auch von Entwicklungen wie den genannten genährt werden, ist für dieses wachsende Interesse ebenfalls die moderne Neurobiologie verantwortlich, die mit ihren bildgebenden Verfahren neuerdings sowohl Gefühle wie Gedanken im Gehirn lokalisieren und in ihren Wechselwirkungen gezielt untersuchen kann. Offene wie verdeckte Emotionen beeinflussen, wie wir heute wissen, unser Denken und Handeln massiv über affektspezifische Veränderungen von Wahrnehmung, Aufmerksamkeit und Gedächtnis. Ebenso groß ist ihr Einfluss auf die Art und Weise, wie wir Wahrnehmungen und Erinnerungen zu einem größeren Denkgebäude – also zu einer Logik im weiten Sinn – zusammenfügen.

Unsere Untersuchung geht vom Konzept der Affektlogik aus, einer fächerübergreifenden Theorie zu den Wechselwirkungen zwischen Fühlen und Denken, die vom Erstautor seit den Achtzigerjahren des letzten Jahrhunderts zunächst im sozialpsychiatrischen Kleinbereich schrittweise entwickelt und in der Folge auch auf meso- und makrosoziale Prozesse übertragen wurde.[1] Ziel der Affektlogik ist es, das in vielen Bereichen der Wissenschaft verstreute Teilwissen zu den Wechselwirkungen zwischen Emotion und Kognition zu einem sinnvollen Gesamtkonzept von sowohl praktischem wie auch theoretischem Nutzen zu verbinden. Zentral ist dabei die Hypothese, dass die Interaktionen zwischen Fühlen, Denken und Handeln auf der mikro-, meso- und makrosozialen Ebene grundlegende Ähnlichkeiten (so genannte fraktale Selbstähnlichkeiten im Fachjargon, siehe S. 32) aufweisen. Die Zweitautorin hat diese Lehre als Soziologin vor rund 15 Jahren aufgegriffen und in Verbindung mit der Emotionssoziologie von Norbert Elias und wissenschaftssoziologischen Ansätzen auf die Nationalsozialismus- und Rechtsextremismusforschung in Deutschland angewandt.[2] Aus dem vieljährigen wissenschaftlichen Austausch zwischen den beiden Autoren und der Häufung von Beobachtungen, die die gemeinsam entwickelte Sichtweise immer schlagender zu bestätigen schienen, ist das Projekt zu diesem Buch entstanden.

Mit dem Fokus auf die Wirkung von gemeinsamen Gefühlen versuchen wir Zusammenhänge in den Mittelpunkt der Aufmerksamkeit zu rücken, die bisher nicht hinreichend zur Kenntnis genommen worden sind. Nicht nur im allgemeinen Polit- und Sozialdiskurs, sondern auch in den zuständigen Spezialwissenschaften fehlt es nach wie vor an einer fächerübergreifenden Sprache und Konzeptualisierung, um die kollektiven Phänomene, um die es hier geht, genauer zu beschreiben, zu verstehen und auf dieser Grundlage vielleicht auch etwas besser als bisher unter Kontrolle zu bringen. Sofern Emotionen in der Soziologie und politischen Wissenschaft überhaupt gezielt beachtet werden, handelt es sich vorwiegend um emotionale Reaktionen auf sozial bedeutsame Ereignisse wie Macht- oder Interessenkonflikte, Katastrophen oder Revolutionen, während der umgekehrte Einfluss – nämlich die Wirkungen, die einmal mit einem bestimmten Kontext verbundene Negativ- oder Positivgefühle ihrerseits auf das kollektive Denken und Verhalten ausüben – weitgehend vernachlässigt bleiben. Eben-

1 Vgl. Ciompi (1982, 1988, 1997, 2002a).
2 Vgl. Endert (1997, 2006).

falls wird immer wieder übersehen, dass auch hinter den meisten angeblich rein rationalen Macht- und Interessenkonflikten in Wirklichkeit massive individuelle oder kollektive Gefühle wie Macht- oder Habgier, Ehrgeiz, Neid oder Wut über erlittenes Unrecht, verdrängte Scham- und Schuldgefühle oder, im Gegenteil, kompensatorische narzisstische Größen- und Triumphgefühle stehen. Selbst in den Neurowissenschaften steckt die Erforschung der Beeinflussung von Denken und Verhalten durch Gefühle erst in den Kinderschuhen. Dasselbe gilt für die systematische Untersuchung von solchen Wirkungen in der Psychologie und Soziologie. Nicht einmal über die Frage, wie eine Emotion überhaupt zu definieren sei, herrscht zwischen den beteiligten Einzelwissenschaften Einigkeit. Auch deshalb werden Gefühle von vielen Fachleuten nach wie vor mit dem Generalverdacht der grundsätzlichen Unwissenschaftlichkeit belegt.

Demgegenüber verfechten wir in diesem Buch die These, dass Gefühle, Emotionen oder Affekte – wir werden auf Definitionsfragen zurückkommen – heute wissenschaftlich nicht nur durchaus erfass- und sogar messbar sind, sondern dass auch über deren Funktionen und Interaktionen mit Denken und Verhalten bereits sehr viel mehr bekannt ist, als manche Kritiker meinen. Darüber hinaus geht es uns darum zu zeigen, dass gebündelte emotionale Energien enorme Wirkungen auf das kollektive Denken und Verhalten zu entfalten vermögen. Dass es sich bei Emotionen überhaupt um Energien (oder genauer: um evolutionär verankerte situationsabhängige Energieverbrauchsmuster) handelt, ist übrigens eine unserer sowohl wichtigsten wie auch folgenreichsten Grundthesen. Entsprechend unserem Ausgangspunkt fassen wir im ersten Kapitel zunächst die bisherigen Ergebnisse der Affektlogik ganz knapp zusammen. Im Hauptteil des Buches folgt die detaillierte Überprüfung der Wirkung von kollektiven Gefühlen anhand von Beispielen wie der bereits erwähnten Entstehung des Nationalsozialismus, dem Israel-Palästina-Konflikt und dem aktuellen »Kulturkampf« zwischen dem Islam und dem Westen. Dass kollektive Emotionen keineswegs immer nur negative Auswirkungen zeitigen, sondern – dank den bindungsfördernden Wirkungen von Gefühlen wie Sympathie und Liebe – auch lebenswichtige gemeinschaftsbildende Funktionen erfüllen, wird in einem eigenen Kapitel aufgezeigt. Unser besonderes Interesse gilt ebenfalls den Wechselwirkungen zwischen der individuellen und sozialen Ebene, darunter dem Einfluss von charismatischen Führerpersönlichkeiten auf das kollektive Denken und Verhalten. Zum Abschluss fragen wir nach den praktischen Konsequenzen der erarbeiteten Sichtweise und deren Folgen für unser allgemeines Menschen- und Weltverständnis. Als zugegebenermaßen provokativer Schluss wird sich – so viel sei schon jetzt vorweggenommen – ergeben, dass hinter allem psychosozialen Geschehen letztlich immer affektenergetische »Motoren« stehen.

Allerdings mag der Begriff des kollektiven Affekts manchen Lesern zunächst vielleicht als problematisch erscheinen. Jedenfalls ist im Zusammenhang mit der Kontroverse um eine deutsche Kollektivschuld zumindest in Deutschland eine Zeit lang alles, was kollektives Fühlen und Denken implizierte, zu einem Reizwort geworden. Zu einem negativen Beiklang des Begriffs hatte wohl auch die Überbetonung von kollektiven Werten in der sozialistischen Ideologie beigetragen. Außerdem gibt es Autoren, welche die Existenz von kollektiven Gefühlen überhaupt in Frage stellen, denn die Träger von Gefühlen wie Gedanken sind letztlich natürlich immer nur einzelne Menschen. Dennoch verwenden wir – weitgehend parallel zum Elias'schen Begriff von Wir-Gefühlen – den handlichen Ausdruck von kollektiven Affekten (und analog auch von kollektiven Denk- und Verhaltensweisen) immer dann, wenn bestimmte Gefühle von einer Mehrheit oder auch nur Minderheit von Individuen innerhalb einer Gruppe beliebiger Größe geteilt werden und deshalb besonders starke Wirkungen zu entfalten vermögen.

»Wir«, das sind zwei Autoren mit, wie schon angemerkt, ganz unterschiedlichem Hintergrund. Luc Ciompi (geb. 1929) hat sich als Sozialpsychiater (Sozialpsychiatrie ist derjenige Unterbereich der Psychiatrie, der psychische Störungen in ihren Verflechtungen mit dem sozialen Umfeld zu verstehen und behandeln sucht) neben seinem Fokus auf affektiv-kognitiven Wechselwirkungen über Jahrzehnte insbesondere mit dem Langzeitverlauf von psychischen Krankheiten und deren Beeinflussbarkeit durch Umwelteinflüsse auseinandergesetzt. Elke Endert (geb. 1959) ihrerseits, Sozialpädagogin und promovierte Soziologin mit den Schwerpunkten der Kultur- und Wissenssoziologie, befasste sich neben dem deutschen Nationalsozialismus und Rechtsextremismus auch mit den Folgen von individuellen und kollektiven psychischen Traumen. Neben dem Alters- und Geschlechtsunterschied dürfte zur angestrebten Mehrfachperspektive ebenfalls die Tatsache beitragen, dass Luc Ciompi den Zweiten Weltkrieg und die Nachkriegszeit vorwiegend vom sicheren Beobachtungsstandort eines kriegsverschonten Kleinstaates, nämlich der Schweiz, aus erlebt hat, während Elke Endert als Deutsche in die Schrecknisse des Nationalsozialismus und seiner Auswirkungen viel direkter involviert ist. Wo uns solche Unterschiede wichtig scheinen, wechseln wir von der Wir-Form zur Ich-Form (mit Initialen) hinüber; gleichermaßen gehen wir vor, um persönliche Erlebnisse oder Meinungen als solche zu kennzeichnen.

Von unterschiedlicher beruflicher und sozialer Herkunft denken wir uns ebenfalls unsere Leser. Wir schreiben nicht in erster Linie für ein enges Fachpublikum, sondern für einen größeren Kreis von Interessierten aus nicht genau abgrenzbaren Wissensbereichen. Dementsprechend verzichten wir nach Möglichkeit auf allen Fachjargon oder werden diesen, wenn nötig, für fachfremde Leser erklären. Fachleute aus der Soziologie, Psychologie und Politik ebenso wie aus den Geschichts- und Evolutionswissenschaften können unseren interdisziplinären Diskurs als einen Beitrag zu einer je fachbezogenen Emotionstheorie lesen. Der weniger theorieinteressierte Laie wird, so hoffen wir, aus unseren Erklärungen des aktuellen Zeitgeschehens den größeren Gewinn ziehen.

Der Risiken unseres fächerüberschreitenden Ansatzes sind wir uns bewusst. Sie bestehen in unseren Augen vor allem darin, dass wir manche dem Spezialisten wichtige Einzelheiten übergehen müssen und trotz aller Umsicht vielleicht gewissen Irrtümern aufsitzen. Indessen treten die Erscheinungen, um die es uns in erster Linie geht – emotionale Eigenwelten, Konfliktspiralen, plötzliche Entwicklungssprünge im kollektiven Fühlen und Denken und gemeinschaftsbildende Effekte von positiven Gefühlen – vielfach gerade im Großen am deutlichsten zutage. Auch glauben wir, mit unserem durchgehenden Fokus auf die denk- und verhaltensbeeinflussenden Wirkungen von Emotionen eine echt neue oder doch bisher nicht hinlänglich entwickelte Sichtweise zu erschließen, die alle beteiligten Wissensgebiete zu bereichern vermag. Zu beurteilen, ob es sich bei diesem Werk eher um eine Art von interdisziplinärem Fachbuch oder um ein vor allem für den Nichtspezialisten interessantes Sachbuch handelt, müssen wir unseren Lesern überlassen. Wir selbst sehen unser Buch am ehesten als ausgedehnten wissenschaftlichen Essay, der vielerlei bisher nicht als zusammengehörig angesehene Befunde unter einer einheitlichen Perspektive neu ordnet und vertieft.

Luc Ciompi
Belmont-sur-Lausanne (Schweiz)
im Sommer 2010

Elke Endert
Halle an der Saale (Deutschland)

1 Was ist Affektlogik?

Affektlogik ist die Lehre vom gesetzmäßigen Zusammenwirken von Fühlen und Denken. Emotionen sind tief in der Stammesgeschichte verankerte körperlich-seelische Reaktionen des Menschen auf lebenswichtige Situationen. Sie regulieren sowohl die Wahrnehmung und Aufmerksamkeit wie auch das Gedächtnis und das Denken. Bewusste oder unbewusste affektive Gestimmtheiten steuern das kollektive Denken ganz ähnlich wie das individuelle. Ihre Schalt- und Filterwirkungen führen zur Entstehung von persönlichkeits-, gruppen- und kulturspezifischen affektiv-kognitiven Eigenwelten (oder »Mentalitäten«, »Ideologien«), die von bestimmten Leitaffekten organisiert sind und sich laufend selbst bestätigen und befestigen. Unter dem Einfluss von kritisch steigenden emotionalen Spannungen können sich die vorherrschenden Fühl-, Denk- und Verhaltensmuster indessen auch plötzlich und umfassend verändern.

Fühlen und Denken

Wir sind es gewohnt, Denken und Fühlen streng voneinander zu scheiden: Auf der einen Seite die klare Welt des Denkens bis hin zur formalen Logik und Mathematik, auf der anderen Seite die unsichere Welt der Gefühle, der Stimmungen und Affekte die, so meinen wir, alles »reine« Denken nur stören und deshalb daraus so weit wie irgend möglich zu verbannen sind.

Von Nahem besehen liegen allerdings die Dinge wesentlich komplizierter. In Wirklichkeit sind Gedanken und Gefühle fast immer gemischt und beeinflussen sich gegenseitig. Selbst in Zuständen von intensiver Angst, Wut oder Freude hören wir nicht auf zu denken, sondern werden von Gedanken unter Umständen förmlich überschwemmt. Dies kann sowohl verwirrend wie auch – so etwa, wenn uns bei einem Feuerausbruch blitzschnell alle nur möglichen Fluchtwege einfallen – lebensrettend wirken. Andererseits ist auch das so genannte reine Denken mit Einschluss des wissenschaftlichen Denkens in Wirklichkeit keineswegs gefühlsfrei: Wir ärgern uns – zuweilen »bis aufs Blut« – über »ekelhafte« ungelöste Widersprüche und freuen uns über eine »elegante« Problemlösung. Schon vom berühmten griechischen Denker Archimedes (285–212 v. Chr.) ist überliefert, dass er vor lauter Begeisterung über die Entdeckung des physikalischen Prinzips des Auftriebs im Wasser aus seiner Badewanne splitternackt und laut »heureka« (»ich habe es gefunden!«) rufend auf die Straßen von Syrakus gestürmt sei. Seither spricht man bei ähnlichen Ereignissen gerne von Heurekagefühlen. In der Tat spielten auch bei vielen anderen wissenschaftlichen Durchbrüchen, ganz extrem zum Beispiel bei der Entdeckung der DNA-Doppelspirale (der molekularen Basis der genetischen Information) durch Francis Crick und James Watson im Jahr 1953, heftige Gefühle wie Konkurrenzangst, Ehrgeiz und wochenlange quälende emotionale Spannungen eine treibende Rolle. Ein Abglanz von dieser Gefühlsdramatik begleitet noch heute fast jede Erwähnung dieses Jahrhundertereignisses.

Die positiven Gefühle, die mit einer effizienten Problemlösung einhergehen, wirken auch dann noch weiter, wenn die akute Erregung längst abgeklungen ist: Sie bahnen und begünstigen unterschwellig das Wiederholen (im Wortsinn) des einmal entdeckten Lösungswegs und lassen diesen mit der Zeit zu einer wie selbstverständlich benutzten »Hauptstraße« werden. Dazu passt, dass nach Sigmund Freud selbst der scheinbar ganz emotionsfreie Nachvollzug einer stimmigen Problemlösung von einer unbewussten so genannten Funktionslust begleitet ist. Auch kreatives Denken gelingt in einer angenehm gehobenen Stimmung weit besser als in einer unterschwellig gedrückten oder gereizten. Insgesamt ergibt sich, dass stimmiges Denken untergründig lustvoll ist, während Widersprüche und Ungereimtheiten Unlust erzeugen und deshalb auch nach Möglichkeit verdrängt werden. Nicht selten scheint sogar die intuitive Suche nach einer solchen »Denklust« unser Denken auf eine spannungsmindernde Problemlösung richtiggehend hinzulenken. Im Folgenden wird sich zeigen, dass dieser Sachverhalt eng mit energieökonomischen Mechanismen zusammenhängt.

Interessant sind für unsere Fragestellung ebenfalls die Thesen des amerikanischen Wissenschaftstheoretikers Thomas Kuhn, der in einem Aufsehen erregenden Buch zur Struktur wissenschaftlicher Revolutionen 1962 den Nachweis erbracht hatte, dass die dominierenden wissenschaftlichen Weltbilder – die so genannten Paradigmata – in erstaunlichem Ausmaß von zeit-, kultur- und auch gruppenbedingten Faktoren abhängen. Emotionale Einflüsse sind damit zwangsläufig eingewoben.[1] Ein frappierendes historisches Beispiel für ein solches Paradigma ist die so genannte Weltaethertheorie, die die Physik des 19. Jahrhunderts jahrzehntelang beherrscht hatte. Sie postulierte, dass das Weltall von einem geheimnisvollen ätherartigen Stoff erfüllt sei, der das Licht ganz ähnlich leite wie die Luft den Schall. Diese völlig unbewiesene Annahme wurde erst durch die scharfsinnigen Experimente von Michelson und Morlay zur Konstanz der Lichtgeschwindigkeit aus den Jahren 1881 und 1887 endgültig widerlegt,[2] die ihrerseits den Weg zu Albert Einsteins Relativitätstheorie bahnten.

Nicht zuletzt spielen Emotionen ebenfalls im so genannten Konstruktivismus, der heute führenden wissenschaftsphilosophischen Erkenntnistheorie, eine Rolle: Indem nach dieser Theorie jede Wirklichkeitserfassung (mit Einschluss der wissenschaftlichen) ein Konstrukt ist, das maßgeblich von der gewählten Beobachtungsperspektive und der Beschaffenheit des menschlichen Denkapparates abhängt, unterliegt auch sie zwangsläufig emotionalen Einflüssen.[3] Jede beobachterunabhängige (so genannte ontologische) Wirklichkeitserfassung ist somit von vornherein ausgeschlossen.

Für einen durchgehenden Konstruktivismus sprechen im Übrigen auch alle Ergebnisse der modernen Hirnforschung, auf die wir später näher eingehen. Ein reines Denken gibt es demnach ebenso wenig wie ein reines Fühlen. Dass Gefühle und Gedanken praktisch immer auf höchst komplexe Weise zusammenwirken, zeigt sich, wie wir sehen werden, im kollektiven Bereich noch weit deutlicher als im individuellen.

1 Zum gleichen Ergebnis kam Jahrzehnte vor Kuhn übrigens auch schon der polnische Biologe und Erkenntnistheoretiker Ludwik Fleck mit seiner Lehre vom wissenschafts- und gruppenspezifischen Denkstil. Vgl. Fleck (1935, 1993), Kuhn (1979) und Endert (1997).

2 Michelson und Morley wiesen 1881 und 1887 nach, dass die Lichtgeschwindigkeit entgegen der Lichtäthertheorie völlig unabhängig von der (in verschiedenen Jahreszeiten unterschiedlichen) relativen Bewegung der Erde zur Sonne ist.

3 Näheres hierzu siehe Ciompi (2000, 2005).

Zum Doppelbegriff der Affektlogik

Eben dieses Fühl-Denk-Gemisch und seine Entstehungsgesetze bezeichnen wir als Affektlogik. Wir verstehen diesen auf den ersten Blick vielleicht paradox anmutenden Doppelbegriff in einem mehrfachen Sinn: Er bedeutet zunächst, dass Fühlen und Denken – oder Emotionalität und Intellekt, Affektivität und Logik – ständig gesetzmäßig zusammenspielen und in Wirklichkeit ebenso untrennbar zusammengehören wie die beiden Seiten einer Medaille. Des Weiteren verweist er darauf, dass Gefühle auf der einen Seite und denkerisch-intellektuelle (oder, wie es im Fachjargon heißt, so genannte kognitive, wörtlich: erkenntnisgewinnende) Funktionen wie Aufmerksamkeit, Wahrnehmung, Gedächtnis und Denken auf der anderen Seite sich ständig gegenseitig beeinflussen: Bestimmte Wahrnehmungen oder Gedanken lösen bestimmte Gefühle wie Angst, Wut oder Freude aus, die ihrerseits die Art und Weise verändern, wie wir unsere Umwelt wahrnehmen und welche Art von Logik im weiten Sinn wir auf dieser Basis entwickeln.

Unter »Logik im weiten Sinn« verstehen wir nicht nur die formale aristotelische Logik, sondern ganz allgemein die Art und Weise, wie wir einzelne Beobachtungen und Gedanken gewohnheitsmäßig zu einem größeren »Gedankengebäude« zusammenzubauen pflegen. Affekte sind an diesem alltäglichen Denken schon deshalb immer beteiligt, weil sie – wie später genauer erklärt – Wahrnehmung, Aufmerksamkeit und Gedächtnis ständig tiefgehend beeinflussen. Insofern bedeutet der Begriff der Affektlogik auch, dass im Zusammenwirken von Fühlen und Denken sowohl eine Art von »Logik der Affekte« wie auch von »Affektivität der Logik« am Werk ist.

Auf der kollektiven Ebene, dem zentralen Brennpunkt dieses Buches, sind nun solche Wechselwirkungen noch weit augenfälliger als auf der individuellen. Dafür sind, wie wir anhand von vielen konkreten Beispielen nachweisen werden, in erster Linie gewisse soziale Verstärker- und Resonanzmechanismen verantwortlich, die im individuellen Bereich fehlen. Auch das Phänomen der emotionalen Ansteckung sowie typisch massenpsychologische Effekte, die die individuellen Unterschiede verwischen, tragen zur Verstärkung von kollektiven Emotionswirkungen bei.[4]

Das Konzept der Affektlogik ist, wie schon in der Einleitung vermerkt, das Ergebnis eines seit mehreren Jahrzehnten vorangetriebenen Versuchs, das Zusammenspiel von Fühlen und Denken genauer zu erfassen. Seine wissenschaftlichen Grundlagen sind, neben eigenen Beobachtungen und Untersuchungen, zentrale Ergebnisse aus der einschlägigen psychologischen, psychopathologischen, psychoanalytischen, emotionssoziologischen und neurobiologisch-evolu-

4 Vgl. Hsee et al. (1990), Hatfield et al. (1994).

tionären Forschung. Als fächerübergreifender Rahmen dient die allgemeine Systemtheorie mit Einschluss ihrer modernen Weiterentwicklung zu einer Theorie der sprunghaften (so genannten nichtlinearen) Dynamik von komplexen offenen Systemen (so genannte Chaos- und Komplexitätstheorie). Einige für unsere Fragestellung besonders wichtige Elemente der Systemtheorie werden wir später genauer erklären.

Allgemeines Ziel der Affektlogik ist es wie gesagt, das in vielen Bereichen der Wissenschaft verstreute Teilwissen zu den Emotionen und ihren Wechselwirkungen mit Denken und Verhalten zu einem sinnvollen Gesamtkonzept von praktischem und theoretischem Nutzen zu verbinden. Auf dieser Basis versucht sie, allgegenwärtige Wirkungen von Emotionen auf das Denken, die bisher weitgehend vernachlässigt wurden, aus einer neuen Perspektive »zur Sprache« und damit auch zum Bewusstsein zu bringen. Was kollektive Affektlogik konkret bedeutet, wird in den folgenden Kapiteln anhand von vielen Beispielen erläutert. Für zusätzliche Informationen – insbesondere auch zu den Forschungsbefunden, die dem Konzept der Affektlogik zugrunde liegen – verweisen wir auf unsere früheren Publikationen.[5]

Was ist ein Gefühl, eine Emotion, ein Affekt?

Zwar weiß jedermann aus eigener Erfahrung – oder glaubt doch genau zu wissen –, was ein Gefühl ist. Subjektiv sind wir tatsächlich alle gewissermaßen »Experten in Gefühlen«. Allgemein versteht man unter Gefühl meist (aber nicht immer) eine eher kurz dauernde und bewusste seelisch-körperliche Empfindung, was sich weitgehend mit dem fachtechnischen Begriff einer Emotion oder eines Affekts deckt. Ausdrücke wie »Stimmung«, »Verstimmung« und Ähnliches bezeichnen dagegen meist länger dauernde und zuweilen nur unterschwellig bewusste Erscheinungen.

Wissenschaftlich gesehen steht allerdings nicht eindeutig fest, wie überlappende Begriffe wie Gefühl, Emotion, Affekt, Stimmung genauer zu verstehen und voneinander abzugrenzen sind. Jedenfalls fehlt es dafür nach wie vor an klaren und fächerübergreifend akzeptierten Definitionen, was die Untersuchung von Wechselwirkungen zwischen Fühlen und Denken naturgemäß erschwert. Insbesondere hinsichtlich der Dauer und des Bewusstseinsgrades von gefühlsartigen Empfindungen gibt es von Fach zu Fach – und nicht selten sogar von einem fachinternen Autor zum anderen – erstaunliche Differenzen,

5 Vgl. insbesondere Ciompi (1982, 1986,1993a, 1997, 2005) und Endert (1997, 2006). Eine gedrängte Darstellung der Grundkonzepte der Affektlogik findet sich ebenfalls in »Gefühle, Emotionen, Affekte. Ihr Stellenwert in unserem Welt- und Menschenverständnis« (Ciompi, 2002) sowie auf der Webseite www.ciompi.com.

ganz zu schweigen von verwirrenden Bedeutungsunterschieden von einer Sprache zur anderen. Zwar werden »Gefühle« (»feelings«) meist als bewusst wahrgenommene körperlich-seelische Erscheinungen verstanden, die wissenschaftlich Emotionen (»emotions«) heißen. Aber allein für den Begriff der Emotion fand das amerikanische Forscherehepaar Paul R. und Anne M. Kleinginna vor Jahren in der Fachliteratur nicht weniger als 90 teilweise unterschiedliche und teilweise überlappende Definitionen.[6] Auch der Begriff des Affekts wird uneinheitlich verwendet, wobei sich im Wesentlichen zwei polar entgegengesetzte Auffassungen gegenüberstehen, nämlich eine maximal weite und eine maximal enge: Während eine Mehrzahl von Experten dazu neigt, »Affekt« und »Affektivität«« (von lat. afficere = anmachen) als Oberbegriff für gefühlsartige Erscheinungen aller Art zu verstehen, brauchen andere diesen Begriff einzig für gewisse übermächtige Gefühlsimpulse etwa im Sinn einer unkontrollierten »Affekthandlung« in der Rechtsprechung.

Im Rahmen der Affektlogik verwenden wir den Begriff des Affekts ganz eindeutig als Oberbegriff und definieren ihn, gestützt auf die wichtigsten Gemeinsamkeiten, die sämtlichen gefühlsartigen Erscheinungen zugrunde liegen, wie folgt: *Ein Affekt ist ein evolutionär (= stammesgeschichtlich) verankerter ganzheitlicher körperlich-seelischer Zustand von unterschiedlicher Qualität, Dauer und Bewusstseinsnähe.*

Ein Affekt in diesem Sinn kann nur einen kurzen Augenblick oder auch – wie zum Beispiel in einer fröhlichen Stimmung oder depressiven Verstimmung – mehrere Stunden, Tage oder gar Wochen anhalten. Auch mag er klar bewusst oder, wie etwa in einer untergründig gereizten oder gespannten Verfassung, nicht oder höchstens unterschwellig bewusst sein. Qualitativ gibt es eine unbestimmbar große Fülle von fließend ineinander übergehenden Affektnuancen, die sich indessen – wie schon Darwin postuliert und die moderne Emotionsforschung präzise nachgewiesen hat – auf eine begrenzte Zahl von so genannten Grund- oder Basisemotionen wie Interesse/Desinteresse, Angst, Wut, Freude und Trauer (und für manche Autoren auch noch Ekel, Schreck, Scham oder Neid) zurückführen lassen. Die unzähligen Gefühlsschattierungen, die wir aus dem Alltagsleben kennen, werden in der Wissenschaft entweder als Kombination oder aber als kultur- und persönlichkeitsspezifische Abwandlung von Grundgefühlen aufgefasst. Besonders zu beachten ist, dass auch Interesse/Desinteresse/Gleichgültigkeit, ruhige Entspanntheit und »Gelassenheit« oder »Neutralität« noch einem Affekt im Sinn unserer Definition, das heißt einer bestimmten körperlich-seelischen Verfassung entsprechen, die sich durch ausgeprägte Wirkungen auf Denken und Verhalten auszeichnet. So gesehen ist man *immer* affektiv irgendwie gestimmt. Schon deshalb sind affektiv-kognitive Wechselwirkungen allgegenwärtig.

6 Kleinginna und Kleinginna (1981).

Grundgefühle sind in allen Kulturen gleichartig und in ihren ausdrucksmäßigen, motorischen, körperlich-hormonalen und neuerdings auch hirnphysiologischen Manifestationen bis weit ins Tierreich hinab zu beobachten. Evolutionsbiologisch handelt es sich um lebenswichtige (und deshalb auch evolutionär selektionierte) Anpassungsleistungen des Gesamtorganismus an zentral wichtige Umweltsituationen wie Umgebungsexploration, Flucht, Kampf, Sexualität, Zusammenarbeit und Bindung oder Verarbeitung von Verlusten. Schon aus diesem Grund erweisen sich Emotionen als unverzichtbare Instrumente zur Wirklichkeitsbewältigung.

Besonders wichtig ist an der obigen Definition auch die körperliche Dimension – nicht nur, weil damit die körperlich-seelische Doppelnatur von Affekten berücksichtigt ist, sondern auch, weil deren körperliche Erscheinungen in Gehirn wie Körper heute präzise messbar sind. Bedeutsam für unser Thema ist ferner die Tatsache, dass die körperlichen Aspekte von Emotionen ein grundlegendes zwischenmenschliches Kommunikationsmittel darstellen, das als nichtverbale Körpersprache selbst zwischen Menschen verschiedener Kulturen verblüffend gut funktioniert. Als Illustration hierzu eine kleine selbst erlebte Geschichte:[7]

Vor Jahren bestieg ich (L. C.) ganz allein und in der Nacht einen der fünf dem Buddhismus heiligen Berge Chinas, nämlich den Hua-Shan in der Nähe der alten Hauptstadt Xian. Des Chinesischen völlig unkundig, versuchte ich mich mit Gesten und nutzlosen englischen Sprachbrocken nach dem Weg zu erkundigen. Obwohl die größtenteils jungen Pilger, die ich ansprach, meine Fragen offensichtlich nicht verstanden, überschütteten sie mich in ihrer Muttersprache mit einem Schwall von fröhlichen, aber für mich ganz unverständlichen Antworten. Bis ich auf die Idee kam, auch meinerseits meine Gestik durch meine berndeutsche Muttersprache und ganze Sätze anstelle von bloßen englischen Brocken zu ergänzen. Und siehe da, aufgrund dieser offensichtlich viel authentischeren Körpersprache (Körperhaltung, Tonfall, Sprachmelodie, Gestik, Mimik usw.) gelang plötzlich die Verständigung weit besser als zuvor; jedenfalls bekam ich nun eine Reihe von – wie sich erweisen sollte – durchaus korrekten Hinweisen, konnte meinerseits auf Fragen nach woher und wohin halbwegs verständlich antworten und freundete mich sogar mit einigen Mitpilgern und -pilgerinnen ein wenig an. In der Folge führte ich auch in Japan und anderswo auf diese Weise nicht selten die längsten, leidlich verständlichen und jedenfalls immer lustigen Gespräche mit Menschen, die von meiner Wortsprache ebenso wenig verstanden wie ich von der ihren.

Ein weiterer Aspekt, der eng mit der körperlichen Seite von Emotionen zusammenhängt, nämlich deren energetische Dimension, ist für unser Thema derart bedeutsam, dass wir ihm einen eigenen Abschnitt widmen.

7 Vgl. Ciompi (1997, S. 249).

Gefühle sind Energien

Schon dem Nichtfachmann ist geläufig, dass Gefühle wie Wut, Angst oder Freude ungeahnte Energien freizusetzen vermögen, die unser Denken und Verhalten aktivieren oder (wie etwa im Zustand der Trauer, des Schrecks oder der Angst) manchmal auch hemmen. Genau diese Energien versuchen Politiker, Wahlkampftaktiker und Demagogen zu nutzen, indem sie sie gekonnt entfesseln und zweckentsprechend kanalisieren. Auch die Werbebranche gründet ihre raffinierten Methoden in erster Linie auf die Erkenntnis, dass Information ohne Emotion überhaupt nichts bewirkt. Insbesondere erotische Gefühle, je nach Zielpublikum aber auch Angst, Wut, Neid oder Begehrlichkeit werden deshalb von Werbeleuten immer wieder mit allen möglichen und unmöglichen Objekten geschickt verkoppelt. Ebenfalls in der Psychoanalyse spielte der energetische Aspekt von Affekten von allem Anfang an eine bedeutsame Rolle, so insbesondere im Zusammenhang mit der Wirkung von unbewussten so genannten Objektbesetzungen: Demnach beeinflusst die emotionale Färbung, mit der wir bestimmte Personen, Örtlichkeiten, Situationen oder auch Ideologien »besetzen«, in hohem Maße die Art und Weise, wie wir in der Folge über sie denken und mit ihnen umgehen.

Merkwürdigerweise ist indessen die energetische Dimension der Emotionen von der Fachwissenschaft jahrzehntelang krass vernachlässigt worden – vermutlich weil Gefühle, da bis vor kurzem schwer mess- und objektivierbar, in der Wissenschaft generell nicht salonfähig waren. Zusätzlich ist der energetische Ansatz im Zusammenhang mit esoterischen oder sonst wie unwissenschaftlichen Begriffen wie »feinstoffliche Energie« oder »Lebensenergie« ins Zwielicht geraten. Um solche mysteriösen Erscheinungen geht es indessen hier nicht, sondern um durchaus handfeste und heute in Gehirn wie Körper präzise messbare Energiequanten, wie wir sie tagtäglich mit der Nahrung aufnehmen und je nach Situation in unterschiedlicher Weise verbrauchen. Grundgefühle wie Angst, Wut oder Neugier sind typisch sympathikotone, das heißt durch das Geflecht des Sympathikus vermittelte Funktionsweisen von Herz, Kreislauf, Atmung, Muskelspannung, Pupillenweite, Hautwiderstand usw., die – wie namentlich bei Flucht, Kampf oder Umgebungserforschung – meist mit einem hohen und schnellen Energieverbrauch einhergehen. Lust, Freude, Entspannung und auch Trauer dagegen sind durch das gegenläufig wirkende Geflecht des Parasympathikus gesteuerte Funktionsweisen, die sich durch einen geringeren Energieverbrauch oder auch durch die Aufnahme von Energie auszeichnen und beispielsweise im Schlaf, bei der Verdauung und allgemein in entspannten Zuständen vorherrschen. Die Hauptfunktion all dieser unwillkürlichen nervös-hormonalen Schaltungen ist es, den ganzen Organismus optimal auf die jeweilige Situation einzustellen.

Entsprechend organisiert sind die durch unterschiedliche Affekte aktivierten Erregungs- und Energieverbrauchsmuster. Grob kann man sie in solche einteilen, die entweder mit Hinwendung oder mit Abwendung von bestimmten Objekten verbunden sind. In einer eigenen streng energiebasierten Computersimulation ist dem Erstautor in Zusammenarbeit mit dem deutschen Evolutionsbiologen Martin Baatz sogar der Nachweis gelungen, dass unterschiedliche affektartige Energieverbrauchsmuster vom Typus »hin zu« oder »weg von« unter dem Druck von evolutionären Auswahlmechanismen bereits bei ganz einfachen virtuellen Organismen auftreten können.[8] Sie hängen mit der Flucht vor Feinden, der Annäherung an Futter- bzw. Energiequellen und den evolutionären Vor- oder Nachteilen von gegenseitiger Kooperation oder Konkurrenz zusammen und können als Urformen von Affekten wie Angst, Interesse/Desinteresse, Zu- oder Abneigung verstanden werden. Auch der Fokus von Aufmerksamkeit und Wahrnehmung wurde von solchen »Protoaffekten« situationsgerecht beeinflusst. Von Interesse ist im Hinblick auf unsere Hypothese von prinzipiell gleichartigen Affektwirkungen auf verschiedenen mikro- und makrosozialen Ebenen ferner, dass solche Erscheinungen bei Individuen und kleinen wie großen Gruppen ganz ähnlich auftraten.

Zusammen mit anderen Forschungsbefunden und unzähligen Alltagsbeobachtungen, die alle in dieselbe Richtung weisen, spricht auch dieses Experiment klar für die Annahme, dass emotionale Energien die treibenden Kräfte oder »Motoren« hinter allem psychosozialen Geschehen sind. Gerade auch im kollektiven Bereich ist dieser Befund von großem Interesse. Denn damit ist eine individuell verankerte allgegenwärtige biologische Energiequelle identifiziert, deren gebündelte Kraft die gewaltigen kollektiven Wirkungen, die von gleichgerichteten Emotionen ausgehen, erklärt. Gleichzeitig beruhen auf diesen Energien auch die emotionsspezifischen Schalt- und Filterwirkungen von Affekten auf das kollektive Denken und Verhalten, die wir später genauer beschreiben. Vorläufig ist nur noch anzufügen, dass emotionale Energien, wie schon bei den so genannten Heurekagefühlen deutlich wurde, auch bei der Suche nach Problemlösungen eine große Rolle spielen. Das Gleiche ist bei schöpferischen Prozessen und – wie schon Arthur Koestler in seinem faszinierenden Buch »Der göttliche Funke«[9] gezeigt hatte – beim Humor der Fall: Lösungen jeder Art sind, wie schon das Wort selbst anzeigt, eigentlich Spannungslösungen, das heißt affektenergetisch besonders sparsame Weisen, mit einem Problem umzugehen. Deshalb wirken sie ja auch so erleichternd.

8 Vgl. Ciompi und Baatz (2008).

9 Koestler (1966).

Was ist »Denken«? Wie unterscheiden sich affektive von kognitiven Funktionen?

Was »Denken« subjektiv und/oder objektiv genau genommen ist, lässt sich vermutlich nie befriedigend beantworten; es ist zusammen mit dem Problem des Bewusstsein eines jener großen Rätsel, deren Lösung Psychologie, Philosophie und Naturwissenschaften seit Jahrhunderten nachjagen, ohne ihrer je wirklich habhaft zu werden. Auch die neuen Möglichkeiten der Neurowissenschaften, mit dem Denken einhergehende materielle Prozesse im Gehirn zu lokalisieren, werden das Problem wohl kaum wirklich zu lösen vermögen. Indes hat sich auf dieser Basis zumindest bestätigt, was sich ebenfalls aus der ganzen Affektlogik ergibt: Denken ist kein rein intellektueller bzw. kognitiver Vorgang, sondern ein mit Affekten immer offen oder versteckt vermischter. Und aus phänomenologischer[10] Sicht lässt sich zusätzlich präzisieren, dass Denken ganz wesentlich ein »Zur-Sprache-Bringen« – also ein symbolisches Formen und damit auch Zum-Bewusstsein-Bringen – eines zunächst noch sehr unklaren Gemischs von Affekten und Kognitionen ist. Dabei ist unter »Sprache« keineswegs einzig (aber doch ganz wesentlich) die Wortsprache zu verstehen. Eine ähnlich bewusstseinsverdichtende Funktion vermag ebenfalls die Bildsprache, Tonsprache, Gestensprache und selbst die Körpersprache zu erfüllen. Es gibt sogar gute Gründe für die Annahme, dass solche präverbalen – und damit auch emotionsnäheren – Sprachen die primäre Weise sind, um zunächst nur dunkel gefühlte und intuitiv »gewusste« Sachverhalte im Bewusstsein zu erhellen. Denken wir nur an die prähistorischen Höhlenzeichnungen, an die »Sprachen« der Tiere oder an die nonverbale Kommunikation des neugeborenen Menschenkindes, die nach neueren Untersuchungen bereits verblüffend vielseitig ist.[11]

Auch aus dieser Sicht erweisen sich Denken und Fühlen einerseits als untrennbar miteinander verbunden und andererseits doch in Wesen und Funktion ganz klar verschieden: Gefühle oder Affekte sind, wie definiert, ganzheitliche körperlich-seelische Zustände mit bestimmten verhaltensregulierenden Funktionen und energetischen Wirkungen, während es sich beim Denken und allen dem Denken zugeordneten kognitiven Funktionen wie Wahrnehmung, Aufmerksamkeit und Gedächtnis primär um etwas ganz anderes handelt: nämlich

10 Phänomenologisch bedeutet erscheinungsbildlich. Die vom Philosophen Edmund Husserl (1859–1938) begründete Phänomenologie versucht, die Erscheinungen »unmittelbar« wie sie sind und wirken, das heißt ohne eine vorgefasste Theorie, zu erfassen.

11 So haben die Schweizer Säuglingsforscherinnen Elisabeth Fivaz-Depeursinge und Antoinette Corboz-Warnerey (2001) aufgrund von minutiösen Filmprotokollen zum Beispiel nachgewiesen, dass Neugeborene vom ersten Tag an unter anderem mit Weinen, Bewegungen, Blicken und rudimentären Gesten differenziert nicht nur mit der Mutter, sondern auch mit dem Vater kommunizieren.

um die Fähigkeit, Unterscheidungen sinnlicher oder anderer Art (wie warm/kalt, oben/unten, hier/dort, gefährlich/harmlos, gut/schlecht etc.) zu treffen und diese Unterschiede dann mental weiterzuverarbeiten (z. B. zu speichern, zu mobilisieren, miteinander zu kombinieren usw.). Mittels einer Kombination von Unterschieden von Unterschieden von Unterschieden lassen sich, wie der britische Mathematiker Spencer Brown vor Jahren überzeugend dargelegt hat, beliebig komplexe Situationen, Personen oder Gegenstände kognitiv eindeutig erfassen.[12]

Kombinatorisches Denken in diesem Sinn funktioniert somit ganz ähnlich wie ein digitaler Computer nach einem klaren Ja-Nein-Prinzip. Affekte dagegen sind qualitativ und graduell organisiert. Zur Erfassung der »Wirklichkeit« (dessen, was wirkt) bedient sich unsere Psyche fortwährend einer sinnreichen Kombination beider: nämlich einerseits der kognitiven Erfassung von Unterschieden im Begegnenden und andererseits der affektiven Färbung und Bewertung dieser Unterschiede. Oder, anders gesagt, Affekte sind das energetisch-dynamische und körpernahe Element von psychischen Leistungen, während Kognitionen das strukturierende Element liefern, das die affektiven Energien formt und kanalisiert.[13] Als Vergleich bieten sich die Farben eines Bildes einerseits und seine Linien und Formen andererseits an; man könnte ebenfalls an Wasser in einem Flusssystem oder den Verkehr in einem Straßensystem denken. Auch so gesehen wirken beide Funktionen, obwohl klar verschieden, immer untrennbar zusammen.

Mit der vorliegenden Affekt- und Kognitionsdefinition gewinnen wir somit nicht nur einen zwanglosen Anschluss zur Computerwissenschaft und Kybernetik, deren Grundeinheit, das »bit« (von »binary digit«), den kleinsten noch erkennbaren Unterschied bezeichnet. Zugleich lässt sich auf dieser Basis auch sehr klar erfassen, worin sich der menschliche »Hirncomputer« von einem digitalen Rechenapparat unterscheidet: Was in letzterem fehlt, ist gerade die sinnstiftende affektive Bewertung von kognitiven Unterschieden und damit ein lebenswichtiges dynamisierendes, mobilisierendes und »beseelendes« Element.

12 Spencer-Brown (1979).

13 Ein ganz ähnliches Zusammenspiel von Struktur und Dynamik ist unabhängig von der Affektlogik unter dem Namen »Strukturdynamik« im Spezialbereich der Psychopathologie schon von Werner Janzarik (1988) differenziert konzeptualisiert worden (vgl. auch Ciompi, 1997, S. 285 f.). Eine ganz ähnliche Sicht entwickelt auch Piaget (1995), einerseits indem er alles Denken aus der Aktion ableitet, und andererseits indem er die Affekte als die »Motoren« des Denkens bezeichnet.

Erfahrungsbasierte Fühl-, Denk- und Verhaltensprogramme

Ein Hauptvorteil einer definitorisch klaren Unterscheidung zwischen Affekt und Kognition liegt, wie schon angemerkt, in der Möglichkeit, Wechselwirkungen zwischen ihnen genauer zu erfassen. Zu den bekanntesten solchen Wechselwirkungen gehört die Tatsache, dass sich Wahrnehmungen, Situationen oder Erlebnisse mit gleichzeitig erlebten Gefühlen und Verhaltensweisen regelmäßig zu einem so genannten bedingten Reflex – zu einem durch Erfahrung erlernten situationsabhängigen »Fühl-Denk-Verhaltens-Programm« – zu verbinden pflegen, das fortan alles Verhalten in ähnlichem Kontext beeinflusst.[14] »Gebrannte Kinder scheuen das Feuer«, fasst der Volksmund diesen bedeutsamen Sachverhalt in ein beliebtes Sprichwort zusammen. Der berühmte russische Physiologe Iwan Pawlow hat zu Beginn des 20. Jahrhunderts die Entstehung von solchen bedingten Reflexen anhand des Verhaltens von Hunden aufs Genaueste erforscht. Dabei hat er unter anderem nachgewiesen, dass einmal angelegte Fühl-Denk-Verhaltens-Programme aufgrund von neuen Erfahrungen immer weiter aus- oder umgebaut und unter bestimmten Bedingungen auch wieder gelöscht werden können. Grundlegende frühe Prägungen bleiben indes in der Regel erhalten. Nicht nur aktuelle, sondern auch vergangene Gefühle prägen somit unser Denken und Verhalten tiefgehend. Je intensiver die emotionalen Erlebnisse sind, umso nachhaltiger graben sie sich ein. Traumatische Erlebnisse insbesondere erzeugen spezifische, der Umgebung oft als übertrieben erscheinende Ängste, Überempfindlichkeiten und Vermeidungsreaktionen.

Grundsätzlich ganz ähnlich strukturiert sind auch alle so genannten Übertragungsreaktionen im psychoanalytischen Sinn. Ein Beispiel sind frühe traumatische Kindheitserfahrungen mit einem gewalttätigen Vater, die später auf alle möglichen Autoritäten bis hin zu sozialen Institutionen (zum Beispiel den Staat) übertragen werden: Auch allen diesen »Vaterrepräsentanzen« wird nun mit einer übertrieben ängstlich-unterwürfigen und zugleich misstrauisch-aggressiven Grundhaltung begegnet. Durch den eigenartigen Mechanismus der unbewussten Identifikation mit dem Aggressor kann es sogar vorkommen, dass dessen Verhalten später zum Teil selbst übernommen wird; jedenfalls werden auffällig häufig schwer geprügelte Kinder quasi aus Rache, und wie um den übermächtigen Peiniger zugleich symbolisch zu übertrumpfen, später selbst zu prügelnden Eltern. Ganz ähnliche Entwicklungen gibt es ebenfalls auf der kollektiven Ebene; im Israel-Palästina-Konflikt zum Beispiel werden wir auf mögliche solche Zusammenhänge stoßen.

14 Die neuronale Grundlage dieses Sachverhalts ist die 1949 vom Psychologen Donald O. Hebb aufgestellte so genannte Hebb'sche Lernregel, wonach sich gleichzeitig erregte Nervenzellen miteinander verbinden.

Allgegenwärtige Schalt- und Filterwirkungen von Affekten auf Denken und Verhalten

Dass aktuelle wie vergangene Affekte unsere Denken und Verhalten tiefgehend beeinflussen, ist für unser Thema von zentraler Bedeutung. Allein schon die banale Tatsache, dass wir uns Menschen, Orten oder Gegenständen, die mit positiven Gefühlen wie Freude, Vergnügen oder Interesse besetzt sind, bevorzugt nähern und dazu neigen, uns an sie binden, während so genannte negative Gefühle wie Angst oder Hass mit distanzierenden und grenzsetzenden Wirkungen einhergehen, hat weitreichende Folgen: Sie regelt die Art und Weise, wie wir mit der Umwelt umgehen. Eine Sonderstellung nimmt diesbezüglich die Wut ein, die sowohl zu einer aggressiven Distanzierung wie auch zu einer wutbestimmten Annäherung – etwa in Form einer Attacke – führen kann. Auch die Trauer (oder genauer, nach Freud, die so genannte Trauerarbeit) hat eine wichtige Funktion, indem sie der schrittweisen Ablösung von gebundenen emotionalen Energien von einem verlorenen Liebesobjekt dient.

Alle solchen Affektwirkungen sind, wie schon erwähnt, stammesgeschichtlich tief verwurzelt, weil mit lebenswichtigen Grundaufgaben wie Umgebungserforschung, Vermeidung von Gefahr, Brut- und Revierverteidigung, Sexualität, Bindungs- und Kooperationsverhalten sowie mit der Überwindung von Verlusten gekoppelt. Sie steuern das Verhalten in – im Prinzip – durchaus sinnvoller Weise: Selbst so genannte negative Gefühle wie Angst, Wut und Aggressivität sind insofern keineswegs nur schädlich und aus diesem Grund – wenn dies überhaupt möglich wäre – aus dem Sozialleben möglichst radikal zu verbannen. Die Angst zum Beispiel schützt vor Gefahr, und selbst die verpönte Aggressivität ist zur Setzung und Aufrechterhaltung von Grenzen (»Bis hierher und nicht weiter!«) sowohl für jeden Einzelnen wie auch für die Gemeinschaft ganz unverzichtbar. Das Problem ist hier – wie überall – eine Frage des Maßes; gerade auch aggressive Gefühle können, wie wir noch genauer sehen werden, unter bestimmten Umständen derart überborden, dass sie nur noch destruktiv wirken.

Weitere emotionale Schalt- und Filterwirkungen, wie wir alle derartigen Phänomene zusammenfassend nennen, bestimmen die Art und Weise, wie man die Umgebung wahrnimmt, was man darin bevorzugt beachtet oder vernachlässigt, welche Ereignisse man aufgrund dieser selektiven Wahrnehmung im Gedächtnis behält oder abruft und wie man einzelne Wahrnehmungs- und Gedächtniselemente schließlich zu einem übergeordneten Gedankengebäude – also zu einer »Logik« im bereits präzisierten weiten Sinn – zusammenbaut:[15] In einer wut-

15 Vgl. hierzu insbesondere Bollnow (1956), Isen (1990), Derryberry und Tucker (1992), Izard (1993), Ellis und Moore (1999), Matthews und Wells (1999), Eich (2000), Forgas (2000) und Zajonc (2000).

und hassbeherrschten Konfliktsituation zum Beispiel wird man aus dem Verhalten eines Konfliktpartners ganz vorwiegend alles Negative herauspicken und zu einer einseitig aggressionsbestimmten, aber vielleicht nicht weniger »schneidend logischen« Argumentationskette verknüpfen. Advokaten vor Gericht oder politische Demagogen vor einer Volksmenge bedienen sich mit Vorliebe einer solchen selektiven Affektlogik. Umgekehrt hängt für uns in freudig gehobener Stimmung der »Himmel voller Geigen«; wir sehen in der ganzen Umwelt, Menschen, Häuser und Landschaften inbegriffen, nur noch Gutes und Schönes und verdrängen alle möglichen Gegen-Teile. Geradezu karikaturartige Ausmaße erreichen solche emotionale Verzerrungen bekanntlich im Zustand der akuten Verliebtheit; unzählige Dichter und Denker (so etwa Marcel Proust in seinem berühmten Roman »Auf der Suche nach der verlorenen Zeit« oder Roland Barthes im Essay »Fragmente einer Sprache der Liebe«) haben meisterhaft beschrieben, wie in diesem Zustand des »göttlichen Wahnsinns« (Platon) selbst noch die Kleider und Gegenstände der geliebten Person, das Haus, die Stadt, das Land, das sie bewohnt, einen besonderen Glanz erhalten – der alsbald verschwindet, wenn es mit der Liebe vorbei ist. Auch in krankhaft euphorischen oder depressiven Zuständen erscheint den Betroffenen die ganze Welt mit Einschluss der eigenen Person und der ganzen Vergangenheit und Zukunft in manchmal grotesker Weise in entweder übertrieben hellem oder dunklem Licht. Wiederum treten solche gefühlsbedingten Verzerrungen in Form der Idealisierung oder »Verteufelung« von ganzen Ländern und Völkern auf der kollektiven Ebene oft noch viel deutlicher in Erscheinung als auf der individuellen: Alles, was zum emotional vorgefärbten Bild passt, wird bevorzugt beachtet und herausgestrichen, alles Unpassende dagegen verdrängt. Der vorherrschende Affekt wirkt wie ein Leim oder Bindegewebe, das Affektkonformes verbindet und Nichtkonformes ausklammert. Kollektive Pauschalvorurteile aller Art (»ein wunderbares Volk«, »ein netter Mensch«, »eine gefährliche Gegend« etc.) entstehen wesentlich über solche emotionale Schalt- und Filterwirkungen.

Kollektive Angstlogik, Wutlogik, Freude- oder Trauerlogik und Alltagslogik

Aufgrund der besagten leimartigen Wirkung von gleichartigen Affekten verbinden sich Wahrnehmungen, Erinnerungen und Ideen mit ähnlicher emotionaler Färbung mit der Zeit zu einem größeren Denkgebäude, das von einem bestimmten Leitaffekt zusammengehalten wird. Wer immer wieder Schreckliches erleben musste, lebt »logischerweise« in einer von Angst oder Wut dominierten Fühl- und zugleich Denkwelt. Zu einer ganz anderen Logik im weiten Sinn führen dagegen Leitgefühle wie Liebe oder Freude. Je nach vorherrschendem Leitaffekt sprechen wir deshalb von einer typischen Angstlogik, einer Wutlogik, Freude-

oder Trauerlogik. Im Irak zum Beispiel hat sich unter der Wirkung von gehäuften Attentaten in den letzten Jahren eine kollektive Logik der Angst und Wut entwickelt; etwas Ähnliches ist seit Jahrzehnten im israelisch-palästinensischen Konflikt zu beobachten, und gleichzeitig gibt es in diesem Konflikt auch immer wieder Versuche, eine von Hass und Angst und Wut dominierte gegenseitige »Logik des Krieges« endlich durch eine »Logik des Friedens« zu ersetzen.

Ebenfalls zentral wichtig für unser Thema ist die so genannte Alltagslogik, das heißt die »Logik« des alltäglichen Fühlens und Denkens. Zum Alltag wird alles anfänglich Neue und Erregende, das sich oft genug wiederholt. Alle anfänglich intensiven Gefühle sind in der Alltagslogik zu mehr oder weniger automatisierten Denk-Fühl-Weisen und Wertehaltungen verflacht. Deren hohe emotionale Befrachtung tritt jedoch dann schlagartig wieder an die Oberfläche, wenn etwas scheinbar Selbstverständliches – so etwa Tisch- oder Bekleidungssitten, Verhaltensregeln im Umgang mit Freunden oder Fremden, Überzeugungen, was »anständig« oder was »unanständig« sei und dergleichen – plötzlich verletzt wird. Auch unser scheinbar emotionsfreies oder -armes Alltagsdenken ist somit unterschwellig von positiven und negativen Affekten durchsetzt, deren unbewusste Schaltwirkungen sowohl unser Verhalten wie auch unsere ganze Weltsicht prägen.

Allerdings sind solche Schaltwirkungen von Affekten, weil weitgehend unbewusst, im alltäglichen Fühlen und Denken von Dritten viel leichter zu erkennen als bei sich selbst. Die Alltagslogik ist gleichsam der unbewusste Kern des weitläufigen Fühl-, Denk- und Verhaltensreviers, das unsere »Wirklichkeit« ausmacht. In seiner Mitte vermögen wir uns fast wie mit geschlossenen Augen, das heißt mit einem minimalen Aufwand an emotionaler Energie zu bewegen, während gegen seine Peripherie hin – dort, wo alles Neue, Unbekannte und möglicherweise Gefährliche beginnt, wo die kreativen Künstler, die »Spinner«, die »Extremisten« und nicht zuletzt auch die »Verrückten« wohnen – helle Aufmerksamkeit und intensive Emotionen wie Neugier, Angst, Mut und Wut an der Tagesordnung sind. Systemtheoretisch betrachtet stützen und bedingen sich Kern und Peripherie gegenseitig: Damit das Zentrum möglichst reibungslos funktioniert, müssen die gefährdeten Grenzen an seiner Peripherie mit hohem Energieaufwand fortwährend verteidigt oder ausgeweitet, neue Fühl-, Denk- und Verhaltenswege erkundet und durch Versuch und Irrtum auf ihre Gangbarkeit geprüft werden. Umgekehrt bleiben auch alle solchen »Randerscheinungen«, so sehr sie der Konvention entgegenlaufen mögen, auf ein sozusagen stockkonservatives Zentrum insofern angewiesen, als erst dieses Zentrum auch der labilen Peripherie ein Minimum an Kontinuität und Stabilität verschafft.[16] So braucht

16 Psychoanalytiker werden in dieser Darstellung unschwer einen Bezug zu der so genannten »konfliktfreien Sphäre« von Hartmann, Kris und Löwenstein erkennen (Hartmann, 1939/1970).

selbst noch die abenteuerlichste Himalaya- oder gar Weltraumexpedition ein Publikum von Fans und Geldgebern, das daheim ganz gewöhnlich vor dem Bildschirm sitzt. Eine weitere systemtheoretisch interessante Funktion von Abwegigem ist es, sozusagen eine Reserve von unkonventionellen Ideen zu bilden, auf die bei Bedarf zurückgegriffen werden kann. Ein Beispiel sind die vielen technischen oder sonstigen Neuerungen, die wir der Raumfahrt verdanken.

Irgendwo im Kern der scheinbar selbstverständlichen Alltagslogik sind außerdem die ominösen »blinden Flecke« angesiedelt, die nach dem Soziologen und Systemtheoretiker Niklas Luhmann obligat zu jedem sozialen System gehören.[17] Auch sie erfüllen – gewissermaßen als verstecktes Organisationszentrum – zentral wichtige systemerhaltende Funktionen. Solche blinden Flecke oder Tabus sind (was Luhmann allerdings vernachlässigte) mit intensiven Affekten besetzt und gerade daran auch am besten zu erkennen: Sobald man sie berührt oder gar aufdeckt, verwandeln sie sich in wuterzeugende »rote Tücher«, deren Enthüllung der »Schlachtung einer heiligen Kuh« gleichkommt. Aktuelle Beispiele reichen vom moralverbrämten Schweizer Bankgeheimnis, das jahrzehntelang nicht wenig zum allgemeinen Schweizer Wohlstand beitrug, über die versteckt identitätsbefestigenden Wirkungen von nationalistisch-rassistischen und fremdenfeindlichen Unterströmungen in fast allen Ländern bis hin zu der vitalen Rolle, welche die immer wieder als »normal« beschönigte fortgesetzte »Landnahme« und Besiedlung bisher arabischer Gebiete für die Konstitution des Staates Israel spielte und weiterhin spielt.

Affektiv-kognitive Schienen und Eigenwelten

Ebenfalls aufgrund der leimartigen Wirkung von gleichartigen Affekten entwickelt sich unser Denken gewissermaßen über affektgeleitete Bahnen oder »Schienen«, welche Ereignisse mit ähnlicher emotionaler Färbung – zum Beispiel alle mit einem gewissen Land oder Volk zusammenhängenden angenehmen Erlebnisse – miteinander verknüpfen. Da diese »Schienen« mental immer wieder durchlaufen werden, gräbt sich mit der Zeit eine tiefe Fühl-Denk-Spur ein, die alles in ihrem Umkreis in ihren Bann zieht. Nach Untersuchungen in Hypnose werden beispielsweise zeitlich weit auseinanderliegende Schamerlebnisse im Gedächtnis in einer Art von zusammenhängendem »Schamkomplex« gespeichert, dessen zerstörerische Energien unter Umständen durch geringfügigste Anlässe aktiviert werden können.[18] Wie wichtig dieser Mechanismus gerade auch auf der kollektiven Ebene ist, wird sich im Lauf unserer Untersuchung immer wieder zeigen.

17 Vgl. Luhmann (1997, S. 187 f., 426, 656, 1080, 1110), von Foerster (1993).
18 Grof (1975).

Mehrere solche »Schienen« oder »Fühl-Denk-Bahnen« vereinen sich mit der Zeit zu umfassenden Fühl-Denk-Welten oder Mentalitäten, die für einzelne Menschen, Gruppen oder auch ganze Völker charakteristisch sind. Jeder Mensch, jede Gruppe und jedes Volk lebt aufgrund seiner je andersartigen Vergangenheit und Erfahrung in einer etwas anderen Fühl- und Denkwelt – in seiner besonderen affektiv-kognitiven Eigenwelt, wie wir dieses für unsere Untersuchung zentrale Phänomen nennen. Ein Afrikaner lebt in einer ganz anderen Eigenwelt als ein Europäer oder Amerikaner, ein Bergbauer in einer anderen als ein Städter, ein Bankier in einer anderen als ein Sozialarbeiter.

In seiner je besonderen Fühl-Denk-Welt ist jedermann sozusagen eingeschlossen wie in einer Art von Blase, von der aus er automatisch alles Begegnende betrachtet und beurteilt. Mit anderen Worten, jede solche Eigenwelt entspricht einem grundlegenden Wert- und Orientierungssystem, das sowohl das eigene Weltbild wie auch das zugehörige Identitäts- und Selbstwertgefühl prägt. Seine Konstanz und Konsistenz ist somit lebenswichtig. Sie wird denn auch von einer Vielzahl von selbstorganisatorischen (oder so genannten »autopoietischen«, siehe S. 37) Rückkoppelungsmechanismen laufend sowohl erzeugt wie auch befestigt. Ein emotionales Vorurteil einem bestimmten Menschen, Land oder auch politischen Programm gegenüber schwächt sich deshalb – wie in einem nachfolgenden Kapitel unter anderem anhand des westlichen Bildes vom Islam und des islamischen Bildes vom Westen gezeigt wird – aller gegenläufigen Information zum Trotz in der Regel kaum fortwährend ab, sondern wird möglicherweise nur noch immer stärker. Und schon im nächsten Kapitel werden wir im Zusammenhang mit Hitler und dem Nationalsozialismus auch auf die entscheidende Rolle treffen, welche kollektive emotionale Resonanz- und Verstärkungsmechanismen und charismatische Führerpersönlichkeiten bei der Entstehung und Konsolidierung von solchen Eigenwelten spielen können. Erst diese emotionalen Mechanismen machen verständlich, dass und wie von außen hochgradig abwegig anmutende kollektive Fühl- und Denkweisen etwa von der Art des deutschen Nationalsozialismus von innen her zu kaum noch reflektierten alltagslogischen Selbstverständlichkeiten zu werden vermögen.

Sprunghafte Veränderungen des kollektiven Fühlens und Denkens

Von großem Interesse sind außerdem plötzliche sprunghafte Veränderungen des ganzen Fühlens und Denkens, wie sie sowohl auf der individuellen wie auch auf der kollektiven Ebene unter bestimmten Umständen auftreten können. Die zentrale Rolle von Emotionen bei solchen nichtlinearen Phasensprüngen oder Rösselsprüngen ist vor Jahrzehnten schon im Zusammenhang mit religiösen Bekehrungstechniken und so genannten »Gehirnwäschetechniken« (zuerst unter

Stalin systematisch eingesetzte folterartige Umschulungsmethoden) näher untersucht worden.[19] Wie schon einleitend angemerkt, hat die moderne system- und chaostheoretische Forschung zusätzlich ergeben, dass solche Phasensprünge (so genannte Bifurkationen) in physikalischen, chemischen, biologischen und ebenfalls sozioökonomischen oder psychosozialen Systemen zwangsläufig immer dann auftreten, wenn die energetische Spannung im System einen kritischen Wert erreicht, der dessen Verarbeitungskapazität überfordert.[20] Eine klassische Illustration aus der Physik liefert die so genannte Bénard-Instabilität, das heißt das plötzliche Auftreten eines Musters von wabenartigen Konvektionszellen in einer kontinuierlich erwärmten Flüssigkeitsschicht. Auch das Schmelzen eines Metalls bei einer kritischen Temperatur oder das Explodieren eines Dampfkessels bei übergroßem Druck gehört in denselben Zusammenhang.

Versteht man, wie es die Affektlogik postuliert, Emotionen als biologisch verankerte Energien, so wird sofort klar, dass sich ganz analoge Vorgänge ebenfalls im psychosozialen Raum abspielen: Auch beim unvermittelten Umschlag von Liebe in Hass, bei der plötzlichen Eskalation eines zunächst bloß verbalen Streits in handgreifliche Tätlichkeiten und überhaupt beim Ausbruch von Gewalt ist es immer wieder ein Übermaß an emotionaler Spannung, die ein eingeschliffenes Fühl-, Denk und Verhaltenssystem unvermittelt zum Kippen bringt. An einem kritischen Punkt der kollektiven emotionalen Spannung schlägt eine prekäre »Logik des Friedens« plötzlich in eine »Logik des Krieges« um oder es entstehen soziale Krisen und Revolutionen. Analoge Mechanismen spielen zweifellos auch an der Börse eine Rolle, so etwa beim Platzen der überhitzen »Spekulationsblase« in der Finanzkrise von 2008/2009. Sogar die rätselhafte »Verrückung« vom normalen zum psychotischen Denken und Verhalten gehorcht, wie die so genannte Expressed-emotion-Forschung gezeigt hat, insofern ähnlichen Gesetzmäßigkeiten, als psychotische Symptome statistisch hoch signifikant beim Überschreiten einer messbaren Schwelle der emotionalen Spannung in und um einen verletzlichen Menschen auftreten.[21]

Sehr erhellend für das Verständnis von solchen Kippvorgängen ist des Weiteren das vom deutschen Synergetiker Hermann Haken ursprünglich im Bereich der Laserforschung entwickelte Konzept der so genannten Kontroll- und Ordnungsparameter.[22] Erstere bestimmen (»kontrollieren«) den Moment des Umschlags in ein grundlegend anderes Funktionssystem. Als typischer Kontrollparameter wirkt im Bereich der Physik und Chemie der energetische – und im Sozialbereich nach unserer Hypothese ganz analog der emotionale – Span-

19 Vgl. Sargant (1957).
20 Vgl. unter anderem Prigogine und Stengers (1983), Haken (1990, 1991), Tschacher und Dauwalder (1999).
21 Vgl. Leff und Vaughn (1985), Kavanagh (1992).
22 Haken (1990, 1991).

nungspegel. Als Ordnungsparameter oder Kristallisationskerne, um die herum sich neue umfassende Fühl- und Denkmuster organisieren, funktionieren dagegen meist vorher periphere Strukturelemente, im psychosozialen Bereich also beispielsweise randständige Ideen von Spinnern, Außenseitern oder Extremisten, die von einem kritischen Moment an plötzlich das ganze Feld beherrschen oder, wie dies Haken treffend nennt, »versklaven«. So mag bei psychosegefährdeten Menschen etwa eine lange nur unterschwellige Wahnidee (zum Beispiel ein gelegentlich auftauchender Verdacht einer bestimmten Person oder Organisation gegenüber) plötzlich zum Kernelement eines umfassenden Verfolgungswahns werden, der nunmehr alles Denken und Fühlen beherrscht. Ähnliche »fixe Ideen« können sich aber auch im kollektiven Bereich entwickeln, so im Dritten Reich etwa die alles beherrschende Idee von der Weltverschwörung der Juden gegen die »Arier«.

In den gleichen chaostheoretischen Rahmen gehören die berühmten so genannten Schmetterlingseffekte. Diesen Namen gab der amerikanische Wetterforscher Edward Lorenz vor Jahrzehnten aufgrund eines gewagten Vergleichs der mathematisch begründeten Beobachtung, dass ständig in die gleiche Richtung wirkende winzige Ursachen in einem komplexen dynamischen System mit der Zeit riesige Effekte zu zeitigen vermögen. Anlass zu dieser Erkenntnis war die Beobachtung, dass die zufällige Veränderung einer Zahl weit nach dem Komma in einer so genannten iterativen, das heißt immer wieder auf sich selbst zurückwirkenden Wetterformel in einem Computerexperiment, das irrtümlicherweise über ein ganzes Wochenende lang weiterlief, ein von einer früheren Berechnung völlig abweichendes Resultat ergab. Diesen in der Folge genauer erforschten Befund fasste er in das Bild eines Schmetterlings, dessen Flügelschlag in einem kritischen Moment unter Umständen später Tausende von Kilometern entfernt einen Orkan auszulösen vermöge. Dieselbe Erkenntnis ist im Sprichwort »Steter Tropfen höhlt den Stein« formuliert. Schmetterlingseffekte und Bifurkationen können sich auch kombinieren, so etwa, wenn ein steter Tropfen den Stein soweit höhlt, dass er schließlich auseinanderbricht, zu Tale stürzt und dort riesigen Schaden anrichtet. Auch hierzu prägte die Volksweisheit ein Sprichwort, nämlich das Bild vom Tropfen, der das Fass zum Überlaufen bringt.

Ganz analoge nichtlineare Erscheinungen gibt es wiederum auch im sozialen Raum. Als spektakuläre Beispiele wären etwa das Attentat von Sarajewo zu nennen, das im Sommer 1914 den Ersten Weltkrieg auslöste, oder auch der Fall der Berliner Mauer vom 9. November 1989, der kurze Zeit später zum Zusammenbruch des ganzen riesigen Sowjetreichs führte.

Das Größte im Kleinsten und das Kleinste im Größten

Ebenfalls aus der modernen Chaos- und Komplexitätstheorie abgeleitet ist die so genannte Fraktalhypothese der Affektlogik, das heißt die im Rahmen dieses Buches besonders wichtige Annahme, dass die beschriebenen Wechselwirkungen zwischen Fühlen und Denken auf der individuellen und auf beliebigen mikro- bis makrosozialen Ebenen (»im Kleinsten wie Größten«) gleichartigen grundsätzlichen Gesetzmäßigkeiten gehorchen. Der Begriff der Fraktalität geht auf eine Entdeckung des französischen Mathematikers Benoît Mandelbrot aus den Siebzigerjahren des vergangenen Jahrhunderts zurück, wonach die unendliche Erscheinungsvielfalt der Natur zu einem großen Teil auf der Tatsache beruht, dass hinter jedem Teilaspekt oder Fragment (daher der Ausdruck »fraktal«) und der Gesamtheit vieler Naturphänomene immer wieder dieselben grundsätzlichen Konstruktionsregeln (oder so genannten Algorhythmen) am Werk sind.[23] Ein viel zitiertes Beispiel hierfür sind die blumenkohlartigen Gewitterwolken oder Kumuli, deren typisch »selbstähnliche« (wie der Fachausdruck auch heißt) Gesamtstruktur davon herrührt, dass thermodynamische Turbulenzen gleicher Art die Grundgestalt sowohl jedes einzelnen Wolkenbällchens wie auch der Gesamtwolke bestimmen. Auch im pflanzlichen Blumenkohl ebenso wie in der Fein- und Grobstruktur etwa von Gebirgsformationen oder Küstenlinien, von Farnblättern oder von Blutgefäßsystemen – um nur einige von zahllosen scheinbar heterogenen Beispielen zu nennen – ist immer wieder das Kleinste im Größten und das Größte im Kleinsten enthalten. Etwas Ähnliches lässt sich nicht selten auch im Stil von Künstlern erkennen. »System in System in System« oder »Struktur in Struktur in Struktur«, so könnte man das Phänomen der Fraktalität in einer Kurzformel, die lebhaft an die verschachtelten russischen Puppen (Matrjoschkas) erinnert, auf den Punkt bringen.

Dass sich auch psychosoziale Strukturen baumartig vom Kleinsten zum Größten entfalten und damit eine typische Fraktalstruktur zeigen, wird durch eine Fülle von Beobachtungen nahegelegt. So fesselt die Angst vor einer akut drohenden Gefahr die Aufmerksamkeit einer kleinen wie großen Gruppe oder auch einer ganzen Nation prinzipiell ganz analog wie die Aufmerksamkeit eines einzelnen Menschen. Ebenso typisch »selbstähnlich« oder »fraktal« mobilisieren emotional aufwühlende Ereignisse sowohl das individuelle wie auch das kollektive Gedächtnis, und entsprechend affektabhängig gestaltet sich auf dieser Basis das individuelle und kollektive Denken. Auch alle anderen bereits beschriebenen Filter- und Schaltwirkungen von Affekten auf das Denken und Verhalten sind auf beliebigen individuellen wie kollektiven Ebenen ganz ähnlich zu beobachten – nur dass sie auf der letzteren meist besonders deutlich zutage

23 Mandelbrot (1987).

treten. Eindrucksvoll offenbart sich die zeitliche Fraktalität von psychosozialen Strukturen ebenfalls in Persönlichkeitstests wie dem bekannten Klecksbildtest von Hermann Rorschach, in welchem langfristige Persönlichkeitsmerkmale sich bereits in einer winzigen Wahrnehmungssequenz manifestieren. Ganz ähnlich erfassen wir etwas vom tieferen »Wesen« eines Menschen oft blitzschnell bei einer ersten kleinen Begegnung.[24] Ein weiterer interessanter Aspekt der Fraktalstruktur der Psyche ist die dem Psychoanalytiker gut bekannte Tatsache, dass in einem vordergründigen Hauptgefühl nicht selten auch noch alle möglichen Neben- und Gegengefühle stecken – etwa Schmerz und Trauer in Freude, Liebe in Hass, Hoffnung in Angst und Verzweiflung. Im letzten, den praktischen Anwendungen der Affektlogik gewidmeten Kapitel werden wir sehen, dass sich solche Gegengefühle auch therapeutisch nutzen lassen.

Die Fraktalstruktur von affektiv-kognitiven Wechselbeziehungen über verschiedenste Dimensionen hinweg bedeutet allerdings nicht, dass sich die individuelle und kollektive Ebene nicht auch in mancher Hinsicht grundlegend unterscheiden würden. So treten im sozialen Raum komplexe Organisationsformen wie Regierung, Verwaltung, Armee usw. in Erscheinung, die auf der individuellen Ebene noch völlig fehlen. Andererseits gibt es individuelle Phänomene, die kollektiv so nicht oder nur in veränderter Form existieren; dazu zählen namentlich das Bewusstsein, das Ich-Gefühl und andere vor allem subjektive Empfindungen. Ebenfalls hinsichtlich der entscheidenden strukturbildenden Bauelemente bestehen wesentliche Unterschiede: Während soziale Systeme nach Niklas Luhmann auf Kommunikationen aufgebaut sind, erfüllt die gleiche Funktion auf der individuellen Ebene das Bewusstsein.

Evolutionäre Wurzeln und Neurobiologie von Emotionen

Schon Charles Darwin hat in seiner 1872 erschienenen Schrift »The expression of emotion in man and animals« nachgewiesen, dass die menschlichen Emotionen tiefe evolutionäre Wurzeln haben, das heißt in ähnlicher Form auch bei allen höheren Tieren anzutreffen sind.[25] Die moderne Evolutions- und Hirnforschung hat eine Fülle von Fakten aufgedeckt, die diese Einsicht weiter vertiefen und präzisieren.[26] Mensch und Tier unterscheiden sich voneinander nicht in erster Linie im grundlegenden Fühlen, sondern vor allem im differenzierten Denken und Verhalten.

24 Für eine ausführliche Begründung der Fraktalhypothese psychosozialer Prozesse vgl. Ciompi (1997, Kapitel 4) sowie Ciompi und Baatz (2005, 2008).

25 Darwin (1965).

26 Vgl. insbesondere Damasio (1994), Panksepp (1998), LeDoux (1998), Singer (2003), ferner Ciompi und Panksepp (2005).

So sind bei Mensch und Tier ganz analog funktionierende Hirnregionen entdeckt worden, darunter speziell die Mandelkerne und weite Teile des so genannten limbischen Systems (eine unter der Hirnrinde gelegene Rand- und Übergangszone zu den älteren Hirnregionen), welche nicht nur unterschiedliche Emotionen aktivieren und regulieren, sondern sie zugleich auch aufs Engste mit all jenen Hirnbereichen verknüpfen, die der Informationsverarbeitung und dem kombinatorischen Denken im bereits erklärten Sinn dienen (primär das Stirnhirn und weite Bereiche des so genannten Assoziationskortexes). Ebenso eng sind die Verbindungen der emotionsregulierenden Hirnregionen zu Gedächtnis und Wahrnehmung. Von besonderer Bedeutung ist für uns die Tatsache, dass alle einlaufenden Sinnesreize automatisch mit demjenigen Affekt »markiert« werden, der in der betreffenden Situation vorherrscht. Schon aus diesem Grund ist alles Denken emotional eingefärbt. Nach der »somatischen Markerhypothese« des amerikanischen Hirnforschers Antonio Damasio beeinflussen affektbedingte physiologische Zustände, die im Gedächtnis mit bestimmten sozialen Situationen gekoppelt wurden, das soziale Denken und Verhalten in der Folge tiefgehend.[27] Ganz analog geht auch die Affektlogik seit jeher davon aus, dass sämtliche kognitiven Stimuli mit einem situationsabhängigen »affektiven Imprint« ausgestattet werden, der als Bestandteil der bereits beschriebenen Fühl-, Denk- und Verhaltensprogramme alles spätere Denken und Verhalten in ähnlichem Kontext wesentlich mitbestimmt.[28] In die Richtung einer solchen Imprint- oder Markerhypothese weist auch die Entdeckung von mehreren angeborenen Hirnsystemen – darunter das so genannte Belohnungssystem, das Interesse-Neugierde-System, das Angst-Panik-System, das Wut-Aggressions-System –, in denen situationsabhängige Emotionen, Sinnesreize und Verhaltensweisen unter der Herrschaft eines bestimmten Leitgefühls zu einem regelhaft zusammenwirkenden affektiv-kognitiven Funktionssystem zusammengeschlossen sind. Neurobiologisch klar bestätigt hat sich ebenfalls, dass viele der implizierten affektiv-kognitiven Reaktionen ganz automatisch, das heißt unbewusst ablaufen.

Alle diese Befunde stützen nicht nur unsere zentrale These von allgegenwärtigen Wechselwirkungen zwischen Fühlen und Denken, sondern liefern auch eine solide neurobiologische Grundlage für das Postulat der automatischen Schalt- und Filterwirkungen der Affekte auf Wahrnehmung, Gedächtnis und kombinatorisches Denken. Die Tatsache, dass zudem alle affektgenerierenden und -regulierenden Hirnregionen funktionell eng mit den hormonalen Zentren verbunden sind, die – wie namentlich die an der Unterseite des Gehirns gelegene Hypophysendrüse – den ganzen Körper je nach Situation und Gefühlslage anders einstimmen, erklärt zudem die obligate körperliche und psychosomatische Dimension von Affekten.

27 Damasio (1994).

28 Ciompi (1982, S. 84 f., 174; 1997, S. 126, 280, 290).

Zahlreiche weitere neurobiologische Befunde sind für die Affektlogik von Interesse, darunter insbesondere das Phänomen der so genannten neuronalen Plastizität, das heißt der – sehr genau mit unserem Bild von einem durch den Gebrauch selbst entstehenden Wegsystem übereinstimmenden – Entdeckung, dass die Feinstruktur des neuronalen Netzwerks andauernd durch den Gebrauch selbst »plastisch« erzeugt und verändert wird: Die Effizienz von Verbindungen (Synapsen) zwischen den Hirnnervenzellen erhöht sich umso mehr, je häufiger sie aktiviert werden, so dass sich mit der Zeit privilegierte neuronale Hauptstraßen ausbilden, die den »Denk-Fühl-Verkehr« ganz ähnlich anziehen und kanalisieren wie eine Autobahn den Automobilverkehr. Andererseits veröden nicht mehr gebrauchte Fühl-Denk-Wege mit der Zeit ganz ähnlich wie ein lange nicht benutzter Fußweg.

Durch neuronale Plastizität erworbene Verhaltensweisen gehen, wenn überlebensgünstig, durch evolutionäre Selektion mit der Zeit ins Erbgut über und beeinflussen dann ihrerseits wieder zutiefst, wie wir die Wirklichkeit wahrnehmen und mit ihr umgehen. Der Evolutionsbiologe Rupert Riedl spricht in diesem Zusammenhang von »angeborenen Lehrmeistern«[29]; dazu gehört zum Beispiel das instinktive Gefühl von Gefahr, wenn etwas hinter unserem Rücken passiert. Auch was wir noch als »ganz normal« und was wir als unerträglichen Stress empfinden, ist stark durch biologisch fixierte Erfahrungen bedingt und übt dann seinerseits nachhaltigen Einfluss auf die Art und Weise aus, wie wir die Umwelt wahrnehmen und »bewältigen«. Außerdem vermögen sich die Gene, wie entgegen der bisher geltenden Lehre neuerdings entdeckt worden ist, gewissen Umwelteinflüssen auch durch internen Umbau anzupassen.[30]

Andere für die Affektlogik bedeutsame neurobiologische Entdeckungen wie die so genannten Spiegelneuronen sowie die epigenetischen und psychoimmunologischen Mechanismen können hier nur ganz kurz gestreift werden. Die Spiegelneuronen sind sensorische, motorische und emotionsregulierende Zellgruppen im Gehirn, die bei der Beobachtung des Verhaltens anderer Menschen aktiviert werden und wahrscheinlich eine der wichtigsten Grundlagen der Fähigkeit zu Empathie und Mitgefühl, zur Nachahmung, zur emotionalen Ansteckung und damit zur emotionalen Kommunikation überhaupt sind.[31] Epigenetische (auf die Gene wirkende) Mechanismen sind dafür verantwortlich, dass manche Gene nur unter ganz bestimmten Umweltbedingungen aktiv werden, was den ewigen Streit für oder wider die relative Wichtigkeit von Vererbung versus Umwelt weitgehend zu einem Sowohl-als-auch entschärft. Die Psychoimmunologie ihrerseits beschäftigt sich mit der Wirkung von Stress und anderen

29 Riedl (1980).

30 Eine zusammenfassende Darstellung dieser wichtigen neuen Forschungsbefunde findet sich bei Joachim Bauer (2008).

31 Vgl. Pineda (2009), Bauer (2005) und Hatfield et al. (1994).

Umweltfaktoren auf das Immunsystem. Alle diese Befunde sind für die Affektlogik namentlich deshalb von Belang, weil sie typische Brückenphänomene darstellen, die erklären, wie sich biologische und psychologische Erscheinungen im sozialen Feld ausbreiten und wie sich umgekehrt soziale Einflüsse, darunter insbesondere stresshafte Belastungen, in biologische und psychische Erscheinungen umsetzen. Eine interessante Rolle spielt dabei auch das neuerdings unter dem Begriff der »emotionalen Synchronisierung« und der »shared attention« genauer erforschte Phänomen, dass sich Menschen unter dem Einfluss von gemeinsamen Gefühlen durch symmetrische Körperbewegungen und einen gemeinsamen Aufmerksamkeitsfokus aufeinander einschwingen. Alle solchen Brückenphänomene stützen gleichzeitig die Hypothese von selbstähnlichen affektiv-kognitiven Wechselwirkungen über verschiedenste individuelle und kollektive Dimensionen hinweg.

Das für uns insgesamt wichtigste Ergebnis der neueren neurobiologischen Emotionsforschung ist zweifellos der Nachweis, dass evolutionär entstandene Grundgefühle und deren Interaktionen mit kognitiven Funktionen als Verhaltensregulatoren und -organisatoren von vitaler Bedeutung sind und unser alltägliches Fühlen und Denken viel nachhaltiger beeinflussen, als wir gewöhnlich wahrhaben wollen. Dies gilt, wie wir noch sehen werden, ganz speziell auch für alles kollektive Fühlen und Denken. Bei allen Fortschritten der modernen Hirnforschung sollte man indessen nie aus den Augen verlieren, dass die aktuellen Kenntnisse noch immer himmelweit davon entfernt sind, dem tatsächlichen Reichtum von emotionalen und überhaupt von psychischen Erscheinungen auch nur annähernd zu entsprechen. Der Königsweg zum Verständnis von Psyche und Gesellschaft bleibt damit nach wie vor die Beobachtung des konkreten psychischen und sozialen Verhaltens mit Einschluss der Selbstbeobachtung. Vor einer Überbewertung von neurobiologischen Befunden zuungunsten von Psychologie und Soziologie ist jedenfalls zu warnen.

Dies gilt insbesondere auch für so zentrale Phänomene wie Bewusstsein, subjektives Erleben und (»freier«) Willen, mit denen wir uns gegen Ende des Buches noch näher befassen werden. Auch was ein Gefühl oder eine Stimmung »in Wirklichkeit« ist, wird sich – ganz entgegen der Tendenz gewisser Neurowissenschaftler, nur noch Phänomene ernst und »für wahr« zu nehmen, für die sich auch ein »zerebrales Substrat« finden lässt – vermutlich niemals auf noch so raffinierte neurobiologische Befunde reduzieren lassen.

Systemtheoretische Grundlagen

Wie eingangs erwähnt dient uns die allgemeine Systemtheorie als verbindender konzeptueller Rahmen um eine Vielzahl von Befunden aus unterschiedlichen Wissensbereichen. Die allgemeine Systemtheorie wurde Ende der Zwanzigerjahre des letzten Jahrhunderts vom österreichischen Biologen Ludwig von Bertalanffy begründet und seither von vielen anderen Forschern weiter ausgebaut.[32] Sie geht von der Beobachtung aus, dass die Funktionsweise von offenen Systeme aller Art, von Sonnen- und Planetensystemen über biologische und sozioökonomische Systeme bis zu rein mentalen Wert- und Glaubenssystemen, sich durch bestimmte Gemeinsamkeiten auszeichnet. Zentral ist dabei die Erkenntnis, dass alle diese Systeme ganzheitlich funktionieren; die Veränderung eines einzelnen Systemelementes wirkt sich immer auch auf alle anderen Elemente aus. Auch gehorcht das Zusammenspiel aller Elemente gewissen Gleichgewichtsgesetzen (so genannten homöostatischen Mechanismen), die jeder grundlegenden Veränderung der Funktionsweise des Systems entgegenwirken. Besonders interessant sind für unsere Fragestellung darunter die schon kurz erwähnten autopoietischen Mechanismen (griech. autopoïesis = Selbsterhaltung, Selbstorganisation), die der Aufrechterhaltung des Systems dienen und dessen Zusammenhalt erhöhen. Mit ihnen hat sich auf der sozialen Ebene insbesondere Niklas Luhmann, der zweifellos bedeutendste Systemtheoretiker unter den Soziologen, befasst. Er erwähnt in diesem Zusammenhang auch mehrfach den Begriff der »Systemrationalität«, einer situationsopportunistischen scheinrationalen Denk- und Argumentationsweise, die mit dem Begriff der Affektlogik weitgehend übereinstimmt. Umso erstaunlicher ist es, dass Luhmann die soziodynamischen Wirkungen von kollektiven Gefühlen – unter anderem aufgrund eines überholten Emotionsverständnisses – unseres Erachtens gewaltig unterschätzt hat.[33]

In den letzten drei Jahrzehnten hat sich die allgemeine Systemtheorie zu einer so genannten »dynamischen Systemtheorie« oder auch »Chaostheorie« weiterentwickelt, die sich insbesondere mit den bereits erwähnten sprunghaften Systemveränderungen befasst. Auch solche krisenhafte Veränderungen sind letztlich systemerhaltend: Sie treten zwangsläufig in Situationen auf, in welchen nur noch eine radikale funktionelle Neuorientierung das Weiterbestehen des Systems gewährleistet. Eine frappante emotionssoziologische Illustration hierfür liefert – neben früher schon genannten Beispielen – der »umständebedingte« plötzliche (fast) allgemeine Gesinnungswandel vom Nationalsozialismus zur Demokratie in West- oder zum Kommunismus in Ostdeutschland nach 1945. Auch im internationalen Wirtschaftssystem scheinen sich nach der weltweiten Finanzkrise der Jahre 2008/2009 aus Selbsterhaltungsgründen umfassende Funktionsveränderungen aufzudrängen.

32 Vgl. insbesondere von Bertalanffy (1950), Miller (1969, 1975), von Foerster (1985), Watzlawick (1976), Maturana (1982) und Luhmann (1984, 1997).

33 Siehe hierzu den Artikel »Ein blinder Fleck bei Niklas Luhmann? Soziodynamische Wirkungen von Emotionen nach dem Konzept der fraktalen Affektlogik« von Ciompi (2004) und die anschließende Expertendiskussion über den systemtheoretischen Stellenwert von Emotionen. Fritz B. Simon schlägt dort vor, Emotionen analog zur Sprache als »symbolisch generalisierte Kommunikationsmedia« zu verstehen (Simon, 2004).

Soziologische Emotionskonzepte

Erst gegen Schluss dieses Kapitels kommen wir auch noch auf einige für uns besonders wichtige Befunde aus der Emotionssoziologie zu sprechen, einerseits weil solche aus diesem jungen Forschungszweig noch relativ spärlich sind, und andererseits weil sich die Affektlogik lange Zeit nur am Rand auch mit spezifisch soziologischen Fragestellungen befasst hat.[34] Dennoch steht sie mit dem Postulat der Selbstähnlichkeit von Wechselwirkungen zwischen Fühlen und Denken auf beliebigen individuellen, mikro- und makrosozialen Ebenen auch mitten im Feld der Soziologie. Das zentrale Thema dieses Buches, die Frage nach der Wirkung von kollektiven Emotionen, ist jedenfalls eine eminent soziologische Fragestellung.

Mit kollektiven Emotionen und ihrer Wirkung haben sich namentlich zwei Klassiker der Soziologie, nämlich Émile Durkheim (1858–1917) und Norbert Elias (1897–1990), beschäftigt. Durkheim, der als »Vater der Soziologie« gilt, beschrieb kollektive Emotionen als die stärksten Gefühle, die es überhaupt gibt. Er prägte den Begriff des Kollektivbewusstseins als »die Gesamtheit der gemeinsamen religiösen Überzeugungen und Gefühle«[35] in einer Gesellschaft und hob dessen eigenständige soziale Kraft hervor, der sich der Einzelne nicht entziehen könne. In seinen Religionsstudien[36] erhalten intensive kollektive Emotionen sogar den Charakter des Heiligen. Kollektive Gefühle schaffen Gemeinschaft und wirken zugleich als die grundlegenden Organisatoren des sozialen Raums, indem sie diesen in unterschiedliche Sinn- und Bedeutungsräume wie »heilig« und »profan«, »gut« und »böse« oder »recht« und »unrecht« aufteilen.

Von Interesse ist für uns im Hinblick auf verwandte moderne Erscheinungen (etwa bei Sportanlässen, politischen Massendemonstrationen, Freude- und Beifallskundgebungen) und den bereits schon erwähnten motorisch-sensorisch-emotionalen Gleichschaltungseffekten auch Durkheims Hinweis auf das (speziell bei religiösen Ritualen beobachtete) Phänomen der rhythmischen Synchronisierung. Auch dieses schafft ein Gefühl von Gemeinsamkeit und trägt zu der sozialen Ausbreitung von Emotionen bei. Hitler und die Nationalsozialisten etwa haben sich diesen Effekt mit skandierten Sprechchören, Taktschritt usw. meisterhaft zunutze zu machen gewusst.

Auch Elias hob die Bedeutung von kollektiven Gefühlen hervor. Wir verdanken ihm insbesondere den wichtigen Begriff der Wir-Gefühle, die Menschen immer dann entwickeln, wenn sie sich einer Gruppe zugehörig fühlen. Nach Elias ist eine der bedeutsamsten Eigentümlichkeiten des Menschen die Tatsache, »dass

34 Vgl. aber das Kapitel »Kollektive fraktale Affektlogik« in Ciompi (1997, S. 236–268), ferner Ciompi (2004) sowie Endert (2006).

35 Durkheim (1988, S. 128).

36 Durkheim (1998).

er nicht nur ein Bild von sich als Person hat, die ›Ich‹ sagen kann, sondern auch ein Bild von sich als Mitglied von Menschengruppen, zu denen er ›Wir‹ sagen kann«.[37] Seine These, dass die Vorstellungen der Menschen über die Gruppe, der sie angehören, auch ihr Selbstbild bestimmen, ist ein zentrales Ergebnis seiner Analyse des Verhältnisses zwischen Individuum und Gesellschaft.[38] Daher sind Gruppenzugehörigkeiten und Wir-Bilder eine wesentliche Voraussetzung der Identitätsbildung und eine unverzichtbare Quelle der Sinnstiftung. In Elias' Erklärung des Nationalsozialismus stehen bis ins Religiöse übersteigerte Wir-Ideale und Wir-Gefühle im Mittelpunkt;[39] diesem Ansatz werden wir im folgenden Kapitel in der Beschreibung der nationalsozialistischen Volksgemeinschaft wiederbegegnen. Des Weiteren entwickelte Elias ein Mehrebenenmodell sozialer Prozesse, in welchem die Wechselbeziehungen zwischen individueller und sozialer Ebene im Vordergrund stehen. In diesem Modell unterscheidet er fünf verschiedene Beziehungsebenen: die Beziehungen des Menschen zu sich selbst und den ihn umgebenden Naturgewalten, inner- und zwischenstaatliche Beziehungen sowie die Beziehungen zu den von Menschen geschaffenen Symbolen. Für Elias liegt es auf der Hand, dass diese Ebenen nicht unabhängig voneinander existieren, sondern sich stetig gegenseitig beeinflussen.[40]

Die Wechselwirkung zwischen Persönlichkeits- und Sozialstrukturen untersuchte Elias bereits in seinem psychoanalytisch fundierten Werk »Über den Prozess der Zivilisation«.[41] Er führt die Veränderungen der Verhaltensstandards, die er für den Zeitraum von 800 bis 1900 in Westeuropa detailliert beschreibt, auf den technischen Fortschritt und die Differenzierung der Gesellschaftsstrukturen zurück. Mit der stetig sich ausbreitenden Arbeitsteilung wuchsen die gegenseitigen Abhängigkeiten der Menschen untereinander. Die Interdependenzketten, in die die Menschen zunehmend eingebunden waren, erzwangen eine steigende Selbstkontrolle, in deren Folge das Ausleben der Affekte zugunsten einer planenden Langsicht unterdrückt wurde. »Zivilisation« beruhe insofern in hohem Maß auf der Kontrolle von spontanen Gefühlsimpulsen – eine These, die insbesondere von dem Ethnologen Hans-Peter Duerr mit dem Verweis auf weitverbreitete Selbstkontrollmechanismen in Naturvölkern stark kritisierte wurde.[42]

Dass zwei bedeutende Klassiker kollektiven Gefühlen einen besonderen Stellenwert zuerkannten, fand jedoch im Mainstream der soziologischen Theorienbildung lange Zeit wenig Beachtung. Parallele Tendenzen sind in der Psychologie und anderen Wissensgebieten zu verzeichnen. Sie hängen wohl vor allem mit dem Umstand zusammen, dass sich die Kernaussagen der Emotionswissen-

37 Elias (1989, S. 460).
38 Elias (1987a).
39 Elias (1989), vgl. auch Endert (2006, S. 187–212).
40 Vgl. Elias (1987b, S. 75 ff.), Waldhoff (1995, S. 26 ff.), Gleichmann (2006).
41 Elias (1976).
42 Eine ausführliche Darstellung der Elias-Duerr-Kontroverse findet sich bei Hinz (2002).

schaften lange Zeit nur sehr partiell objektivieren ließen und entsprechend wenig allgemeine Anerkennung fanden. Mit den bereits erwähnten Fortschritten der Neurowissenschaften hat sich dies indessen grundlegend geändert. Seit rund 20 Jahren sind Gefühle und ihre Wirkungen vor allem in der Psychologie zu einem wichtigen Forschungsgegenstand geworden. Und auch in der Soziologie setzt sich, ausgehend vom angloamerikanischen Sprachraum, mehr und mehr die Erkenntnis durch, dass Emotionen das Handeln der Menschen weitaus stärker bestimmen als in den bisherigen Handlungstheorien angenommen. Den Pionierarbeiten einiger amerikanischer Soziologen folgte eine Flut an Veröffentlichungen und die Gründung verschiedener Forschungsgemeinschaften, welche eine neue Bindestrichsoziologie etablierten: die Emotionssoziologie. Deren Ergebnisse schlugen sich in Sammelwerken wie »The Sociology of Emotions« von Jonathan Turner und Jan Stets (2005) und der ebenfalls von Turner stammenden neuen Synthese »Human Emotion. A Sociological Theory« (2007) nieder.[43] Aus unserer Sicht ist dabei vor allem von Interesse, dass evolutionäre, neurobiologische, energiedynamische und implizit auch fraktale Ansätze, wie wir sie im Rahmen der Affektlogik seit langem vertreten, neuerdings auch in der Soziologie auftauchen. Im erwähnten Sammelwerk von Turner und Stets zum Beispiel nehmen evolutionäre und neurobiologische Grundlagenbefunde erstmals einen breiten Raum ein; Turner beschreibt den Menschen aufgrund seines differenzierten Gefühlslebens sogar als ein im Vergleich zu anderen Primaten »hoch emotionales Tier«. Auch das Postulat, dass Emotionen gerichteten biologischen Energien entsprechen und auf der kollektiven Ebene mächtige energetische Wirkungen entfalten – eine für uns zentrale These, die in der Soziologie unseres Wissens bisher einzig der Amerikaner Randall Collins einigermaßen konsequent vertreten hatte –, wird neuerdings auch von anderen führenden Soziologen zunehmend ernst genommen.[44] Den logisch auf diese Einsicht folgenden Schritt zum Einbezug auch von Erkenntnissen aus der »dynamical systems theory« und Chaostheorie, der in unseren Augen erst ein tieferes Verständnis sowohl der so häufigen krisenhaften Phasensprünge und Bifurkationen in labilen sozialen Systemen wie auch des Phänomens der Fraktalität ermöglicht, haben allerdings weder Collins noch Turner bisher vollzogen.

43 Für den deutschen Sprachraum siehe Scherke (2009).

44 Siehe hierzu unter anderem Turner (2007, S. 179–199), Collins (1981, 1993).

Zur sozialen Explosivwirkung von kollektiven Scham-, Schuld- und Demütigungsgefühlen

Ein Bereich der modernen Emotionsforschung, den wir seiner Bedeutung für Späteres halber gesondert betrachten wollen, ist die Dynamik von kollektiven Scham- und Schuldgefühlen. Das Gefühl der Scham unterliegt vielen Tabus; wir messen ihm innerhalb der kollektiven Affektlogik unter anderem deswegen eine besondere Bedeutung bei, weil Scham und verletztes Ehrgefühl ausnehmend häufig hinter kollektiven Reaktionen stehen, die sonst kaum zu verstehen wären. Gerade in diesem Bereich zeigt sich auch einmal mehr, wie fruchtbar der Transfer von Erkenntnissen aus dem individuellen in das soziale Feld (und umgekehrt) sein kann – vorausgesetzt freilich, dass gleichzeitig die Eigengesetzlichkeiten eines jeden Bereichs gebührend beachtet werden.

Schon auf der individuellen Ebene führen, wie die Alltagserfahrung lehrt, Scham und Demütigung in der Regel nicht nur zu Gefühlen der Zerknirschung und Depression, sondern auch zu unterdrückter Wut, die sich in der Folge in plötzlichen Gewaltausbrüchen Luft machen kann. Psychoanalytisch handelt es sich dabei um die Verdrängung von identitätsgefährdenden Kleinheits- und Ohnmachtsgefühlen und die Wiederherstellung der verletzten Selbstachtung durch Aggression. Ganz allgemein erweist sich die Bewahrung eines positiven Selbstbildes – des in vielen Gesellschaften hoch wichtigen »Wahrens des Gesichts« und »Wiederherstellens einer verletzen Ehre« – als eine zentrale Aufgabe nicht nur eines jeden einzelnen Menschen, sondern auch einer jeden Gemeinschaft. Nicht von ungefähr wird sich uns die Identitätsproblematik in den folgenden Kapiteln als der wohl bedeutsamste »emotionale Motor« hinter zahlreichen sonst nur schwer verständlichen nationalistischen, extremistischen, fundamentalistischen und zweifellos auch terroristischen Erscheinungen erweisen.

Für Thomas Scheff, einem weiteren führenden amerikanischen Emotionssoziologen, ist die Scham in der Regulierung sozialer Beziehungen sogar derart wichtig, dass er sie als »master emotion« bezeichnet. Die Unterdrückung der Scham stellt für ihn eine wesentliche Ursache ungelöster sozialer Konflikte und häufige Ursache von Gewalttaten dar. Wie die Verdrängung von Scham zu einer eskalierenden Spirale von gegenseitigen Abwertungen, Verletzungen, Misstrauen, Wut und schließlich zu gewaltsamen Handlungen führt, zeigt Scheff nicht nur auf der Ebene von Familienbeziehungen auf, sondern er beschreibt auch den Ausbruch des Ersten Weltkrieges und den Nationalsozialismus als Folge von unkontrollierten Scham-Wut-Spiralen.[45] Ähnlich zentral sind kollektive Scham- und Identitätsprobleme für den psychoanalytisch orientierten Konfliktbekämpfungsspezialisten Vamık Volkan, auf dessen Kon-

45 Scheff (2000, S. 75–124).

zepte wir im praxisorientierten Schlusskapitel noch näher zu sprechen kommen werden.[46]

Auch Scheff macht im Übrigen auf verblüffende Ähnlichkeiten zwischen affektiv-kognitiven Wechselwirkungen auf verschiedensten individuellen und kollektiven Ebene aufmerksam. Er geht von der Annahme aus, »dass jedes Segment eines menschlichen Austausches, egal wie kurz er ist, ein Mikrokosmos ist, der viele Elemente der gesamten Beziehungen zwischen den Teilnehmern enthält«[47] – eine Aussage, die fast genau unserer Fraktalhypothese entspricht. Eine Art von versteckter Fraktalität ist implizit übrigens auch insofern in großen Teilen der modernen Emotionssoziologie enthalten, als sie wie selbstverständlich immer wieder Beobachtungen aus der individuellen Sphäre auf die Sozialsphäre überträgt und umgekehrt. Eine tiefere theoretische Begründung für ein solches nicht unumstrittenes Vorgehen, wie sie die Fraktaltheorie zu liefern vermag, fehlt allerdings auch hier durchweg.

Massenpsychologische Erkenntnisse

Von Interesse sind für unsere Thematik außerdem die im frühen 20. Jahrhundert viel diskutierten Thesen zur Massenpsychologie von Gustave Le Bon und Sigmund Freud. Ersterer, ein 1841 geborener französischer Arzt mit weitläufigen psychologischen und soziologischen Interessen, vertrat in seiner 1895 erstmals erschienenen Schrift zur »Psychologie der Massen« die Auffassung, dass der Einzelne, auch der gebildete Angehörige einer Hochkultur, in der »Masse« seine Kritikfähigkeit verliere und sich ganz vorwiegend von Gefühlen leiten lasse.[48] Zugleich gehe die Massenbildung mit einer enormen Steigerung der Affektintensität einher. Der Einzelne unterliege einer hypnoseähnlichen Ansteckung und »Massensuggestion«, werde maßlos, leichtgläubig und verhalte sich nicht selten ausgesprochen grausam, zuweilen aber auch sehr heroisch und uneigennützig. Hervorzuheben ist, dass »Massen« im Sinn von Le Bon nicht unbedingt physische Menschenansammlungen zu sein brauchen, sondern ebenfalls kollektive Fühl-, Denk- und Verhaltensweisen etwa im Sinn von Modeströmungen, des Begriffs der »öffentlichen Meinung« oder unserer »Alltagslogik« umfassen. »Massen« sind für ihn letztlich alle strukturierten oder unstrukturierten Kollektivitäten mit Einschluss, recht überraschend, auch von Schwurgerichten oder Parlamenten. Wahrscheinlich vor allem dieser Begriffsunklarheit wegen ist seine »Massenpsychologie« soziologisch weitgehend aus der Mode gekommen –

46 Vgl. Levine (2006), Volkan (2003a, 2003b).
47 Scheff (1997, S. 149).
48 Le Bon (1939). Eine deutsche Übersetzung erschien erstmals 1911.

durchaus zu Unrecht, wie sich schon im nächsten, Hitler und dem Nationalsozialismus gewidmeten Kapitel zeigen wird.

Sigmund Freud nahm Le Bons Ideen und verwandte Gedanken von Autoren wie Sighele, Trotter und McDougall zum »Herdeninstinkt« und zur »Affektsteigerung« zwar zustimmend auf, kritisierte aber deren ungenügende Berücksichtigung der Rolle einer urvaterartigen und zuweilen fast gottähnlich idealisierten Führerfigur, mit der sich der Einzelne unbewusst identifiziere.[49] Er unterschied zwischen flüchtigen und permanenten, formlosen und strukturierten, führerlosen und geführten Massen und postulierte auf dieser Grundlage, es sei vor allem die regressive gemeinsame Identifizierung mit einer idealistisch überhöhten Führergestalt, welche die individuellen Differenzierungen aufhebe und die Masse zu einer Einheit zusammenschweiße. Deshalb könne Panik ausbrechen und die Masse »zerstieben wie ein Bologneser Fläschchen, dem man die Spitze abgebrochen hat«, sobald der Führer wegfalle. Bemerkenswert ist außerdem, wie Freud den Massenführer charakterisiert: nämlich als willens- und glaubensstark, autoritär und extrem narzisstisch. »Noch heute bedürfen die Massenindividuen der Vorspiegelung, dass sie in gleicher und gerechter Weise vom Führer geliebt werden, aber der Führer selbst braucht niemand anderen zu lieben, er darf von Herrennatur sein, absolut narzisstisch, aber selbstsicher und selbständig.«[50]

Dass eine solche Beschreibung zum Beispiel auf Hitler, mit dem wir uns im nächsten Kapitel beschäftigen werden, in hohem Maße zutrifft, sei hier schon vorweggenommen. Auch der an Heiligenverehrung grenzende Kult, der sich von Zeit zu Zeit rund um moderne Massenidole wie etwa die englische Kronprinzessin »Lady Di« (Diana Frances Mountbatten-Windsor, geb. Spencer, die erste, 1997 bei einem Autounfall umgekommene Ehefrau des britischen Thronfolgers Charles) oder den im Juni 2009 unerwartet verstorbenen Popsänger Michael Jackson entwickelt, beruht ohne Zweifel auf einer kollektiven Identifikation mit einer übermächtigen idealisierten Leitfigur.

Sieben Grundthesen zur kollektiven Affektlogik

Zumindest im Umriss werden auf der Basis der in diesem Kapitel zusammengefassten Befunde die wesentlichen Elemente einer kollektiven Affektlogik zunehmend deutlich erkennbar. Insgesamt konvergieren sie zu der Einsicht, dass kollektive Gefühle im sozialen Geschehen eine herausragende denk- und verhaltensregulierende Rolle spielen. Dank vielfältigen sozialen Resonanz- und

49 Freud (1921/1940, Bd. XIII). Vgl. ferner Sighele (1891), Trotter (1916) und McDougall (1921).

50 Freud (1921/1940, Bd. XIII, S. 158).

Verstärkereffekten treten emotionale Wirkungen auf Denken und Verhalten auf der kollektiven Ebene noch weit deutlicher in Erscheinung als auf der individuellen. Zum Abschluss fassen wir die in unseren Augen wichtigsten Bausteine einer kollektiven Affektlogik (eine Fühl- und Denkweise, die eine beliebigen Mehr- oder Minderzahl von Individuen in einem Kollektiv teilen, wie der Klarheit halber noch einmal präzisiert sei) in die folgenden sieben Kurzthesen zusammen:

1. Fühlen und Denken (oder affektive und kognitive Funktionen) wirken ständig obligat zusammen.
2. Emotionen sind gerichtete Energien oder genauer: evolutionär verankerte, ganzheitliche körperlich-seelische Zustände, die durch spezifische Weisen des Energieverbrauchs charakterisiert sind. Gleichgerichtete kollektive emotionale Energien führen zu mächtigen Massenwirkungen.
3. Vergangene und aktuelle Emotionen üben vielfältige Schalt- und Filterwirkungen auf die kollektive Aufmerksamkeit, das kollektive Gedächtnis und das kollektive Denken aus.
4. Je nach Leitgefühl kann aufgrund dieser Schalt- und Filterwirkungen eine kollektive Angst-, Wut-, Freude-, Trauerlogik usw. entstehen. Auch die scheinbar neutrale Alltagslogik ist untergründig in hohem Maß von Affekten geleitet.
5. Über affektspezifische »Schienen« oder »Leitplanken« bilden sich mit der Zeit umfassende gruppen- oder kulturspezifische affektiv-kognitive Eigenwelten (oder »Mentalitäten«, »Denkstile«, »Ideologien«) aus, die sich laufend selbstorganisatorisch bestätigen und konsolidieren.
6. Bei kritisch steigenden systeminternen emotionalen Spannungen können sich die vorherrschenden kollektiven Fühl-, Denk- und Verhaltensmuster plötzlich sprunghaft verändern.
7. Die beschriebenen affektiv-kognitiven Wechselwirkungen verlaufen auf beliebigen individuellen, mikrosozialen und makrosozialen Ebenen prinzipiell gleichartig.

Diese sieben Thesen stützen insgesamt unsere Annahme, dass affektive Energien tatsächlich die treibenden Motoren und Organisatoren hinter allem sozialen Geschehen sind. Wie die kollektive Affektlogik im Einzelnen funktioniert, soll im Folgenden anhand einer Reihe von konkreten Beispielen untersucht werden. Als Erstes beschäftigen wir uns mit dem ebenso lehrreichen wie ungeheuerlichen Phänomen des Hitler'schen Nationalsozialismus.

2 Hitler und der Nationalsozialismus

Als erstes Großbeispiel für die Wirkung von kollektiven Emotionen analysieren wir in diesem Kapitel die Entstehung der nationalsozialistischen Gewaltherrschaft in Deutschland nach der Niederlage von 1918 und dem aufgezwungenen Versailler Frieden. Die treibenden Kräfte hinter diesem schrecklichen Geschehen waren die gewaltigen emotionalen Energien, die von Gefühlen der nationalen Schande und Demütigung durch diese Ereignisse in Deutschland freigesetzt und in der Folge von Hitler gebündelt, kanalisiert und in eine verhängnisvolle Richtung gelenkt wurden. Die extremen Resonanz- und Verstärkereffekte, die auf diesem Boden zwischen »Führer« und »Volk« auftraten, erhellen mit außerordentlicher Klarheit die emotionalen Mechanismen, die unter gewissen Umständen zur »Versklavung« eines ganzen Volkes durch eine charismatische Führergestalt zu führen vermögen.

Worum es geht

Hitler und der Nationalsozialismus sind ein Schulbeispiel für zwei der wichtigsten Phänomene, von denen im vorangegangenen Kapitel die Rede war: erstens für die Entstehung einer – aus heutiger Sicht völlig abstrusen – kollektiven affektiv-kognitiven Eigenwelt entlang von bestimmten emotionsspezifischen »Schienen«, und zweitens für das Phänomen einer extremen emotionalen Resonanz zwischen dem »singulären Charakter« Adolf Hitlers auf der einen und dem zutiefst verunsicherten deutschen Volk auf der anderen Seite.

Auf diese zwei Erscheinungen wollen wir uns in diesem Kapitel konzentrieren. Einleitend skizzieren wir die emotionale Ausgangslage in Deutschland während und nach dem Ersten Weltkrieg. Unser Augenmerk gilt dabei insbesondere den Schaltwirkungen von Affekten auf das kollektive Denken und Verhalten. Auf diesem Hintergrund wenden wir uns dann der Person Adolf Hitlers und den erwähnten Resonanzerscheinungen zu. Immer wieder werden wir dabei auch auf frappante Belege für unsere These der Selbstähnlichkeit von affektiv-kognitiven Wechselwirkungen auf unterschiedlichen mikro- und makrosozialen Ebenen stoßen.

Unendlich viel Zusätzliches, was darüber hinaus von historischem und auch affektlogischem Interesse wäre – darunter die Reaktionen der europäischen Großmächte, die Konkurrenzkämpfe innerhalb des Nationalsozialismus selbst, der innerdeutsche Widerstand –, müssen wir größtenteils vernachlässigen. Die Geschichte Deutschlands zwischen den beiden Weltkriegen setzen wir als in groben Zügen bekannt voraus. Dagegen wollen wir auch noch aufzeigen, dass aus der Perspektive der Affektlogik sozusagen alles, was im engeren Dunstkreis der nationalsozialistischen Eigenwelt nach 1933 weiter passiert ist – die Kriegsvorbereitungen und der Ausbruch des Zweiten Weltkrieges, die Judenverfolgungen und der schließliche Zusammenbruch der ganzen nationalsozialsozialistischen Hybris –, die logische oder vielmehr eben affektlogische Folge dieser emotionalen Ausgangslage war. Dies setzt freilich voraus, dass man bereit ist, unsere zentrale These gelten zu lassen, dass gleichgerichtete kollektive Emotionen psychosozialen Energien gleichkommen, die, wenn einmal entfesselt, Unglaubliches anzurichten vermögen.

Der emotionale Nährboden

Die Entstehung der nationalsozialistischen Herrschaft ist eng mit den Bedingungen und Folgen des Ersten Weltkrieges verbunden. Er diente dem Zweiten Weltkrieg als Vorbild des »totalen Krieges« und schuf die sozialpsychologischen Voraussetzungen, unter denen sich Hitlers nationalistisch-rassistische Weltanschauung zur nationalsozialistischen Massenbewegung ausweiten konnte. Sowohl der Verlauf des Ersten Weltkrieges als auch die Nachkriegsjahre waren von einem krassen Unterschied zwischen Vorstellung und Realität gekennzeichnet. Der anfänglichen Kriegsbegeisterung stand ein Graben- und Stellungskrieg von bis dahin ungeahnter Brutalität gegenüber, dem 15 Millionen Menschen, darunter sechs Millionen Zivilisten, zum Opfer fielen. Dem Versprechen eines kurzen Krieges[1] folgten vier lange Kriegsjahre, in denen nicht nur an der Front täglich unter widrigsten Umständen um das Überleben gekämpft wurde, sondern auch der Zivilbevölkerung zahlreiche Entbehrungen abverlangt wurden. Die bis zum Ende des Krieges von der Regierung aufrechterhaltene Behauptung eines aufgezwungenen Verteidigungskrieges wurde im Versailler Vertrag durch die Festschreibung der alleinigen Kriegsschuld des Deutschen Reiches in ihr Gegenteil verkehrt. Den immensen Kriegszielen, die den Deutschen stattliche Gebietserweiterungen und auch eine Steigerung der Wirtschaftskraft und des Wohlstandes in Aussicht gestellt hatten, stand der Verlust von 13 % des deutschen Territoriums samt 10 % seiner Bevölkerung gegenüber. Gleichzeitig verlor Deutschland 15 % seiner industriellen Produktionsanlagen sowie 15 % der landwirtschaftlichen Nutzfläche.

Kriegsniederlage und Versailler Vertrag wurden von den Deutschen um so mehr als schamvolle Demütigung empfunden, als die Mobilisierung während des Krieges mit einer starken Aufwertung des Nationalstolzes verbunden gewesen war. Der Glaube, zu einer welthistorischen »deutschen Sendung« auserwählt zu sein, führte zu »ungeahnten Exzessen nationalistischen Überschwangs«[2] mit teilweise fast religiösem Charakter. Diese vaterländische Euphorie fand in der Beschwörung der »nationalen Einheit« ihre Höhepunkte. Von Beginn des Krieges an appellierten die Regierenden an die Zusammengehörigkeitsgefühle der Deutschen: »In dem jetzt bevorstehenden Kampfe kenne ich in meinem Volke keine Parteien mehr. Es gibt unter uns nur noch Deutsche«,[3] so der deutsche Kaiser Wilhelm II. in einer Ansprache anlässlich der Mobilmachung. Die zahlreichen Massenzusammenkünfte kurz vor und während des offiziellen Kriegs-

1 »Ihr werdet wieder zu Hause sein, ehe noch das Laub von den Bäumen fällt«, rief Kaiser Wilhelm II. im August den ausziehenden Truppen zu (zitiert nach Wehler, 2003, S. 3).

2 Wehler (2003, S. 21).

3 Zitiert nach Verhey (2000, S. 118).

beginns waren geeignet, solche Zusammengehörigkeitsgefühle entstehen und wachsen zu lassen. Anlässlich der Erwartung der neuesten Nachrichten auf öffentlichen Plätzen, der Ansprachen der Regierenden sowie der Verabschiedung der in den Krieg ziehenden Soldaten kam eine Masse von Menschen zusammen, die intensive Gefühle miteinander teilten: Ängste, Hoffnungen, Begeisterung für ein und dasselbe Ziel. Das kollektive Erleben intensiver Gefühle – eines gemeinsamen Schicksals – ließ ein Gefühl der Zusammengehörigkeit entstehen, dessen Erlebnis von vielen Zeitgenossen als unvergesslich[4] und emotional überwältigend beschrieben wurde. Das Wegfallen aller Schranken und das Einswerden mit der Gemeinschaft standen bald im Mittelpunkt der Berichterstattung und des Erlebens. So berichtete die »Deutsche Zeitung« am 2. August:

»Wie glutete die Freude über den erlösenden Entschluss heute durch die Straßen der Reichshauptstadt. […] Gleichgültigste Bekannte reichten und drückten sich die Hände. Die innere Verwandtschaft alles dessen, was deutsch ist, brach durch alle Hüllen und Häute der Standes-, Meinungs- und Parteienverschiedenheiten hindurch. Kaiser und Volk und Regierung und Staatsbürger – alle waren eins.«[5]

Nach neueren historischen Studien[6] blieb dieses so genannte »Augusterlebnis« zwar auf die gehobenen Schichten des Bildungsbürgertums beschränkt, während Arbeiter und die ländliche Bevölkerung dem Krieg mit großen Sorgen und Ängsten entgegenblickten. Aber selbst wenn die Kriegsbegeisterung nicht ganz das Massenphänomen war, als welches es in der damaligen Berichterstattung hingestellt wurde, so setzte der Verstärkereffekt kollektiver Gefühle ausreichende emotionale Energien frei, um das Handeln der Menschen zu bestimmen und auch Kriegsskeptiker emotional zu bannen. Nach Kriegsbeginn meldeten sich zahlreiche Männer aus allen sozialen Schichten – darunter auch Hitler – umgehend als Freiwillige zur Armee und auch viele Frauen boten ihre freiwillige Hilfe beim Roten Kreuz an. Wie schwer es war, sich dem kollektiven Rausch des Gemeinschaftserlebnisses zu entziehen, lässt sich daran ablesen, dass auch viele Sozialdemokraten – trotz ihrer pazifistischen und internationalistischen Tradition – in den nationalistischen Kanon einstimmten:

»Diese plötzlich mit so elementarer Gewalt hervorbrechende Liebe zu Deutschen hat manchen Deutschen Sozialdemokraten in der Stunde, als er sich ihrer bewusst wurde, […] mit jähem Schrecken erfüllt. Dieses drängendheiße Sehnen, sich hineinzustürzen

4 »Man wird von dieser ersten Augustwoche erzählen, solange das deutsche Volk existiert und die deutsche Sprache erklingt. Jeder, der das erleben konnte, wird von den Bildern und Stimmungen sein Leben lang begleitet« (Tägliche Rundschau am 9. August 1914, zitiert nach Verhey, 2000, S. 12).

5 Verhey (2000, S. 120). Bei Verhey (2000) finden sich zahlreiche weitere Ausschnitte aus Zeitungsberichten und Erlebnisberichte, die die intensive Emotionalität der ersten Kriegswochen belegen.

6 Zum Beispiel Verhey (2000).

in den gewaltigen Strom der allgemeinen nationalen Hochflut, und von der anderen Seite her, die furchtbare Angst, diesem Sehnen rückhaltlos zu folgen, der Stimmung sich ganz hinzugeben, die rings um einen herum brauste und brandete, und die, sah man sich tief ins Herz hinein, auch von eigenem Innern ja längst schon Besitz ergriffen hatte! Diese Angst: wirst Du auch nicht zum Halunken an Dir selbst und Deiner Sache – darfst Du auch so fühlen, wie es Dir ums Herz ist? Bis dann [...] plötzlich die furchtbare Spannung sich löste, bis man wagte, das zu sein, was man doch war – allen erstarrten Prinzipien zum Trotz – zum ersten Male [...] aus vollem Herzen, mit gutem Gewissen und ohne Angst, dadurch zum Verräter zu werden, einstimmen durfte in den brausenden Sturmgesang: Deutschland, Deutschland über alles!«[7]

Eindrucksvoll findet sich hier bestätigt, welche enormen Energien das Erleben intensiver Zusammengehörigkeitsgefühle freisetzen kann. Anfängliche Widerstände in Form des »Be-Denkens« früherer Überzeugungen werden von dieser Dynamik hinweggespült. Auch die Schaltwirkungen der Emotionen auf das Denken werden hier deutlich. Die Wir-Gefühle bewirken ein »Um-Denken« weg von »erstarrten Prinzipien«, den traditionellen Überzeugungen der Sozialdemokratie, hin zur patriotischen Überzeugung guten Gewissens: »Deutschland über alles.« Parteienübergreifend wurden diese neuen Zusammengehörigkeitsgefühle als die Entstehung der »Volksgemeinschaft« gefeiert. In einer Sitzung des Reichstages am 4. August 1914[8] beschlossen alle teilnehmenden Parteien, ihre politischen Zwistigkeiten einzustellen und sich geschlossen an der Verteidigung der Nation zu beteiligen. Dieses im Überschwang der nationalen Einheitsgefühle getroffene Stillhalteabkommen ging als »Burgfrieden« in die Geschichtsschreibung ein.

Die Idee der »Volksgemeinschaft« diente der Kriegspropaganda als geeignetes Mittel, den Kampfgeist der Deutschen wach zu halten. Bis zum Ende des Krieges appellierten Regierende und Militärs an den in den Augustwochen entstandenen »Geist von 1914«: Einigkeit und Vaterlandsliebe. Die Überzeugung, dass man den militärisch überlegenen Gegner mit »geschlossenem Kampf- und Siegeswillen« schlagen könne, war der Nährboden, auf dem die »Dolchstoßlegende« entstand. Nach dieser Legende hatte das deutsche Heer den Krieg nicht auf dem Feld verloren, sondern an der Heimatfront. Während der Feind den stärkeren

7 So der Sozialdemokrat Karl Bröger in »Bekenntnis – eine Auswahl der Gedichte« (zitiert nach Verhey, 2000, S. 280). Dass nicht alle Sozialdemokraten dem nationalistischen Rausch erlagen, zeigt die Gründung der Unabhängigen Sozialdemokratischen Partei USPD im April 1917.

8 In dieser Sitzung stimmte die SPD auch den Kriegskrediten zu. Die Außergewöhnlichkeit dieser Einstimmigkeit muss auf dem Hintergrund der scharfen innenpolitischen Auseinandersetzungen in der Vorkriegszeit betrachtet werden: »Vor 1914 hatte die Rechte die Linke wiederholt des Verrats bezichtigt (Stichwort ›vaterlandslose Gesellen‹), und die Linke ihrerseits die Konservativen als unmoralisch, selbstsüchtig und machtgierig tituliert« (Verhey, 2000, S. 261).

Willen und bessere Nerven gehabt habe, sei Deutschland von »vaterlandslosen« Zivilisten von hinten erdolcht worden. Diese von führenden Militärs verbreitete Geschichtsfälschung fand vor allem bei jenen Menschen Anklang, die den realen Gründen der Niederlage nicht ins Auge sehen wollten. Wer die militärische Überlegenheit der gegnerischen Kriegsparteien (und damit die eigene Unterlegenheit) nicht akzeptieren wollte, der musste sich von der politischen Entscheidung zur Kapitulation verraten fühlen. Den nationalkonservativen und extremnationalistischen Kräften diente die Legende vom Verrat als Rechtfertigung, weiterhin an den unrealistischen und phantasiegeladenen Vorstellungen über die Größe Deutschlands festzuhalten.

Am Ende des Krieges stand dem Versprechen eines kurzen siegreichen Kampfes und dem Traum der Weltherrschaft eine totale Niederlage gegenüber, die durch den Versailler Vertrag besiegelt wurde. Die Feststellung der alleinigen Kriegsschuld, die Gebietsverluste und hohe Reparationsforderungen hätten den Großmachtsphantasien ein jähes Ende setzen müssen. Doch überwältigende Schamgefühle über die Niederlage und Empörung über die Habgier der Siegermächte standen einer Abkehr von nationalistischem Größenwahn entgegen. Zwei Millionen gefallene Soldaten, knapp eine Million deutsche Kriegsgefangene und Vermisste sowie 2,7 Millionen Kriegsverletzte – der Anblick »der Versehrten, der Blinden, der Amputierten, der Zerschmetterten und Entstellten«[9] gehörte zum Alltag der Nachkriegszeit – hinderten besonders nationalkonservative Kreise nicht daran, den Krieg zu heroisieren. Kriegstraumata, wirtschaftliche Not und schamvolle Gefühle der Erniedrigung standen in einem so krassen Widerspruch zu den nationalistischen Hochgefühlen, dass ein Festhalten an unrealistischen Größenphantasien attraktiver war, als die Niederlage zu akzeptieren und aus ihr zu lernen.

In den Nachkriegsjahren entlarvte sich zwar auch das Versprechen der »Volksgemeinschaft« als Illusion: Der »Burgfrieden« galt nicht mehr, die Weimarer Republik war gekennzeichnet von Parteienzersplitterung und politischer Radikalisierung, doch die Idee der »Volksgemeinschaft« war darum nicht gestorben. Nahezu alle politischen Parteien führten den Begriff in ihren politischen Programmen:

> »Gemeinschaft war eines der magischen Worte der Weimarer Zeit. Von der Gemeinschaft der kleinen Gruppen […] aufwärts bis zum Volk als letzter und höchster Gemeinschaft aller Deutschen reichte die Ausstrahlung eines Begriffes […]. Im Bereich des Politischen vermochte der Gemeinschaftsgedanke eine so nachhaltige Wirkung zu entfalten, weil Gemeinschaft Einheit, Stärke, Macht und innere Geschlossenheit verhieß, alles Dinge, an denen es der Weimarer Republik gebrach.«[10]

9 Eckart (2005, S. 102).
10 Sontheimer (1994, S. 251), so auch Wildt (2008, S. 14 f.).

Unter allen Parteien waren es die Nationalsozialisten, die die Idee einer einheitlichen, starken Volksgemeinschaft am überzeugendsten vertraten. Hitler und seinen Anhängern gelang es, die Wir-Gefühle der Deutschen erneut zu mobilisieren und damit jene Energien freizusetzen, die zu einer bis dahin unbekannten kollektiven Grausamkeit und Menschenverachtung führten.

Adolf Hitler als Kristallisationskern

Hitler und seine Ideologie wurden zum Kristallisationskern, um den herum sich aus der beschriebenen emotionalen Nährsuppe neue kollektive Fühl- und Denkstrukturen herausbildeten. Bald wurden sie derart beherrschend, dass sie schließlich ganz Deutschland – um auf einen Begriff aus Hermann Hakens Synergetik zurückzugreifen – buchstäblich »versklaven«[11] und auf eine affektiv-kognitive Schiene zwingen konnten, welche geradewegs zum Zweiten Weltkrieg, zu Auschwitz und schließlich zum Zusammenbruch von 1945 führte.

Was für eine Person war Adolf Hitler und wie ist es möglich, dass ein einzelner Mensch derart ungeheure Wirkungen zu zeitigen vermochte? Mit dieser Frage haben sich zahlreiche Historiker, Sozialpsychologen und Psychoanalytiker, von Bullock (1953) über Maser (1965, 1971), Fest (1974), Stierlin (1975) und Haffner (1981) bis zu Kershaw (1998) und Wehler (2003) aus unterschiedlichsten Perspektiven auseinandergesetzt. Praktisch alle Autoren verweisen auf das verhängnisvolle Zusammenspiel zwischen den besonderen gesellschaftlichen Umständen einerseits und der »singulären Person«, der »monströsen Sonderbegabung« und der »atemberaubenden Skrupellosigkeit« und Brutalität Adolf Hitlers andererseits – um nur einige der prägnanten Formulierungen aus der monumentalen Biografie von Joachim Fest herauszugreifen. Erich Fromm, der bekannte deutsch-amerikanische Psychoanalytiker und Aggressionstheoretiker, versteht Hitler als krankhaft narzisstischen Nekrophilen, das heißt als einen von einer bösartigen Zerstörungswut getriebenen und von sadomasochistischen Größenideen besessenen Psychopathen.[12] Andere Analytiker gehen von Hitlers Vaterkonflikt und seiner engen Mutterbindung im Sinn des Freud'schen Ödipus- und Kastrationskomplexes aus, der durch Minderwertigkeitsgefühle u. a. unter anderem wegen eines (angeblich bei der Autopsie von Hitlers Leiche im »Führerbunker« 1945 von einem russischen Pathologen entdeckten) angeborenen Fehlens eines Hodens verschärft worden sein soll.[13] Für den Heidelberger

11 Der Begriff der »Versklavung« bezeichnet, wie im Vorkapitel erklärt, die strukturelle und dynamische Neuordnung eines Aktionsfeldes rund um einen neuen so genannten Ordnungsparameter.

12 Fromm (1974).

13 Nach Maser (1971, S. 323 f.), Kershaw (1998, S. 772) und anderen Autoren ist indessen dieser Befund höchst zweifelhaft.

Familientherapeuten Helm Stierlin ist Hitler der geheime Rächer und zugleich »Delegierte« seiner vom Vater gedemütigten und vom jüdischen Arzt Eduard Bloch mit untauglichen Mitteln behandelten krebskranken Mutter, deren Figur er schließlich unbewusst auf ganz Deutschland übertragen hätte.[14] Nicht unähnlich wie Thomas Mann[15] sieht Stierlin Hitler aber auch als verhinderten und ressentimentgeladenen Künstler, der schließlich die ganze Welt zur Bühne seines größenwahnsinnigen Gestaltungswillens zu machen versuchte.

Viele Autoren heben neben Hitlers negativen Eigenschaften aber auch seine Talente hervor, so namentlich seine phänomenalen Fähigkeiten als Redner, sein massenpsychologisches Geschick und seinen taktischen Spürsinn. Auch Hitlers stupendes Gedächtnis, sein autodidaktisch erworbenes Allgemeinwissen und sein zum Teil doch weit mehr als bloß dilettantischer Sachverstand beeindruckten viele Beobachter; so verblüffte er nicht selten seine Generäle mit profunden militärwissenschaftlichen Kenntnissen und auch mit unkonventionellen Erfolgsideen.[16]

Die meisten dieser vielleicht widersprüchlich anmutenden Deutungen schließen sich nicht unbedingt aus, sondern lassen sich zu einem Gesamtbild von allerdings großer innerer Zerrissenheit und emotionaler Sprengkraft zusammenfügen. Dennoch bleiben viele Fragen offen. So schreibt der deutsche Psychoanalytiker Alexander Mitscherlich im Vorwort zu Stierlins Hitlerbuch sicher zu Recht:

> »Freilich, dem Phänomen Hitler kommt man auch in dieser Studie nur schrittweise näher. Die Unerschütterlichkeit von Hitlers Wahn, weltpolitisch ausersehen zu sein als Retter der Menschheit, ein Wahn, der buchstäblich bis zu seinem Selbstmord als Orientierungsgrundlage aller politischen Handlungen akzeptiert war, dieser Größenwahn des einen und diese Bereitschaft der vielen anderen zur Unterwerfung unter diesen Wahn bleibt weiterhin voller sozialpsychologischer Dunkelheit.«[17]

Im Folgenden wollen wir versuchen, zusätzliches Licht in dieses Dunkel zu bringen, indem wir die Schaltwirkungen von Affekten auf das Denken und Verhalten zunächst bei Hitler selbst, dann bei seinen Parteigängern und schließlich in großen Teilen des deutschen Volkes untersuchen. Als Ausgangspunkt verschaffen wir uns einen Überblick über die wichtigsten Stationen in Hitlers emotionalem Werdegang. Anschließend analysieren wir seine Leitaffekte und -gedanken, und schließlich thematisieren wir die Wechsel- und Resonanzwirkungen zwischen ihm und dem deutschen Volk.

14 Stierlin (1995, S. 15).
15 Mann (1939/1989).
16 Unter anderem setzte Hitler gegen den Willen der Generalität die Erfolgsidee durch, im Belgienfeldzug 1940 Fallschirmjäger hinter den feindlichen Linien abzusetzen. Sehr wirksam war ebenfalls sein Vorschlag, Sturzkampfbomber mit furchterregenden Sirenen und Panzer mit überschweren Geschützen auszurüsten.
17 Stierlin (1995, S. 10).

Hitlers emotionaler Werdegang

Drei Phasen lassen sich in Hitlers emotionaler Entwicklung bis zu seinem Eintritt in die Politik mit dreißig Jahren recht klar unterscheiden: Ein erstes und gewissermaßen larvenhaftes Stadium, währenddessen er sich von Tausenden anderer Jungen in ähnlichen Verhältnissen kaum unterscheidet, dauert von der Geburt bis kurz nach Schulaustritt. Ein zweites Stadium ist durch einen langen und höchst eigenartigen sozialen Rückzug gekennzeichnet, der retrospektiv wie eine Vorbereitungs- und Latenzperiode oder, um im Bild zu bleiben, wie eine Art von »Verpuppung« anmutet. Das dritte Stadium kommt der plötzlichen Enthüllung nicht eines harmlosen Schmetterlings, sondern eines grausigen Monstrums für die einen oder eines verführerischen Faszinosums für die anderen gleich. Es setzt mit der plötzlichen Entdeckung von Hitlers Rednertalent im dreißigsten Lebensjahr ein und markiert zugleich den Beginn der besagten Resonanzerscheinungen.

Adolf Hitler wurde am 20. April 1889 in Braunau im österreichischen Waldviertel als viertes von insgesamt sechs Kindern eines damals schon 52-jährigen, vom Schuhmacher zum »Kaiserlich-Königlichen Zollamtoffizial« aufgestiegenen Beamten namens Alois Hitler (früher Schicklgruber[18]) geboren. Seine Mutter Klara war um 23 Jahre jünger und stammte aus bescheidensten Verhältnissen. Scheinbar nichts lässt in Hitlers Kindheit seine spätere monströse Entwicklung voraussehen, so minutiös auch ganze Heerscharen von Experten seinen frühen Lebenslauf nach Auffälligkeiten durchforscht haben. Insbesondere gibt es weder Anzeichen von besonderer Aggressivität oder Grausamkeit noch von außerordentlichen Begabungen, von der Tatsache einmal abgesehen, dass Hitler ein aufgeweckter und interessierter, zeitweise aber auch ausgesprochen störrischer und trotziger Junge war.[19]

Bei genauerem Hinsehen lässt sich freilich doch allerhand auffinden, das im Nachhinein als Keim zu bedeutsamen Entwicklungen erscheint. Namentlich von psychoanalytisch orientierten Autoren wird immer wieder hervorgehoben, dass der junge Adolf seinen autoritären Vater gefürchtet und gehasst, die überängstlich-weiche und verwöhnende Mutter dagegen grenzenlos idealisiert

18 Alois Hitler war der uneheliche Sohn der später mit Johann Georg Hiedler oder Hitler verheirateten Bauernmagd Anna Maria Schicklgruber und trug bis weit ins Erwachsenenalter hinein den Ledigennamen seiner Mutter. Den Familiennamen »Hitler« erwarb er unter offenbar eher dubiosen Umständen erst lange nach dem Tod von Georg Hitler (Maser, 1971, S. 14).

19 Als Quellen dienen uns im Folgenden neben Hitlers eigenen Angaben in »Mein Kampf« insbesondere die Aussagen seiner Schwester Paula und seiner Lehrer (vgl. u. a. Maser, 1971, S. 53; Fest, 1974, S. 37; Stierlin, 1995, S. 25 f.; Kershaw, 1998, S. 44 f.).

hat.[20] Die Überängstlichkeit der Mutter dürfte mit der Tatsache zusammenhängen, dass drei ältere Geschwister kurz vor Adolfs Geburt im Kleinkindalter gestorben waren und auch der um fünf Jahre jüngere Bruder Eduard sechsjährig einer Kinderkrankheit erlag. Bis ins Erwachsenenalter überlebte somit neben Adolf nur die sieben Jahre jüngere Schwester Paula. Sie sagte nach dem Krieg aus, dass Adolf »ein etwas unflätiger kleiner Lausbub« gewesen sei, der seinen Vater oft zu extremer Härte provoziert und jeden Tag sein gehöriges Maß an Prügel erhalten habe. Zumindest einmal ist im Zusammenhang mit diesen Züchtigungen sogar von »lebensgefährlichen Ausmaßen« die Rede.[21] Die hilflose Mutter hätte das Ende der väterlichen Jähzornanfälle jeweils vor der Tür abgewartet. Beides spricht für ein extremes Ausmaß von frühen Hass- und zugleich Ohnmachtsgefühlen. Dennoch seien sämtliche väterlichen Versuche gescheitert, dem widerspenstigen Sohn seine Frechheit auszuprügeln und ihn dazu zu bringen, die Laufbahn eines Staatsbeamten anzuvisieren.

Obwohl sich auch diese emotionale Konstellation nicht signifikant von derjenigen von unzähligen anderen jungen Menschen jener Zeit unterscheidet, liegt es doch nahe, darin den Beginn einer malignen »affektiv-kognitiven Schiene« zu vermuten, die von Hitlers Hass- und Wutgefühlen zuerst dem Vater und dann beliebigen übermächtigen Feinden gegenüber geradewegs zu seiner späteren maßlosen Abneigung gegen die vom Vater verkörperte kaiserlich und königliche bürgerliche Ordnung und schließlich auch gegen die Marxisten und Juden führte. Letztere hatte er in einem bestimmten Moment quasi durch eine »Erleuchtung«, wie er selbst sagt, als universellen Sündenbock hinter all diesen Widrigkeiten identifiziert.[22] Eine polar entgegengesetzte und durch ebenso exzessive positive Gefühle charakterisierte Spur leitet dagegen von der schwärmerisch idealisierten Mutterfigur zur Verherrlichung all dessen hin, was Hitler als »gut« und »rein« empfand und früh schon mit allem Deutschnationalen, Deutschen und schließlich der arischen Herrenrasse überhaupt gleichsetzte.[23] Auch für verdeckte Scham-, Kleinheits- und Minderwertigkeitsgefühle auf der einen und kompensatorische Größen- und Allmachtsphantasien auf der anderen Seite gibt es zahlreiche Hinweise. Wie aus diesen drei »Schienen« mit der

20 In seiner zweckpolitisch geschönten Eigendarstellung in »Mein Kampf« (1937, S. 16) schreibt Hitler, er habe »den Vater verehrt, die Mutter jedoch geliebt«, während er später Vertrauten gegenüber mehrfach zugab, den »Vater nicht geliebt, um so mehr aber gefürchtet« zu haben (Kershaw, 1998, S. 42).

21 Nach Steffahn (1990, S. 22).

22 Hitler (1937, S. 64).

23 Nach Maser (1971, S. 236f.) nahm Hitler schon auf der Oberschule die rechtsextremen politischen Ideen des über alles bewunderten Geschichtslehrers Professor Leopold Pötsch auf. In »Mein Kampf« gedenkt Hitler dieses Lehrers mit lobenden Worten (Hitler, 1937, S. 12f.).

Zeit eine sehr spezifische affektiv-kognitive »Eigenwelt« wurde, werden wir später untersuchen.

In der Schule waren Hitlers Leistungen anfänglich durchweg vorzüglich. Besonders gut war er immer in Geschichte, Geografie und Zeichnen. In Fächern wie Mathematik, Physik oder Französisch begann er dagegen mehr und mehr zu versagen und musste deshalb in der Linzer Realschule zweimal eine Klasse wiederholen. Auch in der Staatsoberrealschule Steyr bei Linz fiel er durch mangelnden Fleiß und unausgeglichene Leistungen auf und blieb sogar der Schule nicht selten unentschuldigt fern.

Als er 13 war, starb unerwartet der Vater. Zweieinhalb Jahre später gab Adolf die Schule vollends auf. Er träumte davon, Maler zu werden, las und zeichnete viel, schwärmte für Wagner und frequentierte dandyhaft mit Frack, Zylinder, Spazierstock und weißen Handschuhen bekleidet so oft wie nur möglich die Oper. Dabei entwickelte er sich zunehmend zu einem Außenseiter, der seine Zeit lesend und träumend auf seinem Zimmer verbrachte und sich von Mutter und Schwester bedienen ließ.[24]

Aus dieser Atmosphäre heraus reiste er 19-jährig mit einer Mappe voller Zeichnungen – es handelte sich vor allem um Gebäudeskizzen ohne Menschen – siegessicher von Linz nach Wien, um dort die Aufnahmeprüfung in die Malerschule der Akademie der Bildenden Künste zu bestehen und die erträumte Künstlerlaufbahn anzutreten. Doch er fiel (zusammen mit 85 von insgesamt 113 Bewerbern) durch. »Zu wenig Köpfe«, notierte ein Examinator lakonisch und riet ihm, Architektur zu studieren, was indes wegen des fehlenden Abiturs nicht möglich war. Eine Welt stürzte zusammen. Hitler war, wie er selbst berichtet, tief geschlagen,[25] brach abrupt jede Beziehung zu seinem bisherigen Busenfreund Kubicek ab und schlitterte nach dem Scheitern auch eines zweiten Anlaufs – belastet zudem vom Tod der krebskranken Mutter im Dezember – für mehrere Jahre in den vorerwähnten sozialen Rückzug ab.

In den nächsten sieben Jahren des planlosen Lesens und Herumsuchens lebte Hitler – zuerst in Wien später in München – von seiner Erbschaft und Gelegenheitsgemälden, bezeichnete sich als freier Künstler und träumte weiterhin von einer großen Maler- oder Architektenkarriere. Er fühlte sich zu Großem bestimmt und litt zugleich unter seiner Namenlosigkeit. In Wien hauste er fast vier Jahre in einem Männerheim für abgebrannte Existenzen, zu denen er indes, mit Ausnahme eines gewissen Reinhold Hanisch,[26] sorgfältig Distanz hielt.

24 Stierlin (1995, S. 78).

25 Hitler (1937, S. 19).

26 Von diesem Hanisch stammen viele, nach Maser jedoch teilweise erdichtete Informationen über Hitlers Künstlerzeit. Hanisch verkaufte Hitlers Zeichnungen und Bilder (u. a. an Juden), bis er auf Hitlers Klage wegen Veruntreuung für eine Woche ins Gefängnis musste (Maser, 1971, S. 77, 89; Fest, 1974, S. 30, 70 ff.; zu Hanischs späterer Verhaftung und wahrscheinlicher Ermordung durch die SS vgl. Anmerkung 48).

Den Tag verbrachte er in Museen, Bibliotheken und Kaffeehäusern, wo er mit geradezu bulimischem Lesehunger historische, philosophische und politische Autoren wie Platon, Schopenhauer, Hegel, Lenin, Nietzsche, Bismarck, Clausewitz, Moltke, aber auch die Bibel und selbst den Talmud gelesen haben soll.[27] Offenbar ging er auch des Öfteren als Zuhörer ins Parlament und gelangte dadurch zu seiner tiefen Verachtung für jede Form von parlamentarischer Demokratie.[28] Ohne dass sich nach außen viel änderte, vollzog sich in dieser Zeit die Wandlung des dunkel sendungsbewussten und wissbegierigen jungen Mannes vom »schwächlichen Weltbürger zum fanatischen Antisemiten«, wie Fest formuliert.[29] In der Tat sog Hitler die verbreiteten deutschnationalen und sozialdarwinistischen Ideen von rechtsradikalen Pamphletisten wie Jörg Lanz von Liebenfels, Georg Ritter von Schönerer und vor allem des langjährigen »national-sozialen« Wiener Bürgermeisters Dr. Karl Lueger wie ein Schwamm in sich auf und destillierte sie zugleich zu einem Eigengebräu um, das sein Weltbild für immer bestimmte. Auch die im Vorkapitel erwähnten Thesen von Gustave Le Bon über Massenpsychologie, die über weite Strecken wie ein Leitfaden für Hitlers spätere Taktik anmuten, haben ihn offensichtlich stark beeindruckt – vermutlich weil sie seiner Verachtung für die »Massen« entgegenkamen und ihm zeigten, wie man sie manipulieren kann.

Der bevorstehenden Musterung zum österreichischen Militär entzog sich Hitler 1913 durch die Übersiedlung nach München. Schon drei Tage nach Kriegsausbruch, nämlich am 4. August 1914, trat er indes freiwillig in die deutsche Armee ein und verbrachte dann vier Jahre an der Front in Flandern, wo er als Meldegänger rasch mitten ins Kampfgeschehen geriet. Er soll ein einsatzfreudiger Soldat gewesen sein, der sich mehrfach freiwillig für besonders heikle Aufgaben meldete und Drückebergerei verachtete. Schon wenige Wochen nach Kriegsbeginn wurde er mit dem Eisernen Kreuz 2. Klasse und kurz vor Kriegsende mit dem Eisernen Kreuz 1. Klasse ausgezeichnet. Zu Kameraden unterhielt er auch im Krieg kaum engere Beziehungen. Dagegen soll er sich nach umstrittenen Nachforschungen von Werner Maser für rund anderthalb Jahre mit einer Französin namens Charlotte Lobjoie liiert haben, deren Porträt er 1916 malte und die ihm ein halbes Jahr nach Abbruch ihrer Beziehung 1918 einen Sohn geboren habe.[30] In dienstfreien Momenten las er weiterhin viel und zeichnete oder malte.

27 Die Quellenlage zu Hitlers Lektüren ist unsicher, unter anderem weil er dazu neigte, Erkenntnisse aus der Literatur sich selbst zuzuschreiben. Sowohl Umfang wie Qualität seiner autodidaktisch erworbenen Kenntnisse werden indes von mehreren Biographen ausdrücklich bejaht (vgl. u. a. Maser, 1971, S. 178 ff.; Fest, 1974, S. 289), von anderen aber bezweifelt (Kershaw, 1998, S. 75).

28 Hitler (1937, S. 85 ff., 100).

29 Fest (1974, S. 62).

30 Maser berichtet über diese Episode in vielen Einzelheiten. Demnach hätte Hitler Charlotte Lobjoie 1916 in einem frontnahen Dorf kennengelernt; ihr im März 1918 geborener Sohn

Bemerkenswert ist die Tatsache, dass Hitler als Gefreiter zur Beförderung zum Unteroffizier zwar vorgeschlagen, dann aber wegen »mangelnden Führungseigenschaften« nicht berücksichtigt wurde. Bis zuletzt blieb er vom deutschen Endsieg felsenfest überzeugt. Umso größer waren dann Wut, Enttäuschung und Beschämung über die schließliche Niederlage, die er – wie große Teile des Heeres – in erster Linie dem »Novemberverbrechen« der Politiker von 1918, der Sabotage der jüdischen und marxistischen Unruhestifter an der »Heimatfront« sowie den Erfolgen der gegnerischen Propaganda zuschrieb.

Nach Kriegsende blieb Hitler noch anderthalb Jahre lang bei seinem Regiment in München, wo chaotische Verhältnisse herrschten. Erst jetzt begann er sich aktiv politisch zu betätigen, und zwar zunächst als antikommunistischer Spitzel und dann als Propagandabeauftragter bei Kriegsheimkehren im Auftrag der Reichswehr. Bei dieser ihm wie auf den Leib geschnittenen Aufgabe offenbarte sich – völlig überraschend für ihn selbst wie für seine Umgebung – sein außerordentliches Rednertalent. Professor Alexander von Müller, ein Historiker, der in den besagten Aufklärungskursen über deutsche Geschichte referierte und Hitlers Naturtalent als Erster entdeckte, schildert dieses Schlüsselereignis wie folgt:[31]

> »Nach Schluss meines Vortrags und der folgenden lebhaften Erörterung stieß ich in dem sich leerenden Saal auf eine kleine Gruppe, die mich aufhielt. Sie schien festgebannt um einen Mann in ihrer Mitte, der mit einer seltsam gutturalen Stimme unaufhaltsam und mit wachsender Leidenschaft auf sie einsprach: Ich hatte das sonderbare Gefühl, als ob ihre Erregung sein Werk wäre und zugleich wieder ihm selbst die Stimme gäbe. Ich sah ein bleiches, mageres Gesicht unter einer unsoldatisch hereinhängenden Haarsträhne, mit kurzgeschnittenem Schnurrbart und auffällig großen, hellblauen, fanatisch kalt aufglänzenden Augen.«

Mit dieser Entdeckung begann Hitlers Karriere als Volkstribun und zugleich die Geschichte einer ganz außerordentlichen Resonanz zwischen ihm und zunehmend größeren Teilen der deutschen Gesellschaft. Bemerkenswert ist, wie viel von diesen später alle Ausmaße sprengenden Wechselwirkungen bereits in dieser winzigen Szene enthalten ist: nicht nur Hitlers suggestive Rhetorik und die Faszination, die er damit auf seine Zuhörer ausübte, sondern auch die Rückwirkung dieser Zuhörer auf ihn selbst. Offensichtlich machte ihn erst die Reaktion seines Publikums zu dem, was er war beziehungsweise werden sollte.

heiße Jean-Marie Lobjoie (später Loret), und 1940 soll die SS in Hitlers Auftrag in Paris geheime Nachforschungen über beide angestellt haben. Charlotte sei 1952 als Alkoholikerin gestorben (vgl. Maser, 1971, S. 600–612, sowie seine Illustrationen Nr. 79, 80, 91, 92, 94 und 95). Ungeachtet dieser präzisen Informationen wird diese Geschichte von anderen Historikern in Zweifel gezogen und zum Beispiel in der Biographie von Kershaw (1998) mit keinem Wort erwähnt.

31 Zitiert nach Maser (1971, S. 165), Deuerlein (1968, S. 85).

Leitaffekte und Leitideen

Nach allen vorliegenden Informationen kann kein Zweifel darüber bestehen, dass Hitler – ganz entgegen der gelegentlich geäußerten These einer autistischen Gefühlsarmut – ein ausgesprochen emotionaler Mensch, wenn nicht gar ein richtiges »emotionales Nervenbündel« war. Dafür spricht nicht nur seine hohe Sensibilität für kollektive Stimmungen. Auch sein von vielen Beobachtern hervorgehobenes »stupendes Gedächtnis«, seine außerordentliche Willensstärke und Energie deuten auf starke Emotionen als Triebfedern hin. Denn Emotionen sind aus der Perspektive der Affektlogik maßgeblich an allen Gedächtnisleistungen beteiligt, und der Wille erscheint sogar, ganz entsprechend den profunden Überlegungen des Genfer Kognitionsforscher Jean Piaget, als eine Art von kompaktem übergeordnetem Gefühl, dessen gebündelte Energie untergeordnete Gefühle und Gedanken organisiert und auf bestimmte Ziele hin polarisiert.[32] Auch Hitlers extremer »Wille zur Macht« ist insofern eminent emotional fundiert.

Alle Leitaffekte wie Hass, Wut und Verachtung mitsamt ihrer Projektion auf übermächtige äußere Feinde entstammen bei Hitler, wenn wir psychoanalytischen Theorien folgen wollen, letztlich einem archaisch-infantilen und egozentrisch-narzisstischen Gefühlsregister. Dies deutet auf ungefestigte Identitäts- und Selbstwertgefühle hin und ist charakterisiert durch einen labilen Wechsel zwischen extremen Größen- und Allmachtsgefühlen einerseits und Anfällen von »narzisstischer Rage« (einer ohnmächtigen Wut über die eigene Machtlosigkeit) andererseits. In der Tat ist in Hitlers Leben immer wieder von einem abrupten Wechsel zwischen geradezu ekstatischen Glücks- und Größengefühlen und grenzenloser Wut, Hass, Empörung und maßlosen Tobsuchtsanfällen die Rede. Ein frühes Beispiel für Ersteres ist eine von Hitlers Jugendfreund August Kubicek geschilderte Episode aus Hitlers Linzer Zeit.[33]

»Der Erwerb eines Lotterieloses entführte ihn für einige Zeit in eine irreale Welt, in der er den zweiten Stock eines herrschaftlichen Hauses (Linz-Urfahr, Kirchengasse 2) mit Rundblick über das jenseitige Donauufer bewohnte. Wochen vor dem Tag der Ziehung wählte er die Einrichtung, prüfte Möbel und Stoffe, entwarf Dekorationsmuster und entwickelte dem Freund seine Pläne für ein Leben edler Ungebundenheit und großzügiger Liebe zur Kunst, das von einer ›älteren, schon etwas grauhaarigen, aber unerhört vornehmen Dame‹ betreut werden sollte, und erlebte bereits, wie sie ›im festlich erleuchteten Treppenhause‹ die Gäste empfangen würde, die ›zu dem ausgewählten

32 Piaget (1995), Ciompi (1997, S. 87 f.).

33 Siehe Fest (1974, S. 42). Maser (1971, S. 81, 311 f.) und andere Autoren zweifeln allerdings an der Zuverlässigkeit von Kubiceks aus dem Jahr 1938 stammenden und klar im Dienst der Hitlerlegende stehenden Angaben.

hochgestimmten Freundeskreis gehören‹ – ehe der Tag der Ziehung ihm den schon sicher geglaubten Traum zerschlug und er in einem maßlosen Tobsuchtsanfall nicht nur das eigene Missgeschick, sondern in bezeichnender Steigerung die Leichtgläubigkeit der Menschen, das staatliche Lotteriewesen und schließlich den betrügerischen Staat selbst bis auf den Grund verdammte.«

Ein solches Verhalten liegt, wenn es der Wahrheit entspricht, hart an der Grenze zum psychopathologischen Bild einer so genannten Pseudologia phantastica, dem Glauben an selbstfabrizierte Luftschlösser. Mindestens bei zwei einschneidenden Erlebnissen – beim Krebstod seiner Mutter und beim Selbstmord seiner Nichte und einzigen »großen Liebe« Geli Raubal – zeigte der junge Hitler aber auch wochenlange Zeichen einer totalen seelischen Erschütterung und Zerstörung. Nach der Aussage von Dr. Eduard Bloch habe dieser letztbehandelnde – und notabene jüdische – Arzt in seiner ganzen über 40-jährigen Karriere nie einen vom Tod eines Angehörigen derart erschütterten jungen Menschen gesehen wie Adolf Hitler.[34] Bezeichnend für Hitlers tiefe Mutterbindung ist ebenfalls die von Kershaw rapportierte Tatsache, dass er ihr Bild immer, sogar noch im Bunker 1945, mit sich getragen habe.[35]

Allerdings entspringen so heftige emotionale Reaktionen oft nicht nur echter Trauer über den Verlust eines geliebten Menschen, sondern auch einer stark mit Selbstmitleid durchmischten narzisstischen Kränkung über das dem Ich von einem bösartigen Schicksal zugefügte Unrecht. Zu ähnlich gefärbten depressiven Zuständen kam es in der Frühzeit fast regelmäßig auch nach unerwarteten Niederlagen, so zum Beispiel, nachdem Hitler bei der Aufnahmeprüfung zur Wiener Kunstakademie durchgefallen war. Auch auf die Kapitulation Deutschlands, mit dessen Schicksal er sich in einem Maß identifiziert hatte, das weit über jeden landläufigen Patriotismus hinausging, reagierte er zehn Jahre später zutiefst beschämt und narzisstisch gekränkt: »Die nächsten Tage kamen, und mit ihnen die entsetzlichste Gewissheit meines Lebens. […] Seit dem Tage, da ich am Grabe der Mutter gestanden, hatte ich nicht mehr geweint. […] Es war also alles umsonst gewesen. […] Je mehr ich mir in dieser Stunde über das ungeheure Ereignis klar zu werden versuchte, um so mehr brannte mir die Scham der Empörung und der Schande in der Stirn«, berichtet er in »Mein Kampf«.[36] Einem ähnlichen Gefühlsregister entspringt auch sein weitgehend missachteter Befehl vom Frühjahr 1945, trotz der klar bevorstehenden Niederlage noch überall in Deutschland die »Taktik der verbrannten Erde«, also der totalen Zerstörung aller noch irgendwie vorhandenen Werte, anzuwenden – eine emotionale

34 Hitler hat Dr. Bloch noch 1940 seine Dankbarkeit mit der Ermöglichung der Ausreise bezeugt, was abenteuerliche psychoanalytische Spekulationen über eine Wurzel von Hitlers Judenhass bei diesem Arzt doch wohl entkräftet.

35 Kershaw (1998, S. 42).

36 Hitler (1937, S. 222, 223, 225).

Verfassung, die Haffner treffend mit derjenigen eines Rennstallbesitzers vergleicht, der sein bestes Rennpferd aus Wut darüber, dass es nicht gewonnen hat, totprügeln lässt.[37]

Intensive, aber extrem gegensätzliche Gefühle äußerten sich des Weiteren in Hitlers zeitweise sehr auffälliger Ambivalenz und Entscheidungsschwäche, die aber plötzlich auch in wilden Aktionismus umschlagen konnte. Besonders krass trat dies 1932 in Hitlers monatelangem Zaudern vor dem Entschluss hervor, gegen Hindenburg als Reichspräsident zu kandidieren.[38] Desgleichen verraten Hitlers Körpersprache, seine nicht selten hysterisch überschnappende Stimme und wilde Gestik, sein nach großen Auftritten schweißgebadeter und total erschöpfter Körper ungeachtet aller dabei zweifelsfrei vorhandenen Schauspielerei,[39] dass er sich immer wieder von heftigen Emotionen fortreißen ließ. Selbst die von vielen Beobachtern notierte auffällige Steifheit von Gesichtsausdruck und Körperhaltung, die namentlich in Hitlers späteren Jahren zu einer Art von Dauerfassade geworden war, hängt unseres Erachtens weniger mit Gefühlsarmut als vielmehr mit einer ständigen krampfhaften Selbstkontrolle und Abwehr von überstarken Emotionen zusammen. Für diese Annahme spricht nicht nur sein allumfassendes, auf tiefe Identitäts- und Existenzängste hindeutendes Kontrollbedürfnis, sondern bis zuletzt auch seine unerwarteten plötzlichen Gefühlsdurchbrüche sowie die vielfach berichtete Tendenz, seine wirklichen Gefühle vor jedermann zu verbergen. So soll er etwa beim ohnehin seltenen spontanen Lachen stets schützend die Hand vor den Mund gehalten haben. Seinen Hund, mit dem er in unbeobachteten Momenten gerne spielte, jagte er sofort grob weg, sobald ihn jemand dabei ertappte.[40] Auch seine vielbeklagte Beziehungslosigkeit, der bewusste Verzicht auf jede engere Freundschaft, die Distanz, die er selbst zu seinen nächsten Bezugspersonen mit Einschluss von Eva Braun einhielt, gehören in denselben Zusammenhang: Er wollte sich von niemandem in die Karten blicken lassen.

Drei Fragen sind aufgrund der zentralen These der Affektlogik, wonach die affektive Grundstimmung primär und das Denken und Handeln sekundär sind, für uns allerdings von weit größerem Interesse als die genaue Ergründung der wechselnden inneren Befindlichkeiten Hitlers: Erstens, welches waren die Leitaffekte, die sein Denken und Handeln hauptsächlich bestimmten, zweitens, mit welchen Leitideen waren diese Leitaffekte verknüpft, und drittens, über welche »Schienen« kombinierten sich beide zu einer in sich funktionell geschlossenen affektiv-kognitiven Eigenwelt?

37 Haffner (2008a, S. 187).

38 Fest (1974, S. 439 ff.).

39 Siehe hierzu zum Beispiel die Fotos Nr. 47 von Hitlers Rednerübungen in Maser (1971) und Fest (1974, S. 235, 450 f.).

40 Fest (1974, S. 709).

Unter den Leitaffekten stechen die schon mehrfach erwähnten Hass-, Wut-, Aggressions- und Frustrationsgefühle auf der einen und die kompensatorischen Größen- und Allmachtsgefühle auf der anderen Seite hervor. Außerdem stößt man immer wieder auf Indizien für dahinterliegende Scham- und Demütigungsgefühle. Wiederum fällt auf, dass wir uns damit vorwiegend in einem typisch narzisstischen Gefühlsregister bewegen, das auf tiefe Identitätsprobleme hinweist und im Zusammenhang mit ähnlichen deutschen Kollektivgefühlen von Bedeutung ist. Zugleich handelt es sich um eine ausgesprochen egozentrische Welt, in welcher andere Menschen kaum als selbständige Wesen, sondern als eine Art von Anhängsel seiner selbst wahrgenommen werden, das nach Belieben instrumentalisiert und nach Gebrauch wieder weggeworfen werden kann. Ins gleiche narzisstische Register gehören Hitlers Skrupellosigkeit und seine Unfähigkeit zu echtem Mitgefühl.

Schon der Jugendfreund Kubicek hat berichtet, dass Hitler von früh auf mit aller Welt überworfen war und Hass empfand, wohin er blickte. Wichtigste Objekte seines Abscheus waren konstant die Juden und Marxisten, konnten aber je nach Kontext wechselnd auch die ganze Donaumonarchie, das Bürgertum, alles Institutionelle und Akademische, die »Neger«, die Slawen umfassen. Dass für ihn hinter allen Feinden immer wieder »die Juden« standen, verbindet Fest mit der Vermutung, dass »Hitlers Antisemitismus nur die gebündelte Form seines bis dahin ziellos vagabundierenden Hasses war, der im Juden endlich sein Objekt gefunden hatte«.[41] Diese Sündenbockthese ist in unseren Augen plausibler als der bloße Hinweis auf die besondere Tradition des Antisemitismus in Deutschland und Österreich, mit der sich Maser als Antwort auf die Frage begnügt, »wie ein so ungewöhnlich eigenwilliger, begabter, belesener und kenntnisreicher Mensch wie Hitler einem so schrecklichen Irrglauben erliegen konnte«.[42] Die Schaltwirkungen seines verzehrenden Judenhasses auf Wahrnehmung, Aufmerksamkeit und kombinatorisches Denken beschrieb Hitler selbst in »Mein Kampf« instruktiv wie folgt:

»[...] denn seit ich mich mit dieser Frage zu beschäftigen begonnen hatte, auf Juden erst einmal aufmerksam wurde, erschien mir Wien in einem anderen Lichte als vorher. Wo immer ich ging, sah ich nun Juden, und je mehr ich sah, um so schärfer sonderten sie sich für das Auge von den anderen Menschen ab. Besonders die innere Stadt und die Bezirke nördlich des Donaukanals wimmelten von einem Volke, das schon äußerlich eine Ähnlichkeit mit dem deutschen nicht mehr besaß.«

»Dies alles konnte schon nicht sehr anziehend wirken; abgestoßen aber musste man werden, wenn man über die körperliche Unsauberkeit hinaus plötzlich die moralischen Schmutzflecken des auserwählten Volkes entdeckte [...]. Gab es denn da einen Unrat, eine Schamlosigkeit in irgendeiner Form, vor allem des kulturellen Lebens, an der nicht

41 Fest (1974, S. 64).
42 Maser (1971, S. 266).

wenigstens ein Jude beteiligt gewesen wäre? Sowie man nur vorsichtig in eine solche Geschwulst hineinschnitt, fand man die Made im faulenden Leibe, oft ganz geblendet vom plötzlichen Lichte, ein Jüdlein.«[43]

Eine mindestens ebenso zentrale Rolle spielten als Leitaffekte in Hitlers – und damit auch Deutschlands – Schicksal seine Größen- und Allmachtsgefühle. Sie durchziehen, mitsamt den berichteten zeitweiligen Umschlägen ins Gegenteil, sein gesamtes Fühlen und Denken von der bereits erwähnten Lotterielosepisode bis, so kann man mit Fug sagen, zu seinem letzten Tag. Denn Spuren davon finden wir in Form von irrealistischen Vermächtnissen an Partei und Nachfolger sogar noch in dem Testament, das Hitler einen Tag vor seinem Suizid am 29. April 1945 unter dem Beschuss der sowjetischen Artillerie im Berliner »Führerbunker« verfasste. Auch in der ganzen Zwischenzeit treffen wir immer wieder auf Beweise für einen zeitweise bis ins Maßlose gesteigerten Allmachts- und Größenwahn.[44] So konnte sich Hitler in gewissen Momenten durchaus im Ernst als »größten Deutschen aller Zeiten« bezeichnen oder mit einer nur alle paar hundert Jahre einmal auftretenden Ausnahmeerscheinung wie Napoleon, Alexander dem Großen oder gar Christus vergleichen.[45] Gemäß einem von Hitler genehmigten Geheimprotokoll vom August 1943 war geplant, ihn nach dem Endsieg zum Messias zu proklamieren, dem gottähnliche Ehren zustanden.[46] Schon in seinen Möchtegern-Künstlerjahren, als er unentwegt Pläne für großartige Prunkbauten in Linz oder Berlin schmiedete, obwohl er gleichzeitig, wie er selbst einmal sagte, das Leben eines »namenlosen armen Teufels« führte, war Hitler davon überzeugt, von der Vorsehung zu Höherem und Höchstem berufen zu sein. Galten seine Größenideen anfänglich fast nur der Kunst, so weiteten sie sich nach der Entdeckung seines politischen Rednertalents alsbald auf ganz Deutschland, ja auf Europa und die ganze Welt aus, die zu beherrschen und vor der »jüdischen Pestilenz« zu säubern er sich auserwählt fühlte. Auf der gleichen Größenidee gründete auch sein Anspruch auf politische Unfehlbarkeit, auf absolute und alleinige Führung von Land und Armee sowie das bedenkenlos usurpierte Recht, nicht nur Millionen von Juden und anderen »Erbfeinden«, sondern auch beliebig viele Angehörige des eigenen Volkes in den Tod zu

43 Hitler (1937, S. 60f.).

44 Von einem echten, durch totalen Realitätsverlust gekennzeichneten psychotischen Größenwahn im psychiatrischen Sinn müssen Hitlers Größenideen allerdings klar unterschieden werden, denn ein solcher wäre mit dem effizient berechnenden und der psychologischen Situation immer wieder hervorragend angepassten Denken und Handeln Hitlers gänzlich unvereinbar.

45 So verglich Hitler die Nationalsozialisten an einer Weihnachtsfeier in München mit den Urchristen und sich selbst mit Christus, dessen angefangenes Werk er zu Ende führen wolle (vgl. Fest, 1974, S. 354, 742f., 749).

46 Aus »Der Privatmann AH« in »Der Standard« (Wien) vom 30. April 2005.

schicken.[47] Eine andere Variante von Hitlers Selbstüberschätzung war seine Herrenmenschenideologie. Sie gipfelt in der Utopie eines »neuen Menschen« in einem »Tausendjährigen Reich« unter deutscher Herrschaft vom Atlantik bis zum Ural, aus dem in einem »möglicherweise jahrhundertelangen rücksichtslosen Ausrottungsprozess« nicht nur »jedes jüdische Element auszumerzen«, sondern auch die Slawen und alle übrigen »minderwertigen Menschenrassen« entweder zu töten, zu vertreiben oder aber in billige Arbeitssklaven umzuwandeln wären.

Das Gegenstück zu der progressiven Wucherung von Hitlers Megalomanie, nämlich untergründige Scham- und Minderwertigkeitsgefühle, sind naturgemäß weniger in direkten Aussagen als in indirekten Hinweisen wie den erwähnten narzisstischen Einbrüchen nach Niederlagen zu finden. Auch sein wilder Hass gegen alle Intellektuellen, Gebildeten und bürgerlich Arrivierten entspricht zweifellos solchen Gefühlen. Zuweilen sprechen sie aber auch aus Hitlers eigenen Worten, so namentlich aus der schon berichteten Reaktion auf die Kapitulation Deutschlands. Ein anderes Indiz ist sein ständiges Bestreben, Einzelheiten zu seiner bescheidenen Herkunft entweder zu verschleiern oder aber idealistisch zu verklären. Kam unvermeidlicherweise doch einmal etwas davon ans Licht, so reagierte er mit einem seiner berühmten Tobsuchtsanfälle. Ebenso wenig wollte er, wie erwähnt, irgendjemandes Schüler gewesen sein, sondern bestand darauf, alle seine großen Ideen einzig kraft des eigenen Genies konzipiert zu haben. Den Landstreicher Reinhold Hanisch, einen engen Kumpanen aus Hitlers dunkelster Wiener Zeit, der offenbar zu viel von ihm wusste, soll er sogar, kaum dass er seiner nach dem Einmarsch in Österreich 1938 habhaft werden konnte, kurzerhand durch die Gestapo haben umbringen lassen.[48]

Hitlers affektiv-kognitive Eigenwelt

Die Art und Weise, wie sich der von Hass, Wut und Scham beherrschte Fühl-Denk-Strang auf der einen und der von Größen- und Allmachtsgefühlen geleitete Strang auf der anderen Seite im Lauf der Zeit in Hitlers Denken zu einem geschlossenen Weltbild verschlingen, liefert ein packendes Beispiel für die Entstehung einer affektiv-kognitiven Eigenwelt im Sinn der Affektlogik. Infolge der Schaltwirkungen von negativen Affekten dem Vater gegenüber mussten dem jungen Hitler bald auch alle »väterlichen« Werte wie Bürgertum, Donau-

47 Hitler scheute nicht davor zurück, selbst schwer invaliden früheren Stukafliegern und anderen Kriegsversehrten »den Gnadentod zu gewähren« (vgl. Maser, 1971, S. 257). Dazu kommen rund 120.000 deutsche Psychiatriepatienten, die er gezielt umbringen ließ (vgl. u. a. Dörner, 1980; Hinterhuber, 1995).

48 Jedenfalls wurde er sofort verhaftet und war wenige Wochen später tot (vgl. Maser 1971, S. 91; Fest 1974, S. 71, 1051, vgl. Anmerkung 26).

monarchie, Schule, geordnete Berufskarriere als hassenswert erscheinen. Nach der Abweisung durch die Wiener Kunstakademie lagerte sich dem gleichen Fühl-Denk-Strang pauschal ferner alles Intellektuelle und Institutionelle an. Spätestens im Adoleszentenalter vereinigte er sich – formallogisch keineswegs zwingend – aufgrund der attraktiven Wirkung von gleichartigen Affekten zudem mit Hitlers wilder Abneigung gegen alles Jüdische. Und formal ebenso unlogisch, aber »affekt-logisch« zwingend, schloss sich diesem Gedankenkomplex über einige lockere Fühl-Denk-Brücken wie die Tatsache, dass Marx, Engels und andere führende kommunistische Revolutionäre Juden waren und manche Banken in jüdischer Hand lagen, schließlich auch noch Hitlers summarischer Antimarxismus und sein ebenso summarischer Antikapitalismus an.

Der durch ausufernde Größen- und Allmachtsideen gekennzeichnete Komplementärstrang dagegen wurzelt, zumindest aus psychoanalytischer Sicht, in der symbiotischen, als grenzenlos gewährend und verwöhnend erlebten Mutterbeziehung. Indem er laufend alles absorbierte, was eine ähnlich positive Affektfärbung hatte, entwickelte sich dieser Strang schließlich bis zu einer ins Mythische und Mystische überhöhten, wie eine allumfassende »Große Mutter« anmutenden Ideal- und zugleich Wunschwelt. Dazu gehören vermutlich bereits frühe bedeutsame Bildeindrücke, die Hitler sechsjährig als Chorknabe in Form von prunkvoll inszenierten katholischen Ritualen im berühmten Benediktinerstift von Lambach bei Linz empfing. Auch die überwältigenden Gefühle des Sechzehnjährigen beim erstmaligen Anblick der Prunk- und Monumentalarchitektur entlang der Wiener Ringstraße flossen in diese schwärmerische Idealwelt ein. Sie führen nicht nur weiter zu eigenen grandios-irrealistischen Bauprojekten[49], sondern auch zu den gewaltigen, oft bis ins kleinste Detail von Hitler selbst in Szene gesetzten opernhaften Massenritualen mit Fahnenmeeren, Menschenphalangen im Gleichschritt, Lichteffekten und skandierten Heilsrufen anlässlich der Nürnberger Reichsparteitage.

Nicht genug Gewicht kann man unseres Erachtens in diesem selbstorganisatorischen Prozess dem Einfluss der Wagneropern einräumen, nach denen der junge Hitler – bei sonst eher dürftigem Musik- und auch allgemeinem Kunstverständnis – richtiggehend süchtig war: Allein »Tristan und Isolde« soll er nach eigenen Aussagen mindestens dreißig bis vierzig Mal und den »Lohengrin«, mit dessen Retterrolle er sich in hohem Maße identifizierte, gar an die hundert Mal gesehen haben.[50] Gewiss nicht zufällig wollte er im Überschwang nach seinem ersten großen außenpolitischen Triumph, nämlich der Besetzung des Rhein-

49 So hatte Hitler zum Beispiel die Idee, die Wiener Hofburg abzureißen und durch einen Neubau seiner Konzeption zu ersetzen, eine von Wagner liegen gelassene Oper fertig zu komponieren, in Berlin eine fünf Kilometer lange Prachtstraße und einen 220 Meter hohen Kuppelbau zu errichten und anderes mehr (vgl. Maser, 1971, S. 113; Fest, 1974, S. 927 ff.).

50 Fest (1974, S. 52, 683).

landes im Jahr 1936 ohne militärische Gegenreaktion der Westmächte, stundenlang nichts als ebendiesen Lohengrin hören.[51] Hitlers ganzes Fühlen und Denken war wagneropernhaft mythologisiert und in archaische Zeit- und Raumdimensionen transponiert. Erst auf diesem Hintergrund wird sein unbeirrbarer Glaube an seine Sendung als Menschheitsbefreier von der »Judenpest« und Begründer eines »Tausendjährigen Reiches« psychodynamisch verständlich.

Die definitive Ausgestaltung zu einer funktionell in sich geschlossenen Eigenwelt von explosiver Kraft erfuhr dieser jahrzehntelange Fühl-Denk-Prozess zweifellos während der einjährigen Haftstrafe, die der inzwischen zum politischen Rädelsführer und Lokalagitator avancierte Adolf Hitler 1924 wegen seiner Teilnahme am misslungenen rechtsradikalen Münchner »Novemberputsch« auf der Festung Landsberg am Lech absitzen musste. Nicht nur wusste er – dank behördlicher Unterstützung – seine Inhaftierung zu einem grotesken Luxusaufenthalt mit täglichen Huldigungen durch mitgefangene Gesinnungsgenossen in einem hakenkreuzbekränzten Esssaal umzufunktionieren. Vor allem nutzte er diese Zeit zur Abfassung des Programm- und Bekenntnisbuches »Mein Kampf«, dessen radikale Grundideen, allen scheinheiligen späteren Distanzierungsversuchen zum Trotz, bis zuletzt das »granitene Fundament« all seines Denkens und Fühlens bildeten.

So verschwommen die Logik von Hitlers Überlegungen in »Mein Kampf« oft auch anmuten mag – affektlogisch ist sie in Anbetracht der geschilderten Leitgefühle durchaus konsistent und damit für ähnlich gestimmte Menschen attraktiv. Nicht zuletzt versah die schriftliche Fixierung seiner Ideen über fast 800 Seiten Hitler mit einem unerschöpflichen Reservoir von fertigen Formeln, Bildern und Schlagworten, aus dem er in seinen Reden nach Belieben schöpfen konnte. Gleichzeitig trug dieses erstmalige schriftliche »Zur-Sprache-Bringen« seiner Ideen ohne Zweifel Entscheidendes zur Verfestigung seiner lange unsicheren Identitätsgefühle bei.

Hitlers intuitive Affektlogik

Ein ganz anderer Aspekt von Hitlers Umgang mit Affekten muss abschließend noch hervorgehoben werden: Es ist seine eigene Reflexion über die Wirkung von kollektiven Gefühlen und die Art, wie er seine Einsichten in die Praxis umsetzte. Vermutlich vorwiegend aufgrund der Leitideen in Gustave Le Bons Buch zur Massenpsychologie hat er offensichtlich schon frühzeitig manches intuitiv erfasst, was die moderne Wissenschaft und speziell die Affektlogik heute zum Zusammenspiel von Fühlen und Denken postuliert. So war ihm durchaus bewusst, dass das kollektive Denken weitgehend von der kollektiven emotionalen

51 Fest (1974, S. 683).

Stimmung abhängt und jede wirksame Propaganda sich primär an das Gefühl der »Massen« und erst sekundär auch an den Verstand zu richten hat. In »Mein Kampf« schreibt er beispielsweise über die »wahrhaft fürchterliche Waffe der feindlichen Propaganda«:

»An dieser feindlichen Kriegspropaganda habe auch ich unendlich gelernt [...]. Sie hat sich ewig nur an die Masse zu richten. [...] so muss ihr Wirken auch immer mehr auf das Gefühl gerichtet sein und nur sehr bedingt auf den so genannten Verstand. [...] Jede Propaganda hat volkstümlich zu sein und ihr geistiges Niveau einzustellen nach der Aufnahmefähigkeit des Beschränktesten unter denen, an die sie sich zu richten gedenkt.«

»Das Volk ist in seiner überwiegenden Mehrheit so feminin veranlagt und eingestellt, dass weniger nüchterne Überlegung, vielmehr gefühlsmäßige Empfindung sein Denken und Handeln bestimmt.«[52]

Zugleich hat Hitler aber auch sehr gut begriffen, dass es keineswegs genügt, emotionale Energien aufzurühren, sondern dass diese der Kanalisierung durch einfache, aber unablässig wiederholte Ideen bedürfen. Als wichtigstes Mittel hierzu erkennt er »die Brandfackel des unter die Masse geschleuderten Wortes«:

»Die breite Masse eines Volkes vor allem unterliegt immer nur der Gewalt der Rede. Alle großen Bewegungen aber sind Volksbewegungen, sind Vulkanausbrüche menschlicher Leidenschaften und seelischer Empfindungen, aufgerührt entweder durch die grausame Göttin der Not oder durch die Brandfackel des unter die Masse geschleuderten Wortes.«

»Die Aufnahmefähigkeit der großen Masse ist nur sehr beschränkt, das Verständnis klein, dafür jedoch die Vergesslichkeit groß. Aus dieser Tatsache heraus hat sich jede wirkungsvolle Propaganda auf nur sehr wenige Punkte zu beschränken und diese schlagwortartig solange zu verwerten, bis auch bestimmt der Letzte unter einem solchen Worte das Gewollte sich vorzustellen vermag.«[53]

Genau solcher Methoden hat sich Hitler, von Goebbels kongenial sekundiert, vor wie nach der »Machtergreifung« von 1933 mit unglaublichem Geschick bedient. Gelegentlich äußerte er sogar, ein Parteiprogramm könne »noch so blödsinnig sein, in der Festigkeit, in der es vertreten wird, liegt die Ursache zum Geglaubtwerden«[54]. Auch Fest betont, dass »die bis heute verbreitete Vorstellung vom Instinktmenschen Hitler, der mit hellseherischer Sicherheit oder, wie er selbst gerne vorgegeben hat, ›nachtwandlerisch‹ seinen Weg ging, die Rationalität und planvolle Kälte [übersieht], die seinen Verhaltensweisen zugrunde gelegen und seinen Aufstieg in nicht geringerem Maße bedingt hat als alle

52 Hitler (1937, S. 194, 196 ff., 201).
53 Hitler (1937, S. 116, 198).
54 Nach Fest (1974, S. 340).

augenscheinlich medialen Fähigkeiten«.[55] Unseres Erachtens allerdings handelte Hitler nur zu einem Teil in einer bewussten und zu einem anderen und – zumal in den frühen Jahren – wohl größeren Teil eher in einer »unbewusst zielstrebigen« Weise, wie man paradox formulieren kann. So insbesondere, indem er als vermeintlicher künftiger Maler oder Architekt aus einem unbestimmten Sendungsgefühl und scheinbar »für nichts« eine Unmenge an Militär- und Politliteratur verschlang und zugleich das österreichische Parlament studierte. Oder auch, indem er später – wie etwa bei der Rheinlandbesetzung 1936 – immer wieder politisch hoch pokerte und von seinen Erfolgen dann selbst überrascht war. Unsere Hypothese ist, dass Hitler – wie ein Stück weit übrigens jedermann – seit jeher bewusst-unbewusst auf der Suche nach seiner »eigentlichen Identität« war, die sich ihm und der Umwelt in ihrer ganzen Ungeheuerlichkeit erst nach und nach enthüllte. Mit seltener Klarheit wird an Hitlers Beispiel erkennbar, dass »Identität« nicht etwas ist, das man von vornherein einfach »hat«, sondern das man progressiv gewinnt und durch das Echo aus dem sozialen Umfeld gewissermaßen »zugeteilt bekommt«. Gleichzeitig tritt damit abermals, wie feuriges Magma durch den Schacht eines Vulkans, etwas von den emotionalen Kräften ans Tageslicht, die offenbar das individuelle und kollektive Gesamtgeschehen untergründig bestimmen.

Die Frage, wer Hitler »eigentlich« war, lässt sich aufgrund des bisher Gesagten deshalb nur unzureichend beantworten. Zu dem, was er war, wurde er erst durch die außerordentliche emotionale Resonanz, die er im deutschen Volk auslöste. Diese Resonanz wollen wir nun näher ins Auge fassen.

Nationale emotionale Resonanz

Hitlers Weg an die Macht wurde ermöglicht durch eine breite Zustimmung in der deutschen Bevölkerung sowie durch die Tatsache, dass die konservativen Kräfte, welche Hitler den Weg zum Reichskanzler ebneten, seine politischen Fähigkeiten massiv unterschätzten. Als diese ihren Irrtum erkannten, war es zu spät, sich Hitler in den Weg zu stellen. Als frisch ernannter Reichskanzler (30. Januar 1933) setzte Hitler seine politischen Pläne zur Zerstörung der demokratischen Strukturen mit atemberaubender Geschwindigkeit in die Tat um. Mit der Notverordnung zum Schutz von Volk und Staat vom 28. Februar wurden die wesentlichen Grundrechte der Weimarer Verfassung außer Kraft gesetzt. Gleichzeitig mit einer Amnestie für Straftaten mit radikal-nationalistischem Hintergrund verkündigte die Regierung am 21. März eine Verordnung, mit der jegliche Kritik an der Regierung mit Gefängnis bestraft werden konnte. Zwei Tage später, am 23. März, wurde der Reichstag durch das Ermächtigungsgesetz

55 Fest (1974, S. 186).

entmachtet. Am 31. März folgte das Gleichschaltungsgesetz, mit dem die Landesregierungen aufgelöst und an ihre Stelle Reichstatthalter eingesetzt wurden. Die Gewerkschaften wurden im Mai zerschlagen, die Auflösung der Parteien folgte im Juni. Die Zerstörung der demokratischen Strukturen war begleitet von verschiedenen antijüdischen Maßnahmen wie dem Aufruf zum Boykott jüdischer Geschäfte zum 1. April und des Gesetzes zur Wiederherstellung des Berufsbeamtentums vom 7. April, das die Entlassung von so genannten »Nichtariern« aus dem öffentlichen Dienst anordnete.

Jene Kräfte, die Hitler an die Macht verholfen hatten, erkannten anhand dieser radikalen Maßnahmen ihre Fehleinschätzung, Hitler für den Aufbau eines autoritären Regimes nach ihren eigen Vorstellungen benutzen zu können. Die breite Zustimmung der Bevölkerung blieb jedoch erhalten, ja sie stieg in den kommenden Monaten noch an. Die Zahl der Mitglieder in der NSDAP wuchs von 850.000 im Januar 1933 auf 2,5 Millionen im Mai. In einer Volksabstimmung am 19. August 1934 bestätigten nahezu 90 % der Wähler Hitler als Staatsoberhaupt, Reichskanzler, Parteiführer und Obersten Befehlshabers der Reichswehr in einer Person.

Dass die Zustimmung zu Hitler trotz der rücksichtslosen Zerschlagung demokratischer Strukturen und brutaler terroristischer Gewalt noch wuchs, hat bis heute etwas Verstörendes. Erklären kann man diese Hitler-Begeisterung »wider alle Vernunft« nur mit der gewaltigen emotionalen Resonanz, die Hitler mit seinem suggestiven Rednertalent, seinem fanatischen Weltbild, seinen Größen- und Allmachtsphantasien und seinem wütenden Hass in der Bevölkerung auszulösen vermochte: Über zirkuläre Wechselwirkungen zwischen »Volk« und »Führer« führten emotionale Ansteckung, Konformitätsdruck und weitere im Vorkapitel erklärte Mediatormechanismen zu einer fortlaufenden gegenseitigen Bestätigung von Leitaffekten wie Hass, Empörung, Erniedrigungs- und kompensatorischen Größengefühlen und gleichzeitig zu einer steten Verfestigung der mit diesen Gefühlen verbundenen Leitideen. Durch diese Dynamik entstand – gewissermaßen lawinenartig – innerhalb kürzester Zeit eine für viele Menschen attraktive affektiv-kognitive Eigenwelt im Sinn einer emotional und ideologisch gleichgeschalteten nationalsozialistischen »Volksgemeinschaft«, die von intensiven Wir-Gefühlen zusammengehalten wurde. Das riesige Energiepotenzial dieser kollektiven Emotionen leitete Hitler mit Hilfe seiner raffinierten massenpsychologischen »Techniken zur Beeinträchtigung der Willenskraft« gezielt auf seine verbrecherischen Ziele hin. Erst die adäquate Berücksichtigung der zentralen Rolle dieser kollektiven Gefühle und ihrer Schaltwirkungen auf das allgemeine Denken und Verhalten ermöglicht es besser zu verstehen, wie die nationalsozialistische »Versklavung« Deutschlands und der Massenmord an den europäischen Juden möglich wurde.

Betrachten wir nun einzelne Aspekte dieses noch heute kaum begreiflich scheinenden Kollektivgeschehens genauer.

Gemeinsamkeiten zwischen Hitler und den Deutschen

»Es war ein für die ganze Welt ein tragischer Zufall, dass Hitlers persönliche Misere so gut mit der deutschen Misere im Jahre 1919 übereinstimmte«,[56] schrieb der spätere Hitlerbiograf Sebastian Haffner in den Jahren 1939/40 im englischen Exil. Zwischen Hitlers individuellem Werdegang (seine gescheiterte Künstlerkarriere, der ein sozialer Abstieg folgte) und der kollektiven Geschichte Deutschlands (die Kriegsniederlage, die mit einem enormen politischen Prestige- und Machtverlust verbunden war) bestand eine eindeutige Parallele. Beide Niederlagen waren nicht bloße Misserfolge: Den hochfliegenden Träumen und Phantasien eines gefeierten Künstlerdaseins und »Großdeutscher Weltherrschaft« folgte ein jäher Absturz in die Realität, der aufgrund der vorherigen Größen- und Allmachtsphantasien als schreckliches Fiasko erlebt wurde. Gleich wie Hitler erlebten die Deutschen ihre Niederlage als schamvolle Demütigung. Diese Gefühlslagen der Scham und Minderwertigkeit kommen in Interviews, die der Sozialwissenschaftler Stephan Marks mit ehemaligen Nationalsozialisten durchgeführt hat, eindringlich zum Ausdruck. Einer der Interviewpartner berichtet beispielsweise Folgendes:

> »Und für mich war immer Versailles ein Schlüssel, und so sind wir auch immer wieder darauf aufmerksam gemacht worden, sogar meine sanftmütige Mutter, die hat darunter gelitten. Man hat Deutschland wehrlos gemacht, gewissermaßen ehrlos. [...] Durch den Versailler Vertrag durften wir keine Flugzeuge haben, drüben unsere Nachbarn ringsum, die haben Kampfflugzeuge gehabt und noch und noch Bomber, wir nichts in der Richtung, keine Panzer durften wir haben, die deutsche Armee. Die anderen hatten sie in Massen, und das ging mir alles durch den Kopf, das empfand ich als furchtbar ungerecht und demütigend. Uns so bin ich aufgewachsen und war dann begeistert, wie dann der Hitler in mein Bewusstsein gedrungen ist und versprochen hat, den Deutschen wieder zu ihrer Ehre und zu ihrem Recht zu verhelfen.«[57]

Den schamvoll erlebten Niederlagen folgte – weder bei Hitler noch bei den Deutschen – kein nüchterner Blick auf die Tatsachen, sondern Wut und Hass, die in aggressive Schuldzuweisungen gegen andere mündeten. Doch warum setzt das Erleben von Schamgefühlen so viele negative Energien frei? Schamgefühle entstehen immer dann, wenn sich Menschen in ihrer Selbstachtung verletzt fühlen und ihre positiven Selbstbilder bedroht werden. Die Wahrung einer positiven Identität ist jedoch nicht nur eine wesentliche Quelle zur Sinnstiftung, sondern auch, wie wir bereits in Kapitel 1 erklärt haben, geradezu lebenswichtig. Zu ihrer Verteidigung mobilisieren darum die Menschen gewaltige Kräfte, die sich gegen jene richten, von denen sie sich bedroht fühlen. Dies gilt für den einzelnen

56 Haffner (2008b, S. 36).
57 Marks (2007, S. 88).

Menschen ebenso wie für Gruppen und ganze Nationen. Die Verteidigung einer positiven kollektiven Identität bildet daher einen der wichtigsten »emotionalen Motoren«, eine Energiequelle, deren Kraft auch in nationalistischen Extremismen, Fundamentalismen und Terrorismen zum Ausdruck kommt. Die existenzielle Bedeutung einer positiven Identität zeigt sich auch darin, dass Schamgefühle zu den schmerzhaftesten Empfindungen des Menschen gehören. Blinde Wut und Aggressivität sind ein Versuch, diesen überwältigenden Schmerz abzuwehren und auszulöschen. Deshalb reagierten Hitler wie Deutschland auf ihre Niederlagen nicht damit, den Realitäten ins Gesicht zu sehen, sondern mit Erbitterung, Trotz und Hass. Diese kollektiven Emotionen konnte Hitler auch deshalb so gut lenken, weil seine persönliche Niederlage schon länger zurücklag und sich seine zunächst wenig klaren Ideen inzwischen zu einer scharf konturierten Ideologie verfestigt hatten:

»Was die Nation im Augenblick erst erlebte: die Aufeinanderfolge von Entzauberung, Absturz und Deklassierung mitsamt der Suche nach den Schuld- und Hassobjekten, hatte er (Hitler, d. A.) lange hinter sich gebracht; seither auch hatte er Gründe und Vorwände, kannte die Formeln, die Schuldigen, und das erst gab seiner eigentümlichen Bewusstseinsverfassung den exemplarischen Charakter, so dass die Menschen sich in ihm wiedererkannten.«[58]

Indem Hitler die bereits vorhandenen emotionalen Schwingungen intensivierte, entfesselte er eine gewaltige Energiequelle, die sich in Hass und Zerstörungswut entlud. Gleichzeitig ist die Tatsache, dass sich die emotionalen Reaktionen Hitlers auf der kollektiven Ebene mit auffälliger Ähnlichkeit und Zwangsläufigkeit wiederholten, ein Beleg für unsere in Kapitel 1 erläuterte Fraktalhypothese der Affektlogik, für die wir im folgenden Unterkapitel weitere Beispiele nennen wollen.

Affektiv-kognitive Wechselwirkungen im Kleinen wie Großen

Der Verstärkereffekt kollektiver Emotionen, der mit der gleichen Gefühlslage Hitlers und der Deutschen seinen Anfang nahm, fand durch Hitlers Erfolge als politischer Redner seine Fortsetzung. Mit der Entdeckung seines außergewöhnlichen Redetalentes begann, wie bereits beschrieben, seine politische Karriere. Von der Reichswehr beauftragt besuchte Hitler im September 1919 eine Versammlung der neu gegründeten Deutschen Arbeiterpartei (DAP). Auf einen leidenschaftlichen Diskussionsbeitrag hin erhielt er die Einladung, der DAP beizutreten. Nach kurzem Zögern nahm er dieses Angebot an und erreichte mit seinem begeisterten Aktivismus bald eine Führungsrolle innerhalb

58 Fest (2006, S. 231).

der Partei. Sein unbezähmbarer Tatendrang verwandelte die DAP, die bis dahin eher eine »bescheidene völkische Bierrunde«[59] war, in eine an die Öffentlichkeit strebende Kampfpartei. Die erste öffentliche Versammlung, zu der 111 Menschen erschienen und auf der Hitler eine dreißigminütige Rede hielt, führte laut Fest »zum Durchbruch zu sich selbst«[60]. Die Begeisterung, die Hitler bei seinen Zuhörern wecken konnte, erlebte er als eine bis dahin unbekannte Form der Selbstbestätigung, deren rauschhafte Glücksgefühle er in seinen zukünftigen rasch aufeinanderfolgenden Redeauftritten zu wiederholen suchte.

Am 24. Februar 1920 fand im Festsaal des Münchner Hofbräuhauses die erste von rund 2000 Zuhörern besuchte Großveranstaltung statt. Als Zweitredner verkündete Hitler hier das »25-Punkte-Programm«, das bis zur Auflösung der NSADP Gültigkeit behielt und bereits im Kleinen seine spätere Politik enthielt. Der Erfolg dieser Veranstaltung (die später als Legende in die Parteigeschichte einging und mit dem Thesenanschlag Martin Luthers verglichen wurde) spornte die Parteimitglieder an, ihr Engagement zu intensivieren. Eine Woche später erfolgte die Umbenennung der DAP in NSDAP (Nationalsozialistische Deutsche Arbeiterpartei).

Es folgten zahlreiche weitere Massenveranstaltungen, in denen Hitler nun meist als Hauptredner auftrat. Hitlers Ruf als »glänzender Redner« begann sich in München auszubreiten, seine Auftritte waren von zunehmenden Teilnehmerzahlen begleitet. Womit Hitler die Menschen für sich und seine Partei einzunehmen wusste, waren nicht allein die Inhalte seiner Reden, in denen er die zu jener Zeit weit verbreiteten völkisch-nationalistischen und antisemitischen Parolen aufgriff. Es war vielmehr seine Leidenschaftlichkeit, mit der er die Menschen in seinen Bann zog. Hitlers authentische Begeisterung für die Ziele der NSDAP wie auch sein artikulierter Hass auf die politischen Gegner und die Juden faszinierte und riss die Menschen mit. So hatten Hitlers öffentliche Auftritte schon in den frühen Zwanzigerjahren etwas emotional Berauschendes an sich. Dies lässt sich an den Schilderungen von »Erweckungserlebnissen« der damaligen Zeit ablesen:

»Augenblicklich waren meine kritischen Fähigkeiten ausgeschaltet ... Ich weiß nicht, wie ich die Gefühle beschreiben soll, die mich überkamen, als ich diesen Mann hörte. Seine Worte waren wie Peitschenschläge. Wenn er von der Schande Deutschlands sprach, fühlte ich mich imstande, jeden Gegner anzuspringen. [...] Die Willenskraft dieses Mannes, die Leidenschaft seiner ehrlichen Überzeugung schienen auf mich überzuströmen. Ich hatte ein Erlebnis, das sich nur mit einer religiösen Bekehrung vergleichen lässt.«[61]

59 Fest (2006, S. 195).
60 Fest (2006, S. 188).
61 Zitiert nach Fest (2006, S. 238).

Solche Erweckungserlebnisse wiederholen sich Jahre später bei den aufwändig inszenierten Massenveranstaltungen der Partei tausendfach. Was sich anfangs in Münchner Bierstuben abgespielt hatte, weitete sich Schritt für Schritt auf die Münchner Umgebung, ganz Bayern und schließlich mit den ersten Wahlerfolgen der NSDAP auf ganz Deutschland aus. Auch dieser Prozess macht die fraktalen Selbstähnlichkeiten im Großen wie Kleinen erkennbar: Hitlers Redeauftritte hatten vor 100 bis 200 Zuhörern die gleiche emotionale Wirkung wie in späteren Jahren vor Hunderttausenden, wobei sich die allseitige emotionale Resonanz durch anwachsende Zuhörerzahlen noch beständig intensivierte.

Ein weiteres emotional wirksames Charakteristikum der nationalsozialistischen Politik war bereits in den frühen Jahren im Keim angelegt: Hitlers aktivistischer Politikstil, mit dem er beständig die Aufmerksamkeit der Öffentlichkeit auf sich zog und einen stetig wachsenden Personenkreis an sich band. Hierzu gehörten regionale Versammlungswellen, zahlreiche Plakat- und Flugblattaktionen, Musikzüge und Demonstrationsmärsche. Selbst die späteren zahlreichen Parteiorganisationen wie Hitlerjugend und »Kraft durch Freude« fanden in gemeinsamen Ausflügen, Konzerten und Sonnwendfeiern, zu denen die Partei ihre Mitglieder einlud, ihre Vorläufer. Aktivismus und Tatkraft verschufen der Partei das Image der entschlossenen Kampfbereitschaft und Jugendlichkeit. Gleichzeitig grenzte sich die NSDAP mit dem Prinzip »Taten statt Worte« von den bürgerlichen Parteien ab, die auf parlamentarischem Wege keine Lösung der sozialen Probleme fanden. Hitlers Wille, seinen Worten Taten folgen zu lassen, war bereits 1920 stark ausgeprägt: »Wir brauchen Gewalt, um unseren Kampf durchzusetzen«, so Hitler während verschiedener Reden im Münchner Hofbräuhaus, »mögen sich die anderen in ihren Clubstühlen reckeln (sic), wir wollen auf den Biertisch steigen.«[62]

Ausdruck fand diese Tatkraft auch in einer völlig neuartigen Form des Wahlkampfes. Unter dem Motto »Der Führer über Deutschland« organisierte die NSDAP 1932 vier Deutschlandflüge, die es Hitler ermöglichten, in kurzer Zeit 148 Massenkundgebungen abzuhalten. »Das Bild eines über den Klassen schwebenden Heilsbringers«[63] erreichte Millionen von Menschen, die von den spektakulären Auftritten tief beeindruckt waren. Die Theatralik, die sich in diesen massenwirksamen Inszenierungen bereits andeutete, fand in späteren Jahren auf dem jährlich stattfindenden Reichsparteitag der NSDAP ihre Höhepunkte: Um seine Auftritte von imponierenden Lichteffekten begleiten zu lassen, verlegte Hitler seine Ansprachen bevorzugt in die Abend- oder Nachtstunden. Während Hunderte von Riesenscheinwerfern Lichtsäulen an den Himmel warfen, fanden sich die Menschen am Boden in Dunkelheit gehüllt. Einzig Hitlers Weg

62 Zitiert nach Fest (2006, S. 205).
63 Wildt (2008, S. 57).

durch die Menschenmassen wurde von dicht aufgereihten Fackelträgern umrahmt, bis er unter Fanfarenklängen die in gleißendes Licht getauchte Haupttribüne betrat. In dieses Spektakel war das Publikum in Form von immer wieder skandierten Hurrarufen, einheitlicher Blickrichtung und synchronen Bewegungen mit einbezogen – ein besonders augenfälliges Beispiel des im Vorkapitel erwähnten Phänomens der emotionalen Synchronisierung und Egalisierung. Der britische Botschafter Nevile Henderson kommentierte einen dieser Parteitage folgendermaßen: »Ich habe sechs Jahre vor dem Krieg in der besten Zeit des russischen Balletts in St. Petersburg zugebracht, aber ich habe nie ein Ballett gesehen, das sich mit dieser grandiosen Schau vergleichen lässt.«[64] Die Faszination und nahezu hypnotische Wirkung, die diese pompösen Inszenierungen auf die Zuschauer ausübte, steht sinnbildlich für die enorme emotionale Aufladung der Selbstverherrlichung und Gigantomanie der nationalsozialistischen Eigenwelt.

Entstehung der kollektiven nationalsozialistischen Eigenwelt

Anfang der Dreißigerjahre des vorigen Jahrhunderts traten zu den bereits beschriebenen emotionalen Folgen des Krieges Wirtschafts- und Regierungskrisen hinzu: 1931 war die Zahl der Arbeitslosen auf sechs bis sieben Millionen gestiegen, 1932, im so genannten »Superwahljahr«, wurden die meisten Deutschen fünfmal an die Urnen gerufen. Straßenkämpfe und gewalttätige Ausschreitungen prägten die Wahlkämpfe und waren Ausdruck der politischen Radikalisierung. Die Beschreibung dieser Krisenstimmung steht meist am Anfang von Hitlers Wahlkampfreden und Ansprachen an »das deutsche Volk«:

»Der deutsche Bauer verelendet, der Mittelstand ruiniert, die sozialen Hoffnungen vieler Millionen Menschen vernichtet, ein Drittel aller im Erwerbsleben stehenden deutschen Männer und Frauen ohne Arbeit und damit ohne Verdienst, das Reich, die Kommunen und die Länder überschuldet, sämtliche Finanzen in Unordnung und alle Kassen leer!«[65]

Solche Schilderungen werden kaum ermutigend auf die Menschen gewirkt haben, Hitler blieb jedoch seinen Zuhörern nicht schuldig, ihnen auch die Verantwortlichen für diesen »Verfall« zu nennen. Die bürgerlichen Parteien waren entweder nicht in der Lage oder nicht willens, die wirtschaftlichen Krisen zu beenden:

64 Fest (2006, S. 726).

65 Dieses und die folgenden Zitate stammen aus Hitlers »Appell an die Nation«, den Hitler anlässlich des Wahlkampfes 1932 auf einer Schallplatte verfielfältigen ließ (zitiert nach Domarus, 1988, S. 115–117).

»Wenn die bisherigen Parteien Deutschland ernstlich retten möchten, warum haben sie es dann nicht schon bisher getan? Haben diese aber Deutschland retten wollen, weshalb ist es ausgeblieben? Haben die Männer dieser Parteien es ehrlich beabsichtigt, dann müssten ihre Programme schlecht gewesen sein. Waren ihre Programme richtig, dann können sie selbst es nicht aufrichtig gewollt haben, oder sie waren zu unwissend oder zu schwach.«

Die komplizierten politischen Machtverhältnisse außer Acht lassend ist die vereinfachende Logik dieser Sätze bestechend. Hitler nannte aber nicht nur die Schuldigen, er bot auch einen Ausweg an: Die Überwindung der wirtschaftlichen und politischen Krise sei nur durch eine Einigung der konkurrierenden gesellschaftlichen Gruppen zu erreichen. Ihre Zersplitterung in sich bekämpfende Parteien und Organisationen sollte überwunden werden durch die Errichtung einer alle Deutschen umfassenden »Volksgemeinschaft«:

»In Erkenntnis dieses Verfalls habe ich vor 13 Jahren mit einer Handvoll Menschen eine neue Bewegung gebildet, die schon in ihrer Bezeichnung eine Proklamation der neuen Volksgemeinschaft sein soll.«

Gleichzeitig gab Hitler seiner Überzeugung Ausdruck, dass einzig die nationalsozialistische Bewegung willens und fähig sei, diese Einheit des deutschen Volkes wiederherzustellen:

»Und wer will bestreiten, dass in einer Zeit, da in Deutschland alles zerbricht und verkommt, da in der Wirtschaft und im politischen Leben alles in Stillstand gerät oder überhaupt sein Ende findet, eine einzige Organisation einen unerhörten und wundervollen Aufschwung nahm?«

Diese nationalsozialistische Bewegung beschreibt Hitler als eine »gläubige Gemeinschaft«, in ihr seien »Katholiken oder Protestanten, Arbeiter oder Beamte, Bürger oder Angestellte«, Angehörige aller deutschen Länder vereinigt in dem Bewusstsein, dass die Lösung ihrer Probleme nur durch gemeinsame Anstrengungen zu erreichen sei:

»In diesem Gefühl der unzertrennlichen Verbundenheit ist die gegenseitigen Achtung gewachsen, aus der Achtung aber kam das Verständnis und aus dem Verständnis die gewaltige Kraft, die uns alle bewegt. […] nicht um Mandate oder Ministerstühle kämpfen wir, sondern um den deutschen Menschen, den wir wieder zusammenfügen wollen und werden zu einer unzertrennlichen Schicksalsgemeinschaft.«

In einer Zeit politischer Zerstrittenheit und unsicherer Zukunftsaussichten müssen Losungsworte wie »gegenseitige Achtung« und »unzertrennliche Schicksalsgemeinschaft« auf die Zuhörer verlockend gewirkt haben. Der Wunsch, dieser nationalsozialistischen Bewegung beizutreten, wird umso stärker gewesen sein, als Hitler den entschlossenen Willen der Bewegung hervorhob:

»An dieses Volk aber glauben wir, für dieses Volk kämpfen wir und für dieses Volk sind wir, wenn nötig, bereit, so wie Tausende der Kameraden vor uns, uns einzusetzen mit Leib und Seele.«

In dem hier zitierten »Appell an die Nation« zeigt sich Hitlers Methode, mit der er die Menschen für sich und seine Politik gewinnen konnte: Beschreibung des Problems, Schuldzuweisung und Anbieten einer Lösung. In der Beschreibung des Problems griff er die Notlagen der Menschen auf und indem er sie überzeichnete und nicht selten bis ins Maßlose steigerte, schuf er eine emotional aufgeladene Stimmung, die nach einem Ausweg drängte. Im Falle der jüdischen Bevölkerung ging er sogar so weit, eine Notlage schlicht zu erfinden, Hitlers Behauptung einer »jüdischen Weltverschwörung« entbehrten jeglicher Realität. Nachdem er die Emotionen angeheizt hatte, benannte er die Personen, die seiner Ansicht nach die Verantwortung für die beschriebenen Probleme trugen. In grober Vereinfachung wurden aus den Verantwortlichen in Hitlers Worten »Verräter«, »Lügner« oder »Versager«. Als Hauptschuldige betrachtete Hitler – neben den Juden – das Bürgertum und die bürgerlichen Parteien. Er bezichtigte das Bürgertum der Dummheit, Unfähigkeit und Feigheit, »bezeichnete die bürgerlichen Parteien als ›naiv‹ und ›instinktlos‹, ›angefault‹ und brachte seinen ›Ekel‹ und seine ›Verachtung‹ vor dem Bürgertum zum Ausdruck«.[66] Mit seiner inhaltlichen Kritik, die bürgerlichen Parteien hätten weder Verständnis noch Interesse für die Anliegen der Arbeiter und seien ausschließlich von egoistischen Motiven gelenkt, wird er die Stimmungslage vieler Menschen getroffen haben. Indem er seiner aus Hass gespeisten Verachtung Ausdruck gab, verstärkte er deren Ressentiments und trug zu einer vereinfachenden Sichtweise bei, in der es nur »Schuldige« und »Opfer« gab. Während die anderen Parteien in komplizierte Machtkämpfe verstrickt waren und sich in dem Bewusstsein, Schlimmeres verhüten zu müssen, um eine ausgewogene Lösung der Interessenskonflikte bemühten[67], nahm Hitler auf solcherlei Abwägungen keine Rücksicht. In seinem Weltbild hatten differenzierte Betrachtungsweisen keinen Raum, für ihn gab es nur »ein Positiv oder Negativ, Liebe oder Haß, Recht oder Unrecht, Wahrheit oder Lüge, niemals aber halb so und halb so«.[68] Diese für die nationalsozialistische Eigenwelt typische polarisierende Sichtweise trieb die einmal in Gang gesetzte emotionale Dynamik immer weiter voran.

Die emotionale Weichenstellung, die Hitler mit der hier beschriebenen Methode vornahm, war die Voraussetzung einer fraktalen Ausdehnung von Hitlers affektiv-kognitiver Eigenwelt auf einen Großteil der deutschen Bevölkerung. Auf diese Weise angelegte spezifische Fühl-Denk-Bahnen vertieften sich

66 Zitelmann (1990, S. 159).

67 Die so genannte »Tolerierungspolitik« war maßgeblich von der Angst vor einem Bürgerkrieg – von links oder rechts – bestimmt (vgl. Winkler, 2005, S. 514).

68 Hitler (1937, S. 201).

aufgrund der Schaltwirkungen der Affekte selbsttätig fortwährend, bis sie die gesamte Wahrnehmung lenkten und alles weitere Denken in den Sog dieser emotionalen Dynamik geriet. Mit seinen vehementen Schuldzuweisungen an das Bürgertum übertrug Hitler die Leitaffekte seiner individuellen Eigenwelt auf seine Zuhörer, Wut und Hass fanden in einem von Ängsten und Spannungen geprägten Deutschland eine starke Resonanz. Auch die für Hitlers Eigenwelt typischen Größen- und Allmachtsphantasien verstand er auf große Teile der deutschen Bevölkerung auszudehnen. Mit der Behauptung der Überlegenheit der »arischen Rasse«, die den Kern seiner rassistischen Herrenmenschenideologie bildete, übertrug er seine eigenen Allmachtsgefühle auf das »großdeutsche Reich«, welchem er nicht weniger als eine ewige Weltherrschaft vorhersagte. Jene Deutschen, die sich in der Rasse der Herrenmenschen wiedererkannten, erfuhren durch Hitler eine enorme Aufwertung ihres beschädigten Selbstwertgefühls. Durch die Zugehörigkeit zur »arischen Herrenrasse« sahen sie ihre Ehre wiederhergestellt, als Mitglieder nationalsozialistischer Organisationen gewannen sie ihren Stolz zurück. So erzählt ein Interviewpartner des bereits erwähnten Stephan Marks über seine Teilnahme an der Hitlerjugend:

> »Die Jugend hatte plötzlich einen Sinn. Sie wurde beschäftigt. […] Ohne zu wissen und zu merken, dass es einen politischen Hintergrund haben könnte. Gar nicht. Für uns war der Hintergrund der: Eine Befreiung! Und dass man plötzlich, um es pathetisch zu sagen, stolz sein konnte, deutscher Junge zu sein.«[69]

Stolz und Ehre sind die gegenteiligen Empfindungen zu Demütigung und Scham, und so wurde Hitler als Erlöser von peinigenden Schamgefühlen erlebt. Doch diese Betäubung des Schmerzes war mit gewaltigen Verdrängungsleistungen verbunden. Der Schamabwehr kommt daher in der Entstehung der nationalsozialistischen Eigenwelt eine besondere Bedeutung zu: In der Abwehr schmerzhafter Schamgefühle siegen Selbstverherrlichung und einseitige Feindbilder über realistische Selbsterkenntnis und die Suche nach friedlichen Konfliktlösungen. Je stärker solche realitätsnahen Fühl- und Denkbahnen von gefühlsgeladenen Phantasien verschüttet werden, umso weniger stehen sie in Zukunft zur Verfügung. Dies gilt umso mehr, wenn die Werte eine so hohe emotionale Aufladung erfahren, wie dies im Nationalsozialismus der Fall war. Je stärker die nationalsozialistischen Glaubensüberzeugungen mit extremen Gefühlen belegt wurden, umso tiefer gruben sich ihre Fühl- und Denkbahnen ein und legten alles Denken fest, bis selbst grobe Verstöße gegen das normalerweise existierende Rechtsempfinden nicht mehr wahrgenommen wurden oder als Selbstverständlichkeit erschienen.

69 Marks (2007, S. 75).

Im Zentrum der nationalsozialistischen Eigenwelt: Die Führerverehrung

In der verhängnisvollen Entwicklung des Nationalsozialismus kommt der Person Hitlers eine zentrale Bedeutung zu: »Erst Hitler hat diese aberwitzige Konzentration der Zerstörungsimpulse zu bewerkstelligen vermocht, getragen freilich von einer ebenso atemberaubenden Resonanz, Zustimmung und Gehorsamsbereitschaft in der deutschen Gesellschaft«,[70] so der bekannte deutsche Historiker Hans Ulrich Wehler. Auch der britische Historiker Kershaw[71] beschreibt die charismatische Ausstrahlung Hitlers als Ursache der enormen emotionalen Resonanz, die er erzielte. Diese charismatischen Führerqualitäten stellte Hitler zunächst im engeren Umkreis seiner Partei unter Beweis, wobei ihm die weitverbreitete Führersehnsucht während der Weimarer Republik entgegen kam.[72] Die Anerkennung seiner uneingeschränkten Führungsposition kommt in der Umbenennung seines Titels »Vorsitzender der NSDAP« durch »Führer der NSDAP« im Jahr 1921 zum Ausdruck. Mit den zunehmenden Wahlerfolgen der NSDAP übertrug sich die kultische Verehrung Hitlers auf eine immer größer werdende Anzahl von Anhängern. Nach der Machtergreifung steigerte die propagandistische Inszenierung seiner Person als »Heilsbringer« diese Begeisterung zu einer mystisch-religiösen Gläubigkeit. Die Überhöhung Hitlers zu einem gottähnlichen Wesen drückt sich in der Bedeutung aus, die das Händeschütteln mit dem »Führer« für die Menschen erlangte:

> »Für einen ›Parteikameraden‹, der sich durch die Kette von SS-Männern hindurchzwängen, seine Hand ausstrecken und sie von Hitler berühren lassen konnte, war das Erlebnis so überwältigend, dass ihm der ›Heilruf‹ im Halse stecken blieb, ›als er, mich sekundenlang anschauend, kurz meine Hand drückt … Die Kameraden (Zeugen meines Glücks) umringen mich, jeder will die Hand drücken, die in des Führers Rechten geruht‹.«[73]

Nicht nur die Berührung des »Führers«, auch die Tatsache, Hitler persönlich gesehen zu haben oder von ihm angesehen worden zu sein, erhielt Züge einer religiösen Weihe. Die Menschen empfanden sich allein durch seinen Blick als »Aus-

70 Wehler (2003, S. 551).

71 Kershaw (2003).

72 In der »führerlosen Demokratie« der Weimarer Republik erreichte der Führergedanke messianische Prägung: »Der Führer wurde inbrünstig erwartet, alle Gedanken waren auf sein baldiges Kommen gerichtet, und immer wieder betrachtete man prüfend die politische Walstatt, ob nicht bald der angekündigte große Staatsmann zu sehen sei« (Sontheimer, 1978, S. 218).

73 Kershaw (2003, S. 46) zitiert aus einer Studie über die politische Biographie einfacher NSDAP-Mitglieder.

erwählte«, sein Anblick erfüllte sie mit erhabenen Gefühlen. So berichtet ein ehemaliger Nationalsozialist über eine Begegnung mit Hitler:

»[…] da fuhr er im Auto vorbei in langsamem Schritt im Mercedes und hat jedem in die Augen geblickt. Und diesen Blick, der BDM-Führerinnen zu enthusiastischen Schreien hinriss, ich hab das alles … Ich seh das vor meinem Auge wie heute, die Tränen … Wie sie ihn mit tränenden Augen wie einen Messias begrüßten, mit Heil, mit unendlichen Heil-Rufen. Es war ein Aufschrei, als ob ein Messias, ein Erlöser auf die Welt gekommen wäre.«[74]

Die fanatische Verehrung für Hitler fand in den innen- und außenpolitischen Erfolgen – wie dem Abbau der Arbeitslosigkeit, dem Aufbau staatlicher Wohlfahrtsorganisationen, der Wiedereinführung der Wehrpflicht, der Besetzung des entmilitarisierten Rheinlandes oder des wider Erwarten friedlich verlaufenen Anschlusses Österreichs – Bestätigung. Die hierin zum Ausdruck kommende Dynamik und Entschlusskraft beeindruckte auch jene Deutschen, die Hitler 1932 nicht gewählt hatten. Es breitete sich eine enthusiastische Stimmung aus, in der es hieß: »Hitler gelingt einfach alles.«[75]

Wie sehr Hitlers Person im Zentrum dieser nationalen Euphorie stand, zeigt sich an der scharfen Trennung zwischen der Beurteilung der Parteiorganisationen und des »Führers«. Missstände wurden nicht Hitler angelastet, sondern als Fehlverhalten der Parteivertreter interpretiert. Die Menschen gingen sogar davon aus, dass Mängel bewusst vor Hitler verheimlicht wurden, und glaubten fest daran, dass Hitler, wenn er davon wüsste, sofort für Abhilfe sorgen würde. »Wenn das der Führer wüsste!« wurde zu einer stehenden Redensart.[76] Der Glaube an die Unfehlbarkeit des »Führers« kommt auch darin zum Ausdruck, dass es Hitler selbst noch in den Jahren 1940/1941 gelang, die Zweifel am siegreichen Ausgang des Krieges auszuräumen. Selbst die widrigsten Umstände, wie sie in den letzten Kriegsmonaten in Deutschland herrschten, vermochten das blinde Vertrauen in den Führer nicht durchgängig zu erschüttern. Dies zeigen Auszüge aus Briefen an die Front, in denen das Attentat auf Hitler im Juli 1944 kommentiert wird:

»[…] dass sich deutsche Generäle zu so hundsgemeinen Handlangern unserer Feinde erniedrigen würden, hätte doch niemand erwartet … Und darum ist die Empörung in den breiten Volksmassen ungeheuer. Die Stimmung hier kann man wohl in die Sätze zusammenfassen: Gott sei Dank, dass dem Führer nichts geschehen ist. Jetzt müssen wir erst recht zu ihm stehen. Aber das Vertrauen, dass es unserer Führung und unseren Armeen trotzdem gelingen wird, den Ansturm abzustoppen, ist unerschüttert.«[77]

74 Marks (2007, S. 111).
75 Vgl. Wehler (2003, S. 647).
76 Vgl. Kershaw (2003, S. 120 ff.).
77 Zitiert nach Elias (1989, S. 506, ähnliche Stimmen vgl. S. 505, 507, 510).

Dieses Festhalten am Führer-Mythos bis in die allerletzten Kriegstage hinein war das Ergebnis des jahrelangen Resonanzprozesses zwischen Hitlers Fanatismus und einer krisengeschüttelten und darum bereitwillig folgenden Bevölkerung. Dass es sich hierbei um einen wechselseitigen Verstärkungsprozess handelte, wird durch die Tatsache belegt, dass sich Hitler zu Beginn seiner politischen Karriere gar nicht als den kommenden Führer betrachtete. Er sah vielmehr seine Aufgabe darin, diesem den Weg zu bereiten. Seine Bewunderung für Mussolini sowie seine intensive Beschäftigung mit heroischen Persönlichkeiten führten jedoch zu einer Veränderung seines Selbstbildes. Auch der wachsende Zuspruch aus den Reihen der Partei und die hohen Erwartungen, die man an ihn stellte, führten dazu, dass er den erwarteten Führer immer mehr in seiner eigenen Person erkannte. Aus den Aussagen einiger Zeitgenossen[78] lässt sich schließen, dass Hitler in den ersten Regierungsjahren eine gewisse Distanz zu der enthusiastischen Verehrung seiner Person wahrte und erst nach der erfolgreichen Besetzung des Rheinlandes ein gläubiger Anhänger seines eigenen Mythos wurde. Den Wandel seiner Selbstwahrnehmung kann man auch an Hitlers öffentlichen Reden ablesen: »Vor dem März 1936 sprach er von sich selbst selten in den pseudomystischen, ›messianischen‹, quasi-religiösen Wendungen, derer sich Goebbels und andere bedienten. Seit seiner Rede in München am 14. März 1936 jedoch, in der er behauptete, er gehe ›mit traumwandlerischer Sicherheit den Weg, den mich die Vorsehung gehen heißt‹, fehlt die mystische Beziehung zwischen ihm und der Vorsehung selten in seinen wichtigen Reden; und die pseudoreligiöse Symbolik und Stilistik sowie der Glaube an die eigene Unfehlbarkeit wurden zum festen Bestandteil seiner Rhetorik.«[79]

Diese stufenweise Entwicklung der Selbstwahrnehmung Hitlers vom »Wegbereiter« zum »Führer« und schließlich zum von der Vorsehung Auserwählten zeigt die Abhängigkeit der Identitätsbildung vom sozialen Umfeld in aller Deutlichkeit auf. Hitlers Identitätsfindung als »auserwählter Führer« wäre ohne die überschwänglichen Reaktionen der deutschen Bevölkerung nicht möglich gewesen. Dieser Wechselwirkung war sich Hitler durchaus bewusst. Auf dem Reichsparteitag 1937 rief er den Menschen entgegen:

> »Was aber würde mein Leben sein ohne euch! Daß ihr mich einst gefunden habt, und daß ihr an mich glaubtet, hat eurem Leben einen neuen Sinn, eine neue Aufgabe gestellt! Daß ich euch gefunden habe, hat mein Leben und meinen Kampf erst ermöglicht!«[80]

Wir haben hier ein Schulbeispiel gegenseitiger emotionaler Resonanz vor Augen: Die Begeisterungsfähigkeit Hitlers löste die fanatische Verehrung seiner Per-

78 Kershaw (2003, S. 105).
79 Kershaw (2003, S. 106).
80 Zitiert nach Fest (2006, S. 733).

son aus und verwandelte sich mit zunehmenden Erfolgen in einen religiösen Führerkult. Indem es gelang, diese intensiven Gefühle auf immer größer werden Anteile der Bevölkerung zu übertragen, verstärkten sich die emotionalen Schwingungen derart, dass auch Hitler selbst sich ihnen nicht mehr zu entziehen vermochte. In der Rolle des unfehlbaren Führers gewann er die absolute Opferbereitschaft und Unterwerfung der Deutschen, die ihm bis in den eigenen Tod folgten und in seinem Auftrag millionenfach töteten. Die Ungeheuerlichkeit ihrer Taten war ihnen kaum mehr bewusst, die religiös geartete Liebe zum Führer machte sie blind für jeden Zweifel. Zu dieser Blindheit trug, wie wir im nächsten Unterkapitel sehen werden, auch die schrittweise Etablierung der nationalsozialistischen Alltagslogik bei.

Nationalsozialistische Alltagslogik

Der totalitäre Charakter des nationalsozialistischen Regimes zeigte sich nicht nur in der absoluten Gleichschaltung aller politischen Institutionen, sondern auch in der Allgegenwart der nationalsozialistischen Propaganda im Alltagsleben. Die Durchdringung des Alltags begann mit der Umgestaltung des Straßenbildes. Kein Platz und keine Einrichtung, keine Veranstaltung, kein Sportfest, wo nicht eine Hakenkreuzfahne wehte. Sie schmückte außerdem Briefköpfe, Fahrzeuge, Bücher und sogar Teller und Tassen. Die Umbenennung von Straßen und Plätzen nach den Märtyrern und herausgehobenen Persönlichkeiten der nationalsozialistischen Bewegung vervollständigten die öffentliche Präsenz. Besondere Symbolkraft besaßen die Allgegenwart der Hitlerbilder sowie die Verpflichtung zum Hitlergruß. »Heil Hitler« wurde zu einem ständigen Begleiter, dem man sich weder als Grüßender noch als Gegrüßter entziehen konnte, ohne sich der Gefahr der politischen Verfolgung auszusetzen. Auch vor dem privaten Bereich machte die nationalsozialistische Propaganda keinen Halt, nahezu jeder Haushalt war im Besitz des »Volksempfängers«, eines Radioapparates, dessen kostengünstige Serienfertigung eigens staatlich angeordnet wurde. Neben politischer Propaganda wurde ein regelmäßiges Unterhaltungsprogramm geboten, in dem eingängige Titelmelodien den beliebten Sendungen einen hohen Wiedererkennungswert verliehen. Die Popularität dieser Sendungen ließ das Einheitsprogramm zu einem festen Bestandteil des Alltags werden.

Die Gleichschaltung des öffentlichen Lebens fand in einem wuchernden Parteiapparat ihre Fortsetzung. Unzählige Organisationen der Partei, SA, SS, Hitlerjugend, NS-Frauenschaft, NS-Studenten und NS-Dozentenbund sowie die angeschlossenen Berufsverbände, NS-Ärzte-, NS-Lehrer-, NS-Juristen- und Beamtenbund sorgten für die Allgegenwart der nationalsozialistischen Weltanschauung. Aber nicht nur das Berufsleben, auch die Freizeit war staatlich gelenkt. Gemäß dem Motto »Privatleute gibt es nicht mehr im nationalsozialistischem Alltag. Privatmann ist man nur noch, wenn man schläft«[81] organisierte das Amt »Kraft durch Freude« (KdF) ein umfassendes Freizeitprogramm, das sowohl Sportangebote, Tanzveranstaltungen, Konzert- und Opernbesuche und Museumsführungen enthielt wie auch preiswerte Reiseveranstaltungen bis hin zu Kreuzfahrten im Mittelmeer. Im Laufe der Jahre wurde es nahezu unmöglich, nicht irgendeiner parteinahen Organisation anzugehören und sich aktiv am nationalsozialistischen Alltag zu beteiligen.

Dieser Alltag war nicht nur allgegenwärtig, sondern erfuhr durch die nationalsozialistischen Propagandamethoden eine besonders intensive Emotionalisierung. Die überall stattfindenden, von Marschmusik begleiteten Aufmärsche nationalsozialistischer Organisationen wirkten emotional sehr bewegend und versetzten die Menschen immer wieder aufs Neue in eine Art Hochgefühl:

> »Täglich sah man marschieren und hörte man singen, […]. Die SA, SS, Hitlerjugend, Arbeitsfront oder was auch immer, marschierte durch die Straßen, sang ›Siehst du im Osten das Morgenrot?‹ oder ›Märkische Heide‹, ›trat‹ irgendwo ›an‹, hörte eine Rede, rief vieltausendstimmig, grollend ›Heil‹ und wieder war ein Feind erschlagen. Für eine bestimmte Art von Deutschen war das einfach ein Paradies, und es herrschte die entschiedenste August-1914-Stimmung unter ihnen.«[82]

Höhepunkte dieser Euphorie bildeten die regelmäßig wiederkehrenden öffentlichen außeralltäglichen Naziveranstaltungen, zu denen auch die eigens von den Nationalsozialisten erfundenen Feiertage gehörten, wie zum Beispiel der 30. Januar, an dem der »Tag der Machtergreifung« gefeiert wurde, »Führers Geburtstag« am 20. April, die Heldengedenktage im März oder die legendären Reichsparteitage im September. Diese zentral gelenkten und theatralisch inszenierten Feiertage fanden zeitgleich in allen deutschen Städten, Gemeinden und Dörfern statt. Überall ließen sich Menschen von der Demonstration fanatischer Entschlossenheit mitreißen, von dem Stolz, ein Teil dieser tatkräftigen Bewegung zu sein, ging eine nahezu unwiderstehliche Anziehungskraft aus. Euphorie, Rausch, Ekstase, Hysterie, Entgrenzung, Fanatismus, wie auch immer man den Geisteszustand anlässlich solcher Veranstaltungen nennen mag, stets kommt hierbei zum Ausdruck, dass die Gefühle der Menschen bis ins Maßlose gesteigert waren. Ebenso wie die Sprache des Nationalsozialismus von Superlativen durchtränkt war (»totaler Krieg«, »Tausendjähriges Reich«, »eiserner Wille« und vieles mehr[83]), so wurde auch die emotionale Stimmung stets bis zum Äußersten getrieben. »Fanatisch« war laut Victor Klemperer ein Schlüsselwort des Nazismus:

81 So das Motto des Leiters der Deutschen Arbeitsfront (DAF) Robert Ley (zitiert nach Janka, 1997, S. 370).
82 Haffner (2006, S. 237).
83 Klemperer (1999a, S. 275–286).

»An Festtagen, an Hitlers Geburtstag etwa oder am Tag der Machtübernahme, gab es keinen Zeitungsartikel, keinen Glückwunsch, keinen Aufruf an irgendeinen Truppenteil oder irgendeine Organisation, die nicht ein ›fanatisches Gelöbnis‹ oder ›fanatisches Bekenntnis‹ enthielte, die nicht den ›fanatischen Glauben‹ an die ewige Dauer des Hitlerreiches bezeugten.«[84]

Diese Energiequelle extremer Gefühle positiver Natur besaß eine hohe Ausstrahlungskraft bis in den Alltag hinein. Die Durchdringung der gesamten Lebenswelt mit nationalsozialistischer Propaganda war weit mehr als eine rein äußerliche Umgestaltung des Alltags; über die bereits gebahnten emotionalen Schienen drangen die gefühlsmäßig hoch aufgeladenen Botschaften tief in das Fühlen und Denken der Menschen ein. Die Schaltwirkungen der Affekte sorgten dafür, dass alles, was dem Nazismus nahe stand, mit positiven Gefühlen belegt wurde: Von den heute für uns so befremdlich wirkenden Elementen wie der Verherrlichung der »arische Rasse«, der Idee des Herrenmenschentums, dem sozialdarwinistischen Prinzip des Recht des Stärkeren bis hin zu »Führer befiehl, wir folgen dir!« – alles erhielt einen positiven Klang. Die Bindewirkungen der Affekte verknüpften die einzelnen Bausteine der nationalsozialistischen Ideologie zu einem alles umfassenden Gedankengebäude. In dieses Gebäude wurden auch die von Hass und Verachtung gespeisten Ideologieelemente wie die Lehre von unwertem Leben, die Idealisierung des Kampfes und körperlicher Stärke, Heldenmut und Opferbereitschaft sowie menschenverachtende Feindbilder aufgenommen. Je stärker die affektiv-kognitiven Verknüpfungen durch die ständige Wiederholung im Alltag zur Gewohnheit wurden, umso mehr wurden sie als Selbstverständlichkeit – als Logik im weiteren Sinn – empfunden. Die Allgegenwart der Nazipropaganda ließ die spezifisch nationalsozialistische Logik zur Alltagslogik werden: Selbstverherrlichung und Gigantomanie wurden den Menschen ebenso selbstverständlich wie Menschenverachtung und mörderische Brutalität.

Wie stark dieser Gewöhnungseffekt sogar auf Nazigegner wirkte, zeigt eine Erzählung von Sebastian Haffner, der die ersten Jahre des Naziregimes als Zeitzeuge erlebte: Im Sommer 1933 bekam er Besuch von einer Freundin, die sich während der »Machtergreifung« im Ausland aufgehalten hatte. Über die Spaziergänge durch Berliner Straßen berichtet Haffner:

»Das ständige Trommeln, die Marschmusik Tag und Nacht – komisch, Teddy horchte auf und fragte, was denn jetzt los sei. Sie wusste noch nicht, dass man eher Anlaß zum Fragen gehabt hätte, wenn es einmal keine Marschmusik gegeben hätte. Die roten Plakate mit den Hinrichtungs-Bekanntmachungen an den Säulen, fast jeden Morgen neben den Plakaten der Kinos und Sommerrestaurants; ich sah sie schon gar nicht mehr, aber Teddy schauderte noch plötzlich zusammen, wenn sie harmlos die Säule studierte. Auf einem Spaziergang zog ich sie plötzlich in einen Hausflur. Sie begriff es gar nicht und fragte ganz erschreckt ›Was ist denn los?‹

84 Klemperer (1999a, S. 81).

›Da kommt eine SA-Fahne‹, sagte ich, wie man das Selbstverständlichste von der Welt sagt.

›Na ja, und?‹

›Und willst du sie vielleicht grüßen?‹

›Nein, wieso?‹

›Das muß man, wenn man ihr auf der Straße begegnet.‹

›Was heißt muß? Man tuts einfach nicht.‹

Die arme Teddy, sie kam wirklich aus einer anderen Welt! Ich antwortete gar nicht, ich zog nur eine trübselige Grimasse.«[85]

Der Effekt der Alltagslogik tritt hier deutlich hervor: Hinrichtungsbekanntmachungen, insbesondere neben Kinos und Restaurants, lösen normalerweise ein Schaudern aus – der daran Gewöhnte nimmt sie kaum mehr wahr. Das Flüchten in einen Hausflur war für Haffner eine so große Selbstverständlichkeit geworden, dass er seine Freundin darauf nicht vorbereitet hatte. Wie Haffner treffend formuliert, kam Teddy aus einer »anderen Welt«. Dass dies die »normale Welt« war, war den in den Nationalsozialismus involvierten Menschen jedoch nicht mehr bewusst. Sie lebten in einer Eigenwelt voller unhinterfragbarer Selbstverständlichkeiten, die Perspektive der Außenwelt war ihrer Wahrnehmung entzogen. Diese Kluft zwischen Normalität und nationalsozialistischer Alltagslogik bringen rückblickend auch ehemalige Anhänger des Nationalsozialismus zum Ausdruck. Einer der von Marks interviewten Männer versucht sein damaliges Erleben verständlich zu machen:

»›Es klingt verrückt‹, ›das klingt für Sie vielleicht verworren‹, ›heute würde man sagen, das klingt auch wieder komisch‹, ›das kann man jetzt natürlich glauben, oder man kann es lassen.‹ Mehrfach setzt er an: ›es ist schwierig, es ist …, ich versuch's noch mal.‹«[86]

Das hier sichtbare Problem, sich verständlich zu machen, verweist auf die enorme Diskrepanz zwischen der extremen nationalsozialistischen Gefühlswelt und dem, was sowohl vorher als auch nachher als Normalität galt. Diese Unvergleichbarkeit kommt auch in dem häufig zu hörenden Satz »Wer das nicht mitgemacht hat, der kann gar nicht mitreden« zum Ausdruck. Gleichzeitig zeigt das Fehlen angemessener Worte für das, was man erlebt hat, wie sehr jene Selbstverständlichkeiten ins Unterbewusstsein eindrangen, dessen Inhalte sich per se schwer in Sprache fassen lassen.

Mit der nationalsozialistischen Eigenwelt war zwischen Anhängern und Gegnern des Regimes ein unüberbrückbarer Graben entstanden. Die Spaltung sei tiefer als die zwischen Linken und Rechten während der angespanntesten Zeiten der Weimarer Republik, berichtet Haffner:

85 Haffner (2006, S. 247).

86 Marks (2007, S. 53).

»Die Anhänger und die Gegner des Regimes sind sich fremder als verschiedene Rassen oder verschiedene Arten von Tieren. Sie sprechen eine unterschiedliche Sprache. Was für den einen schwarz, ist für den anderen weiß. Gegenseitiges Verständnis und eine Diskussion zwischen ihnen ist undenkbar. Wenn sie sich zufällig begegnen, besteht Lebensgefahr – natürlich in der Hauptsache für den Gegner des Regimes, der damit rechnen muss, ohne Vorwarnung denunziert, verhaftet und zu Tode gequält zu werden.«[87]

Diese Kluft ist ein typisches Merkmal extremistischer affektiv-kognitiver Eigenwelten. Die eigenen Überzeugungen besitzen für die Menschen, die sich innerhalb dieser Eigenwelt befinden, ein so hohes Maß an Selbstverständlichkeit, dass sie sich im alleinigen Besitz der einzig gültigen Wahrheit sehen. Schon allein die Möglichkeit einer anderen Sichtweise ist unvorstellbar. Diese unhinterfragbare Logik der Eigenwelt macht die Kommunikation mit Andersdenkenden unmöglich. Der fehlende Austausch lässt den Graben immer tiefer werden und setzt einen Kurs der gegenseitigen Konfrontation in Gang, dessen Dynamik kaum aufzuhalten ist. Wir werden dieser Eigendynamik von radikalen Eigenwelten im Folgenden noch häufiger begegnen.

Eine noch tiefere Kluft entstand zwischen den Anhängern und den Opfern des Nationalsozialismus. Deren Leid – ja deren Existenz – wurde nicht mehr wahrgenommen. In der fanatischen Begeisterung der Hitler-Anhänger war die Aufmerksamkeit so stark auf die positiven Begleiterscheinungen des Nationalsozialismus fokussiert, dass alles, was hiermit nicht im Einklang stand, zunehmend ausgeblendet wurde. Die Opfer der Gewaltherrschaft wurden nicht nur physisch aus der nationalsozialistischen Eigenwelt verbannt, sondern auch aus dem Bewusstsein der Menschen. Dieser radikale Absonderungsprozess wurde ebenfalls durch die ideologische Beschwörung der Volksgemeinschaft vorangetrieben.

Die Macht von Wir-Gefühlen: Die deutsche Volksgemeinschaft

Wie schon in Kapitel 1 erwähnt, entstehen Wir-Gefühle immer dann, wenn sich der Einzelne mit einer Gruppe identifiziert, das heißt, wenn er sich ihr zugehörig fühlt und daran glaubt, dass seine Eigenschaften mit derjenigen der Gruppe übereinstimmen. Das Bild, das die Mitglieder von ihrer Gruppe haben, bestimmt in einem hohen Maße auch die Vorstellungen über sich selbst. Erfahren die Wir-Bilder eine Aufwertung, so fühlt sich auch der Einzelne aufgewertet, genauso wie die soziale Abwertung der Gruppe die Selbstwertgefühle des Einzelnen bedroht. Dies gilt sowohl für Kleingruppen wie Familien oder Gemeinschaften als auch für Großgruppen wie Nationen oder kulturelle Gemeinschaften. Diese Abhängigkeit des Einzelnen von den Wir-Bildern seiner Gruppe wird jedoch in der heutigen Zeit der Individualisierung kaum mehr wahr genommen. Un-

87 Haffner (2008b, S. 73).

abhängigkeit, Selbständigkeit und Freiheit sind durchweg mit positiven Gefühlen belegt, während Gruppenzugehörigkeit mit Zwang und Unfreiheit assoziiert wird. Durch diese emotional gelenkte Wahrnehmung gerät in Vergessenheit, dass in früheren Zeiten dem Überleben der Gruppe ein höherer Wert beigemessen wurde als dem Leben des Einzelnen. Opferbereitschaft und Selbstaufgabe, wie sie uns zum Beispiel heute in Gestalt von religiös-fundamentalistischen Selbstmordattentätern begegnen, waren vor dem »Zeitalter des Individuums« häufig notwendige Verpflichtungen, die das Überleben der Gruppe sicherten. Dass Menschen bereit sind, zur Verteidigung ihrer Gruppe zu töten und ihr eigenes Leben zu geben, belegt, welche Kraft Wir-Gefühle unter bestimmten Bedingungen besitzen können. Die positiven Gefühle, die mit sozialer Zugehörigkeit einhergehen, können sogar so sehr gesteigert werden, dass Wir-Gefühle den Charakter des Religiös-Heiligen annehmen.[88] Dieser Überwältigung durch Gemeinschaftsgefühle sind wir bereits im Vorangegangenen in Form des »Augusterlebnisses« von 1914 begegnet. Auch in der Massenpsychologie wird, wie wir in Kapitel 1 gesehen haben, diese enorme Affektsteigerung hervorgehoben. Sowohl Le Bon als auch Freud beschreiben die Entgrenzung des Individuums in der Masse als einen rauschhaften Zustand, der den Menschen außergewöhnliche Energien verleiht. Dass die Auflösung der Ich-Grenzen mit intensiven positiven Gefühlen einhergeht, beschreibt Freud mit dem Begriff des »ozeanischen Gefühls«: »ein Gefühl der unauflösbaren Verbundenheit, der Zusammengehörigkeit mit dem Ganzen in der Außenwelt.«[89] Das Gefühl, in der Masse aufzugehen, stillt die unbewusste Sehnsucht nach ozeanischer Ewigkeit und paradiesischem Glück.

In der historischen Forschung wurde lange Zeit geleugnet, dass auch die Volksgemeinschaftsideologie der Nationalsozialisten geeignet war, die Menschen in eine Art Rauschzustand zu versetzen, die Realisierung der Ideologie galt als reines Wunschdenken, doch neuere Ansätze[90] belegen, dass die Volksgemeinschaft kein reiner Mythos war. Hitler ließ seinem Versprechen, die »geistige und willensmäßige Einheit« des Volkes zur »obersten und ersten Aufgabe« seiner nationalen Regierung zu machen,[91] Taten folgen. Damit die Menschen sich nicht als Angehörige einer Schicht oder Klasse fühlten, sondern als »gleiche« Deutsche einzig der Volksgemeinschaft zugehörig, musste die soziale Spaltung zwischen Arbeitern, Angestellten und Beamten aufgehoben werden. Die Angleichung der Stellung der Arbeiter an die der Angestellten war dazu ein geeignetes Mittel; hierzu gehörten Maßnahmen wie die Lohnfortzahlung an Feiertagen und eine verbesserte Urlaubsregelung. Für weitere Verbesserungen der Arbeitsbedingungen war die nach der Zerschlagung der Gewerkschaften gegründete Deutsche

88 Durkheim (1998).
89 Freud (1978, S. 368).
90 Janka (1997), Frei (2007, S. 107–128), Wildt (2007), Bajohr und Wildt (2009).
91 Rundfunkübertragung der ersten Regierungserklärung Hitlers am 1. Februar 1933.

Arbeitsfront (DAF) unter der Leitung von Robert Ley zuständig. Das DAF-Amt »Schönheit der Arbeit« sorgte für eine angenehmere Gestaltung der Arbeitsräume, für die Erneuerung von Betriebskantinen, die Verbesserung der Hygiene und die Errichtung von betriebseigenen Sportanlagen. Auch das Freizeitprogramm des DAF-Amtes »Kraft durch Freude« war zur Herstellung gleicher Lebensbedingungen geeignet, zu den Angeboten gehörten »geradezu demonstrativ an Klassenprivilegien rüttelnde Tennis- und Reitkurse«[92]. Und ebenso dienten die von der KdF angebotenen Reiseveranstaltungen der Überwindung von Klassengrenzen. Die Möglichkeit, zu reisen, war bis dahin einzig den sozial privilegierten Schichten vorbehalten gewesen, das Aufbrechen dieser Trennungslinie vermittelte den Menschen das Gefühl sozialer Gleichheit und förderte so ihre Zusammengehörigkeitsgefühle. Die Neustrukturierung sowohl der Arbeitswelt als auch der Freizeit war die Aufgabe der zahlreichen nationalsozialistischen Organisationen, durch ihre Ausbreitung bis in die kleinsten Dörfer und Gemeinden hinein fand die ideologische Durchdringung der Alltagswelt ihre Fortsetzung, die Propagierung der Volksgemeinschaft war auf diese Weise mit einer Verbesserung der Lebensverhältnisse eng verbunden.

Auch in der Hilfe für die notleidende Bevölkerung stand der Gedanke an die Volksgemeinschaft im Vordergrund. Neben der Deutschen Arbeitsfront war die Nationalsozialistische Volkswohlfahrt (NSV) die zweitgrößte Massenorganisation, ihre Aufgabe bestand in der Bekämpfung der Folgen von Arbeitslosigkeit und Armut. Während das Hilfswerk »Mutter und Kind« flächendeckende Gesundheitsfürsorgestellen einrichtete, sammelte das Winterhilfswerk Geld- und Sachspenden. Die überall stattfindenden Haus- und Straßensammlungen und der Abzeichenverkauf gehörten zu den alltagsbestimmenden Erscheinungen des NS-Regimes. Die Hilfe für notleidende Deutsche sollte die Solidarität innerhalb der Volksgemeinschaft stärken. Hitler sah in der Weckung von Opferbereitschaft das geeignete Mittel zur Soldarisierung der »Volksgenossen«:

> »Wenn das ganze Volk richtig erfasst hat, dass diese Maßnahmen für jeden ein Opfer bedeuten müssen, dann wird aus diesen Maßnahmen heraus nicht nur eine Milderung der materiellen Not eintreten, sondern es wird noch etwas viel Gewaltigeres herauskommen, es wird daraus die Überzeugung wachsen, dass diese Volksgemeinschaft nicht ein leerer Begriff, sondern etwas wirklich Lebendiges ist.«[93]

Das gewaltige Spendenaufkommen,[94] die 16 Millionen Mitglieder des Winterhilfswerks sowie ein Heer freiwilliger Helfer belegen, dass die nationalsozialistische Propaganda mit ihren Appellen an die Opferbereitschaft Erfolg hatte, die hohe Beteiligung an den Spenden- und Sammlungsaktionen war Ausdruck gelebter Solidarität.

92 Frei (2007, S. 110).
93 Zitiert nach Zitelmann (1990, S. 216).
94 Laut Frei (2007) bis 1939 2,5 Milliarden Reichsmark.

Zu einem besonders ausdrucksstarken Sinnbild für den Anspruch sozialer Gleichheit wurden die so genannten »Eintopfsonntage«: Jeweils am ersten Sonntag des Monats waren Privathaushalte und Restaurants verpflichtet, nur kostengünstige Eintopfgerichte zuzubereiten. Den Differenzbetrag zum sonstigen »Sonntagsbraten« erhielt das Winterhilfswerk. Gleichzeitig veranstaltete die NSV Gemeinschaftsessen auf öffentlichen Plätzen, die unter der Anwesenheit von Repräsentanten der NSDAP die Bedeutung der Eintopfsonntage unterstrichen. Die zeitgleiche Zubereitung ähnlicher Mahlzeiten und das öffentliche Zusammentreffen zu Gemeinschaftsessen waren besonders geeignet, die Zusammengehörigkeitsgefühle zu stärken. Marks fasst die Erzählungen seiner Interviewpartner über die Eintopfsonntage so zusammen:

> »Alle – Erwachsene, Kinder und Jugendliche – essen von derselben Suppe, einem ›Einheitsteller‹ und mit einem ›Einheitslöffel‹: ein Volk – ein Teller – ein Löffel! Die geschilderte ›Volksgemeinschaft‹, die sich fröhlich um die Gulaschkanone versammelt, wird zur warmen ›Ursuppe‹, zum fetalen Urmeer, in welcher alle Individuen schwimmen wie die Würstchen in der Erbsensuppe. Alle sind gleich, alle essen die gleiche Suppe, ob jung, ob alt, klein oder groß.«[95]

Wenn auch die Teilnahme an solchen nationalsozialistischen Veranstaltungen nicht immer ohne politischen Druck erfolgte, so entstand durch die Egalisierung der Lebensverhältnisse dennoch ein verändertes Lebensgefühl der Hoffnung und Zuversicht. Durch die Teilhabemöglichkeit an zahlreichen politischen und sozialen Veranstaltungen und Organisationen fühlten sich die Menschen integriert und von der politischen Führung ernst genommen. »Wann in der deutschen Geschichte war dem Volk so viel laute, demonstrative Aufmerksamkeit und Betreuung zugedacht worden? Wann jemals hatte der Staat den Bereich des Politischen und damit seine Verantwortung für den Einzelnen umfassender definiert? Wann zuvor waren so viele eingängige Identifikationssymbole zugleich mit so vielen Chancen der Partizipation angeboten worden?«[96] Die »Volksgemeinschaft« war also keine bloße Ideologie, die vergemeinschaftenden Angebote wurden von den Menschen dankbar angenommen, die Teilhabe an der staatlich organisierten Gemeinschaft gab ihnen ihr Selbstwertgefühl zurück und machte sie empfänglich für idealisierte Wir-Bilder, die zum höchsten Wert aufstiegen.

Die intensive Emotionalisierung der nationalsozialistischen Propagandainhalte wäre ohne die typischen Musikinszenierungen nicht möglich gewesen. Musik ist ein kaum zu überschätzendes Mittel, die Gefühle des Menschen zu beeinflussen: »Der Akustik-Mediziner Gerald Fleischer schreibt dem Ohr einen unmittelbaren Zugang zu den Emotionen des Menschen zu: ›Die Seele hängt am Ohr.‹«[97]

95 Marks (2007, S. 125).
96 Frei (2007, S. 211).
97 Marks (2007, S. 71).

Neben den musikalisch begleiteten Festtagen und Feierstunden gehörte auch das gemeinsame Singen zum festen Bestandteil des nationalsozialistischen Alltags. Die eigens komponierten »Bekenntnis- und Kampflieder« strukturierten in Schulen, bei der Hitlerjugend, in Betrieben und bei Freizeitveranstaltungen den Tagesablauf. Einprägsame Texte waren mit einfachen, heiteren Melodien unterlegt, während der Marschierübungen wurden schmissige Kampflieder gesungen. Das gemeinsame Singen der heiteren oder kämpferischen Lieder versetzte die Menschen nicht nur in eine freudige Stimmung der Kraft und Stärke, sondern steigerte auch ihre Gemeinschaftsgefühle. Medizinische Untersuchungen haben gezeigt, dass Musik die Produktion des »Glückshormons« Oxytozin erhöht, welches soziale Bindungen fördert. Musik wirkt als sozialer Kitt, so der japanische Evolutionsforscher Hajime Fukuki. »Diesen Effekt haben Nationalhymnen, Kriegsgesänge, arbeitsbegleitende Lieder oder auch die Musik bei geselligen Anlässen. Sie verringern Ängste und Spannungen und erhöhen die Solidarität. Daher werden durch gemeinsames Hören von Musik, mehr noch durch gemeinsames Singen und Tanzen, Individuen zu Gemeinschaften zusammengeschweißt.«[98] Auf diese Weise entsteht der religiöse Charakter der Gemeinschaftsgefühle:

> »Wir hielten uns an den Händen und sangen ›Flamme empor‹ und hatten dann dieses Gefühl der Gemeinsamkeit. Es war Nacht und die Sterne schienen und die Flammen – also es war wie Hypnose, ich weiß noch, ich war ganz weg. Man sprach kein Wort, es war so ein Gruppenerlebnis, so irgendwie – das war so fast religiös«,[99]

erzählt eine Zeitzeugin über ihr Erleben einer Sonnenwendfeier.

Während an den nationalsozialistischen Feiertagen wie den Sonnenwendfeiern oder dem Erntedankfest das gemeinsame Singen im Vordergrund stand, herrschte auf den Reichsparteitagen und den Heldengedenktagen Marschmusik vor. Der Marsch ist ein Musikstil, dessen Zweck darin besteht, die Bewegungen zahlreicher Menschen aufeinander abzustimmen und zu synchronisieren. Zu den gleichförmigen Bewegungsabläufen kamen bei großen Veranstaltungen Tausende von gleichzeitig geschwungenen Fahnen, das einheitliche Heben des rechten Arms begleitet von den skandierten Heil-Rufen vervollständigte das Bild vollständigen Gleichklangs. Man muss sich vor Augen führen, dass bei diesen Großveranstaltungen zehntausende, manchmal hunderttausende Menschen versammelt waren, solche gewaltigen Menschenmassen allein sind schon geeignet, die Menschen emotional zu überwältigen, die hinzukommende vollständige Gleichförmigkeit der Bewegungen und ihre musikalische Rhythmisierung versetzte die Menschen in einen emotionalen Taumel, in dem sich ihre Ich-Grenzen auflösten und sie sich mit der Masse eins fühlten. In der religiösen Intensität der

98 Marks (2007, S. 72).
99 Zitiert nach Marks (2007, S. 73).

Zusammengehörigkeitsgefühle war die »Volksgemeinschaft« im höchsten Maße gegenwärtig, hier erreichte sie ihre emotionalen Höhepunkte.

Inhaltlich war die Idee der Volksgemeinschaft eng verbunden mit der nationalsozialistischen Ideologie des Herrenmenschentums und der darin enthaltenden Behauptung der Überlegenheit der »arischen Rasse«. Die Propaganda der Höherwertigkeit und Einzigartigkeit des deutschen Volkes wertete die Selbstwertgefühle der Menschen auf, die Vorstellung, als besonderes Volk zu außergewöhnlichen Taten berufen zu sein, wurde zu einem festen Bestandteil des deutschen Wir-Bildes. Gleichzeitig war die Volksgemeinschaftsideologie mit der Forderung verbunden, dass der Einzelne seine Interessen hinter denen der Gemeinschaft zurückzustellen habe. »Dem Nationalsozialismus gilt der einzelne nichts, wenn es um die Gemeinschaft geht«,[100] hieß es in der Begründung des Gesetzes zur Behandlung Gemeinschaftsfremder. Prägnanter kann man das auch von Hitler ständig wiederholte Prinzip des »Primats des Volkes« kaum ausdrücken. Belohnt wurde die Opferbereitschaft und Selbstaufgabe mit der exklusiven Zugehörigkeit zu der Gruppe der »Herrenmenschen«. Die emotionalen Verheißungen der nationalsozialistischen Identität – Überlegenheit, Einzigartigkeit, Allmacht und Ewigkeit – waren es wert, das eigene Ich hinter dem kollektiven Wir zurückzustellen. Die übersteigerten Wir-Ideale und die Zukunftsträume eines Großdeutschen Reiches waren außerdem geeignet, die traumatischen Erfahrungen von 1918 auszulöschen, auch darum waren die Deutschen für diese Allmachtsphantasien so empfänglich.

So bewirkten die Integration in einen allgegenwärtigen »fürsorgenden« Staat und die Aufwertung der kollektiven Identität, dass die Volksgemeinschaft zu einem Wert aufstieg, für den sich jedes Opfer lohnte. Tatkraft und Opferbereitschaft speisten sich aus der kollektiven emotionalen Energie, die während der Massenveranstaltungen ständig erneuert wurde. Die enorme Gefühlsintensität der ozeanischen Gefühle versetzte die Menschen in einen emotionalen Rausch von großer Ansteckungskraft. Das Zentrum dieses Energiefeldes bildete die Liebe und Verehrung für Hitler, der umgeben war von treu ergebenen Naziführern wie Goebbels, Himmler, Göring und Ribbentropp, welche die fanatischen Parteimitglieder, die »echten Nazis«, um sich scharten. Von diesem Zentrum aus wurden die Deutschen in konzentrischen Kreisen – wie bei einem großen ins Wasser geworfenen Stein – von den emotionalen Wellen erfasst und mitgerissen. Sie wurden überzeugte Nationalsozialisten, begeisterte »Volksgenossen«, Parteigänger, angepasste Opportunisten, Mitläufer, passive Zuschauer oder schweigende Skeptiker, die sich in der exklusiven Einheit der Volksgemeinschaft eng miteinander verbunden fühlten.

100 Zitiert nach Frei (2007, S. 252).

Ausschluss aus der Volksgemeinschaft: Antisemitismus und Judenverfolgung

Während die Deutschen an gemeinsamen Singstunden teilnahmen, sich auf Massenveranstaltungen berauschten, in die Oper oder ins Theater gingen, Spenden für Hilfsbedürftige sammelten oder sich auf Urlaubsreisen begaben, saßen Zehntausende ohne Gerichtsurteil in politischer Haft, wurden gefoltert und ermordet. Jüdische Läden wurden boykottiert, mit Inschriften wie »Stinkender Jude«, »Juden raus« und dergleichen beschmiert, Fensterscheiben wurden eingeworfen, das Mobiliar zerschlagen und die Inhaber bedroht. In Groß- wie Kleinstädten fanden »Prangerumzüge« statt: Juden wurden gezwungen, mit dem Plakat »Ich bin ein Rassenschänder« um den Hals durch die Straßen zu gehen, und wurden hierbei von lautem Beifall und höhnischem Gelächter der Bevölkerung begleitet. Verbotsschilder für Juden an Geschäften, Parkbänken, Restaurants und Gaststätten, Badeseen oder in Kurorten gehörten ebenso zum nationalsozialistischen Alltag wie die Allgegenwart der Hitlerbilder und Parteisymbole. »Überall in den Orten des Deutschen Reiches wurden so genannte ›Stürmer-Kästen‹ aufgestellt: große, über einen Meter breite, grellrot angestrichene Schaukästen, mit antisemitischen Parolen verziert wie ›Die Juden sind unser Unglück‹ oder ›Der Vater der Juden ist der Teufel‹.«[101]

Die antijüdischen Maßnahmen, die umgehend nach Hitlers Machtergreifung umgesetzt wurden, waren im Alltag ebenso präsent, wie sie das Leben der deutschen Juden von Grund auf veränderten. Das Gesetz zur Wiederherstellung des Berufsbeamtentums (April 1933) verfügte die Entlassung aller Beamten jüdischer Herkunft aus dem öffentlichen Dienst. Im gleichen Monat begrenzte das Gesetz gegen die Überfüllung von deutschen Schulen und Hochschulen die Neuzulassung jüdischer Schüler und Studenten auf 1,5 %, im November 1938 wurde jüdischen Kindern der Besuch deutscher Schulen endgültig untersagt. Mit dem Wehrgesetz von 1935 wurden die Juden vom Wehrdienst ausgeschlossen. Die im gleichen Jahr verkündeten Nürnberger Gesetze erklärten Juden zu Bürgern zweiter Klasse. Das Gesetz zum Schutze des deutschen Blutes und der deutschen Ehre verbot unter Androhung der Zuchthausstrafe sowohl die Ehe als auch die außerehelichen Beziehungen zwischen Juden und »arischen« Deutschen. Gleichzeitig wurde die Beschäftigung »arischer« Dienstmädchen in jüdischen Haushalten unter Strafe gestellt sowie das Hissen der Hakenkreuzfahne für Juden verboten. 1935 wurde den Juden das Wahlrecht aberkannt und alle jüdische Ärzte, Professoren und Lehrer aus dem Staatsdienst entfernt.

Dem Entzug der staatsbürgerlichen Rechte folgte die Zerstörung der wirtschaftlichen Existenz. Die Verordnung zur Ausschaltung der Juden aus dem

101 Wildt (2007, S. 191).

Wirtschaftsleben vom 12. November 1938 verbot Juden das Betreiben von Einzelhandelsgeschäften und Handwerksstätten sowie das Feilbieten von Waren aller Art. Jüdisches Kapitalvermögen wurde eingezogen sowie Grundeigentum, Wertpapiere und Schmuck zwangsveräußert.

Die fortschreitende Entrechtung wurde durch zusätzliche Stigmatisierungsmaßnahmen verschärft, welche die Juden auch aus dem Alltagsleben vollständig ausschließen sollten. Ab 1938 hatten Juden eine besondere Kennkarte mit aufgedrucktem »J« mit sich zu führen und wurden zu den zusätzlichen Vornamen »Sarah« und »Israel« gezwungen. Bibliotheken, Kinos, Theater, Museen und Schwimmbäder versagten ihnen den Zutritt, im Dezember 1938 wurde Juden das Autofahren und der Besitz von Kraftfahrzeugen verboten. Ab 1939 mussten Juden »arische« Wohnhäuser räumen und wurden in »Judenhäuser« eingewiesen, sie hatten ihre Radioapparate abzuliefern, ihre Telefonanschlüsse wurden gekündigt. 1942 wurde das Tragen des gelben Sterns Pflicht. Diese Verfügung zog nicht nur einen noch radikaleren Ausschluss aus dem öffentlichen Leben mit sich – Fahrten in öffentlichen Verkehrsmitteln nur noch mit amtlicher Erlaubnis, Benutzungsverbot öffentlicher Telefone, Verbot des Bezugs von Zeitungen und Zeitschriften, Kennzeichnungspflicht der Wohnungen, Zwangsabgabe aller elektrischen, optischen Geräte, aller Fahrräder und Schreibmaschinen –, sondern ermöglichte auch die totale Kontrolle über die Einhaltung der diskriminierenden Verbote.[102]

Die Frage nach den Motiven dieser für heute so unvorstellbaren Entwürdigung der jüdischen Bevölkerung wird in der Nationalsozialismusforschung bis heute nicht einheitlich beantwortet, über die Tatsache, dass die deutsche Bevölkerung die antijüdischen Maßnahmen nahezu ohne Widerstand hinnahm, besteht jedoch weitgehende Einigkeit. Goldhagens These,[103] dass ein weltanschaulicher Antisemitismus die Ursache der verdeckten bis offenen Unterstützung war, ist in der historischen Forschung dennoch stark umstritten. Frei argumentiert, dass die Popularität der Regimes nicht wegen, sondern trotz der judenfeindlichen Elemente anstieg.[104] Nicht hasserfüllter Antisemitismus habe die Haltung der deutschen Bevölkerung geprägt, sondern Gleichgültigkeit, Desinteresse und Abstumpfung, so der Historiker Ulrich Herbert.[105] Insbesondere die Täterforschung hat Motive jenseits der ideologischen Weltanschauung in den Mittelpunkt gerückt: Gruppendruck, Gehorsamsbereitschaft, Autoritätsgläubigkeit und Verrohung im Krieg sind nach Browning die entscheidenden Motive jener Männer, die direkt an Massenerschießungen und -morden beteiligt waren.[106]

102 Dies ist nur ein Ausschnitt aus der Liste der Verbote und Zwangsmaßnahmen, insgesamt wurden rund 2000 Verordnungen und Gesetze gegen die Juden verhängt.

103 Goldhagen (1996).

104 Frei (2007, S. 67). Auch Kershaw erkennt im Antisemitismus kein entscheidendes Element der Hitlerverehrung (vgl. Kershaw, 2003, S. 275–306).

105 Herbert (2001, S. 65).

106 Browning (1993).

Dass erst die Radikalisierung des Krieges und die aus deutscher Perspektive zunehmende Erfolglosigkeit den Vernichtungsfeldzug gegen die Juden ausgelöst habe, ist die im so genannten strukturalistischen Ansatz[107] vertretene These.

Die Radikalisierung begann jedoch nicht – so unsere These – mit dem Scheitern der Kriegsziele, sondern mit der Errichtung der nationalsozialistischen Eigenwelt, der diese zerstörerische Dynamik von Anfang an innewohnte. Das Massentöten in Konzentrationslagern und die Erschießungen von wehrlosen Menschen, Männern wie Frauen und Kinder, waren nur durch die Entstehung einer Alltagslogik möglich geworden, in der die Missachtung von Menschenrechten als Selbstverständlichkeit galt. Diese prozessuale Sichtweise vertritt auch der Sozialpsychologe Harald Welzer. Er beschreibt das Eindringen der nationalsozialistischen Moral in den Alltag als einen gesellschaftlichen Umbauvorgang, der eine neue soziale »Normalität« etablierte.[108] »In dieser Normalität mag es zwar ein Durchschnittsvolksgenosse noch 1941 für undenkbar halten, dass Juden umstandslos getötet werden, aber nichts Bemerkenswertes darin sehen, das Ortsschilder verkünden, dass der entsprechende Ort ›judenfrei‹ sei, dass Parkbänke nicht von Juden benutzt werden dürfen, dass die jüdischen Bürger völlig entrechtet und beraubt werden.«[109]

Im Zentrum dieses gesellschaftlichen Umbauprozesses sieht Welzer die »unhintergehbare und absolute Unterscheidung von Zugehörigen und Nicht-Zugehörigen«, ein Merkmal, das auch in anderen »ansonsten höchst verschiedenen mörderischen Gesellschaften« zu beobachten sei.[110] Im Nationalsozialismus war es die Ideologie der Volksgemeinschaft, welche die Menschen in zwei Gruppen spaltete, die nichts mehr miteinander gemein hatten und die »nur zwei Existenzmöglichkeiten« erlaubte: »entweder man stand drinnen oder man war draußen.«[111] Wer auf Distanz zur Diskriminierung der jüdischen Bevölkerung ging, musste nicht nur auf die exklusiven und berauschenden Wir-Gefühle verzichten, sondern fand sich auch der politischen Verfolgung ausgesetzt. Hierbei versetzte die ungehemmte Brutalität der überzeugten Nazianhänger auch jene Menschen in Angst und Schrecken, bei denen die antijüdischen Parolen auf Ablehnung stießen. So ließ die Radikalität, mit der auch bloße Sympathiebekundungen geahndet wurden, eine Dynamik entstehen, in der sich Inklusion und Exklusion immer stärker gegenseitig bedingten: »Zur Volksgemeinschaft zu gehören hieß, die Ausschließungen anzuerkennen, die sie verfügte.«[112] Die Volksgemeinschaftsideologie und ihre praktische Umsetzung ließ zwischen

107 Zu den führenden Vertretern dieses Ansatzes gehören die Historiker Martin Broszat und Hans Mommsen.

108 Welzer (2005, S. 66).

109 Welzer (2005, S. 66).

110 Welzer (2005, S. 248).

111 Janka (1997, S. 315).

112 Friedländer (2000, S. 132).

Juden und Nichtjuden eine Kluft entstehen, die sich nur noch als Abgrund bezeichnen lässt.

Obwohl Welzer diesen Umbau der Gesellschaft differenziert beschreibt, erstaunt ihn die Geschwindigkeit, mit der dieser Veränderungsprozess ablief: »Das Erstaunlichste daran ist, wie schnell das alles gehen kann.«[113] Hierbei verkennt er die emotionale Dynamik und die gewaltige Energie der Wir-Gefühle, die diese Geschwindigkeit möglich machten. Diese emotionale Energie entlud sich nicht nur in wiederkehrenden Gewaltausbrüchen wie zum Beispiel anlässlich des Aprilboykotts 1933 oder der so genannten »Reichskristallnacht« im November 1938,[114] sondern speiste auch die erniedrigenden Verhaltensweisen im Alltag. Ein Tagebucheintrag von Victor Klemperer:

»Einem älteren Herrn wird von einer Nazicke zugerufen: ›Gehen Sie vom Trottoir herunter, Jude!‹ Er lehnt das ab, er habe ein Anrecht auf den Bürgersteig. Er wird zur ›Befragung‹ auf die Gestapo bestellt und in Haft gesetzt.«[115]

Klemperer selbst wird von einem jungen Menschen, »blond und brutal aussehend«, zugerufen: »Du Lump, warum lebst du noch?«[116] Schlimme Ausmaße nahmen auch die Kontrollen über die Einhaltung der antijüdischen Verordnungen an. Zu diesen Maßnahmen gehörten zum Beispiel willkürlich durchgeführte Hausdurchsuchungen, bei denen die Abgabe der für Juden verbotenen Gegenstände kontrolliert wurde:

»Von Tag zu Tag warte ich auf die Hausdurchsuchung bei uns. Am stärksten ist die Beklemmung immer abends zwischen sieben und neun. Wohl zu Unrecht, denn die Rollkommandos sollen zu jeder Tageszeit erscheinen. Sie sollen alles rauben: auch Essen, das auf Marken gekauft, Schreibpapier, Portomarken, Ledermappen. Sie sollen die Magermilch austrinken usw.«[117]

Diese demütigenden und beschämenden Verhaltensweisen waren wie die Gewaltausbrüche angetrieben von Wut und Hass, den Leitaffekten der nationalsozialistischen Eigenwelt. Die antisemitische Propaganda hatte die Hassgefühle ins Unermessliche gesteigert und die Aggressionsgefühle auf ein einziges Ziel hin gebündelt, die treuen Hitleranhänger ließen keine Gelegenheit aus, ihre Machtüberlegenheit gegen entrechtete und wehrlose Menschen auszuspielen. Die gewaltige Energie, die von Wut und Hass frei gesetzt wurde, hatte ihr Zen-

113 Welzer (2005, S. 62).

114 In der Nacht vom 9. auf den 10. November 1938 starben in unmittelbarer Folge der antijüdischen Ausschreitungen mehr als 1300 Menschen. Über die Hälfte der Synagogen wurden beschädigt oder ganz zerstört. Am 10. November wurden 30.000 männliche Juden in Konzentrationslager verschleppt.

115 Klemperer (1999b, 22.12.1941).

116 Klemperer (1999c, 19.04.1942).

117 Klemperer (1999c, 28.04.1942).

trum in der NSDAP und den ihr nahestehenden Organisationen. Haffner nennt einen unideologischen Antisemitismus als das wichtigste Kennzeichen der »echten Nazis«. Ihre antisemitische Haltung unterscheide sich von früheren Zeiten darin, dass sie sich nicht mehr bemühten, »sich Vorwände auszudenken, um die Juden zu berauben, zu quälen und zu ermorden«. Jene Menschen, die »imstande sind, grundlos zu prügeln, zu jagen, zu morden«, bilden den »Naziorden«, »der die Welt unterwerfen soll und dem durch natürliche Auswahl die Skrupellosesten und ›Dynamischsten‹ angehören«.[118] Die Gewalttätigsten und Grausamsten des NS-Regimes bildeten den inneren Kern der Volksgemeinschaft. Ihre Leitaffekte und Leitideen bestimmten das Fühlen und Denken der Menschen, die sich in verschiedenen Abständen um dieses Zentrum gruppierten.

Untersuchungen über das Alltagsverhalten der Deutschen belegen, dass nicht alle Deutschen ein verächtliches Verhalten gegenüber der jüdischen Bevölkerung zeigten, gelegentlich kam es sogar zu verdeckten Sympathiebekundungen und Hilfsbereitschaft. Doch um am alltäglichen Ausschluss der Juden mitzuwirken, war eine gezielte Beteiligung nicht notwendig. Die Deutschen folgten der Aufforderung, jüdische Geschäfte zu meiden, auf der Straße ignorierten sie Menschen, die sie früher gegrüßt hatten, sie brachen freundschaftliche Kontakte ab. Das Verhalten reichte von Anpassung über das Wegsehen bis hin zu Denunziationen und aktiver Beteiligung an Gewalt. Die emotionale Stimmung dieser »aktiven Gleichgültigkeit« wurde gespeist von den gewaltigen Hass- und Aggressionsgefühlen des nationalsozialistischen Zentrums, und wenn auch ihre Energie nicht ausreichte, diese Gefühle in ihrer Extremität bis an den äußersten Rand der Gesellschaft zu tragen, so war ihr Nachhall doch auch hier in Form widerstandsloser Akzeptanz präsent. Diese Haltung der Deutschen gegenüber den Juden wird häufig mit dem Topos einer »gleichgültigen Mehrheit« umschrieben und gleichzeitig als Erklärung für das schweigende Wissen und Ignorieren des Massenmords genannt. Hierbei wird übersehen, dass Gleichgültigkeit angesichts alltäglicher Erniedrigung und gewalttätiger Ausschreitungen – inbegriffen des Beobachtens der Deportation der Juden aus der Mitte der deutschen Gesellschaft – selbst erklärungsbedürftig ist. Die bereitwillige Akzeptanz und Teilnahmslosigkeit wurden erst durch die Entstehung der nationalsozialistischen Eigenwelt möglich, in deren Alltagslogik das Wegsehen, Dulden, Akzeptieren, Mitwirken und Aktivwerden sukzessive zur Selbstverständlichkeit wurden. In dieser Eigenlogik wurde die menschenverachtende Grausamkeit des NS-Regimes von den Deutschen nicht mehr wahrgenommen, das Leid ihrer Mitmenschen fand keinen emotionalen Widerhall. Wie weitgehend eine solche Alltagslogik das Handeln der Menschen bestimmen kann, zeigt sich auch daran, dass selbst jene Männer, die direkt an den Tötungsprozessen beteiligt waren, ihr Morden zunehmend als Selbstverständlichkeit empfanden. »Der erste Schlag«, der

118 Haffner (2008b, S. 81 f.).

erste Tote lässt die Täter noch erschrecken, doch Enthemmung und Gewöhnung setzen einen Prozess in Gang, in dem das Töten und der Anblick der grausam zugerichteten Opfer zur Routine des Alltages werden.[119]

Wie konnte es so weit kommen? Des Rätsels affektlogische Lösung

Unsere Ausgangsthese lautete, dass kollektive Emotionen psychosozialen Energien entsprechen, die das Denken und Handeln der Menschen tiefgehend beeinflussen. Sowohl die energetischen Wirkungen von Affekten wie auch deren denk- und verhaltensorganisierende Effekte treten in der Entwicklung der nationalsozialistischen affektiv-kognitiven Eigenwelt mit außerordentlicher Prägnanz zutage. Diese Eigenwelt entwickelte sich aus winzigen Keimen, einem giftigen Spaltpilz gleich, auf dem Nährboden von Leitaffekten wie Wut, Hass und Scham zunächst in randständigen Kleingruppen und Individuen wie Hitler, um sich – dank den beschriebenen Resonanzwirkungen von Emotionen – von einem günstigen Moment an dann plötzlich epidemieartig auszubreiten und innerhalb kürzester Zeit fast das ganze deutsche Volk zu erfassen. Eine solche massenpsychologische Explosion ist, affektlogisch gesehen, einzig in einem Moment der maximalen kollektiven Verunsicherung möglich, wo große Mengen an emotionaler Energie sozusagen frei flottieren. Da letztlich von einem einzelnen Menschen gezündet, entspricht diese Explosion zugleich einem psychosozialen Schmetterlingseffekt – der riesigen Wirkung einer unverhältnismäßig kleinen Ursache – von spektakulärem Ausmaß.

Ähnlich nichtlinear erfolgte ebenfalls der plötzliche kollektive Stimmungsumschwung zugunsten der Nationalsozialisten beim österreichischen »Anschluss« vom 12. März 1938: Schien noch 24 Stunden vor Hitlers Einmarsch das ganze Land zutiefst gespalten und sprachen erhebliche Teile des Volkes von einem »Widerstand bis zum Äußersten« gegen die Nazis, so war davon schon einen Tag später praktisch nichts mehr zu merken. Überall wehten Hakenkreuzfahnen, jubelten euphorisierte Mengen den einrückenden deutschen Truppen zu, und am 14. März bezeugten 200.000 Menschen mit ekstatischen Heilrufen dem »Führer« auf dem Wiener Heldenplatz ihre Hingabe. Neben ein Foto dieses Geschehens stellt der damals aus Wien in die USA geflüchtete jüdische Nobelpreisträger Eric Kandel in seinem sechzig Jahre später erschienenen Buch »In the Search of Memory «[120] nicht von ungefähr das Bild von kniend auf offener Straße herumrutschenden Juden, die am nächsten Tag unter dem Blick der höhnischen Menge den Boden mit Waschbürsten von hitlerfeindlichen Sprüchen reinfegen

119 Vgl. Meyer (2009), insbesondere die Kapitel »Der erste Schlag« und »Aus dem Tagebuch des Felix Landau«.

120 Kandel (2006).

mussten – ein vergleichsweise noch harmloser Einzelaspekt der systematischen Demütigung der Juden, mit deren emotionalen Langzeitfolgen wir uns im nächsten Kapitel beschäftigen werden.

Wie konnte eine solche kollektive emotionale »Versklavung« einem europäischen Kulturvolk wie den Deutschen passieren? Und wie konnten selbst führende Intellektuelle wie Martin Heidegger oder Ernst Jünger den Verführungen des Nationalsozialismus erliegen? Noch heute, mehr als sechs Jahrzehnte später – oder gerade heute wieder, aus der Sicht von neuen Generationen in einem zutiefst veränderten Deutschland, einer zutiefst veränderten Welt – stellen sich viele Menschen diese Frage mit alter Rat- und Fassungslosigkeit. Das Phänomen des Nationalsozialismus als »emotional« und deshalb »irrational« zu bezeichnen und dann »zur Tagesordnung überzugehen«, wie dies meist geschieht, genügt nicht, denn ein solcher Kurzschluss verkennt die allgegenwärtigen Wirkungen von Emotionen auf unser Denken und entzieht das Problem damit jedem tieferen, auch unser eigenes Weltbild hinterfragenden Verständnis.

Sicher wäre es vermessen zu meinen, dass die Affektlogik das »Rätsel Nationalsozialismus« nun einfach voll zu »lösen« vermöchte. Aber einen Beitrag dazu kann eine differenzierte Berücksichtigung von Wesen und Wirkung von Gefühlen zweifellos leisten: Tiefe kollektive Emotionen lieferten die zum fraglichen Geschehen nötigen Energien, die von gewaltsam in die Gehirne eingehämmerten Leitideen geschürt, kanalisiert und in die gewünschte Richtung gelenkt wurden. Zum Abschluss wollen wir einige der zentralen Ergebnisse der vorangehenden Untersuchung noch einmal kurz sichten und in einen größeren soziologischen Rahmen stellen.

Hitler war, so müssen wir aus allen vorliegenden Informationen schließen, weder »verrückt« noch einfach ein Psychopath im medizinisch-psychopathologischen Sinn; jedenfalls passt er in keine geläufige psychiatrische Diagnose. Er war, das ist unser Schluss, eine jener kaum klassifizierbaren Ausnahmeerscheinungen, wie sie die Geschichte im Guten wie Schlechten am Rand des globalen Sozialsystems von Zeit zu Zeit hervorbringt, zu vergleichen mit Jahrhundertfiguren wie Napoleon, Dschingis Khan oder Nero, aber einem bösartigen Extrempol wohl noch wesentlich näher als diese. Und auch das deutsche Volk war nach unserem Dafürhalten im Vergleich zu seinen Nachbarn weder besonders machtbesessen noch besonders blutrünstig, ja wohl nicht einmal besonders antisemitisch, denn ähnliche machtpolitische und antijüdische Ideen waren zu Beginn des 20. Jahrhunderts auch in anderen europäischen Staaten weit verbreitet.

Wohl aber waren Hitler und die Deutschen – beide mit ihrer je eigenen Geschichte und ihrer eigenen Konstitution – nach dem Ersten Weltkrieg in einer höchst besonderen emotional-kognitiven Situation. Diese Situation hatte zur Folge, dass sich Gemeinsamkeiten wie Unterschiede zwischen »Führer« und »Volk« schicksalhaft verzahnten und in eine ungeheure affektiv-kognitive Resonanz traten. Die dadurch freigesetzten emotionalen Energien brachten eine

Fühl-, Denk- und Verhaltenslawine ins Rollen, die nicht nur zwölf Jahre lang Tod und Schrecken über ganz Europa verbreitete, sondern das kollektive Fühlen und Denken durch ihre auf- und abschreckenden Wirkungen noch heute in vieler Weise beeinflusst. Gemeinsam – und damit resonanzfähig – waren Hitler und den Deutschen nach dem verlorenen Krieg in erster Linie die durch wirtschaftliche Not und politische Orientierungslosigkeit verstärkten Gefühle der Schmach und Erniedrigung, des demütigenden Gesichts- und Ehrverlusts, kurz: das Gefühl einer verlorenen oder doch zutiefst gefährdeten positiven Identität. Wie lebenswichtig aber ein positives Identitätsgefühl insbesondere in widrigen Umständen ist, wird im Gefolge von Psychoanalyse und Sozialpsychologie heute auch von der Soziologie immer eindeutiger anerkannt. Diffuser Verdacht und Hass gegen alle möglichen Feinde (die Bolschewisten, die Juden, die Kapitalisten, die perfiden Franzosen, Engländer und Amerikaner …), die Deutschland um einen praktisch schon errungenen Sieg oder doch um den versprochenen gerechten Frieden betrogen hätten, sind somit als unbewusster kollektiver Versuch zu verstehen, die nationale Identität durch die Erzeugung neuer positiver Wir-Gefühle zumindest notdürftig zu stärken.

Dreierlei Fühl-, Denk- und Verhaltensmuster, die sich von denen des deutschen Volkes unterschieden, hatte Hitler selbst zu der erwähnten Resonanz beizutragen: erstens die scharfen Schwarz-Weiß-Konturen seiner jahrzehntelang im Dunkeln entwickelten und dann auch noch schriftlich verfestigten Ideologie. Diese umfasste, was oft übersehen wird, aber in »Mein Kampf« in seitenlangen Passagen nachgelesen werden kann, auch eine das Gemeinwohl über alles stellende Moral und Ethik, deren Ideale ein desorientiertes Volk zu erheben und begeistern vermochten. Zweitens sein außerordentliches, von Leidenschaft und massenpsychologischem Gespür getragenes Rednertalent, und drittens sein krass egozentrischer, von keinerlei Skrupeln gehemmter aggressiver Wille zur Macht. Hitlers massenpsychologisches Talent kann auch als eine besondere Form von »emotionaler Intelligenz« verstanden werden, die ihn befähigte, untergründige Massenstimmungen mit einmaliger Treffsicherheit zu wittern und in zündende Schlagworte umzusetzen. Mit ihren kombinierten Wirkungen vermögen diese samt und sonders emotional untermauerten Eigenschaften die enorme Anziehungs- und Ansteckungskraft der Hitler'schen Eigenwelt auf dem geschilderten historischen Hintergrund sehr wohl zu erklären.

Was aber ist aus Sicht der Affektlogik das Besondere an der Fühl- und Denkweise Hitlers und der Nationalsozialisten im Vergleich zu den Eigenwelten sowohl von früheren »Jahrhundertgestalten« wie von anderen, durchaus auch expansiven und primär aufs Eigeninteresse bedachten Kollektivitäten? Es ist nicht die Ausbildung einer gruppenspezifischen Weltsicht an sich, der keine Gesellschaft entrinnt. Sondern es ist, wie wir meinen, das extreme Übergewicht von Verachtung, Hass und Aggression über positive Gefühle jeder Art, das diese Eigenwelt charakterisiert, gepaart mit einer ebenso extremen Selbstüberhöhung.

Kompensatorisch entstanden aus einer Situation tiefster Demütigung bot sich als Ausweg hin zu einem neuen positiven Identitätsgefühl für Hitler und die Deutschen »affektlogisch« in diesem geschichtlichen Moment offenbar nur die fortwährende Steigerung solcher Fühl- und Denkweisen. Auf diesem »Runaway« – wie der berühmte Anthropologe Gregory Bateson seinerzeit einen solchen Prozess genannt hatte – beruhen auch die zwei historisch zweifellos verhängnisvollsten Irrtümer des Nationalsozialismus: erstens der radikale, bis zur physischen Vernichtung getriebene Ausschluss der Juden, und zweitens die totale Vernachlässigung der – evolutionstheoretisch erst in neuerer Zeit voll erkannten – Unverzichtbarkeit eines Mindestmaßes von Bindung und Zusammenarbeit mit der Umwelt, mit der wir uns in einem späteren Kapitel beschäftigen werden.

In große systemtheoretische Zusammenhänge gestellt kann man die Erscheinung des deutschen Nationalsozialismus als kollektive Realisierung einer extremen Form von affektiv-kognitiver Eigenwelt innerhalb eines breiten Spektrums von evolutionär möglichen Varianten verstehen. An dem einen Extrempol fände sich ein Fühlen und Denken, das aggressionsfrei fast nur von Nächstenliebe, Toleranz und Kooperationsbereitschaft gegenüber allem Andersartigen charakterisiert wäre. Historisch verkörpert ist diese Möglichkeit wohl einzig in der Gestalt von Jesu. Am hass- und aggressionsbeherrschten Gegenpol am äußersten Rand einer breiten Palette von Mischformen dagegen findet sich das nationalsozialistische Paradigma. Beide Extremformen sind offenbar nicht lebbar: Das hass- und wutbeherrschte Extrem geht, wie gezeigt, am dafür nötigen Übermaß an emotionaler Energien und der aggressiv-defensiven Gegenreaktion der Umwelt zugrunde. Das altruistische Extrem dagegen ist, wie nicht nur an der Geschichte Jesu ablesbar, wehrlos gegen jegliche Aggression. In der Tat ist das »aggressive« Sich-abgrenzen-Können für das Überleben eines jeden Lebewesens genau so unverzichtbar wie die »liebevolle« Fähigkeit zur Bindung, Gemeinschaftsbildung und Zusammenarbeit. Mit anderen Worten: Alle Grundgefühle, sowohl die »positiven« wie die »negativen«, sind evolutionär gleichermaßen nötig und lebenswichtig – sonst gäbe es sie ja gar nicht. Entscheidend ist nur ihre adäquate Mischung je nach Umständen. Oder, um mit Freud zu sprechen: Das Leben spannt sich zwischen den Polen der Lebens- und Todestriebe aus. Im – ein für alle Mal, wollen wir hoffen! – abschreckenden Aufzeigen und »Ausreizen« der äußersten Grenzen von kollektiver Aggressivität kann man systemtheoretisch einen »tieferen Sinn« selbst von Extremerscheinungen wie dem deutschen Nationalsozialismus sehen.

Der naheliegende Einwand freilich, dass ein solcher »Sinn« den Opfern des Nationalsozialismus nicht nur nichts nützt, sondern gar deren Leiden noch zu verharmlosen droht, bringt uns aus dem »systemtheoretischen Stratosphärenflug«, wie Luhmann eine solche Perspektive einmal treffend genannt hatte, auf den Boden der konkreten Wirklichkeit zurück. Auch der Israel-Palästina-Konflikt, dem wir uns als nächstem Großbeispiel nun zuwenden wollen, liefert für die Dynamik von kollektiven Emotionen ein überreichliches Anschauungsmaterial.

3 Der Israel-Palästina-Konflikt: Tragische Verstrickung zweier unvereinbarer Eigenwelten

Der Israel-Palästina-Konflikt ist sowohl für die Beteiligten als auch für Außenstehende emotional hoch aufgeladen. Die aus dem Holocaust resultierenden Fragen nach Schuld, Scham und Verantwortung bestimmen in den westlichen Ländern die politische Kontroverse. Das Gedenken der Shoah bildet eine der wichtigsten Säulen der israelischen Identität. Die Palästinenser ihrerseits leiten ihr Recht auf Widerstand aus der Überzeugung des Unrechts der israelischen Staatsgründung ab. Tief eingegrabene Fühl- und Denkbahnen bestimmen beidseitig die Wahrnehmung der Realitäten. Die jeweiligen affektiv-kognitiven Eigenwelten verstärken und radikalisieren sich gegenseitig, Extremisten auf beiden Seiten heizen den Konflikt immer wieder neu auf. Ein möglicher affektlogischer Ausweg wäre eine konsequente Spannungsreduktion und das Eingreifen eines mächtigen Dritten.

Verwirrende Fakten und Emotionen

Kein gegenwärtiger Konflikt ist so kompliziert wie der Israel-Palästina-Konflikt. Dies liegt nicht nur daran, dass beide Seiten Besitzansprüche auf das gleiche Territorium erheben, sondern auch an der starken Verflechtung der ganzen Konfliktsituation in die Weltpolitik. In einem Land, das gerade mal so groß ist wie das Bundesland Hessen, kreuzen sich die Fäden der globalen Machtpolitik und haben sich dort zu einem unentwirrbaren Knäuel von Interessenkonflikten verwoben.

Wer versucht, sich über die aktuelle Lage ein »objektives« Bild zu machen, findet sich nicht nur einer unübersehbaren Flut von Literatur gegenüber, sondern wird auch mit sich gegenseitig widersprechenden Fakten konfrontiert. Um nur einige Beispiele zu nennen: Man stößt auf den Vorwurf, Israel sei ein rassistischer Staat, der die arabische Minderheit im Lande gezielt diskriminiere. Andererseits erfährt man, dass es in Israel zweisprachige Schulen gibt, an denen arabische und jüdische Schüler gemeinsam unterrichtet werden oder dass Kinder aus palästinensischen Flüchtlingslagern in israelischen Krankenhäusern kostenlos operiert werden. Man liest von »selbstgebastelten Raketen«, die von der Hamas auf israelische Städte abgefeuert werden, ohne dort nennenswerten Schaden anzurichten, während gleichzeitig berichtet wird, dass diese Bomben circa eine Million Menschen bedrohen, die hierdurch tagtäglich in Angst und Schrecken versetzt werden. Den israelischen Streitkräften wird vorgeworfen, Opfer in der Zivilbevölkerung bewusst und billigend in Kauf zu nehmen, andererseits ist zu lesen, dass die Hamas ihre Kampfeinheiten gezielt in zivilen Einrichtungen unterbringt, um das Ansehen Israels mit Bildern von getöteten Frauen und Kindern in der Weltöffentlichkeit zu beschädigen. Nahezu unmöglich wird es, festzustellen, welche Seite die zahlreichen Gewaltausbrüche jeweils ausgelöst hat, da die Berichte hierüber von der Position des Betrachters abhängen.

Abgesehen von diesen unüberschaubaren Widersprüchen der »Fakten« lassen einen die Berichte über die Auswüchse der Gewalt auf beiden Seiten endgültig emotional verwirrt zurück. Das Elend in den palästinensischen Flüchtlingslagern, demütigende Grenz- und Straßenkontrollen und Machtmissbrauch, die israelischen Opfer der Selbstmordattentäter, ihre trauernden Angehörigen und traumatisierte Überlebende dieser Anschläge, Berichte über israelische Foltermethoden, die an die Bilder von Abu Ghuraib erinnern, erregen unser Mitgefühl und den Reflex, uns auf eine Seite zu stellen, um die andere Seite für diese Grausamkeiten verantwortlich machen zu können. Aber auf wessen Seite?

Die Bilder eines militärisch weit überlegenen israelischen Staates, der mit Panzern gegen Steine werfende Jugendliche vorgeht, stehen im öffentlichen Meinungsbild häufig im Vordergrund, und so erscheint es naheliegend, sich mit der schwächeren Seite zu identifizieren. Vergegenwärtigt man sich die geografische Lage Israels und die Haltung der arabischen Nachbarstaaten, welche das Existenzrecht Israels nicht anerkennen, gerät jedoch in Frage, ob der israelische Staat tatsächlich in der Position des Stärkeren ist. Die Entstehungsgeschichte des Staates Israel und die Vergangenheit des jüdischen Volkes bringt dieses Bild vollends ins Wanken. Die Erinnerung an den Holocaust macht es insbesondere für Deutsche nahezu unmöglich, für die Gegner Israels Partei zu ergreifen. Jedoch gibt es Überlebende des Holocaust, die die militärische Härte Israels gerade wegen des Holocaust massiv kritisieren.

Entsprechend dieser Unvereinbarkeiten wird die internationale politische Kontroverse wie kaum eine andere von übermächtigen Emotionen beeinflusst. Sie ist geprägt von gegenseitigen Vorwürfen, Schuldzuweisungen und Unterstellungen. Kritikern der israelischen Politik wird vorgeworfen, ihre Kritik diene lediglich der Entlastung ihrer Schuldgefühle gegenüber den Juden. Israel-Kritiker werfen den Menschen, die für Israel Partei ergreifen vor, nichts aus der Geschichte gelernt zu haben. Diese Lehre bestehe daraus, Menschenrechtsverletzungen anzuprangern, gleichgültig, von wem sie verübt werden. Über den Diskussionen schwebt fortwährend der Vorwurf des Antisemitismus, dessen die einen angeklagt werden, während den anderen unterstellt wird, sie schwiegen einzig aus dem Grund, sich diesem Vorwurf nicht aussetzen zu wollen. Es ist nahezu unmöglich, ein Bild zu zeichnen, in dem sich beide Sichtweisen miteinander vereinbaren lassen. Je intensiver man sich mit dem Konflikt befasst, umso mehr erhält man das Gefühl, es mit einem riesigen Puzzlekasten zu tun zu haben, in dem sich nicht ein Puzzle, sondern zwei halbe befinden, deren einzelne Teile einfach nicht zueinander passen wollen.

Ist die Situation schon für Außenstehende kaum noch eindeutig fassbar und von heftigen Emotionen begleitet, wie muss es dann erst jenen Menschen ergehen, die tagtäglich mit den Folgen des Konfliktes zu leben haben? Geht es für sie doch nicht nur um eine sachgerechte Beurteilung der Lage, sondern um ihre Existenz und nicht selten um einen Kampf um Leben oder Tod. Welche Emotionen leiten die Wahrnehmung der Israelis und Palästinenser in ihrer jeweiligen Sicht des Konfliktes? Wie konnten sich nebeneinander zwei Fühl- und Denkwelten entwickeln, deren Unvereinbarkeit eine Lösung seit mehr als sechzig Jahren verhindert, ja deren Gegensätzlichkeit den Konflikt zunehmend radikalisiert? Um die Beantwortung dieser Fragen soll es im Folgenden gehen. Die eigene emotionale Befindlichkeit an den Anfang zu stellen, war uns jedoch wichtig, um das Bemühen kenntlich zu machen, beiden konträren Eigenwelten gleichermaßen gerecht zu werden.

Kurzer historischer Abriss und die Entstehung des israelischen Staates

Bereits die Bezeichnung des geografischen Gebietes, um das im Israel-Palästina-Konflikt gestritten wird, stellt sich als Problem dar. Von der Frühgeschichte an erhielt der Küstenstreifen im östlichen Mittelmeer, der im Norden an den Libanon und Syrien grenzt und im Süden an Ägypten, auf Grund wechselnder Machtinhaber unterschiedliche Namen. Die Benennung *Israel* bezieht sich auf die in diesem Gebiet zwischen 1200 und 1000 vor Christus errichteten Königreiche Israel und Juda. Beide Königreiche wurden in den folgenden Jahrhunderten von den Assyrern, den Babyloniern, den Persern, Alexander dem Großen, den Ptolemäern und den Seleukiden ihren jeweiligen Machtbereichen einverleibt. Im ersten Jahrhundert vor Christus eroberten die Römer das zu diesem Zeitpunkt »Syrien und Phönizien« genannte Land. Nach erfolgreicher Niederschlagung jüdischer Aufstände behaupteten die Römer ihre Macht und benannten das Land in *Palästina*[1] um. 632 nach Christus eroberten muslimische Araber das Gebiet, deren Herrschaft bis zu den christlichen Kreuzzügen im 11. und 12. Jahrhundert unangefochten blieb. Den Kreuzfahrern, die die Region als das »Heilige Land« bezeichneten, folgten die Mamluken, in Ägypten an die Herrschaft gekommene Kriegssklaven. Unter ägyptischer Herrschaft gehörte Palästina zu einem Teil von (Groß-)Syrien. 1517 wurden die Mamluken wiederum vom Osmanischen Reich besiegt, das seine Herrschaft bis zum Ende des Ersten Weltkrieges behaupten konnte. Unter osmanischer Herrschaft wurde das Land in drei verschiedene Verwaltungsbezirke aufgeteilt. In Folge des Ersten Weltkrieges gingen diese 1917 in den Herrschaftsbereich des britischen Königshauses über, der zu jener Zeit mächtigsten Kolonialmacht. Die Briten nannten das Land in Anlehnung an die frühere römische Herrschaft nun wiederum Palästina.

In der Balfour-Deklaration (1917) erklärte die britische Regierung ihre Bereitschaft, das jüdische Volk bei der »Errichtung einer nationalen Heimstätte in Palästina« zu unterstützen. Hiermit trat sie ein schweres historisches Erbe an, denn spätestens seit den Zeiten der Kreuzzüge war Palästina aufgrund seiner heiligen Stätten zu einem emotional aufgeladenen Ziel geworden. In der wechselvollen Geschichte waren die Heiligtümer dreier Weltreligionen, des Judentums, des Christentums und des Islams, auf gleichem Grund und Boden entstanden. Da die Araber die Briten im Kampf gegen das Osmanische Reich unterstützt hatten, fühlte sich die britische Regierung ihnen gegenüber ebenso verpflichtet wie

1 Der Name »Palästina« geht auf das griechische Wort »Palaistine« (Philister) zurück. Die Philister waren ein vorchristliches Seefahrervolk, das durch technische und militärische Überlegenheit den Ostmittelmeerraum eroberte. Das griechische »Palaistine« wurde im Lateinischen zu Palaestina.

gegenüber der jüdisch-zionistischen Bewegung. Der Versuch eines Interessenausgleiches zwischen arabischer und jüdischer Bevölkerung erwies sich jedoch als unlösbare Aufgabe. Als Großbritannien Palästina 1947 in die Obhut der Vereinten Nationen übergab, hinterließen sie ein Land, das von unüberbrückbaren Feindseligkeiten und Interessengegensätzen geprägt war.

Da ein friedliches Zusammenleben beider Bevölkerungsgruppen in unerreichbarer Ferne lag, stimmten die Vereinten Nationen im November 1947 mehrheitlich einem Teilungsplan zu, der sowohl für die Juden als auch für die Palästinenser einen eigenen Staat vorsah. Am 14. Mai 1948 erfolgte die Proklamation der Unabhängigkeit, mit der Ben Gurion, der erste Ministerpräsident, die Staatsgründung ausrief. Der jüdische Staat erhielt den historischen Namen Israel und umfasste einen Großteil des ehemaligen Palästina. In Folge des einen Tag nach der Staatsgründung ausbrechenden arabisch-israelischen Krieges ging der für die Palästinenser vorgesehene Teil des Landes an Transjordanien über. Von diesem Zeitpunkt an gibt es zumindest auf der Landkarte bis heute kein Gebiet mehr, das den Namen Palästina trägt.

Auch wenn die Staatsgründung Israels nicht ausschließlich eine Folge der nationalsozialistischen Judenvernichtung war, so spielte doch das Entsetzen über die Verbrechen Nazideutschlands im Abstimmungsverhalten der UN-Vollversammlung eine entscheidende Rolle. Die Weltgemeinschaft konnte sich der Verantwortung gegenüber dem Schicksal der Juden nicht länger entziehen. Bis heute bleibt der Israel-Palästina-Konflikt unauflöslich mit den Folgen der nationalsozialistischen Judenvernichtung verstrickt. Ebenso wie der Holocaust zu einem festen Bestandteil der israelischen Identität wurde, sind die internationalen politischen Beziehungen zu Israel ohne einen Bezug auf die Jahre zwischen 1933 und 1945 undenkbar. Mit dem Bekanntwerden der Opferzahlen der Nazidiktatur und dem Schrecken über die bis dahin unvorstellbare Unmenschlichkeit wurde der Konflikt untrennbar mit den Fragen der Scham und Schuld verbunden.

Die Forderung nach moralischen Konsequenzen spielt nicht nur in politischen Debatten, sondern auch in Israel und in den jüdischen Gemeinden der Diaspora eine zentrale Rolle. Nie wieder, so heißt es auf der einen Seite, werden sich die Juden »wie Lämmer zur Schlachtbank führen lassen«. Nie wieder dürfen Menschen aufgrund ihrer Religion und sozialen Zugehörigkeit diskriminiert, verfolgt und ermordet werden, so heißt es auf anderen Seite. Für den niederländischen Publizisten und Holocaust-Überlebenden Hajo Meyer beispielsweise ist die Palästinapolitik Israels gerade deshalb so beschämend, weil die Juden selbsterfahrenes Leid an die Palästinenser weitergeben. Nie so zu werden wie die deutschen Peiniger, ist seine persönliche Lehre aus dem Holocaust.[2]

2 Meyer (2006).

Die Frage nach den Lehren aus der Geschichte verlegt die Diskussion in eine Sphäre der Moral, in der unterschwellig angenommen wird, menschliches Handeln unterläge vorrangig dem freiem Willen und der moralischen Vernunft. Der seit Jahrzehnten gewaltsam ausgetragene Konflikt zwischen Israelis und Palästinensern offenbart jedoch, dass Emotionen das Handeln der Menschen viel stärker bestimmen als jede Vernunft. Gerade aufgrund seiner emotionalen Intensität ist auch dieser Konflikt ein Schulbeispiel für unsere in Kapitel 1 entwickelten Thesen und die Grundannahme dieses Buches, wonach affektive Energien die treibenden Motoren sozialen Geschehens sind. Ohne eine Einfühlung in die affektiv-kognitiven Eigenwelten beider Seiten bleibt die brisante Sprengkraft des Konfliktes unverstanden und eine Lösung unerreichbar.

Bevor wir diese kollektiven Eigenwelten näher beschreiben, sei vorangestellt, dass das Aufzeigen von dominierenden Gefühlslagen zwangsläufig mit Verallgemeinerungen verbunden ist. Gegenüber den von uns in den Vordergrund gestellten Gefühlswelten gibt es auf beiden Seiten auch eine breite Palette von abweichenden und kritischen Haltungen, auf die wir indessen nur in wichtigen Sonderfällen näher eingehen können. Dominierende Gefühlslagen bestimmen, zumal (aber nicht *nur*) in einer Demokratie, in erheblichem Maß die Politik, die sich als Resultante von unterschiedlichsten Einflüssen in einer Gemeinschaft schließlich durchsetzt. Diese Politik als Ausdruck von vorherrschenden emotionalen Gestimmtheiten zu werten, ist somit durchaus legitim.

Israelische Eigenwelt: Neuanfang und wehrhafter Staat

Als Einwanderungsland ist der Staat Israel vor die Herausforderung gestellt, Bevölkerungsgruppen unterschiedlicher ethnischer und sozialer Zugehörigkeit zu integrieren. Die größte, aber keinesfalls in sich einheitliche Gruppe bilden die »Aschkenasim«, Juden ost-, mittel- und westeuropäischer Herkunft. Als »Sephardim« bezeichnet man Juden spanischer und portugiesischer Herkunft, die sich nach ihrer Vertreibung 1492 zum größten Teil in Nordafrika angesiedelt hatten. Juden, die aus der arabischen Welt nach Israel einwanderten, werden »Misrachim« genannt. Zu den kulturellen Unterschieden der Herkunftsländer gehörten ebenfalls traditionell verschiedene religiöse Riten und Bräuche. Während die vorwiegend aus osteuropäischen Ländern kommende Gründergeneration Israels sich an der säkular ausgerichteten zionistischen Bewegung orientierte, hatte für die nordafrikanischen und orientalischen Juden das Festhalten an jüdischen Traditionen eine besonders hohe Bedeutung. Dieser Vielfalt setzte die Generation der Staatsgründer den kollektiven Traum einer nationalen jüdischen Einheit entgegen. Ben Gurion, der erste israelische Staatspräsident, erklärte 1949:

»Diese Nation wird aus vielen Stämmen errichtet werden. Es ist nötig, die verschiedenen Teile des Judentums, die in alle Welt zerstreut sind und nach Israel kommen werden, im Schmelztiegel der Unabhängigkeit und der nationalen Souveränität zu vereinen. Es ist nötig, einen hebräischen Charakter und Stil zu schaffen, den es bislang noch nicht gegeben hat, den es auch nicht geben konnte in der Diaspora, in einem Volk ohne Heimatland, ohne Unabhängigkeit und nationale Freiheit.«[3]

Zu einer wichtigen einheitsstiftenden Säule der kollektiven Identität wurde das Idealbild dieses neuen »hebräischen Charakters«, der *Sabre*, ein Begriff, der sich für die im Lande geborenen Israelis einbürgerte. Wörtlich bedeutet *Sabre* »Kaktusfeige«, eine widerstandsfähige Frucht mit stacheliger Schale und weichem Kern. Der typische *Sabre* war »blendend aussehend, aufrecht, ehrlich, tapfer und nicht beladen von den Komplexen der Diaspora, ein Mann, der stets bereit war, für die Verteidigung seiner Heimat sein Leben zu lassen«[4]. Das Ideal der Wehrhaftigkeit war mit einem landwirtschaftlichen Pioniergeist verbunden, die Urbarmachung der unwirtlichen, steinigen Landschaft erforderte tatkräftige, körperlich belastbare Landarbeiter. Zum äußeren Erscheinungsbild gehörte daher ein von der Arbeit unter freiem Himmel braungebrannter, kräftiger Körper. Diese Idealvorstellung des *Sabre* verkörperte ein Gegenbild zu den bis dahin geltenden Selbst- und Fremdbildern. Friedfertigkeit, Bescheidenheit, geistige Bildung und Ironie hatten vormals als moralisch hochstehende Antworten auf die Jahrhunderte lange Machtunterlegenheit in der Diaspora gegolten. Körperliche Schwäche, Feigheit und Verschlagenheit waren die Stereotype antisemitischer Vorurteile.

Das Streben nach einer neuen Identität fand auch in zahlreichen Namensänderungen Ausdruck. Bereits vor 1948 hatten viele der Einwanderer hebräische Namen angenommen, so zum Beispiel Ben Gurion, der 1906 als David Grün nach Palästina eingewandert war. Diese Praxis erreichte 1949 ihren Höhepunkt, in den ersten 18 Monaten nach der Staatsgründung änderten circa 20.000 Israelis ihren Namen, so auch Ariel Scharon, der 1928 in der Nähe von Tel Aviv als Ariel Scheinermann geboren wurde. Solche Namensänderungen standen im engen Zusammenhang mit der Wiederbelebung der hebräischen Sprache. Die zionistische Bewegung setzte sich früh dafür ein, dass alle Einwanderer Hebräisch lernten, dies war einerseits zur Verständigung zwischen den Menschen vieler verschiedener Herkunftsländer notwendig, andererseits drückte die Rückkehr zur *Sprache der Bibel* auch eine besondere Verbundenheit mit dem *Land der Bibel* aus. Die Benutzung der hebräischen Sprache wurde zum Wahrzeichen des »neuen Menschen« und mit der Staatsgründung wurde Hebräisch zur offiziellen ersten Amtssprache Israels ernannt.[5]

3 Zitiert nach Segev (2008, S. 338).

4 Segev (2008, S. 336).

5 Zweite Amtssprache Israels ist Arabisch, alle Gesetzestexte liegen in Hebräisch und Arabisch vor.

Die Suche nach einer neuen Identität und die darin enthaltene Abkehr von früheren Selbstbildern drücken den unbedingten Willen zu einem Neuanfang aus, dessen tiefsitzende Sehnsüchte auf dem Hintergrund der Entstehungsgeschichte der zionistischen Bewegung betrachtet werden müssen. Die Gründung der Zionistischen Weltorganisation im Jahre 1897 unter der Führung Theodor Herzls lässt sich direkt auf das Wiedererstarken des Antisemitismus in Mittel- und Osteuropa zurückführen. In seiner Schrift »Der Judenstaat«[6] betrachtete Herzl alle Bemühungen um Assimilation und Emanzipation als gescheitert und beschrieb die Sammlung der Juden in einem eigenen Land als die einzige Alternative für ein sicheres Leben. Trotz steigender antijüdischer Gewalttaten zu Beginn des 20. Jahrhunderts lehnten jedoch die meisten Juden die Idee eines eigenen Staates zunächst ab. Strenggläubige sahen in der Staatsgründung ein menschliches Vorgreifen in die Pläne Gottes, liberale Juden bekannten sich zu ihren Nationen und hofften auf die Durchsetzung religiöser Toleranz und demokratischer Rechte. Erst die nationalsozialistische Judenverfolgung machte diese Hoffnungen vollends zunichte. Das Scheitern der jüdischen Emanzipationsbewegung hätte deutlicher nicht ausfallen können, die Gründung eines eigenen Staates bestätigte sich als einzige Alternative. Mit den Erfahrungen von Auschwitz und Treblinka wandelte sich die Wahrnehmung ehemaliger jüdischer Tugenden: Bescheidenheit wurde in Unterwürfigkeit umgedeutet, Friedfertigkeit und Toleranz in Feigheit. Das Idealbild des *Sabre* verkörperte in allem das Gegenbild zu den wehr- und hilflosen Juden, die sich »wie Schafe hatten zur Schlachtbank führen lassen«. Vor dem Hintergrund der deutschen Vernichtungsmaschinerie wurde die Staatsgründung zum Sinnbild der Erlösung von Leid und Demütigung. Die Hoffnungen, die sich mit einem Leben in einem eigenen Staat verbanden, einte die Menschen in einem kollektiven Traum, der im Pioniergeist und freudiger Aufbruchsstimmung der ersten Jahre seinen lebendigen Ausdruck fand.

Nach den Jahrhunderten der Zerstreuung der jüdischen Gemeinden in allen Ländern der Welt erschien zur Verwirklichung dieses Traumes vor allem die Bildung der »jüdischen Einheit« als Notwendigkeit. Eine staatlich gelenkte Wirtschaft, bürokratischer Zentralismus und ein vereinheitlichtes Bildungssystem sollten diese Einigung vorantreiben. Innerhalb dieser Integrationsbemühungen wurde die Armee zur wichtigsten Institution. Mit der Einführung der Wehrpflicht sowohl für Männer als auch für Frauen sowie jährlichen Reserveübungen übte die Armee als eine allen gemeinsame Erfahrung eine hohe einigende Wirkung aus. Sie galt als »Schule der Nation«, die vermittelten Werte des Verzichts, der Disziplin und Kameradschaft besaßen eine hohe Ausstrahlungskraft in die Gesellschaft hinein. Die Armee ist heute die bedeutendste Arbeitgeberin im Land und verfügt weltweit über den höchsten Anteil von Soldaten

6 Herzl (1896).

und Soldatinnen an der Bevölkerung. Mit Verteidigungsausgaben in der Höhe von 17% (2007) des Staatshaushaltes, dem größten Einzelposten, gilt die israelische Streitmacht als die schlagkräftigste Armee in der Nahostregion.[7] Begründet und legitimiert werden die hohen Militärausgaben mit der Losung *ein brera,* »es gibt keine Wahl«. In diesem auch im Alltag häufig verwendeten Leitmotiv kommen die allgegenwärtigen Bedrohungsängste einer traumatisierten Gesellschaft zum Ausdruck. Aufgrund früherer Ohnmachtserfahrungen werden die realen und vorgestellten Gefahren als so bedrohlich erlebt, dass militärische Stärke als einzige Alternative erscheint. Die Sehnsucht nach Sicherheit und Freiheit verschafft der Armee ein hohes Ansehen in der israelischen Gesellschaft. Der politische Slogan »Das ganze Land eine Front und das ganze Volk die Armee« drückt nicht nur die enge Verbundenheit zwischen Bevölkerung und Armee aus, sondern auch die Bedrohungsängste, die dieser Verbundenheit zugrunde liegen. Entsprechend dieser Befindlichkeit trägt die Armee den Titel »Israelische Verteidigungsstreitkraft«, in der hebräischen Kurzform *Zahal.*

Der tatkräftige Wille zu einem Neuanfang übte eine über alle ethnische und religiöse Vielfalt gehende einigende Wirkung aus, so dass trotz aller Unterschiede von einer kollektiven israelischen Eigenwelt gesprochen werden kann. Als Leitaffekte dieser Eigenwelt lassen sich Entschlossenheit, Tapferkeit und hoffnungsvolle Zuversicht identifizieren, bedingt waren diese Haltungen jedoch durch ein tief verankertes Gefühl der existenziellen Bedrohung. Mit der Gleichzeitigkeit von mutiger Entschlossenheit und Angst entstand in der Wechselwirkung ein Mythos der Wehrhaftigkeit, der die israelische Gesellschaft bis heute tief prägt. Andererseits bedingte jedoch die permanente Verteidigungsbereitschaft eine aggressive Grundhaltung und förderte eine Atmosphäre des Misstrauens.

Wichtigste Säule der kollektiven Identität: Shoahgedenken

»›Elik wurde aus dem Meer geboren‹. Das pflegte Vater zu sagen, wenn wir auf dem Balkon unseres Häuschens an Sommerabenden zusammen aßen.« So lauten die ersten Worte eines 1952 veröffentlichten Romans »Mit eigenen Händen« von Moshe Shamir. »Wie viele Helden vor und direkt nach der Staatsgründung stammt Elik aus dem Raum, nicht aus der Zeit. Er ist Teil der Landschaft, die ihn prägt und die er erobert. […] Elik blickt nach vorn, hinter ihm gibt es nichts zu entdecken.«[8] Aus diesem Romananfang spricht die tiefe Sehnsucht, mit der Vergangenheit zu brechen. Der Traum von einem Neuanfang war verbunden mit der Hoffnung, die Vergangenheit hinter sich lassen zu können. Doch diese Hoffnung sollte sich als Illusion erweisen.

7 Angaben nach der Bundeszentrale für politische Bildung, Internetseite »60 Jahre Israel«.
8 Knoch (2000, S. 105).

Die Überlebenden des Holocaust, die bis Ende 1949 in großer Zahl nach Israel kamen, trafen zunächst auf wenig Verständnis und Anteilnahme, zu sehr widersprachen ihre von Hunger und Leid ausgemergelten Körper dem Ideal des wehrhaften *Sabre*. Der israelische Historiker Tom Segev erwähnt folgendes Beispiel:

»Aharon Appelfeld erzählte von einem Jungen aus Polen, der von seinen Kameraden verprügelt wurde, weil er nicht so braun wurde wie sie. Er versicherte ihnen, er gebe sich alle Mühe, seine Haut zu bräunen, aber sie meinten, wenn er es wirklich wolle, wäre es schon längst geschehen. Seine blasse Haut zwang sie, sich mit der Diaspora auseinanderzusetzen, also schlugen sie ihn.«[9]

In den Anfangsjahren war das Vorurteil, die Juden seien deshalb so zahllos ermordet worden, weil sie sich nicht gewehrt hätten, weit verbreitet. Ein Überlebender berichtet: »Wohin ich auch kam, […] hießen die ersten Fragen: Warum haben die Juden nicht rebelliert? Warum sind sie wie Vieh zur Schlachtbank gegangen?«[10] In diese vorwurfsvolle Haltung mischten sich jedoch auch Gefühle der Scham und Schuld, nicht genug für die Rettung der Juden getan zu haben. Führende Politiker gingen davon aus, dass die zionistische Bewegung einen Großteil der Opfer hätte retten können, wenn sie früher eine ausreichende Stärke gewonnen hätte. Aus diesem Gefühl der Schwäche heraus konzentrierte sich das Gedenken auf die Helden des jüdischen Widerstandes. So wurde beispielsweise der offizielle Gedenktag, der 1951 eingeführt wurde, auf den 27. Tag des Monats Nissan gelegt, ein Datum, das an den Beginn des Aufstands im Warschauer Ghetto erinnert. Auch der vollständige Name des Gedenktages »Tag der Shoah und des Heldentums« (*Yom HaShoah Ve HaGevura*) verweist auf die enge Verknüpfung zwischen Shoah und Heldentum. Diese Gegenüberstellung von »Katastrophe und Tapferkeit« sollte ein Bewusstsein dafür schaffen, dass die wahre Katastrophe nicht die Zerstörung des jüdischen Lebens in Europa gewesen sei, sondern die Tatsache, dass kein ausreichender Widerstand geleistet wurde. Auch verbargen sich hinter der Betonung des Heldentums kollektive Schamgefühle über das Bild des »wehrlosen Juden«, welche mit dem Gegenbild des jüdischen Helden abgewehrt wurden. Schamabwehr, Heldenverehrung und der unbedingte Wille zum Neuanfang mündeten in einen gesellschaftlichen Konsens, in eine Art ideologisch-emotionalen Pakt, der vier Grundannahmen beinhaltete:

»Der erste Punkt ist in der Unabhängigkeitserklärung festgehalten: Der Holocaust hatte erneut bewiesen, dass die einzige Lösung für die Juden ein unabhängiger Staat war. Der zweite Punkt besagte, dass der Rest der Welt – buchstäblich jede Nation – feindlich gesonnen war und während des Holocaust nichts zur Errettung der Juden un-

9 Segev (1995, S. 244).
10 Segev (1995, S. 248).

ternommen hatte. [...] Der dritte Punkt wurde unter der Überschrift ›Holocaust und Heldentum‹ zusammengefasst und ging davon aus, dass beide Begriffe zusammengehörten, ›zwei Flammen in einem Herzen‹. [...] Der vierte Punkt lautete: Je weniger man über den Holocaust sprach, desto besser.«[11]

Der vierte Punkt, die unausgesprochene Forderung, über die eigenen Erlebnisse zu schweigen, bürdete nicht nur den Überlebenden selbst eine untragbare Last auf, sondern auch ihren Kindern. Das erlittene Trauma konnte nicht verarbeitet werden, sondern wurde an die nächste Generation weitergegeben. Der israelische Schriftsteller David Grossman beschreibt diese Tabuisierung als »erstickendes Schweigen, aus dem sich ab und zu entsetzliche Hinweise lösten, Schreie aus den Alpträumen unserer Eltern, Gerüchte, die unsere Vorstellungskraft überstiegen«[12]. Diese tabuisierende Haltung lockerte sich erst Anfang der sechziger Jahre mit Beginn der juristischen Aufarbeitung der nationalsozialistischen Verbrechen. Der Eichmann-Prozess[13] fand in den Medien große Aufmerksamkeit, die Zeugenaussagen der Überlebenden schockierten die israelische Gesellschaft und erschütterten die Vorurteile über die Opfer, die man als feige und ehrlos betrachtet hatte. Erstmals breitete sich eine Welle des Zuhörens und Mitleidens aus. Die stärkere Präsenz in der Öffentlichkeit bewirkte, dass die Shoah nun im Schulunterricht thematisiert wurde. 1966 und 1967 fuhren die ersten Jugenddelegationen nach Polen und besuchten die dortigen Vernichtungslager. Eine Broschüre des Erziehungsministeriums zitierte die Teilnehmer mit dem Satz: »Wir fuhren als Israelis und kehrten als Juden zurück.«[14]

Seit den achtziger Jahren ist das Gedenken an die Vergangenheit aus der israelischen Öffentlichkeit nicht mehr wegzudenken. Dies bezeugen zahlreiche Gedenkstätten, Gedenktage und umfassende Bildungsprogramme. Auch in den Medien ist die Erinnerung in Form von historischen Dokumentationen und Berichterstattungen ständig präsent. Nach der anfänglich abwehrenden Haltung und den Versuchen, mit der Vergangenheit zu brechen, entstand eine hohe Identifikation mit den Opfern und den Überlebenden. Die Shoah wurde zu einer der wichtigsten Säulen der gemeinsamen Identität der israelischen Gesellschaft. Eine Umfrage aus dem Jahr 2007 ergab, dass 89 % der jüdischen Bevölkerung Israels das Shoahgedenken als bedeutenden Bestandteil ihrer Identität betrachten.[15]

11 Segev (1995, S. 250 f.).
12 Grossman (2006, S. 26).
13 Adolf Eichmann war Leiter des Judenreferates im Reichssicherheitshauptamt der Reichsführung SS. Der Prozess gegen ihn fand vom 11. April bis zum 15. Dezember 1961 in Jerusalem statt.
14 Segev (1995, S. 626).
15 Angabe nach der Bundeszentrale für politische Bildung, Internetseite »Die Bedeutung der Shoa in der israelischen Gesellschaft«.

Diese identitätsstiftende Wirkung bezieht ihre Kraft nicht allein aus der Vergangenheit, die als gemeinsames Erbe erlebt wird; die Drohung der kollektiven Vernichtung ist Teil der Gegenwart. David Grossman beschreibt diese Form der Wahrnehmung anschaulich:

»Wenn ich in Europa bin, vor allem in deutschsprachigen Ländern, fällt mir etwas auf: Man spricht mit mir über ›das, was *damals* geschah‹, da heißt, *damals*, in der Vergangenheit geschahen Dinge, die aus und vorbei sind. Aber auf hebräisch oder jiddisch [...] spricht man niemals von ›*damals*‹. Man spricht von ›*dort*‹. Und das ›*dort*‹ weist darauf hin, dass ›*dort*‹ – nicht nur in Deutschland, sondern im Bereich des menschlichen Verhaltens – diese Sache noch immer existent ist. Oder sich noch immer ereignet. Auf jeden Fall – nicht vorbei ist. Und gewiß nicht für uns.«[16]

Dieses Erleben der Zeit, in dem Vergangenheit und Gegenwart ineinander fließen, beruht nicht auf einer willentlichen Entscheidung: »Denn wir Israelis haben beinahe keine Wahl. Es wird uns immer klarer: Je mehr die Zeit vergeht und je näher wir die Tatsachen an uns heranlassen können, desto heftigere Wogen von Erinnerungen und Gefühlen überfluten das israelische Bewusstsein.« Grossman stellt fest, dass die Israelis »geradezu dazu verdammt sind«, in allen Lebensbereichen auf den Holocaust zurückzukommen, »in Assoziationen, in moralischen Entscheidungen, im Verhaltenskodex«[17].

Die tiefe Sehnsucht, die Vergangenheit hinter sich zu lassen, wie sie in der Romanfigur des Elik zum Ausdruck kam, erwies sich als unerfüllbar.

Diese Allgegenwart des Shoahgedenkens wird jedoch sowohl innerhalb wie außerhalb Israels gerade auch von jüdischer Seite zum Teil scharf kritisiert. Der israelische Soziologe Moshe Zuckermann beispielsweise wirft Israel vor, es habe sich nie mit der universellen, überjüdisch moralischen Bedeutung der Shoah auseinandergesetzt, sondern instrumentalisiere sie bei der interessengeleiteten Verfolgung seiner ideologischen Ziele, ohne dabei dem Leiden der Opfer und ihrer Nachkommen gerecht zu werden.[18] Außerhalb Israels ist der polemische Welt-Bestseller »Die Holocaustindustrie« des linksgerichteten amerikanischen Politikwissenschaftlers und Sohns von Auschwitz-Überlebenden Norman Finkelstein repräsentativ für diese Kritik.[19] Er bewertet die allgegenwärtige Thematisierung der Shoah insbesondere in den USA als empörende Entweihung und Ausbeutung der Shoah zu politischen und finanziellen Zwecken.

16 Grossman (2006, S. 25), Hervorhebung durch die Autoren.
17 Grossman (2006, S. 25).
18 Zuckermann (1998).
19 Finkelstein (2001).

Kollektives Trauma und die Macht der Wir-Gefühle

Obwohl eine solche Instrumentalisierung zweifellos möglich ist, so ist und bleibt die Shoah doch der Kulminationspunkt und das stärkste Symbol aller Verfolgungen, denen die Juden durch viele Jahrhunderte hindurch ausgesetzt waren. Dass die Shoah-Thematik auch junge Israelis ohne direkte Eigenbezüge zur industrialisierten Judenvernichtungspraxis der Nationalsozialisten oder Einwanderer aus nicht betroffenen Ländern wie Marokko oder Abessinien noch intensiv zu bewegen vermag, ist aus der Perspektive der Affektlogik in erster Linie als Ausdruck der erlittenen kollektiven Traumatisierung und der emotionalen Kraft von Wir-Bildern zu werten, denen sich der Einzelne nicht zu entziehen vermag. *Individuelle* Traumata werden durch eine existenzielle Bedrohung des eigenen Lebens, der Zerstörung der Lebensgrundlagen, den Verlust von Familienangehörigen und Freunden sowie der Erfahrung absoluter Ohnmacht verursacht. Als Auslöser für ein *kollektives* Trauma sind dementsprechend die Existenzbedrohung einer Gruppe, die Zerstörung ihrer Lebensgrundlage, der Tod zahlreicher Gruppenangehöriger sowie die absolute Machtlosigkeit gegenüber anderen Gruppen zu definieren.[20]

Einer solchen existenziellen Bedrohung waren die Juden seit Jahrhunderten auf mehrfacher Ebene ausgesetzt. Der europäische Antisemitismus vor 1933 zielte darauf, ihre kollektive Identität zu zerstören. In die Rolle des Außenseiters gedrängt dienten die Juden als Projektionsfläche für alles Schlechte und Verwerfliche, »der Jude« wurde zu einem Sinnbild des Dämonischen entwertet, bis er schließlich nur noch als Symbol existierte:

> »Tausende von Jahren war der Jude ausgeschlossen und verbannt aus der Realität. […] Seine konkrete Existenz und sein Menschsein wurden ihm mit höchst subtilen Mitteln der Dämonisierung geraubt: der wandernde Jude, der ewige Jude, Judas Eskariot, der Brunnenvergifter, die Protokolle des Weisen von Zion und Hunderte von satanischen grotesken Figuren, die in Folklore, Religion, Sprache, Literatur und sogar Wissenschaften einsickerten.«[21]

Diese Reduktion auf eine rein negative symbolische Existenz fand in der nationalsozialistischen Judenverfolgung ihren Höhepunkt: Der Auslöschung der Identität folgte die physische Vernichtung. Ermordet wurden die Juden nicht aufgrund dessen, was sie taten oder dachten, sondern einzig, weil sie dem jüdischen Kollektiv angehörten. Die Deutschen hatten das Ziel, buchstäblich alles Jüdische zu zerstören: ihren Glauben und ihre Werte, ihre Bücher und kulturellen Leistungen, ihre Synagogen und Häuser, Frauen und Kinder. Dieser allum-

20 Zum Begriff des kollektiven Traumas vgl. Kühner (2007).

21 Grossman (2006, S. 74).

fassende, unterschiedslose Vernichtungswille richtet sich auch über die Zeit hinaus gegen alles Jüdische:

»Auschwitz meint dich. Dich als Symbol und nicht als einzelnen Menschen. Als Symbol für den zu Recht verfolgten Vampir oder als Symbol des schuldlos Verfolgten. Aber immer mehr und zu jeder Zeit bist du kein Einzelner, bist du nicht du, sondern Teil eines Symbols.«[22]

Indem das nationalsozialistische Regime den Juden kollektiv das Existenzrecht absprach, vernichtete es nicht nur millionenfach das Leben Einzelner, sondern bedrohte das Überleben des Judentums als Ganzes. Diese traumatische Erfahrung spiegelt sich in dem Satz: »Auschwitz meint dich« wider, er offenbart, dass es dem Einzelnen unmöglich ist, sich aus diesem kollektiven Trauma zu befreien. Die Identität des Individuums ist so stark mit den Wir-Bildern der Gruppe verflochten, dass die Existenzbedrohung der Gruppe auch sechzig Jahre später als Bedrohung des eigenen Lebens wahrgenommen wird. Weder zur Zeit des Nationalsozialismus noch heute können Juden frei über ihre Zugehörigkeit zum jüdischen Kollektiv entscheiden, die Macht der Wir-Gefühle, die noch durch einen äußeren Feind gesteigert werden, verhindert ihre Entlassung aus der Geschichte. Die Unüberwindbarkeit sozialer Zugehörigkeitsgefühle zeigt sich auch darin, dass selbst säkulare Juden, wie die Schriftsteller David Grossman und Amos Oz, sich diesem Zwang nicht entziehen können. Diese enorme Kraft kollektiver Gefühle, die im Zentrum der kollektiven Affektlogik stehen, wird in politischen Analysen häufig verkannt, dabei ist die affektive Eigendynamik kollektiver Gefühle auf beiden Seiten wesentlich an der Eskalation des Israel-Palästina-Konfliktes beteiligt. Intensive Emotionen setzten enorme Energien frei, die beim Aufeinanderprallen immer wieder erneut Gewalt entzünden.

In der Entwertung der kollektiven Identität zu einem rein negativen Symbol lag eines der besonders perfiden Momente des nationalsozialistischen Vernichtungswillens. Die Zerstörung des eigenen – individuellen wie kollektiven – Selbstwertgefühls durch entwürdigende Fremdzuschreibungen ist für alle Menschen eine höchst beschämende und daher sehr schmerzhafte Erfahrung. Der Aufbau einer neuen Identität – verkörpert durch das zionistische Idealbild des *Sabre* – muss daher auch als Schamabwehr verstanden werden, die vor allem dazu diente, ein lebenswichtig positives Selbstbild wiederzuerlangen. Von der neuen Identität des der Vernichtung entkommenen Juden erhoffte man sich die Befreiung von beschämenden Fremdzuschreibungen, die Amos Oz folgendermaßen formuliert:

»Ich bin Zionist, weil ich nicht gern als Teil eines Symbols im Bewusstsein der Anderen existieren will. Nicht als Symbol des listigen, genialen Vampirs und nicht als Symbol

22 Amos Oz in Dokumentation anlässlich seines 70. Geburtstages, ausgestrahlt am 30. April 2009 auf ARTE.

des gefesselten, besiegten Lamms, das immer gern als Sühneopfer gesehen wird. Deswegen ist mein Platz im Land der Juden. Dadurch entledige ich mich nicht meiner Verantwortung als Jude, aber dadurch bin ich den Alptraum los, ständig als Symbol im Herzen der Fremden zu fungieren.«[23]

Die ungeheure Energie der Israelis im Aufbau ihres Staates belegt unsere in Kapitel 1 formulierte These, dass die Formung und die Verteidigung einer positiven kollektiven Identität zu den wichtigsten »emotionalen Motoren« sozialer Prozesse gehören.

Zu den ebenso traumatischen wie besonders erniedrigenden Erfahrungen während der nationalsozialistischen Judenverfolgung gehört auch das Gefühl der absoluten Machtlosigkeit, das in dem Bild der Juden, »die sich wie Lämmer zur Schlachtbank haben führen lassen«, zum Ausdruck kommt. In der individuellen Traumatherapie gilt die Wiedergewinnung der Kontrolle über das eigene Leben als wesentliche Voraussetzung zur Überwindung des Traumas. Auf kollektiver Ebene muss die auf militärische Stärke setzende Machtpolitik Israels als Bewältigungsstrategie der traumatischen Verletzungen gesehen werden. Die militärische Stärke dient der Abwehr der überwältigenden Angst, nochmals einem Gegner ohnmächtig ausgeliefert zu sein. Mit den Erinnerungen an Auschwitz und Treblinka ist die Vorstellung einer Wiederholung der Vergangenheit den Juden schier unerträglich. Die Losung *ein brera,* »es gibt keine Wahl«, steht für die gegenseitige Vergewisserung, einen Zustand der Machtlosigkeit nie wieder zuzulassen. Hierbei ist die neue Identität der Israelis so eng mit der Existenz ihres eigenen Staates verknüpft, dass eine auch nur verbale Bedrohung dieses Staates bis heute an die nationalsozialistische Vernichtungsdrohung erinnert. Auf diese Weise lebt die Vergangenheit in der Gegenwart fort.

Die Vergangenheit in der Gegenwart

Einen Tag vor Beginn des Libanonkrieges (1982) erklärte der damalige Ministerpräsident Menachim Begin seinem Kabinett:

»Sie wissen, was ich selbst und wir alle zusammen unternommen haben, um einen Krieg und Verluste an Leben zu verhindern. Doch in Israel ist dies nun einmal unser Schicksal. Es gibt keine andere Möglichkeit, als selbstlos zu kämpfen. Glauben Sie mir, die Alternative ist Treblinka, und wir haben entschieden, dass es kein Treblinka mehr geben wird.«[24]

23 Amos Oz in Dokumentation anlässlich seines 70. Geburtstages, ausgestrahlt am 30. April 2009 auf ARTE.

24 Zitiert nach Segev (1995, S. 525). Für diese Bemerkung wurde Begin auch in Israel häufig kritisiert. So schrieb Amos Oz in einem offenen Brief an Begin: »Aber, Herr Begin, Adolf Hitler ist seit siebenunddreißig Jahren tot. Bedauerlich oder nicht: Hitler versteckt sich nicht in Nabatea, Sidon oder Beirut. Er ist tot und begraben« (zitiert nach Segev, 1995, S. 526).

Dass Begin die damals aktuelle Konfliktsituation mit einer Todesgefahr vergleicht, die 1982 mehr als dreißig Jahre zurücklag, und damit vergangene Ängste heraufbeschwört, mag uns abstrus vorkommen. Doch gehört diese Überlappung des Zeiterlebens, die uns auch schon in den Schilderungen David Grossmans begegnet ist, zu den bekannten psychischen Spätfolgen traumatischer Erlebnisse. Um dieses auf den ersten Blick unverständliche Phänomen begreiflich zu machen, ist ein kurzer Exkurs in die neurobiologischen Erkenntnisse der Traumaforschung notwendig. Hiernach kann das Gefühl existenzieller Bedrohung auch dann anhalten, wenn das traumaauslösende Ereignis weit in der Vergangenheit zurückliegt. Ursache dieser tief empfundenen Unvergänglichkeit ist ein durch das Trauma ausgelöstes verändertes Zeiterleben, in dem zwischen Vergangenheit und Gegenwart nicht mehr unterschieden werden kann. Die neurobiologische Forschung hat gezeigt, dass in lebensgefährlichen Situationen die Reaktionen des Menschen vom Stammhirn gesteuert werden, welches für das primäre Überleben und alle Reflexe, Instinkte und automatisierten Bewegungen zuständig ist. Höhere kortikale Funktionen[25] werden drastisch eingeschränkt. Der Ausfall höherer Hirnfunktionen verhindert, dass das lebensbedrohende Ereignis als eine der Vergangenheit zugehörige Erinnerung abgespeichert werden kann. Dies führt zu einer Spaltung (in der Fachsprache *Dissoziation*) zwischen dem Ereignis und den zugehörigen Emotionen. In der Folge bleiben die in einer akuten Bedrohungssituation entstandenen Gefühle jederzeit aktualisierbar, auch wenn die Gefahr längst vorüber ist. Ähnliche neurobiologische Erkenntnisse bestätigen die für die Affektlogik zentrale energetische Dimension von Emotionen. Wie alle Säugetiere verfügt der Mensch in extremen Bedrohungssituationen über drei angeborene Überlebensstrategien: Flucht, Kampf und Totstellreflex. Überwältigende oder unerwartete Ereignisse setzen ein hohes Maß an Energie frei, die es dem Menschen erlauben, schnell und instinktiv auf die Gefahr zu reagieren. Die bereitgestellte Energie entlädt sich in aggressiven Kampfhandlungen oder schneller Flucht. Sind Kampf oder Flucht jedoch unmöglich, bleibt nur der Totstellreflex. In diesem Erstarrungszustand kann die aufgestaute Energie nicht entladen werden und es kommt zu einer bleibenden Überaktivierung des Nervensystems. Ohne Energieabfuhr bleibt das Gehirn in einem andauernden Erregungszustand, der sich in den für das Trauma typischen Symptomen äußert: Panikattacken, Überempfindlichkeit, Übererregbarkeit, grundlose Gewaltausbrüche oder auch körperliche Erschöpfung und Schlaflosigkeit.[26]

25 Gemeint sind Funktionen des Neokortex, des stammesgeschichtlich jüngsten Teil der Großhirnrinde. Dieser Teil des Gehirns ist zuständig für Sprache, willentliche Bewegung und rationale Analysen.

26 Eine zusammenfassende Darstellung der psychophysiologischen Folgen des Traumas findet sich bei Rothschild (2002).

Der kritische Leser wird an dieser Stelle einwenden, dass sich diese neurobiologischen Erkenntnisse nicht auf das Phänomen des kollektiven Traumas übertragen lassen, da die besagten Veränderungen im Gehirn nur dann auftreten, wenn Menschen direkt am traumatisierenden Ereignis beteiligt sind. Überraschenderweise zeigen jedoch zahlreiche Studien über die transgenerationale Weitergabe des Traumas, dass auch nicht direkt am Trauma beteiligte Menschen häufig die gleichen Symptome zeigen wie unmittelbar Betroffene. Beobachtet wurde dieses Phänomen nicht nur bei den Kindern und Enkeln der Holocaust-Überlebenden, sondern auch beim Terroranschlag vom 11. September 2001 in New York. Abgesehen von den Menschen, die den Anschlag direkt miterlebten oder ihre Angehörigen verloren, litten auch viele nicht persönlich geschädigte Bürger New Yorks an den typischen traumatischen Störungen. Bei diesen kollektiven Traumatisierungen handelt es sich im Sinne der Affektlogik um typische emotionale Ansteckungs- und Resonanzphänomene, die wir bereits in Kapitel 2 bei der Entstehung des Hitlermythos beschrieben haben. So wie sich Emotionen, die eine besondere Intensität erreichen, wellenartig ausbreiten, so werden in Abhängigkeit von der Schwere des Traumas auch dessen Wirkungen von Mensch zu Mensch, von Generation zu Generation übertragen.

Zwischen Traumaforschung und Affektlogik finden sich also mehrere Anknüpfungspunkte, sowohl auf der kollektiven Ebene in Form der emotionalen Resonanz wie auf der individuellen Ebene. Die der Affektlogik zugrunde liegende These, dass das Denken und Handeln vorrangig von Emotionen bestimmt wird, wird durch die Ergebnisse der Traumaforschung eindrucksvoll bestätigt: Psychische Traumafolgen sind ein besonders krasses Beispiel für die tiefe Wirkung von extremen Gefühlen wie Angst, Wut, Ohnmacht oder Erniedrigung auf das spätere Denken und Verhalten. Besonders hervorzuheben ist, dass nicht nur aktuell bewusste und gefühlte, sondern auch früher einmal erlebte Emotionen in hohem Maße das gegenwärtige Denken und Handeln beeinflussen und verändern können.

Keine Option: Das Vergessen

Nach einem besonders brutalen Einsatz israelischer Soldaten gegen Palästinenser in den besetzen Gebieten erschien 1988 ein Zeitungsartikel von Yehuda Elkana, selbst ein Auschwitz-Überlebender, mit der Überschrift »Die Notwendigkeit des Vergessens«. Das Verhältnis der israelischen Gesellschaft zu den Palästinensern werde vor allem von einer tiefen existenziellen Angst geprägt, die sich von bestimmten Interpretationen des Holocaust nähre und dem Glauben, dass die ganze Welt gegen das jüdische Volk eingestellt sei, so Elkana. Die allgegenwärtige Aufforderung »Erinnert euch!« verstand er als Aufforderung zu einem bleibenden blinden Hass und schlussfolgerte daraus: »Ich sehe keine wichtigere politische Aufgabe für die Führer der Nation, als sich für das Leben einzusetzen, sich der Gestaltung der Zukunft zu widmen – und nicht, sich früh und spät um die Symbole, Feiern und Lehren des Holocaust zu kümmern. Die Herrschaft der historischen Erinnerung muß aus unserem Leben entfernt werden.«[27]

Diese Forderung des Vergessens geht über die Erkenntnis der Traumaforschung hinweg, dass sich traumatische Ereignisse nicht vergessen, sondern ausschließlich verarbeiten lassen, außerdem verkennt sie, dass der Versuch, zu vergessen, bereits gescheitert war. Das den Überlebenden auferlegte Schweigen führte zur transgenerationalen Traumatisierung der zweiten und dritten Generation. Die Folgen waren vermutlich schwerwiegender, als den »Anwälten des Vergessens« bewusst ist, denn Hass und unberechenbare Gewalt sind vielmehr Folgen eines unverarbeiteten Traumas als Folgen des Erinnerns. Die Vorstellung, die Juden könnten die willentliche Entscheidung treffen, den Holocaust zu »vergessen«, beruht nicht nur auf der Unkenntnis der Traumaforschung, sondern auch auf einem rationalistischen Menschenbild, welches die Affektlogik zu widerlegen sucht.

Jenseits dieses rationalistischen Menschenbildes sind Erinnerungen ein überaus wertvolles Gut. Man denke nur an den Stellenwert, die Fotoalben für jeden Einzelnen und in Familien besitzen oder an Chroniken und Geschichtsbücher, in denen die Vergangenheit einer Nation detailreich überliefert wird. Die Vergewisserung der Vergangenheit ist für die individuelle wie kollektive Identität unverzichtbar und in hohem Maß sinnstiftend. Auch für das Volk der Juden besaßen die Pflege alter Traditionen und die Rückbesinnung auf die Ursprünge der jüdischen Religion eine überlebenswichtige Funktion. In den Jahrhunderten ohne einen festen Ort, ohne Staat stellte ihr Geschichtsbewusstsein ihre Existenz und die Zugehörigkeit zu einer sozialen Gruppe sicher. Doch erinnern wir uns nicht nur an Glücksmomente, an Sieg und Heldentum, sondern ebenso an Leid und Niederlage. Auch solche leidvollen Erfahrungen gehen in jede Biografie und Erinnerungskultur ein und erfüllen dort eine evolutionär wichtige Funktion, da sie Lernprozesse ermöglichen und uns vor zukünftigen Gefahren schützen. Dies mag ein weiterer Grund dafür sein, dass gerade negative Erlebnisse über lange Zeit aktualisierbar bleiben. Zu diesen negativen Erfahrungen gehörte für die Juden in der Diaspora das Gefühl, die ganze Welt gegen sich zu haben und nirgendwo willkommen zu sein. Ihr Selbstbild wurde von den Jahrhunderten der Verfolgung tief geprägt: »Wie Mäuse fliehen wir von Ort zu Ort … Nirgendwo sind wir willkommen und vielleicht mit Recht. […] immer und überall wurden wir geschlachtet, und wir verpesten die Luft mit unserem vergossenen Blut«, schrieb der israelische Schriftsteller Josef Chaim Brenner.[28]

Die Frage – auf die wir in Kapitel 7 noch einmal eingehen wollen – ist, wie wir leidvolle Erinnerungen und insbesondere traumatische Erlebnisse auf lange

27 Zitiert nach Segev (1995, S. 659).
28 Zitiert nach Oz (1984, S. 24).

Sicht verarbeiten können, ohne dass diese neues Leid heraufbeschwören. Fest steht, dass wir sie nicht einfach vergessen und damit ungeschehen machen können. In Erinnerungen sind wie in anderen Vorstellungswelten affektive und kognitive Anteile eng miteinander verbundenen, diese affektiv-kognitiven Wechselwirkungen prägen unsere Fühl- und Denkwege zutiefst.

Einen Versuch, sich von den leidvollen Erinnerungen zu befreien, stellte für die Juden die Gründung ihres eigenen Staates dar. In der jüdischen Erinnerungskultur steht der Staat Israel dafür, das Gefühl der Bedrohung und des Unerwünschtseins zu beenden. Aufgrund einer nie abgebrochenen Traditionslinie beruft man sich auf das Recht, in das Land, aus dem man vor zweitausend Jahren vertrieben wurde, zurückzukehren. Nochmals zeigt sich hier, wie stark vergangene Emotionen das aktuelle kollektive Denken zu beeinflussen vermögen. Denn dass das Recht, in eine Heimat zurückzukehren, die man vor zweitausend Jahren verlassen hat, vielen Israelis als Selbstverständlichkeit erscheint, lässt sich nur durch die Entstehung der spezifisch israelischen Fühl-Denk-Welt erklären. Dieses massiv verteidigte Heimatrecht zeigt aber auch, dass ein starres Festhalten an der eigenen Geschichte für sich selbst und andere verheerende Folgen haben kann. »Ein Land ohne Volk für ein Volk ohne Land« hieß es in zionistischen Aufrufen zur Einwanderung nach Palästina. Dass dieses Land über Jahrhunderte zur Heimat der Palästinenser geworden und auch schon viel früher von arabisch-semitischen Stämmen besiedelt war, wurde durch eine emotionsgelenkte selektive Wahrnehmung ausgeblendet. So basierte der Gründungsmythos des Staates Israel auf der Vorstellung, in einem leeren Land eine gerechte Gesellschaft ohne Diskriminierung aufzubauen. Getragen wurde dieser kollektive Traum von einem euphorischen Pioniergeist und freudiger Hoffnung. Diese intensiven positiven Gefühle verstellten den Blick darauf, dass in dem angeblich leeren Land längst ein anderes Volk seine Heimat gefunden hatte.

Auch die Tatsache, dass die israelische Staatsgründung mit der gewaltsamen Vertreibung der Palästinenser einherging, war mit den enthusiastischen Gefühlen des Gründungsmythos unvereinbar und wurde entsprechend der selektiven Wahrnehmung geleugnet. In der offiziellen Geschichtsschreibung und im Schulunterricht wurde behauptet, dass die Palästinenser das Land freiwillig verlassen hätten. Doch so wie dies beim Durchblättern alter Fotoalben innerhalb der Familien nicht selten vorkommt, gibt es auch in Israel Störenfriede, welche diese beschönigenden Erinnerungen in Frage stellen. Seit den 1980er Jahren stellen die so genannten »neuen Historiker« wie Benny Morris, Ilan Pappe, Tom Segev und Shlomo Sand unter anderem das zweitausend Jahre zurückreichende Heimatrecht unter Hinweis auf die Lückenhaftigkeit der Quellenlage[29] in Frage

29 So verweist zum Beispiel Shlomo Sand (2008) in seinem Buch »Wann und wie wurde das jüdische Volk erfunden?« darauf, dass es für einen Auszug der Hebräer aus Ägypten und eine spätere Vertreibung durch die Römer keine historischen Belege gibt.

und betonen die Mitverantwortlichkeit der israelischen Politik am Nahostkonflikt, indem sie die gewaltsame Vertreibung der Palästinenser zum Gegenstand ihrer historischen Forschung machen. Die israelische Öffentlichkeit und Politik reagierte auf diesen Tabubruch mit Empörung und Wut. Die vehementen Reaktionen auf diese neue, tatsachengerechtere Geschichtsschreibung zeigen, wie tief die israelische Identität mit ihren tradierten Erinnerungen verbunden ist. Über Jahrhunderte entstandene und kulturell fest verankerten Fühl- und Denkwege bestimmen nicht nur die Wahrnehmung der Geschichte, sondern auch die der Gegenwart.

Das Verlassen dieser Gefühlswege wird jedoch auch von einer bedrohlichen Gegenwart verhindert. Die Anfangshoffnungen auf ein »normales Leben« in Sicherheit und Freiheit haben sich nicht erfüllt, die nunmehr über sechzigjährige Geschichte des Staates Israel ist gekennzeichnet von Kriegen mit den arabischen Nachbarstaaten und gewalttätigen Konflikten mit der palästinensischen Bevölkerung. Dass Israel auf diese Gefährdung mit einer militärischen Härte reagiert, die den Bedrohungsgefühlen ihres früheren Überlebenskampfes entspricht, zeigt, dass Erinnerungen zwar nicht vergessen, aber sinnvoll in die Gegenwart integriert werden müssen. Israels aus vergangenem Leid gezogene Schlussfolgerung »Nie wieder Opfer sein« ist emotional nachvollziehbar, doch steht diese Vermischung von Vergangenheit und Gegenwart einer friedlichen Lösung des Konfliktes entgegen, in dem die Opfer heute andere sind.

Zwei Ertrinkende auf einer Planke

In ihrem Selbstbild hatten die Palästinenser, anders als die Juden, ihre Heimat nie verlassen und sie fühlen sich ihrer Region trotz der wechselvollen Herrschaftsgeschichte, die wir eingangs des Kapitels kurz beschrieben haben, eng verbunden. Die Verwendung des Begriffes »Palästinenser« soll hier kurz thematisiert werden, denn gerade dieser geschichtliche Hintergrund wird in politisch-ideologischen Auseinandersetzungen herangezogen, um zu bestreiten, dass es überhaupt ein palästinensisches Volk gäbe. Entgegengehalten wird, dass die Menschen in Palästina in erster Linie Araber seien und sich von der Bevölkerung der arabischen Nachbarstaaten nicht unterschieden. Die Existenz eines palästinensischen Volkes sei demnach ein bloßes Konstrukt, welches erfunden wurde, um arabische Besitz- und Herrschaftsansprüche gegenüber dem Staat Israel zu untermauern. Dieser Behauptung muss entgegengesetzt werden, dass es bereits unter der osmanischen Herrschaft Bestrebungen der palästinensischen Bevölkerung gab, sich dem arabischen Einflussgebiet zu entziehen und auf Unabhängigkeit zu drängen.[30] Auch wenn sich die Palästinenser als Araber fühlten, so

30 Vgl. Wild (1993, S. 79 f.).

hatten sie doch über die Jahrhunderte der Ortsansässigkeit eine eigene Kultur entwickelt und brachten ihr Bewusstsein einer eigenen Identität mit der Opposition gegen großarabische Interessen zum Ausdruck. Wenn sich also arabische und palästinensische Interessen unter der Fremdherrschaft des Osmanischen Reiches auch weitgehend deckten, so bestand das Gefühl, einer von den Arabern unterscheidbaren Gruppe anzugehören, dennoch schon lange Zeit vor der israelischen Staatsgründung.

Auch die Tradition zweier der wichtigsten Familienclans des palästinensischen Volkes, die Nashashibis und die Husseinis, spricht für eine langzurückreichende Verwurzelung in der Region. So erzählt der Präsident der Al-Quds-Universität in Jerusalem, Sari Nusseibeh, dass der Schlüssel zur Grabeskirche seit 1300 Jahren im Besitz seiner Familie sei:

»Jahrhunderte flossen ununterscheidbar ineinander, und über lange Strecken besteht die Geschichte meiner Familie fast nur aus einer Liste von Namen und Titeln, die sich alle den Kategorien Richter, Korangelehrte, Sufis oder Großgrundbesitzer zuordnen lassen. Das politische Schicksal der Familie war stets mit dem jeweiligen Machthaber Jerusalems verknüpft. Doch ob sie nun in Gunst oder Ungnaden stand, stets hat meine Familie den Schlüssel treu und sicher aufbewahrt.«[31]

Während der ersten jüdischen Einwanderungswellen noch zur Zeit der osmanischen Herrschaft befand sich die palästinensische Bevölkerung in der Mehrheit und nahm die Einwanderung kaum als Bedrohung wahr, zumal diese mit wirtschaftlichem Fortschritt einherging und man sich teilweise sogar von den Juden Unterstützung gegen das Osmanische Reich erhoffte. Diese Wahrnehmung änderte sich mit der Balfour-Deklaration (1917), in der die britische Regierung der zionistischen Bewegung Unterstützung in der Errichtung einer jüdischen Heimstätte zugesagt hatte. Diese Erklärung widersprach der früheren Zusage der Engländer, den Arabern für ihre Unterstützung gegen das Osmanische Reich Unabhängigkeit zu gewähren, die arabische Seite fühlte sich zutiefst getäuscht. In dem Widerstand, der sich von nun an gegen die jüdische Einwanderung bildete, waren arabische und palästinensische Interessen weitgehend identisch. In der Konfrontation mit dem Zionismus entstand ein palästinensisch-arabisches Nationalbewusstsein, das den Kampf gegen die Fremdherrschaft und die nationale Selbstbestimmung zum Ziel hatte. Doch weder die von diesem Bewusstsein getragenen diplomatischen Bemühungen, die Einwanderung in Grenzen zu halten, noch der gewaltsame Widerstand hatten Erfolg. Als schließlich die UN-Vollversammlung im November 1947 für die Teilung Palästinas stimmte, entluden sich die Spannungen zwischen der palästinensischen und jüdischen Bevölkerung in einem Bürgerkrieg, der sich nach der Gründungsproklamation des Staates Israel im Mai 1948 zum ersten arabisch-israelischen Krieg ausweitete.

31 Nusseibeh (2008, S. 23).

Die Armeen Ägyptens, Transjordaniens, Syriens, des Iraks und des Libanons griffen Israel einen Tag nach der Staatsgründung an. Trotz dieser Übermacht der Gegner ging Israel aus dieser ersten militärischen Konfrontation als eindeutiger Sieger hervor und nutzte seine militärische Überlegenheit, um das im Teilungsplan vorgesehene Gebiet erheblich zu erweitern. Doch auch arabische Staaten profitierten von dem Ausgang des Krieges, Ägypten besetzte den Gazastreifen, Transjordanien das Westjordanland. Die Palästinenser hingegen gingen leer aus.

Während der Kampfhandlungen war ein großer Teil der Palästinenser in die angrenzenden Nachbarstaaten geflohen oder gewaltsam dorthin vertrieben worden. Von den circa eine Million arabischen Einwohnern blieben nur etwa 150.000 im israelischen Staatsgebiet. Um die Rückkehr der Flüchtlinge zu verhindern, zerstörte die israelische Armee zahlreiche arabische Dörfer und errichtete an ihrer Stelle jüdische Siedlungen. Mit dem Sieg Israels und der sich anschließenden Expansion waren die palästinensischen Bestrebungen nach nationaler Selbstbestimmung vollständig gescheitert, die Flüchtlingsexistenz entzog dem palästinensischen Nationalbewusstsein den Boden, dieses sollte erst mit der Entstehung der Palästinensischen Befreiungsbewegung unter Arafat wieder zum Leben erweckt werden.

Während das zwangsweise Verlassen ihrer Heimat, die Zerstörung ihrer Häuser und das darauf folgende Flüchtlingselend sich als *al-Nakbah*, die Katastrophe, tief in die kollektive Erinnerung der Palästinenser eingegraben hat, ging der Krieg von 1948 als heldenhafter Kampf um die Unabhängigkeit in die israelischen Geschichtsbücher ein. Mit diesen unterschiedlichen Bedeutungen des gleichen Ereignisses begann die gegenseitige Radikalisierung zweier unvereinbarer Denk-, Fühl- und Wahrnehmungswelten. In der israelischen Selbstwahrnehmung führte Israel einen Verteidigungskampf gegen einen übermächtigen Gegner, der – wie so viele zuvor – sein Existenzrecht nicht anerkannte. Die Palästinenser sahen sich einer Besatzungsmacht gegenüber, deren Ansprüche in ihren Augen jeder Rechtsgrundlage entbehrten. Amos Oz hat diese Ausgangssituation mit dem Gleichnis vom Ertrinkenden und einer Planke beschrieben: Ein Ertrinkender habe das natürliche Recht, sich an die einzig rettende Planke zu klammern, auch wenn auf dieser Planke bereits andere sitzen. Er habe auch das Recht, die anderen notfalls mit Gewalt zur Seite zu schieben, er habe jedoch nicht das Recht, diese ins Wasser zu stoßen.[32] Dass es sich bei Israel um einen Ertrinkenden handelte, wollten jedoch die Palästinenser ebenso wenig wahrhaben wie die Israelis die von ihnen verschuldete Not der Palästinenser.

Mit dem Streit um die Rechtsansprüche auf ein und dasselbe Land haben wir den Kern des Israel-Palästina-Konfliktes vor uns. Seit undenklichen Zeiten werden strittige Gebietsansprüche mit Gewalt durchgesetzt, die Unterlegenen fügen

32 Oz (1984, S. 124 f.).

sich dem mächtigeren Gegner, ein Anpassungsprozess setzt ein und ermöglicht ein friedliches Nebeneinander. Im Falle Israels und Palästinas waren jedoch die Machtverhältnisse zu keiner Zeit so eindeutig, dass eine Partei die andere Partei zum Aufgeben zwingen konnte. Die geografische Lage Israels inmitten feindlich gesinnter arabischer Länder, die das Anliegen der Palästinenser zu ihrem eigenen erklärten, sowie Israels Abhängigkeit von der Unterstützung seiner Politik durch die USA und Europa und deren Interessen in arabischen Ländern stehen einer endgültigen Unterwerfung der Palästinenser entgegen.

Sind Konflikte um Gebietsansprüche mit Gewalt nicht lösbar, ist die Aufteilung des Landes ein naheliegender Ausweg. Im Falle Israel-Palästinas hat sich jedoch auch diese seit 1948 im Raum stehende Alternative bis heute als undurchführbar erwiesen. Der Prozess einer gegenseitigen Annäherung wird stets erneut von Extremisten auf beiden Seiten untergraben, die ihre Ansprüche auf das ganze Land nicht aufgeben wollen. Extremistische Positionen heizen die Leitaffekte beider affektiv-kognitiven Eigenwelten an, die auf diese Weise nicht nur die Wahrnehmung des jeweils Anderen, sondern auch das Handeln der Konfliktparteien dominieren. Dieser Mechanismus einer gegenseitigen Verstärkung und Radikalisierung führt dazu, dass eine friedliche Lösung des Konfliktes heute weiter entfernt liegt als vor sechzig Jahren. Bevor wir diesen Prozess ausführlicher beschreiben, müssen wir die Leitaffekte der palästinensischen Eigenwelt genauer betrachten.

Palästinensische Eigenwelt: Erlittenes Unrecht und Widerstand

Die Gründung des israelischen Staates auf palästinensischem Boden gilt den Palästinensern bis heute als völkerrechtswidriges Unrecht. In ihren Augen hatten die Israelis kein Recht, einen Staat in einem Land aufzubauen, das sie vor undenklichen Zeiten verlassen hatten. Nach historischem Recht gehöre dieses Land einzig den Palästinensern: »Palästina gehört mir. Und das werde ich immer sagen. Welches Recht hattet Ihr, zweitausend Jahre lang zu glauben, die Erde Israels gehöre Euch? Wie viele Zivilisationen, wie viel Reiche hat es seitdem dort gegeben? Ihr habt nicht aufgehört zu träumen. Sehr gut! Träumt! Aber Euer Traum war nach Zeit und Raum ferner als der Abstand, der mich von meinem Traum und Ort trennt. Mein Traum ist noch frisch und jung«,[33] so fragt der palästinensische Schriftsteller Mahmoud Darwisch, der als »Stimme der Palästinenser« gilt, den israelischen Schriftsteller Helit Yeshurun.

Trotz der militärischen Überlegenheit ihres Gegners fühlten sich die Palästinenser nicht als Besiegte, sondern betrachteten ihre Flüchtlingsexistenz als vorübergehenden Zustand, der eines Tages durch die Rückkehr in ihre Heimat auf-

33 Darwisch (1998, S. 185).

gehoben werden würde. Der feste Glaube, dass die Gerechtigkeit eines Tages wiederhergestellt wird, gab ihnen die Kraft zu einer Haltung, die die Palästinenser *sumud* nennen:

»*Sumud*, das heißt nie aufgeben, sich allem widersetzen. Auch passiver Widerstand, wenn nichts anderes möglich ist. *Sumud*, das ist Geduld: wenn man schwach ist, in Feindeshand, sich nicht rühren, dableiben. *Sumud* heißt, selbst unter dem Joch, sogar gefoltert, seinen freien Geist bewahren, den Geist der Revolte, weiter an sein Ideal glauben, an sein Land.«[34]

Dieser Haltung liegt eine tiefe Heimatverbundenheit und Verpflichtung gegenüber der Familie zugrunde. Als bäuerliche Gesellschaft lebten die Palästinenser seit jeher von der Landwirtschaft, der eigene Grund und Boden war ihre Lebensgrundlage und bildete über Jahrhunderte die Verbindung zwischen den Generationen. Ein Palästinenser erzählt:

»Ein junger Mann kam einst an einem Feld vorbei, auf dem ein alter Mann tiefe Löcher für kleine Olivensetzlinge grub. Der junge Mann fragte ihn mit Verwunderung, ob es denn wohl sinnvoll sei, in seinem Alter noch Oliven zu pflanzen, denn es werde ja bestimmt noch sieben bis zehn Jahre dauern, bis er die ersten Oliven von diesen Bäumen ernten könne – vielleicht sei er dann schon tot. Der Alte antwortete ruhig: ›Sie pflanzten, wir aßen. Wir pflanzen, und sie werden essen.‹ Diese Art von Generationenvertrag hat in unserer Gesellschaft eine tiefverwurzelte Tradition.«[35]

Durch die Vertreibung waren die Palästinenser nicht nur ihrer Lebensgrundlage beraubt, sondern auch abgeschnitten von der traditionsreichen Geschichte ihrer Eltern, Großeltern und Urgroßeltern. Ein palästinensischer Flüchtling beschreibt das Gefühl der Entwurzelung mit dem Satz, dass nicht einmal die Sonne im Lager die gleiche Sonne wie an seinem Heimatort sei.[36] Für diesen tiefen Schmerz über den Verlust der Heimat hat es bis heute keine Wiedergutmachung gegeben.

Die Verursacher dieses Leides gelten als rücksichtslose Feinde, die ihnen nicht nur das Land raubten, sondern ihnen auch jegliches Recht darauf absprachen. In diesem Bewusstsein entstanden die palästinensischen Befreiungsbewegungen, deren Ziel es war, das israelische Staatsgebiet zurückzuerobern. Die bekannteste unter ihnen ist die *Fatah*, die Bewegung zur nationalen Befreiung Palästinas, die 1957 unter der Führung Yassir Arafats ins Leben gerufen wurde, und die PLO, die Palästinensische Befreiungsorganisation, die 1964 in Ostjerusalem gegründet wurde. Deren Strategie des bewaffneten Kampfes in Form von Angriffen auf israelische Einrichtungen beruhte auf der Überzeugung, dass gewaltsamer

34 Mourad (2005, S. 45).
35 Habib (2000, S. 319).
36 Bar-On (2006, S. 123).

Widerstand gegen eine Kolonialmacht legitim sei. Die Terroranschläge und Flugzeugentführungen der PLO, die mit der Geiselnahme während der Olympischen Spiele 1972 in München ihren Höhepunkt fanden, sollten die Aufmerksamkeit der Weltöffentlichkeit auf die Lage der Palästinenser lenken. Doch statt Sympathie löste der blutige Ausgang des Anschlags in München weltweite Empörung aus, die die PLO zur Abkehr von terroristischen Mitteln des Kampfes veranlasste. Arafat beschritt den Weg der Diplomatie, der 1974 mit einer Einladung zur Generalversammlung der Vereinten Nationen und viele Jahre später mit dem Friedensnobelpreis (1994) belohnt wurde. Die internationale Anerkennung der Rechte des palästinensischen Volkes, die in der UN-Resolution 3236 zum Ausdruck kam, weckte neue Hoffnungen auf die Wiedergutmachung des Unrechts.

Zwischen Hoffnung und Verzweiflung

Seit dem Widerstand gegen die jüdische Einwanderung ist die Geschichte des palästinensischen Befreiungskampfes geprägt vom Wechsel zwischen Hoffnung auf Gerechtigkeit und Verzweiflung über deren Scheitern. Die nach 1948 anhaltende Hoffnung, schon bald wieder in die Heimat zurückkehren zu können, wurde von der israelischen Besetzung des Westjordanlandes in Folge des Sechs-Tage-Kriegs 1967 endgültig zerstört. Die wachsende Verzweiflung und Wut über die hierauf folgenden Repressionsmaßnahmen in den besetzten Gebieten entluden sich mit dem Ausbruch der Ersten Intifada (= Aufstand) 1987. Anlässlich eines Verkehrsunfalls, bei dem vier Palästinenser ums Leben kamen, entstanden spontane Protestkundgebungen: »Wie Lava, die jahrelang brodelt, blubbert und raucht, ehe sie aus dem Vulkan herausgeschleudert wird, brachen überall in den besetzten Gebieten quasi über Nacht Proteste aus.«[37] Diese anfangs ohne Absprachen erfolgenden Aktionen mündeten in einen mehrjährigen, größtenteils gewaltfreien Widerstand, der Streiks, Boykottmaßnahmen, Kundgebungen und politisch organisierte Öffentlichkeitsarbeit umfasste. Trotz Wut und Empörung war der Aufstand getragen von der hoffnungsvollen Stimmung, das eigene Schicksal in die Hand zu nehmen und den als Unrecht empfundenen Status zu beenden. Israel dagegen reagierte auf den Aufstand mit massiver militärischer Härte und erneuten Repressionen wie Ausgangssperren und zahllosen Inhaftierungen.

Die Erkenntnis, dass der Widerstand auf diese Weise nicht zu brechen war, sowie verschiedene weltpolitische Ereignisse führten zu der Aufnahme von Friedensgesprächen, die im Oslo-Abkommen von 1993 ihren Abschluss fanden. Die Osloer Prinzipienerklärung stand unter dem Motto »Land für Frieden«: Is-

37 Nusseibeh (2008, S. 256).

rael sollte sich schrittweise aus den besetzten Gebieten zurückziehen, im Gegenzug sollten die arabischen Staaten Israel und das Prinzip der friedlichen Koexistenz anerkennen. Viele Palästinenser feierten das Oslo-Abkommen als Sieg und betrachteten es als den Beginn ihrer Unabhängigkeit und Freiheit: »Ich sah die Oslo-Vereinbarung im Fernsehen und brach in Tränen aus. Für mich war es ein Sieg. Die Erste Intifada hat den Israelis gezeigt, dass sie nicht zu einem Land ohne Menschen kamen, sondern dass hier Menschen leben, die Rechte haben. Das haben sie in Oslo akzeptiert«,[38] so die Intifada-Aktivistin Terry Boulata.

Doch dieser euphorischen Stimmung folgte eine harte Realität. Die Aufteilung der besetzten Gebiete in verschiedene Sicherheitszonen verwandelte das Land in einen Flickenteppich unterschiedlicher Rechtssphären und Zuständigkeiten. Volle Autonomie erhielten die Palästinenser lediglich in Zone A, die zwar den Gazastreifen und andere wichtige Städte wie Nablus, Hebron und Ramallah umfasste, jedoch insgesamt nur 11 % des Westjordanlandes ausmachte, 60 % blieben unter israelischer Hoheit. In Abstimmung mit der Palästinensischen Autonomiebehörde wurde ein Passsystem eingeführt, welches für das Verlassen der jeweiligen Zone die Beantragung einer Reisegenehmigung vorsah. Wer beispielsweise den Gazastreifen »aus irgendeinem beliebigen Grund verlassen wollte – um an einer Universität im Westjordanland zu studieren, um ein neues Enkelkind zu besuchen, um an einer Konferenz teilzunehmen, einen Job zu suchen, an einer Hochzeitsfeier teilzunehmen […] –, benötigte eine Reisegenehmigung, und es gab keine Garantie, dass man sie auch bekommen würde«[39]. Die Beantragung dieser Genehmigung, die häufig erst wenige Stunden vor der Fahrt erstellt oder abgelehnt wurde, entwickelte sich zu einer nervenzerreißenden Geduldsprobe.

In ihrem Alltag waren die Palästinenser der ersehnten Unabhängigkeit keinen Schritt näher gekommen – im Gegenteil, bis Ende der achtziger Jahre besaßen die Palästinenser in den besetzten Gebieten weitgehende Bewegungsfreiheit, nun fanden sie sich einem System umfänglicher Kontroll- und Unterwerfungsmechanismen gegenüber, die zusätzlich zu einer Verschlechterung der wirtschaftlichen Lage führten. Der anfängliche Optimismus wich dem Gefühl, dass alle Friedensbemühungen umsonst gewesen waren. Zunehmende Verzweiflung und Resignation waren der Nährboden, auf dem Gewaltbereitschaft und die Zustimmung zu Selbstmordattentaten wuchsen.

Zu den desolaten Lebensbedingungen trug jedoch auch die Misswirtschaft der palästinensischen Autonomiebehörde bei. Korruption, Verteilung der Macht auf Familienmitglieder Arafats, der der Autonomiebehörde vorstand, sowie eine unübersichtliche Anzahl von Regierungsorganisationen mit unklaren Zuständigkeiten waren weder geeignet, demokratische Strukturen entstehen zu lassen

38 Flug und Schäuble (2008, S. 119).
39 Hass (2006, S. 19).

noch den Lebensstandard der Bevölkerung zu verbessern. Doch die Konfrontation mit einem äußeren Feind stärkt die Zusammengehörigkeitsgefühle auch entgegen innerer Konflikte und so richteten sich die Gefühle des Unmuts und Unzufriedenheit vorrangig auf den Gegner, der seinen eigenen Beitrag zur Eskalation lieferte.

Alltag in den besetzten Gebieten: Demütigung und Gewalt

Ariel Scharons Besuch der Al-Aqsa-Moschee im September 2000, bei dem er sich von 1500 schwer bewaffneten Grenzsoldaten begleiten ließ, war der Auslöser des zweiten Volksaufstandes, der Al-Aqsa-Intifada, die weit weniger friedlich verlief als die Erste Intifada. Der bewaffnete Aufstand führte dazu, dass der israelische Staat seine Abriegelungspolitik weiter vorantrieb. Betraf die Einschränkung der Bewegungsfreiheit zuvor nur die Reisen zwischen dem Westjordanland und dem Gazastreifen und zwischen beiden Gebieten und Israel, so wurden nun innerhalb der palästinensischen Gebiete zahllose Straßensperren in Form von Zementblöcken, Erdhaufen, Geröll oder Gräben errichtet. Hinzu kamen festungsartig ausgebaute Kontrollpunkte, an denen die Palästinenser ihre Identität nachweisen und sich demütigenden Gepäckkontrollen oder Leibesvisitationen unterziehen müssen. Straßensperren und Kontrollpunkte schneiden die großen Städte und Hunderte von Dörfern voneinander ab. Verschärft wird die Situation durch die Sicherheitsmaßnahmen zum Schutz der israelischen Siedlungen, die seit 1967 zum Teil mit, zum Teil ohne staatliche Genehmigung gebaut wurden. Die Straßen zu den Siedlungen, die von den Palästinensern nicht überquert werden dürfen, durchschneiden ihre Felder und Olivenhaine, zu denen ihnen auf diese Weise der Zugang verwehrt wird. Für den Besuch von Schulen, Universitäten, Krankenhäusern, Behörden oder dem Arbeitsplatz müssen die Menschen beschwerliche zeitraubende Umwege in Kauf nehmen:

> »Während der letzten siebzehn Monate waren Hunderttausende von Menschen fast ausschließlich mit der Aufgabe beschäftigt, rechtzeitig irgendwo hin zu gelangen: durch Schlamm und Regen, unter der brennenden Sonne, bergauf und bergab, schwer atmend und mit schmerzenden Beinen. Die Zeit vergeht, die Panzerkanone wird auf uns gerichtet, ein Baby beginnt zu weinen, eine alte Frau braucht Hilfe, die Augen sind mit Staub verklebt«,[40]

so beschreibt Amira Hass die Situation im Jahr 2002.

Das Passieren der Checkpoints ist häufig mit stundenlangen Wartezeiten verbunden, in denen die Wartenden auf freiem Feld den Witterungsverhältnissen ausgesetzt sind – sowie der Willkür der israelischen Grenzsoldaten: »Am Kon-

40 Hass (2006, S. 21).

trollposten gilt allein das Gesetz des Augenblicks, lauter Regeln, die sich andauernd ändern, gelegentlich verhandelbar, und dann wieder nicht.«

»Man geht morgens aus dem Haus – zur Arbeit, Besorgungen machen, zur Schule, zu einem Verwandtenbesuch, und nach kürzester Zeit stolpert man über eine Absperrung und spielt Verstecken mit den überall lauernden Soldaten. Schließlich kommt man erhitzt und schmutzig am Kontrollposten an, mit dem Personalausweis in der Hand. Werden die Herren des Schicksals lächeln und einen mit einem Wink durchlassen? Oder werden sie das Ganze mit Beschimpfungen, Schlägen, Tränengas oder Schüssen noch schlimmer machen? Werden sie den Kontrollposten plötzlich ohne ersichtlichen Grund schließen, so dass man auf der anderen Seite festsitzt, vielleicht sogar über Nacht? Man weiß niemals, worauf sie mit welcher Reaktion antworten.«[41]

So dienen die als Sicherheitsmaßnahmen errichteten Kontrollpunkte ebenso der Manifestation der Macht des Besatzers über die Besetzten. Über die schmalen, circa zwei Meter hohen Drehtüren, die an den größeren Checkpoints passiert werden müssen, schreibt »Machsom Watch«:

»Hunderte von Leuten stehen in Massen vor den Drehtoren, die nicht funktionieren. […] In diesem Monat wurden Geräte eingebaut, die das elektronische Öffnen und Schließen der Drehtore kontrollieren sollen. Dies gibt den Soldaten noch eine Möglichkeit, die Leute bei der Kontrolle zu schikanieren, die sich durch die Drehtüren zwängen: Sie stoppen die Tür. So finden sie sich plötzlich darin gefangen. Unser Eindruck war, dass die Soldaten am Checkpoint ihren Spaß daran hatten, mit einem Knopfdruck die Drehtüre zu bewegen und mit zweimal Knopfdrücken mittendrin Leute gefangen halten konnten – zum Amüsement der Soldaten.«[42]

Willkür und Machtmissbrauch führen auch zu zahlreichen Toten und Verletzten. Zwischen September 2000 und Oktober 2003 starben 83 Patienten, weil ihnen der Durchlass verweigert wurde, 25 Ärzte und Pfleger wurden getötet, 425 verletzt, 57 schwangere Frauen mussten ihr Kind am Kontrollposten zur Welt bringen, wobei 32 Neugeborene starben.[43]

Waren die Palästinenser bereits durch diese Politik der Abriegelung militärischer Willkür ausgesetzt, so führte eine Welle von Selbstmordattentaten, die Anfang des Jahres 2000 einsetzte, zu einer weiteren Eskalation der Gewalt. Als Reaktion auf die Attentate marschierte die israelische Armee in palästinensische Städte, Dörfer und Flüchtlingslager ein, verhängte dort Ausgangssperren und führte Verhaftungswellen durch, die häufig mit großer Rücksichtslosigkeit und Brutalität auch gegen die Zivilbevölkerung einhergingen. Zahllose unschuldige

41 Keshet (2007 S. 94, 119).

42 Machsom-Watch-Bericht (Oktober 2004). Machsom Watch ist eine ehrenamtlich arbeitende Gruppe israelischer Frauen, die die Geschehnisse an den Kontrollpunkten beobachten und dokumentieren.

43 Nach Keshet (2006, S. 51).

Todesopfer, darunter Frauen und Kinder, waren die Folge. Die israelische Armee ging dazu über, die Häuser der Familien von Selbstmordattentätern in die Luft zu sprengen, was zahlreiche Menschen obdachlos machte. Israels Versuch, führende Hamas-Aktivisten mit gezielten Tötungsaktionen auszuschalten, forderte ebenfalls viele zivile Opfer. Eine Lawine gegenseitiger Beschuldigungen und Tötungen begann immer schneller zu rollen:

»Bis zum Dienstag abend wurden fünfzehn Palästinenser, Zivilisten und bewaffnete Kämpfer und sechs Israelis getötet. Dann sprengte sich ein Selbstmordattentäter in einem voll besetzten Bus in die Luft: 20 Tote, 110 Verwundete, viele davon Kinder. Es war die Rache der Hamas für einen Racheakt der Israelis für einen Racheakt der Palästinenser für einen israelischen Angriff ... Rache, Rache und nochmals Rache.«[44]

Als Reaktion auf die fortwährenden Attentate errichtete Israel von 2003 bis 2005 an der Grenze zum Westjordanland eine Sicherheitsanlage und erklärte die Region um diese Anlage zum militärischen Sperrgebiet. Der Bau dieser von den Palästinensern als Sperrmauer, von den Israelis als Sicherheitszaun bezeichneten Grenzbefestigung war aufgrund der Abweichung von der Grünen Linie (der Waffenstillstandslinie zwischen Israel und dem Westjordanland aus dem Jahr 1949) mit weiteren Beschlagnahmungen palästinensischen Grund und Bodens verbunden. Trotz der hierfür angebotenen Ausgleichszahlungen erfuhr die Grenzanlage auch international starke Kritik, da sie de facto zur Zerstörung landwirtschaftlicher Nutzflächen führte und palästinensische Städte und Dörfer voneinander abtrennt. Während die Palästinenser die *Mauer* als eine Zementierung des fortwährenden Unrechtes betrachten, gilt der *Sicherheitszaun* den Israelis als unverzichtbar, da seit Beginn des Baus die Anzahl der Selbstmordanschläge drastisch zurückgegangen ist.

Hoffnung auf ein unabhängiges Palästina und Sehnsucht nach einem selbstbestimmten Leben waren zu Beginn der israelischen Besatzung die Leitaffekte der palästinensischen Eigenwelt. Der Zukunftsoptimismus war getragen von der festen Überzeugung, dass eines Tages die Gerechtigkeit wiederhergestellt wird. Doch jedes Mal, wenn die Palästinenser sich ihrem Ziel ein Stück näher glaubten, folgte in der Realität eine Verschlechterung ihrer Lage. Hoffnung schlug um in jähe Verzweiflung. Die Stimmung wurde immer stärker von der Empörung über die Abriegelungspolitik geprägt, die das Leben im eigenen Land in eine Art Gefängnis verwandelte. Zu dem schmerzhaften Verlust der Heimat kamen die beschämenden Schikanen an den Kontrollpunkten. Die eigene Machtlosigkeit – kontrastiert durch die überlegene Demonstration der Macht arroganter israelischer Soldaten – zerstörte alle Hoffnungen auf eine Lösung. Demütigung und Hoffnungslosigkeit bilden den Nährboden für Hass und Gewalt. Die wachsende Verzweiflung ist jedoch mit der tiefen Überzeugung ver-

44 Hass (2006, S. 95), Artikel vom 20. August 2003.

bunden, im Recht zu sein. Diese Gewissheit gibt den Palästinensern die Kraft zum Durchhalten: *sumud.* In dieser Haltung werden Erniedrigung und Gewalt hingenommen, ohne das Ziel – die Wiederherstellung der Gerechtigkeit – aufzugeben.

Gegenseitige Radikalisierung zweier Eigenwelten

Wie wir in Kapitel 1 als These formulierten, haben affektiv-kognitive Eigenwelten die Tendenz, sich fortlaufend selbstorganisatorisch zu bestätigen und zu festigen. Diesem Prozess liegen die Schalt- und Filterwirkungen der Emotionen zugrunde, die darüber entscheiden, was bevorzugt wahrgenommen wird und was ausgeblendet bleibt. Je intensiver diese Gefühle sind, umso tiefer graben sich die Denk-Fühl-Wege ein und werden zu einer Art Einbahnstraße, auf der es kein Zurück mehr gibt. Durch die schon in den Vorkapiteln ausführlich beschriebenen Resonanz- und Verstärkungsmechanismen wie emotionale Ansteckung, Synchronisierung und Konformitätsdruck können sich die von bestimmten Leitgefühlen geprägten Fühl- und Denkweisen in Gruppen oder ganzen Gesellschaften immer weiter ausbreiten. Im Mittelpunkt solcher Prozesse stehen mitunter auch extreme Ereignisse, die von besonders intensiven Emotionen begleitet werden. So hat zum Beispiel das Massaker von Sabra und Shatila sowohl im internationalen wie palästinensischen und auch dem israelischen Gedächtnis tiefe Spuren hinterlassen. In diesen palästinensischen Flüchtlingslagern wurden 1982 während des libanesischen Bürgerkrieges unter den Augen der israelischen Armee Tausende Zivilisten von christlich-libanesischen Milizen gefoltert und ermordet. Das Massaker glich einem 36-stündigen Blutbad, in dem Männer, Frauen wie Kinder einen grausamen Tod fanden. Die Brutalität dieses ungehemmten Gewaltausbruches ließ das Massaker zu einem Symbol des Unrechts werden, in dem sich alle vergangenen Leiderfahrungen verdichteten und in Zukunft allein die Nennung der Namen Sabra und Shatila ausreichte, um die Gefühle der Empörung und des Entsetzens erneut zu aktualisieren. Eine israelische Untersuchungskommission wies dem damaligen israelischen Verteidigungsminister Ariel Scharon eine Mitverantwortung an den Gräueltaten zu, er wurde daraufhin von seinem Amt abgelöst.

Durch solche Ereignisse sowie durch die damit verbundene Verfestigung der Fühl- und Denkwege können sich nebeneinander affektiv-kognitive Eigenwelten entwickeln, deren Sichtweisen völlig unvereinbar sind und die sich in ihren Reaktionen aufeinander gegenseitig radikalisieren. Die Nichtanerkennung der Motive der je anderen Seite führt dazu, dass Gewalt mit noch stärkerer Gegengewalt beantwortet wird, die wiederum neue Gewalttaten provoziert. In das Leid und die Trauer um die Angehörigen mischen sich Wut und Verachtung, welche die Fühl- und Denkbahnen immer stärker dominieren. In der Folge wird die Wahrnehmung ausschließlich auf die negativen Seiten des Feindes fokussiert, so dass dessen Leiden keine Bedeutung mehr zugemessen wird.

Dieser Prozess der wechselseitigen Verstärkung der Leitaffekte der Eigenwelten soll am Beispiel der Welle von Selbstmordattentaten, die Anfang 2000 begann, nochmals verdeutlicht werden. Als die aus der fundamentalistischen Muslimbruderschaft hervorgegangene radikal-islamische Hamas ihre ersten Selbstmordattentate durchführte, stießen diese in der palästinensischen Bevölkerung noch weitgehend auf Ablehnung. Doch die Israelis reagierten entsprechend ihrer Prämisse »es gibt keine Wahl« mit extremer militärischer Härte, in deren Folge die palästinensische Bevölkerung dem Terror der Hamas immer weniger Widerstand entgegensetzte. »Die Israelis töten unsere Zivilisten auch«, war eine oft zu hörende Antwort. Die Selbstmordattentate wurden zu einem letzten Mittel gegen einen militärisch überlegenen Gegner, dem man sich ohnmächtig ausgeliefert fühlte. Die Attentäter wurden als Märtyrer gefeiert, ihre Familien großzügig unterstützt. Je mehr das Elend in den palästinensischen Städten, Dörfern und »Flüchtlingslagern«[45] wuchs, desto größer wurde die Zahl der sich freiwillig anbietenden Selbstmordattentäter. Andererseits konnten die Israelis, in einer Logik der Angst befangen, die wachsende Verzweiflung, die sich hinter den Attentaten verbarg, nicht wahrnehmen. Die alltägliche Gefahr, Opfer eines Selbstmordanschlages zu werden, war geeignet, die Bedrohungsgefühle aus der Vergangenheit zu aktualisieren und Erinnerungen an die früher durchlittene Ohnmacht zu wecken. Das Heimtückische an Selbstmordattentaten ist, dass sie jeden Menschen, ob Frau, ob Mann oder Kind, zu jeder Zeit an jedem Ort ohne jede Vorwarnung treffen können. Wenn man Angriffen ohne jede Möglichkeit der Verteidigung ausgeliefert ist, wird man zum schutzlosen Opfer. Eine Rolle, die insbesondere für führende Politiker aufgrund der Vergangenheit nicht hinnehmbar sein kann. Die radikalen militärischen Reaktionen der Israelis waren eine Folge ihrer Prämisse »Nie wieder Opfer sein!«.

Diese aus einer traumatischen Vergangenheit herrührende Abwehr überwältigender Bedrohungsgefühle wird wiederum von den Palästinensern nicht als solche wahrgenommen. Die Leitaffekte der palästinensischen Eigenwelt lassen Israel einzig als feindliche Macht erscheinen, die ihre militärische Überlegenheit skrupellos einsetzt. Auch die Rechtfertigung der Staatsgründung Israels als einzige Möglichkeit zum Überleben des jüdischen Volkes wird von den Palästinensern nicht anerkannt: »Von palästinensischer Seite aus wurde versucht, die Shoah – weil sie nicht von den Palästinensern verschuldet war – aus der poli-

45 Unter Flüchtlingslagern versteht man gemeinhin eine provisorische Unterbringung in Zelten. Da die Palästinenser inzwischen in Jordanien, Syrien und dem Libanon sowie im Westjordanland in festen Gebäuden leben (bis 2009 auch in Gaza), wird die Bezeichnung »Flüchtlingslager« von verschiedenen Seiten als sachlich unkorrekt und politisch motiviert kritisiert.

tischen Diskussion um die Rechtmäßigkeit des israelischen Staates herauszuhalten. […] Bis heute gilt Yad Vashem auf palästinensischer Seite vor allem als Symbol einer jüdischen ›Shoa-Propaganda‹.«[46] Die Weigerung, die traumatische Vergangenheit der Juden anzuerkennen, verletzt die israelischen Identitätsgefühle zutiefst. Hinzu kommt, dass palästinensische Attentäter nicht davor zurückschrecken, das Gedenken der Shoah gezielt zu provozieren: 1995 sprengte sich wenige Stunden vor Beginn der öffentlichen Feierlichkeiten zum 50. Jahrestag der Befreiung von Auschwitz an einer Bushaltestelle ein Selbstmordattentäter in die Luft und riss 19 Menschen mit den Tod. Die immense Verachtung für die höchsten israelischen Werte lässt dem Staat buchstäblich keine Wahl.

Doch auch auf israelischer Seite bleibt das palästinensische Trauma des Heimatverlustes durch Flucht und Vertreibung im Krieg von 1948 unbeachtet. Als Voraussetzung zu einer Berücksichtigung dieses Verlustes nennt der Historiker Habbo Knoch die palästinensische Bereitschaft, die Bedeutung der Shoah für die israelische Gesellschaft ernst zu nehmen.[47] So schließt sich wieder einmal ein Kreis, aus dem es keinen Ausgang zu geben scheint. Hierin liegt die besondere Tragik des Israel-Palästina-Konfliktes: Eine traumatisierte Gesellschaft wird von einer ihr feindlich gesinnten Umgebung daran gehindert, die Wunden der Vergangenheit zu schließen. Die Abwehrreaktionen Israels führen zu neuen Traumatisierungen des palästinensischen Volkes, die es den Palästinensern immer schwerer machen, das Trauma der Juden anzuerkennen. Bis heute verhindert diese tragische Verstrickung und wechselseitige Verstärkung der Eigenwelten die Wahrnehmung des Leidens, das man sich gegenseitig zufügt.

Extremismus auf beiden Seiten

Die Versuche einer Annäherung der Eigenwelten werden von Extremisten auf beiden Seiten verhindert, die mit ihren Aktionen die Gewaltspirale immer wieder erneut in Gang setzen. In stabilen, weil spannungsarmen emotionalen Verhältnissen können einzelne Störungen des Gleichgewichts aufgefangen werden, ohne zu Überreaktionen zu führen. Dies gilt für Kleingruppen wie Familien oder Arbeitsteams genau wie für Großgruppen und ganze Gesellschaften. Fehlt diese Stabilität, so können bereits vergleichsweise geringe Anlässe zu einem Gefühlsausbruch ungeahnter Stärke führen. Einen solchen typischen Schmetterlingseffekt konnten wir bereits beim Ausbruch der Ersten Intifada beobachten, bei der ein Verkehrsunfall »das Fass zum Überlaufen brachte« und eine nicht vorhersehbare Protestwelle in Gang setzte. Auch Ariel Scharons provokanter Besuch der Al-Aqsa-Moschee entfachte in einer von Wut und Verzweiflung be-

46 Knoch (2000, S. 217).
47 Knoch (2000, S. 217).

herrschten Atmosphäre einen Sturm der Gewalt, der auf beiden Seiten zahlreiche Opfer forderte. Scharons Provokation der religiösen Gefühle der Palästinenser verstärkte die bereits vorhandenen emotionalen Schwingungen derart, dass sie sich lawinenartig mit großer Energie entluden. Wie wir im Kapitel 1 erläutert haben, treten solche Ausbrüche immer dann auf, wenn die affektenergetische Spannung im System einen kritischen Wert erreicht. Der Grad der – hier von Wut und Verachtung genährten – emotionalen Spannung wirkt als Kontrollparameter, der es möglich macht, dass radikale Ideen von einem bestimmten Moment an als Ordnungsparameter das ganze Feld neu strukturieren, das heißt »versklaven«. Die mehrere Jahre andauernden blutigen Auseinandersetzungen der Al-Aqsa-Intifada, deren Eskalation nicht mehr aufzuhalten war, sind ein anschauliches Beispiel einer solchen Versklavung.

Doch auch wenn die Aktionen der Extremisten nicht zu sofortigen Gewaltausbrüchen führen, so heizen sie Hass und Wut auf beiden Seiten immer neu auf und tragen so zu einer Eskalation der Gewalt bei. Der Ermordung Jitzchak Rabins (1995), der die Osloer Friedensverhandlungen gemeinsam mit Yassir Arafat weit vorangetrieben hatte, ging eine Reihe von Selbstmordattentaten voraus, mit der die Hamas ihre Ablehnung des Friedensprozesses zum Ausdruck brachte. Diese Häufung von Attentaten stärkte die extremistischen Kräfte in Israel, in deren Augen Rabin ein Verräter war. Seine Gegner entwarfen Plakate, auf denen Rabin als »SS-Offizier« abgebildet war, an Autos klebten Sticker mit der Aufschrift »Rabin ist ein Mörder«. In dieser emotional von Provokationen und Schmähungen aufgeheizten Atmosphäre wurde Rabin 1995 im Anschluss an eine große Friedensdemonstration von einem ultrareligiösen Israeli erschossen. Die ultraorthodoxen israelischen Extremisten lehnen jeden Kompromiss mit den Palästinensern prinzipiell ab, da in ihren Augen die Rückgabe des »Heiligen Landes« eine Verletzung göttlichen Willens darstellt. Nach dem Tode Rabins gewannen in Israel – unterstützt von weiteren Selbstmordattentaten der Hamas – die Gegner des Friedensprozesses die Mehrheit. Rabins Motto »Land für Frieden« wurde von seinem Nachfolger Benjamin Netanjahu durch das Versprechen »Frieden mit Sicherheit« ersetzt. Seit 2009 schließlich praktiziert seine Regierung mit ihrem forcierten Siedlungsbau vor allem rund um Jerusalem allen internationalen Protesten zum Trotz ganz offen eine »Land-statt-Frieden«-Politik.

Ein anderes tragisches Beispiel dieser Eskalationsspirale ist der Gazakrieg von 2008/2009. Mit bedingt durch die desolaten Lebensbedingungen in Gaza und Korruptionsaffären innerhalb der Fatah war dort 2007 die Hamas an die Macht gekommen. Da die radikale Palästinenserorganisation das Existenzrecht des israelischen Staates nicht anerkennt, wird sie von Israel nicht als Verhandlungspartner akzeptiert. Als Reaktion auf den Wahlsieg der Hamas verhängte Israel eine Wirtschaftsblockade, in deren Folge die wirtschaftliche Unterversorgung katastrophale Ausmaße annahm. Hunger und Elend diente der Hamas als Rechtfertigung, israelische Grenzstädte mit Raketen anzugreifen. Israel knüpfte die Aufhebung der Blockade an die Bedingung, dass die Hamas den seit 2001 andauernden Beschuss einstelle. Wie so oft ist die Frage nach Ursache und Wirkung hier kaum zu beantworten. Während die radikalen Palästinenser ihre Gewaltaktionen mit den Unterdrückungsmaßnahmen der Israelis begründen, fordern die Israelis die Einstellung der Gewalt, bevor sie zu einem Entgegenkommen bereit sind. Auch ein im Juni 2008 durch Ägypten vermittelter sechsmonatiger Waffenstillstand bot keine Lösung dieses grundsätzlichen Konfliktes. Die Hamas kündigte den Waffenstillstand frühzeitig auf und begründete dies damit, dass Israel sich nicht an die Bedingung, seine Grenzblockaden zu lockern, gehalten habe. Im Gegenzug berief sich Israel darauf, dass der Raketenbeschuss nie völlig eingestellt worden sei. Nach der Aufkündigung des Waffenstillstandes begann die Hamas einen massiven Raketenbeschuss: Innerhalb von drei Tagen, während des jüdischen Chanukka-Festes, schlugen 300 Raketen auf israelischem Boden ein. Israel wertete diese Angriffe als ein Scheitern aller Verhandlungsbemühungen und startete mit dem erklärten Ziel, die Infrastruktur der Hamas zu zerstören, eine Militäroffensive, deren Luftangriffe als die schwersten seit dem Sechs-Tage-Krieg 1967 gelten. Die hohen Opferzahlen auch unter der Zivilbevölkerung[48] und die massive Zerstörung von Wohnhäusern und Infrastruktur brachte Israel von vielen Seiten den Vorwurf der völligen Unverhältnismäßigkeit der Mittel ein. Die »selbstgebastelten Raketen« der radikalen Palästinenser, die geringen Sachschaden und wenig Menschenleben forderten (32 seit 2001), scheinen in keinem Verhältnis zu den 1340 Toten des Gazakrieges auf palästinensischer Seite zu stehen.

Nach offizieller Darstellung gab es zu dieser Militäraktion keine Alternative. Der fortwährende Raketenbeschuss israelischer Städte hatte die Emotionen so weit aufgeheizt, dass der Militärschlag auch in weiten Teilen der israelischen Bevölkerung auf Zustimmung stieß, die jedoch mit dem Verlauf der Kampfhandlungen zunehmend geringer wurde.

»Blinde Flecken« im Zentrum der kollektiven Eigenwelten

In ihrer Tendenz, sich fortlaufend selbstorganisatorisch zu bestätigen, entwickeln Eigenwelten über längere Sicht ein hohes Maß an Selbstverständlichkeit, die wir im Kapitel 1 als Alltagslogik beschrieben haben. Selbstverständliche Annahmen bilden sozusagen das stabilisierende Zentrum einer jeden Alltagslogik. Das

48 Die Angaben über die Höhe der Opferzahlen weichen voneinander ab: Die israelische Regierung zählt unter der Gesamtzahl von 1166 Toten 295 unbeteiligte Palästinenser, darunter 89 jünger als 18 Jahre und 49 Frauen, zu den zivilen Opfern. Eine palästinensische Menschrechtorganisation gibt die Zahl von 1434 Toten an, darunter 960 Zivilisten. Nach Angaben der Vereinten Nationen hat der Gazakrieg 1340 Menschen das Leben gekostet, darunter 460 Kinder und 106 Frauen.

stabilisierende Moment wird immer dann deutlich, wenn diese Annahmen in Frage gestellt werden. Man denke zum Beispiel an Jugendliche in der Pubertät, die mit ihrem kritischen Hinterfragen selbstverständlicher Familientraditionen selbst den harmonischsten Familienverband ins Wanken bringen können. Ohne Kritik von außen entziehen sich diese Selbstverständlichkeiten zumeist unserer bewussten Wahrnehmung, weshalb wir sie auch als »blinde Flecken« bezeichnen.

Bei miteinander im Konflikt stehenden Eigenwelten können solche blinden Flecken auch die Sicht auf die Realitäten des Gegners verstellen. Aus israelischer Perspektive dienen Kontrollpunkte, Trennungsmauer, Ausgangsperren und militärische Übergriffe dem notwendigen Schutz der Sicherheit, dessen Selbstverständlichkeit sie aus ihrer Vergangenheit ableiten. Das Leiden der Palästinenser, das durch diese Abriegelungspolitik entsteht, wird nicht zur Kenntnis genommen. In der routinemäßigen Normalität des israelischen Alltags verdrängen die »meisten Menschen die Realität der Ausgangssperren, des täglichen, von niemandem zur Kenntnis genommenen Tötens von Zivilisten, der von der Abriegelung hervorgerufenen Armut, der bombardierten Häuser und entwurzelten Obstbäume«[49]. Aus ihrem starken Sicherheitsbedürfnis heraus begreifen viele Israelis nicht, »welche Wirkung die täglichen Schikanen und Demütigungen durch die Soldaten an den unzähligen Straßensperren haben«[50]. Auch an der palästinensischen Weigerung, den Holocaust als historische Tatsache anzuerkennen, sind zur Selbstverständlichkeit gewordene Annahmen mitbeteiligt: Einen Gegner, den man vorwiegend als hoch aufgerüstete Militärmacht kennengelernt hat, kann man sich nur schwer in der Rolle des Opfers vorstellen.

Gerade weil solche blinden Flecken im Zentrum der Eigenwelten stehen, stellt ihre Aufdeckung die eigene Weltsicht zutiefst in Frage. Die Schwierigkeiten, sich einem solchen Prozess auszusetzen, kommen in israelisch-palästinensischen Dialogen, die der Psychologe Dan Bar-On an israelischen Universitäten durchführte, deutlich zum Ausdruck. In seinen Workshops wendet er die von ihm entwickelte Methode des »Storytelling« an: Durch das wechselseitige Erzählen persönlicher Lebensgeschichten soll gegenseitiges Verständnis und Einfühlung entstehen. Eine jüdische Studentin resümierte ihre Teilnahme an den Workshops folgendermaßen:

> »Ich wurde mit den Palästinensern konfrontiert, lernte ihren Standpunkt kennen, und hörte von den Erfahrungen, die sie und ihre Angehörigen durchgemacht haben. Es war wesentlich schwieriger, als ich erwartet hatte. Ich hatte nicht erwartet, dass meine Gefühle als Israeli einer derartigen Prüfung unterzogen werden. Ich fühlte mich fast jeden Dienstag schuldig für Dinge, die ich nicht getan hatte und von denen einige sogar vor meiner Geburt geschehen waren.«[51]

49 Hass (2006, S. 77).
50 Hass (2006, S. 81 f.).
51 Bar-On (2006, S. 167).

Die Konfrontation mit den blinden Flecken in der Wahrnehmung des jeweils Anderen bedeutet eine Bedrohung des eigenen Selbstbildes: »Eure palästinensischen Geschichten zielen darauf, mich und meine Realität außen vor zu lassen. [...] Wenn ich euch zuhöre, fühle ich, wie ich einen Teil von mir verliere – den Teil der auf Koexistenz in der Gegenwart oder der nahen Zukunft hofft«,[52] antwortete ein jüdischer Student in einem Dialog. Einige palästinensische Teilnehmer weigerten sich, die israelischen Geschichten anzuhören: »Vielleicht hatten sie Angst, dabei ertappt oder ›manipuliert‹ zu werden, dass sie sich in die anderen hineinversetzen konnten, wodurch sie ihren kollektiven Schwung als Gruppe verlieren würden.«[53] Diese Ängste beschreiben ein weiteres Hindernis bei der Einfühlung in die Gegenseite. Denn das Hineinversetzen in die Perspektive des Anderen bedeutet nicht nur, den Anderen neu zu bewerten, sondern auch sich selbst und die Gruppe, der man sich zugehörig fühlt. Die Teilnehmer der israelisch-palästinensischen Dialoge fühlten sich ihrem jeweiligen Kollektiv so stark verpflichtet, dass sie Mühe hatten, die individuellen und ganz persönlichen Lebensgeschichten aus dem kollektiven Kontext zu lösen. Sich in die schmerzhaften Erfahrungen des Anderen hineinzuversetzen, wurde anfangs als Verrat an der eigenen Gruppe empfunden. Deshalb wurde der Wahrheitsgehalt der Erzählungen angezweifelt, einige Teilnehmer bezeichneten sie sogar als »Propaganda des Feindes«. Diese abwehrende Haltung zeigt, dass das Aufdecken von blinden Flecken einer Bedrohung der kollektiven Identität gleichkommen kann.

Besonders zu Beginn des Austauschprozesses erregten die Berichte der anderen Seite auch Wut und Ärger. In dem psychologisch begleiteten Prozess des Storytelling konnten diese Aggressionen aufgefangen und konstruktiv in einen Prozess der gegenseitigen Annäherung umgeleitet werden. Doch in politischen Auseinandersetzungen führt die Konfrontation mit den blinden Flecken häufig zum Abbruch der Verhandlungen. Blinde Flecken verwandeln sich in wuterzeugende »rote Tücher«.

Nicht verhandelbar: »Rote Tücher«

Im Juli 2000 lud der damalige amerikanische Präsident Bill Clinton den israelischen Ministerpräsidenten Ehud Barak und den Palästinenserführer Yassir Arafat zu Friedensgesprächen nach Camp David ein. Trotz der hohen internationalen Erwartungen endete der Friedensgipfel nach 14 Tagen ohne Ergebnisse. Da die Gespräche unter Ausschluss der Öffentlichkeit stattfanden, bleibt bis heute ungeklärt, woran die Verhandlungen scheiterten und wer die größere Verantwortung dafür trug. Der palästinensische Mitinitiator zahlreicher Friedens-

52 Bar-On (2006, S. 145).
53 Bar-On (2006, S. 145).

initiativen, Sari Nusseibeh, geht in seinen Memoiren davon aus, dass die Frage der Souveränität über Jerusalem die entscheidende Rolle gespielt habe. 1981 hatte Israel Jerusalem[54] zu seiner »ewigen, ungeteilten Hauptstadt« ernannt. Seitdem war die Jerusalemfrage aus allen Verhandlungen als »rotes Tuch« ausgeklammert gewesen, beide Seiten kannten die Gefahr des Scheiterns in diesem Punkt. Unter den Vermittlungsbemühungen von Clinton war Barak nun erstmals zu Zugeständnissen in der Jerusalemfrage bereit. Clintons Vorschlag beinhaltete die Aufteilung der Souveränität über den Tempelberg in der Jerusalemer Altstadt: Die Palästinenser sollten die Verwaltungshoheit über den oberen Teil, in dem sich die Moscheen befinden, erhalten, die Israelis über den unteren Teil, in dem sich nach ihrem Glauben wichtige Heiligtümer befinden. Als Clinton Arafat diesen Vorschlag unterbreitete, geriet dieser völlig außer sich, er »schrie Clinton an und fragte ihn, ob er jemals zustimmen würde, dass jemand die Souveränität über den Bereich unter den Straßen Washingtons bekomme. Am ganzen Körper bebend bestritt Arafat jegliche historische Verbindung der Israelis zum Tempelberg«[55]. Der Streit um den Status von Jerusalem ist bis heute eine der größten Hürden im Friedensprozess geblieben.

Das für die Palästinenser wohl provokanteste, weil den Verlust des Landes ständig weitertreibende »rote Tuch« stellt der bis heute andauernde israelische Siedlungsbau in den besetzten Gebieten dar. Gilt der Ausbau der Siedlungen in den offiziellen Leitlinien der israelischen Politik als selbstverständliches Recht eines natürlichen Bevölkerungswachstums, so bedeutet die fortwährende Zerstückelung der palästinensischen Gebiete für die Palästinenser eine Zementierung des Unrechtssystems. Indem die Israelis Fakten schaffen, signalisieren sie, dass sie – trotz verbaler Beteuerungen – keinesfalls gewillt sind, einen autonomen Staat Palästina anzuerkennen. In ihrer wütenden Ohnmacht sehen die Palästinenser in Selbstmordattentaten den einzigen Ausweg. Sari Nusseibeh beschreibt die Siedlungspolitik zugleich als Auslöser wie auch als Folge des palästinensischen Terrorismus:

»Im Januar 1995, einen Monat nach der Nobelpreisverleihung, versprach Rabin Arafat, keine neuen Siedlungen mehr zuzulassen […]. Drei Tage später folgte der nächste Terroranschlag, und Israel setzte die Verhandlungen aus. Wiederum drei Tage später – kaum eine Woche nach Rabins Versprechen – stimmte das israelische Kabinett dem Bau

54 In Folge des Krieges von 1948/1949 war Jerusalem zweigeteilt: in den östlichen zu Jordanien gehörenden und den westlichen zu Israel gehörenden Stadtteil. Während des Sechs-Tage-Krieges 1967 wurde Ostjerusalem von Israel annektiert. Die palästinensischen Einwohner erhielten als Bürger Jerusalems zwar einen Sonderstatus und eine Garantie auf freien Zugang zu ihren religiösen Stätten, doch schuf Israel mit einem umfassenden Siedlungsbau, der sich wie ein Gürtel um Ostjerusalem legt, für die Palästinenser schwer erträgliche Bedingungen.

55 Nusseibeh (2008, S. 408).

weiterer zweitausendeinhundert Wohneinheiten im Westjordanland zu. Und so ging es weiter. In jenem Sommer sprengte die Hamas zwei weitere israelische Busse in die Luft, während die Regierung Peres/Rabin den Gesamtplan ›Groß-Israel‹ billigte.«[56]

Diesen Zusammenhang können jedoch die in der Affektdynamik ihrer jeweiligen Eigenwelten gefangenen Beteiligten nicht wahrnehmen. Das israelische Sicherheitsbedürfnis sowie das empfindlich verletzte Gerechtigkeitsgefühl der Palästinenser gehören zu den blinden Flecken der je eigenen Wahrnehmung.

Auf israelischer Seite stellt die Nichtanerkennung ihres Staates ein solches rotes Tuch dar. Die Überzeugung, dass das jüdische Volk ohne einen unabhängigen Staat nicht mehr existieren würde, hat sich tief in das israelische Selbstverständnis eingegraben. In seiner Regierungserklärung zum Amtsantritt im April 2009 formulierte Ministerpräsident Netanjahu:

»Es gibt kein Fragezeichen, nicht hinter dem Recht, nicht hinter der Legitimität und nicht hinter der Existenz des israelischen Volkes und seinem Staat. Es gibt kein Fragezeichen, und wir werden keinem Menschen und keinem Staat gestatten, ein Fragezeichen hinter unsere Existenz zu stellen.«[57]

Dass in einer Regierungserklärung nach mehr als sechzig Jahren der Staatsgründung das eigene Existenzrecht hervorgehoben wird, verweist auf die besonderen historischen Entstehungsbedingungen Israels, es verweist aber auch darauf, dass das Recht auf einen eigenen Staat trotz aller Beteuerungen noch keine gefühlte Gewissheit geworden ist, sondern einer beständigen Vergewisserung bedarf. Auf dem Hintergrund dieser Verunsicherung sind die unverhältnismäßigen Militärschläge gegen die Hamas zu betrachten. Rational muss man argumentieren, dass die Hamas trotz ihrer verbalen Drohungen militärisch nicht in der Lage ist, den Staat Israel ernsthaft zu gefährden. Die militärische Überlegenheit sollte Israel das Gefühl der Stärke verleihen und ihm helfen, die Angriffe souverän und friedlich abzuwehren. Israelkritiker fordern daher von Israel, seine »paranoide Ghetto-Mentalität«[58] aufzugeben und im Bewusstsein der eigenen Stärke gemäßigter auf palästinensische Übergriffe zu reagieren. Doch die Politik im Israel-Palästina-Konflikt wird nicht von Überlegungen der Vernunft bestimmt, sondern von »affektlogischen« Fühl- und Denkwegen, für deren Verlassen Appelle an die Vernunft nicht ausreichen. Diesen Zusammenhang beschreibt David Grossman als seltsamen inneren Widerspruch in Israels Existenz:

»Auf der einen Seite ist es vom militärischen und wirtschaftlichen Potential und von Zusammengehörigkeitsgefühl und der Selbstverteidigungsmoral seiner Bürger her einer der stärksten Staaten im Nahen Osten, auf der anderen Seite ist es aber erstaunlich

56 Nusseibeh (2008, S. 384).

57 Newsletter der Israelischen Botschaft vom 1. April 2009.

58 Meyer (2006, S. 139).

fragil und zweifelt in einem tiefen fast tragischen Sinne an sich selbst, an seiner Überlebensfähigkeit, an der Aussicht, dass es eine irgendwie geartete Zukunft in der Region haben könnte.«[59]

Obwohl sich die Israelis durch ihre materielle Überlegenheit in der Position des Stärkeren befinden, fühlen sie sich aufgrund einer tiefsitzenden Verunsicherung schwach. Die Palästinenser hingegen fühlen sich stark, obwohl sie wirtschaftlich und militärisch unterliegen. Sie ziehen das Gefühl der Stärke aus der Überzeugung, absolut im Recht zu sein, und entwickeln daraus eine »erstaunliche Widerstandskraft und eine fast grenzenlose Leidensfähigkeit«[60], die auch in der Haltung des *sumud* zum Ausdruck kommt. Dass selbst der Besitz der Atombombe den Israelis nicht das Gefühl der Stärke und Überlegenheit verleiht, ist ein krasses Beispiel dafür, wie tiefsitzende Gefühle die Wahrnehmung von objektiven Fakten verzerren können. Die Fragilität des israelischen Selbstbewusstseins ist ohne Zweifel eine Folge des kollektiven Traumas, wie dies auch David Grossman in einem Brief an einen palästinensischen Freund schreibt:

»Das ist vielleicht eure, die palästinensische Tragödie, dass ihr es mit einem schwierigen, komplizierten Partner zu tun habt (der sich selbst für denkbar sanft, flexibel und mitfühlend hält). Einem Partner, der eine so schlimme Vergangenheit mit sich herumschleppt, dass nichts und niemand auf der Welt ihm genug Sicherheit und Selbstvertrauen geben kann.«[61]

Diese tiefe Verunsicherung zeigt nicht nur einmal mehr, wie weitreichend unverarbeitete Erinnerungen die Gegenwart beeinflussen, sondern auch, welche zerstörerischen Konsequenzen dies haben kann. Denn diese Unsicherheit führt dazu, dass Israel auch bei verbalen Infragestellungen des Existenzrechtes, von denen keine reale Gefahr ausgeht, »rot sieht«.

In der Unfähigkeit zur gegenseitigen Anerkennung der »roten Tücher« kommt die gesamte Tragweite der Tragik des Israel-Palästina-Konfliktes zum Ausdruck: Für ein Volk, das unsagbares Leid auf seinen Schultern trägt, muss die vorbehaltlose Anerkennung seines Existenzrechtes eine unverzichtbare Voraussetzung sein. Nach der Shoah steht die Sicherheit des eigenen Volkes über allem anderen. In dem Versuch, sich vor den Angriffen der Palästinenser zu schützen, wurden deren Rechte immer stärker beschnitten und ihr Leiden ignoriert. Die massive Unterdrückung der palästinensischen Gegenwehr führte zu einer Stärkung der radikalen Kräfte wie der fundamentalistisch orientierten Hamas. Diese lehnen die Existenz eines jüdischen Staates ab, ihr Ziel ist die Errichtung eines is-

59 Grossman (2006, S. 162).
60 Hass (2006, S. 22).
61 Grossman (2006, S. 97).

lamischen Gottesstaates auf israelischem Boden. Die Sicherheitspolitik der Israelis führte zu dem, wovor sie sich am meisten fürchten: die Nichtanerkennung ihres Existenzrechtes.

Internationale Verflechtungen

Nach dem Scheitern der Verhandlungen in Camp David begründete Arafat die Ablehnung von Clintons Vorschlag zu der Aufteilung Jerusalems damit, dass ihm eine Milliarde Muslime eine Zustimmung zu dem Kompromiss nie verziehen hätte.[62] Der 2009 im Amt bestätigte iranische Präsident Ahmadinedschad leugnet den Holocaust und stellt das Existenzrecht Israels in Frage. Das zivile Atomprogramm des Iran gibt weltweit Anlass zu der Sorge, der Iran könne seine Atomtechnik zur Herstellung von Atomwaffen ausbauen. Gleichzeitig gilt der iranische Staat als wichtigster ideologischer und finanzieller Förderer der radikal-islamischen Hamas im Gazastreifen und der Hisbollah im Libanon. Beide Beispiele veranschaulichen die tiefe Verflechtung des Israel-Palästina-Konfliktes in das Spannungsverhältnis zwischen Islam und dem Westen.

Die in den siebziger Jahren des vergangenen Jahrhunderts einsetzende Radikalisierung eines politischen Islam verschärft das Konfliktpotenzial zwischen Israel und Palästina, zuvor hatte die Staatsgründung Israels die spannungsgeladene Konfrontation zwischen der islamischen Welt und dem Westen wesentlich mit befördert. Wie wir im nächsten Kapitel ausführlicher darstellen werden, hatte die Kolonialisierung des Nahen und Mittleren Ostens durch europäische Staaten in der arabischen Welt zu einer schweren Krise des kollektiven Selbstbewusstseins geführt. Mit Israel war aus Perspektive der arabischen Staaten ein westlich geprägter Fremdkörper entstanden, dem man von Anfang an mit Ablehnung und hohem Misstrauen gegenüberstand; die verlorenen Kriege erschütterten das arabischen Selbstbewusstsein zusätzlich. Die arabischen Staaten sahen in Israel einen verlängerten Arm des Westens, insbesondere der USA, die über diesen geografischen Stützpunkt ihren Geltungsbereich auszudehnen suchten. Nicht nur die strategischen Interessen stellten eine Bedrohung dar, auch die westliche Lebensweise israelischer Städte wie Tel Aviv mit seinen Badestränden, modernen Einkaufszentren und intensivem Nachtleben wirkten als Provokation des islamischen Wertekanons. Mit zunehmender Dauer des Konfliktes standen sich nicht mehr nur die Interessen der Palästinenser und der Israelis gegenüber, sondern die Werte der islamischen Religion und die westlich orientierte Lebensweise. Dabei waren zu Beginn sowohl die palästinensische Widerstandsbewegung um Arafat und die PLO wie auch die zionistische Bewegung überwiegend säkular orientiert. Doch das Scheitern des palästinensischen Widerstandes und des pan-

62 Herz (2003, S. 170).

arabischen Nationalismus stellten die Weichen zu einer zunehmenden religiösen Aufladung des Konfliktes. Der Kampf um die Unabhängigkeit Palästinas bekam immer stärker den Charakter eines Stellvertreterkampfes, in dem um die Vorherrschaft arabisch-islamischer gegen westliche Werteorientierungen gerungen wird. Hierbei zogen gemäßigte arabische Staaten wie Ägypten und Jordanien es vor, sich mit Israel zu arrangieren, da ihnen die friedliche Koexistenz mehr wert war als die Unabhängigkeit Palästinas. Auch die Unterstützung anderer arabischer Staaten war von starken Eigeninteressen gelenkt. So knüpfte beispielsweise Saddam Hussein seinen Abzug aus Kuwait an die Bedingung, dass Israel sich aus dem Westjordanland und dem Gazastreifen zurückziehe. Diese propagandistische Unterstützung der Palästinafrage brachte ihm zwar in der arabischen Bevölkerung große Sympathien ein, doch langfristig trugen die Palästinenser den Schaden: Die arabischen Golfstaaten entzogen der PLO die Unterstützung, circa 350.000 in Kuwait beschäftigte Palästinenser verloren ihren Arbeitsplatz.

Wie der Libanonkrieg 2006 und der Gazakrieg 2008/2009 deutlich gezeigt haben, dient auch die iranische Unterstützung des palästinensischen Befreiungskampfes weniger den Interessen der palästinensischen Zivilbevölkerung als vielmehr dem Kampf gegen den Westen, in dem das palästinensische Volk als Symbol der Unterdrückung benutzt wird. In diese Richtung verweist auch, dass die arabischen Staaten, mit Ausnahme Jordaniens, den in ihren Ländern lebenden palästinensischen Flüchtlingen die Annahme der jeweiligen Staatsangehörigkeit verweigern. Einerseits bestehen sie hiermit auf dem Recht der Palästinenser auf einen eigenen Staat, doch andererseits erhalten sie sich mit dem Flüchtlingsproblem ein Druckmittel gegen Israel – zum Nachteil jener Palästinenser, die mit vollen staatsbürgerlichen Rechten vielleicht ebenso gern in Kairo, Damaskus oder Beirut leben würden, anstatt in ihre Heimat zurückzukehren.

Doch nicht nur die Eigeninteressen arabischer Staaten sorgen für die Aufrechterhaltung der Gewaltspirale, auch die wirtschaftlichen und strategischen Interessen des Westens tragen wenig zur Konfliktentschärfung bei. Dies gilt insbesondere seit dem Terroranschlag auf das World Trade Center im Jahr 2001, der den »Krieg gegen den Terrorismus« auslöste. Doch auch schon vor diesem Schockerlebnis verstärkten die militärische Präsenz der USA in Saudi-Arabien und eine ganz vorwiegend an Ölinteressen ausgerichtete Politik die Spannung zwischen der arabisch-islamischen Welt und dem Westen. Gilt der Israel-Palästina-Konflikt als Auslöser eines spannungsgeladenen gewaltlatenten Zustands im Nahen Osten, so ist heute eine Lösung des Konfliktes ohne eine Annäherung in der Interessenspolitik der arabischen und der westlichen Länder kaum noch denkbar. Doch der Aufhebung von Interessengegensätzen steht die Konfrontation zweier sich konträr zueinander entwickelnden affektiv-kognitiven Eigenwelten entgegen.

Bevor wir uns im nächsten Kapitel näher mit der wechselseitigen emotionalen Dynamik dieser Eigenwelten befassen, liegt uns daran, darauf hinzuweisen, dass die Lösung des Israel-Palästina-Konfliktes nicht an der fehlenden Bereitschaft erheblicher Teile beider Bevölkerungsgruppen zum friedlichen Zusammenleben scheitert. Damit wollen wir auch die häufig verwendeten Verallgemeinerungen in der Gegenüberstellung »der Israelis« und »der Palästinenser« nochmals relativieren, die sich aus dem Aufzeigen von dominierenden Gefühlslagen ergibt. Viele Israelis und Palästinenser begreifen sich über die bestehenden Gegensätze hinweg als Schicksalsgemeinschaft und bringen ihre Zusammengehörigkeitsgefühle in gemeinsamen Projekten zum Ausdruck. Hierzu gehören Organisationen wie Givat Haviva oder Peace Child Israel, die als Bildungs- und Begegnungsstätten den gegenseitigen Austausch und ein friedliches Miteinander vorleben. 1999 gründete der argentinisch-israelische Dirigent Daniel Barenboim gemeinsam mit dem palästinensischen Literaturwissenschaftler Edward Said das West-Eastern Divan Orchestra, das sich aus jungen Musikern aus Israel, den palästinensischen Autonomiegebieten, Libanon, Ägypten, Syrien, Jordanien und Spanien zusammensetzt. Ihre regelmäßigen internationalen Auftritte erfahren große öffentliche Aufmerksamkeit. Auch in Buchprojekten wie »Alles Gaza. Geteilte Geschichten«[63], in dem zwei bekannte Autoren, ein Israeli und ein Palästinenser aus dem Libanon, ihre Geschichten nebeneinanderstellen, kommt die empfundene Gemeinsamkeit zum Ausdruck. Beim Grand Prix Eurovision 2009 nahm das Gesangsduo Noa & Mira Awad, eine jüdische und eine arabische Israelin, für Israel teil. Mit ihrem Lied »There must be another way«, das sie abwechselnd auf Hebräisch, Arabisch und Englisch singen, plädieren sie für einen gemeinsamen Weg zum Frieden. Die Entscheidung der zuständigen Kommission für diesen Song, die noch während des Gazakrieges fiel, erfuhr von beiden Lagern nicht nur Zustimmung. Doch bleibt zu hoffen, dass die positiven Gefühle, die in solchen und ähnlichen Projekten zum Ausdruck kommen, nicht ohne Resonanz bleiben.

Affektlogische Schlussbetrachtungen: Zwei konträre Wirklichkeitskonstruktionen und ein möglicher affektlogischer Ausweg

Der Israel-Palästina-Konflikt ist nicht nur ein Schulbeispiel für eine tragische Eskalation zwischen zwei völlig unverträglichen affektiv-kognitiven Eigenwelten. Er zeigt auch mit einmaliger Klarheit, dass unterschiedliche emotionale Gestimmtheiten selbst bei außenstehenden Beobachtern zu einer anderen Erfassung der gleichen »objektiven Fakten« und damit zu einer andersartigen Wirklichkeitskonstruktion zu führen vermögen: Je nachdem, mit welcher der beiden Konfliktparteien man mehr sym-pathisiert (wörtlich: mitleidet), wird man diese

63 Keret und El-youssef (2004).

Fakten anders auswählen, anders gewichten und in gutem Glauben zu einem anderen Denkgebäude – einer »anderen Affektlogik« – zusammenfügen.

Da ein affektfreies Denken grundsätzlich nicht möglich ist, schon gar nicht rund um einen derart emotionsbeladenen Konflikt wie den israelisch-palästinensischen, ist es nicht überraschend, dass auch die Autoren dieses Buches sich den Schaltwirkungen von gegenläufigen Affekten nicht immer zu entziehen vermochten: So wird, wer (wie E. E.) emotional eher auf Seiten der Israelis steht und dazu als Deutsche besondere Vorbehalte gegen eine scharfe Kritik an Israel hat, in erster Linie auf den unermesslichen Leiden der Juden während der Shoah und den jahrhundertelangen Verfolgungen insistieren und daraus ein moralisches Recht auf einen eigenen Staat ableiten. Er wird wohl auch eher bereit sein, dieses Recht in ihrem ehemaligen Stammland Palästina zu lokalisieren, wogegen die damit verbundenen Leiden der Palästinenser eher in den Hintergrund zu treten drohen. Wem dagegen (wie L. C.) im Lauf der Zeit auch das Schicksal der Palästinenser immer mehr zu Herzen gegangen ist, der wird primär auf die ständig weiter gehende Besiedlung und Zerstückelung des ehemaligen Palästina durch die israelischen Eindringlinge hinweisen. Er wird aus der Tatsache, dass Juden vor mehr als 2000 Jahren hier einmal ansässig waren, keinen aktuellen Rechtsanspruch auf dieses Land herleiten (Wo kämen wir denn hin, wenn wir ein solches »Recht« generalisieren würden?) und wird es als inakzeptables Unrecht empfinden, dass die Palästinenser mit ihren unzähligen Toten, Vertriebenen und unter miserablen Bedingungen in Gaza und anderswo zusammengepferchten Flüchtlingen für das vergangene Leid der Juden büßen sollen, an dem sie keine Schuld trifft.

Um Recht oder Unrecht geht es indessen hier gar nicht, so werden manche Leser uns entgegenhalten, sondern um nackte Gewalt und Macht. Ein Blick auf eine Karte zur Entwicklung der jüdischen Besiedlung Palästinas seit 1948 bis heute genüge doch, um zu erkennen, dass allen historischen und juristischen Vernebelungsversuchen zum Trotz hier einfach ein Volk im Begriff sei, ein anderes Volk gewaltsam aus seinem Land zu verdrängen. Eine bindende Friedensregelung wäre deshalb, entgegen allen beidseitigen Friedenssehnsüchten und -beteuerungen, zumindest für alle radikalen Kräfte in Israel eine Katastrophe, da sie diesen Verdrängungsprozess stoppen würde. – Gewiss. Aber auch hinter allem Streben nach Macht und Land, genauso wie hinter allen Konzepten von Recht oder Unrecht und den Überlegungen, die zu ihnen hinführen, stecken bestimmte Emotionen beziehungsweise emotionale Energien, die das individuelle wie kollektive Denken mobilisieren und organisieren. Zur entscheidenden Frage wird damit die Natur dieser Affekte: Wenn aggressive Gefühle beidseits weiterhin überwiegen, so wird sich die Konfliktspirale unweigerlich weiterdrehen, wenn friedlichere, auf Anerkennung der Gegenseite und übergeordnete gemeinsame Interessen gegründete Gefühle letztlich die Oberhand gewinnen, so besteht eine Chance, sie zu stoppen.

Eine andere affektlogische Spur, die aus einer israelkritischen Warte vermutlich leichter zu erkennen ist als aus einer israelfreundlichen, führt zu möglichen Zusammenhängen zwischen der extremen Gewalt, die das jüdische Volk in der Vergangenheit erlitten hat, und seinen eigenen aktuellen Gewalttätigkeiten. Auf sie hat unter dem Stichwort »selbsterlittenes Leid an die Palästinenser weitergeben« unter anderen auch der niederländische Publizist und Holocaust-Überlebende Hajo Meyer hingewiesen. Dieser schon in Kapitel 1 erwähnte Mechanismus ist als so genannte »Identifikation mit dem Aggressor« in der Psychoanalyse seit langem bekannt; er soll bei rund vier Fünftel aller gewalttätigen Delinquenten vorliegen und lässt sich im Bild der vielen geprügelten Kinder zusammenfassen, die später selber zu prügelnden Eltern werden.[64] Solche scheinbar widersinnigen Entwicklungen beruhen auf dem unbewussten Versuch, weiterbestehende tiefe Ängste vor einem übermächtigen Peiniger dadurch zu überwinden, dass man es ihm ein Stück weit gleichtut, das heißt sich selbst als hart und grausam zeigt. Rationalisiert wird diese unbewusste Identifikation etwa dadurch, dass harte Strafen nur gerecht seien, dass man selbst noch viel Ärgeres hätte ertragen müssen, dass anders einem verstockten Gegenspieler niemals beizukommen sei. Der ehemalige Peiniger wird dabei unverändert weiter verabscheut und gehasst. Es ist nicht von der Hand zu weisen, dass unbewusste Mechanismen dieser Art hinter gewissen sonst kaum begreiflichen Härten und Grausamkeiten der Israelis etwa rund um die bereits erwähnten Ereignisse von Sabra und Shatila, die häufigen Demütigungen von Palästinensern an den Grenzübergängen und die erschreckenden israelischen Menschenrechtsverletzungen im Gazakrieg von 2008/2009 stehen. Auch an der vielfach rassistisch anmutenden Diskriminierung der rund 20 % (1,4 Million) in Israel lebenden Araber – so können sie trotz formal gleichen politischen Rechten offenbar kaum eigene Häuser oder Land erwerben[65] – und den fundamentalistisch-israelischen Auserwähltheits- und Überlegenheitsgefühlen sind solche Mechanismen vermutlich beteiligt.

Destruktive kollektive Affektlogik also hüben wie drüben, und nirgends ein Ausweg? Es gibt zumindest theoretisch solche Auswege durchaus, gerade auch aus der affektlogischen Perspektive: Wenn der entscheidende Motor und Kontrollparameter der eskalierenden Konfliktspirale der allgemeine emotionale Spannungspegel ist, so ist der erste und wichtigste Ansatzpunkt für eine Lösung eine systematische Reduktion der emotionalen Spannung zunächst durch beidseitige strikte Vermeidung all dessen, was spannungserhöhend wirkt (wie Siedlungs- und Mauerbau, Raketenbeschuss, Terrorattentate, aggressive, demü-

64 Nach Maurel (2009).

65 Nicht weniger als 35 Gesetze behindern nach den Angaben von Jimmy Carter, dem früheren amerikanischen Präsidenten, den Erwerb von Land, die Mobilität, die Heirat und den Zugang der arabischen Einwohner Israels zu den Medien und zur medizinischen Versorgung (»Neue Zürcher Zeitung« und »Le Temps« vom 1.11.2010, S. 9 bzw. 4).

tigende und provokative Deklarationen und Aktionen usw.), und dann durch gezielte vertrauensbildende Maßnahmen wie Kontakte, Gespräche und gemeinsame Veranstaltungen. Und wenn, wie wir im Einklang mit den Thesen des Systemtheoretikers Niklas Luhmann weiter annehmen müssen,[66] eine konsequente Spannungsreduktion in einem derartigen Konfliktsystem den darin verwickelten Kampfhähnen schon aus Gründen der Systemrationalität niemals aus eigener Kraft gelingen kann - sowohl das israelische wie palästinensische System verdanken ja ihre Existenz in nicht geringem Maß der Existenz des Gegensystems –, so bedarf es eines mächtigen, kompetenten und beidseits respektierten oder auch gefürchteten Dritten, der sie autoritär durchsetzt. »Es wird keinen Frieden geben, wenn er uns nicht aufgezwungen wird«, schreibt auch David Grossman.[67] Erst auf einer solchen Basis könnten dann konstruktive Verhandlungen rund um eine Kompromissformel als neuer Ordnungsparameter oder Kristallisationskern für eine umfassende Friedensregelung in Gang kommen. Mit anderen Worten, die einzig mögliche Lösung liegt auch aus affektlogischen Gründen fast genau auf derselben Linie, die der amerikanische Präsident Barack Obama am 4. Juni 2009 in seiner großen Rede an die Muslime in der Kairo-Universität vertreten hat: Stopp aller Gewalttaten, kein Siedlungsbau, keine Raketen und Attentate mehr ist die erste und wichtigste Basis für den Aufbau zweier Länder in Sicherheit und Frieden im Interesse aller: »Gewalt ist eine Sackgasse!«

Dass allerdings solche theoretisch klaren Lösungen in der Praxis gewaltigen Schwierigkeiten begegnen, ist gerade auch aus affektlogischen Gründen nur zu offensichtlich; der ständig schrumpfende Spielraum Obamas seit seiner Wahl von 2009 ist dafür ein trauriger Beleg. Trotzdem sind die Übereinstimmungen, die sich zwischen einer affektzentrierten Sichtweise und der neuen politischen Linie der USA ergeben, nicht unwichtig: Dass einmal die Lösungsvorschläge von Politik und Affektlogik weitgehend konvergieren anstatt, wie bisher fast immer, krass auseinanderzulaufen, dürfte nicht nur deren Validität, sondern auch deren reale Erfolgschancen erhöhen.

Fragen wir uns als Nächstes nun, ob eine affektzentrierte Sichtweise ebenfalls den mit der israelisch-palästinensischen Konfliktspirale eng verzahnten, aber noch viel umfassenderen aktuellen Konflikt zwischen »dem Islam« und »dem Westen« in nützlicher Weise zu erhellen vermag.

66 Luhmann (1984, S. 540).

67 Zitiert nach Bode-Richard »L'improbable Etat palestinien de Benjamin Netanyahu« in »Le Monde« vom 25. Juni 2009, S. 2.

4 Der Islam und der Westen

Die Fühl- und Denkwelt des Islams unterscheidet sich von der affektiv-kognitiven Eigenwelt des Westens grundlegend. Das islamisch-westliche Verhältnis ist von jahrhundertelangen Konflikten, gegenseitigen Ängsten, Ambivalenzen und Vorurteilen geprägt. Vielfache Demütigungen und die Erinnerung an eine frühere »goldene Zeit« führen zur aktuellen Radikalisierung von Teilen des Islams. Auf dieser Basis eskaliert zwischen den beiden Kulturen seit Jahrzehnten eine von gegenseitiger Angst und Aggressivität angetriebene gefährliche Konfliktspirale.

Emotionale Wellen rund um den Islam

Die meisten Menschen im Westen, ob Europäer oder Amerikaner, wussten bis vor kurzem wenig oder nichts über die Welt des Islams, von einigen stereotypen Vorstellungen über orientalische Basare und Harems, die Märchen aus »Tausend und einer Nacht« und den sagenhaften Reichtum der Ölscheiche am Persischen Golf vielleicht abgesehen. Wer als Spanientourist je den Alhambra-Palast in Granada und die Mesquita-Moschee in Cordoba besichtigt hat, dem wird darüber hinaus eine Ahnung von der früheren kulturellen Größe des Islams und den jahrhundertelangen Machtkämpfen zwischen Christen und Mohammedanern an den Süd- und Südostgrenzen Europas aufgegangen sein.

Seit den Golfkriegen, dem Anschlag auf das New Yorker World Trade Center vom 11. September 2001 und den islamistischen Folgeattentaten von Madrid, London und Bombay der letzten Jahre hat sich dies allerdings gründlich geändert. Kein Tag ohne mehr oder weniger tiefschürfende Islamdiskussionen in allen nur möglichen Medien, und nicht zuletzt auch am Biertisch und im Alltag. Bald wird der Islam dabei kurzerhand mit Bin Laden und dem Terrorismus, mit abgehackten Diebeshänden und wegen Ehebruch zu Tode gesteinigten Frauen gleichgesetzt, bald differenzierten historischen und sozialpsychologischen Analysen unterworfen. Periodisch branden rund um Themen wie Salman Rushdies »Satanische Verse«, die dänischen Mohammedkarikaturen oder das islamische Kopftuch weltweite emotionale Wellen auf und verebben wieder. Die westliche Welt ist vom Islam fasziniert, irritiert und, wie wir noch sehen werden, affektlogisch verängstigt. Aber auch die Welt des Islams ist emotional aufgewühlt wie noch nie und zwischen einer Logik der Wut und Angst, des Stolzes und der Demütigung hin- und hergerissen.

Im Folgenden wollen wir das westliche emotionale Bild vom Islam und das islamische Bild vom Westen aufgrund von geschichtlichen Fakten und aktuellen Ereignissen näher untersuchen. Angesichts der besonders engen Verflechtung von Religion und Politik, die für große Teile des Islams charakteristisch ist, werden wir uns auch mit der Affektlogik von religiösen Phänomenen auseinanderzusetzen haben. Dabei hoffen wir von dem Umstand zu profitieren, dass gewisse religionstypische Phänomene aus der Sicht auf eine fremde Glaubenslehre wohl leichter erkennbar werden als aus der Innenperspektive. Auch die schon im Kapitel über den Nationalsozialismus diskutierte Frage der Wechselwirkungen zwischen Individuum und Gesellschaft wird sich im Zusammenhang mit der zentralen Rolle Mohammeds als Religionsstifter erneut stellen. Auf diesem

Hintergrund unternehmen wir anschließend den Versuch, die Affektdynamik der aktuellen Spannungssituation zwischen dem Islam und dem Westen besser zu verstehen.

Was ist religiöses Fühlen und Denken?

Denken kann, wie im Kapitel 1 erklärt, als ein Zur-Sprache-Bringen eines vorher unklaren Gemischs von Gedanken und Gefühlen verstanden werden – wobei mit Sprache meistens die Wortsprache, manchmal aber auch eine Bild-, Ton- oder andere Zeichensprache gemeint ist. Die Bedeutung dieser Versprachlichung kann nicht genug betont werden; erst sie ermöglicht eine klare Bewusstseinsbildung und Kommunikation. Dies gilt in hohem Maß ebenfalls für alles religiöse Denken. Neben »zu Wort gewordenen« Gedanken spielen aber gerade auch hier die involvierten Leitgefühle eine Schlüsselrolle: Sie mobilisieren Wahrnehmung, Gedächtnis und Denken in selektiver Weise und verbinden einzelne Gedanken über affektspezifische »Schienen« zu einer affektiv-kognitiven Eigenwelt. Doch was sind das für Gefühle, die das religiöse Denken in Gang bringen und organisieren?

Es ist nicht leicht, auf diese Frage eine einfache Antwort zu finden. Religiöse Gefühle sind je nach dem Standpunkt des Beobachters mit einem Nimbus des Erhabenen und Unantastbaren oder aber des Irrationalen und Unfassbaren umgeben. Befragt nach dabei anklingenden Grundgefühlen denken wir, neben Interesse und Faszination, auch an Angst und (Ehr-)Furcht vor einem ungeheuren Weltganzen, an Freude über eine darin erahnte Herrlichkeit, vielleicht auch an Trauer oder Wut über alles, was solche Empfindungen in Frage zu stellen droht. Aufgrund der Tatsache, dass »religio« dem Wortsinn nach eng mit »Verbindung« und »Verbundenheit« zusammenhängt, schlagen wir vor, religiöse Gefühle als Ahnung des Verbundenseins mit einem »großen Ganzen« – einem Gesamtzusammenhang – zu fassen, wovon wir selbst ein Teil sind. Religiöses Denken ist demnach als die Verknüpfung von solchen Gefühlen mit bestimmten Ideen und Vorstellungen zu verstehen. In der Tat finden wir ganzheitliche Ahnungen solcher Art am Grund einer jeden Religion, von den animistischen und polytheistischen so genannten Naturreligionen, in welchen alle Naturkräfte einer Vielzahl von Göttern oder »Götzen« zugeschrieben werden, bis zu den großen monotheistischen Religionen der Juden, der Christen und der Muslime. Aber auch differenzierte philosophische Fühl-Denk-Systeme wie der Buddhismus oder der chinesische Konfuzianismus, die nicht als Religion im engeren Sinn gelten, lassen sich zwanglos in gleicher Weise verstehen. Säkularisiert und rationalisiert finden sich im weitesten Sinn »religiöse« Ahnungen eines Gesamtzusammenhangs sogar noch am Grund der modernen, nach einem umfassenden Weltverständnis strebenden Naturwissenschaften. Schon Goethes Faust wollte herausfinden, »was die Welt im Innersten zusammenhält«, und die moderne Physik sucht die Antwort auf dieselbe Frage unter anderem in den so genannten Stringtheorien und dem Versuch, die vier bisher bekannten physikalischen Grundkräfte zu einer einzigen, sämtliche physikalischen Erscheinungen erklärende Superkraft zu vereinen.[1]

Ein weiteres wichtiges Merkmal von religiösen Überzeugungen ist, im scharfen Gegensatz zu aller Wissenschaft und Philosophie, ihr »heiliger«, das heißt mit absolutem Wahrheitsanspruch auftretender Charakter. Wir schreiben dies in erster Linie den intensiven Affekten zu, welche die Entstehung einer Religion regelmäßig begleiten: Nach allen vorliegenden Berichten – darunter auch die Berichte über Mohammeds Offenbarungserlebnisse – werden religiöse »Erleuchtungen« immer wieder als ein erlösendes, das heißt in hohem Maße spannungslösendes »Fallen in eine Stimmigkeit« erlebt. Anstelle von Unsicherheit, Angst und Zweifel tritt plötzlich eine wunderbare, alle Widersprüche lösende Klarheit und Gewissheit. Nicht nur aus Gründen der Affektökonomie – ruhige Gewissheit ist affektenergetisch unendlich viel ökonomischer als Angst und Zweifel –, sondern auch wegen des gewaltigen Identitätsgewinns, der mit einem solchen Prozess einhergeht, ist es mehr als verständlich, dass an einer solchen einmal gefundenen (Er-)Lösung anschließend mit aller Kraft festgehalten wird. Kollektive emotionale Resonanz-, Verstärkungs- und Gewöhnungseffekte tun das ihre, um die neuen Überzeugungen zum Allgemeingut und schließlich zur Alltagslogik mitsamt ihren obligaten blinden Flecken werden zu lassen. Blind ist jede Religion insbesondere gegen alle Kritik der – oft auch machtpolitisch wichtigen – Überzeugung von der göttlichen (und nicht etwa bloß menschlich-natürlichen) Herkunft der »geoffenbarten« Glaubenssätze. Auch die Religionsstifter selbst werden nachträglich oft vergöttlicht und damit jeder menschlichen Kritik enthoben. Die heftigen Abwehrreaktionen gegen jede Infragestellung von einmal gewonnenen religiösen Überzeugungen zeigen, wie virulent die ursprünglichen Emotionen auch im religiösen Alltagsdenken weiterwirken. Affektlogisch noch besser verständlich wird all dies, wenn man zusätzlich bedenkt, dass ein religiöses Glaubenssystem keineswegs bloß eine umfassende Welterklärung und damit auch eine angstlösende Sicherung in einer ungewissen und gefährlichen Umwelt liefert, sondern zugleich jedem Menschen einen festen Platz und Sinn im Ganzen, das heißt eine klare Identität und Bestimmung zuweist. Auch die Phase der intellektuellen Verfestigung und Dogmatisierung, die den emotionsbetonten religiösen Erleuchtungserlebnissen regelmäßig folgt, dient in erster Linie der Identitätsstärkung.

Aus Sicht der Affektlogik ist somit das religiöse Fühlen und Denken ein allem übrigen Denken durchaus analoger Prozess. Es handelt sich um einen krea-

1 Die vier physikalischen Grundkräfte sind die so genannte schwache, die starke und die elektromagnetische Wechselwirkung sowie die Gravitationskraft.

tiven Versuch der Wirklichkeitserfassung und »Orientierung im Ganzen«, der aus einer bestimmten sozialen Gesamtsituation erwächst, von bestimmten Leitgefühlen getragen ist und einem psychologisch-anthropologischen Verständnis durchaus zugänglich bleibt. Naturgemäß ist er auch mit den gleichen Stärken und Schwächen wie alles übrige menschliche Denken behaftet.

Mohammeds religiöse Erleuchtungen und die Grundzüge des Islams[2]

Was ist mit diesen Vorüberlegungen gewonnen? – Wir schaffen uns damit einen Zugang zu dem gewaltigen kollektiven Fühl- und Denkprozess, der zu der Zeit der mohammedanischen Religionsstiftung seit Jahrhunderten im ganzen mittelöstlichen Kulturraum im Gang war. Er kann als ein kollektives Ringen um ein neues monotheistisches Welt- und Gottesverständnis – als ein allmähliches »Hervordenken Gottes«, wie Thomas Mann diesen schöpferischen Vorgang in seiner Romantetralogie »Josef und seine Brüder« so tiefsinnig genannt hat – verstanden werden. Gemeint ist, verallgemeinernd gesprochen, der schwierige Prozess des Zusammenzugs einer komplizierten Vielfalt zu einem übergeordneten Gesamtkonzept. Jede solche »Abstraktion« im weiten Sinn beruht auf der wachsenden Sensibilität für eine hinter allen Unterschieden verborgene Gemeinsamkeit und deren mögliche Vorteile. Grundsätzlich ganz ähnliche Fühl-Denk-Prozesse liegen zum Beispiel auch der Vereinigung einer Mehrzahl von Kleinstaaten zu einem einzigen Staatsgebilde oder der aktuellen Globalisierung einer Vielzahl von lokalen Wirtschaftsystemen zugrunde, und ähnlich hartnäckig sind in allen solchen Prozessen denn auch die Widerstände des Althergebrachten gegenüber dem Neuen. Dass auch der Monotheismus im Vergleich zum Polytheismus nicht nur Vorteile hat, unter anderem weil sein Ausschließlichkeits- und Absolutheitsanspruch nur zu leicht zu Mord und Totschlag führt, sei vorderhand bloß am Rand vermerkt.

Eine Art von Monotheismus hatte im mittelöstlichen Kulturraum schon während der rund zwanzigjährigen Herrschaft des ägyptischen Pharaos Echnaton (um 1350 v. Chr.) vorübergehend aufgeleuchtet.[3] Dieser schwärmerisch-naturergriffene Herrscher hatte nämlich postuliert, dass hinter der furchterregenden altägyptischen Göttervielfalt ein einziger, durch die Sonne verkörperter und von Liebe und Schönheit durchströmter Übergott walte. Jedoch wurde diese auch künstlerisch überaus fruchtbare Intuition vom konservativen ägyptischen

2 Die nachfolgenden Ausführungen stützen sich insbesondere auf die Islambücher von Robbe (1991), Hottinger (1993), Alili (2000) und Halilovic (2004).

3 Echnatons Regentschaft wird verschieden datiert: circa 1351–1334 v. Chr., 1340–1324 v. Chr. (nach Helck) oder 1353–1336 v. Chr. (nach Krauss; vgl. Wikipedia).

Klerus sofort nach Echnatons Tod wieder mit Stumpf und Stiel ausgerottet. Nachhaltig fasste dagegen ein – allerdings auf das »auserwählte Volk« der Juden beschränkter – Monotheismus mit der schrittweisen Präzisierung der jüdischen Glaubenslehre durch die alttestamentarischen Propheten seit Abraham und Moses Fuß. Das Christentum kann als eine Differenzierung und Verallgemeinerung des jüdischen Monotheismus entlang einer bestimmten emotionalen Schiene – derjenigen einer alle Menschen umfassenden göttlichen Liebe – gesehen werden. Und der von Mohammed im siebten Jahrhundert nach Christus auf der arabischen Halbinsel begründete Islam lässt sich insofern als eine Weiterentwicklung des jüdisch-christlichen Gottesverständnisses auffassen, als darin die noch sehr anthropomorph-patriarchalische Vorstellung eines menschenähnlichen »Gottvaters« (oder »Vatergottes«) durch die Intuition einer unfassbar abstrakten, allgegenwärtigen und für alle Menschen gleichermaßen zuständigen göttlichen Kraft ersetzt wurde.

Mohammed wurde im Jahr 570 nach Christus als Sohn eines bescheidenen Kaufmanns in Mekka geboren und starb 632 als charismatischer Religionsstifter, Sozialrevolutionär und erfolgreicher politisch-militärischer Heerführer in Medina. Er soll ein vielseitig interessierter Mann von hoher Sensibilität gewesen sein, der es liebte, sich zum Meditieren in eine Wüstengrotte zurückzuziehen. Vom 40. Lebensjahr bis zu seinem Tod wurde er dort immer wieder von – dem Erzengel Gabriel zugeschriebenen – wortsprachlichen Offenbarungen (»Lies!«) und traumartigen halluzinatorischen Erleuchtungserlebnissen heimgesucht, die ihm und seiner Umgebung als Wort Gottes galten und zur Grundlage des neuen islamischen Glaubens wurden. »Islam« bedeutet Ergebung in den Willen Allahs, des von Mohammed verkündeten allumfassenden und allmächtigen Gottes. Anfänglich in kurzen, ekstatischen und rund um das Wesen des neu erkannten Gottes kreisenden Eruptionen hervorgeschleudert, wurden diese Offenbarungen mit der Zeit immer länger und detaillierter. Gleichzeitig konzentrierten sie sich zunehmend auf moralische Gebote und soziale oder rechtliche Verhaltensanweisungen. Spätere Eingebungen präzisierten oder korrigierten dabei nicht selten die früheren. Affektlogisch von Belang ist ebenfalls, dass Vorstellungen von fürchterlichen Höllenstrafen für Ungläubige und von paradiesischen Belohnungen für Gläubige – darunter auch die heute im Zusammenhang mit den Selbstmordattentätern berühmten achtzig im Paradies auf jeden Märtyrer wartenden Jungfrauen – offenbar erst dann in den Vordergrund traten, als die neue Glaubensgemeinschaft von Abfalltendenzen bedroht war.

Neben der Idee des Paradieses übernahm Mohammed zahlreiche weitere religiöse Vorstellungen, darunter die Schöpfungsgeschichte rund um Adam und Eva, den Glauben an ein Jüngstes Gericht und eine Auferstehung, an Engel, den Satan und die großen Propheten mehr oder weniger unverändert von der jüdisch-christlichen Denkwelt. Auch gewisse Elemente der monotheistischen persischen Lehre des Zarathustra flossen in die neue Religion mit ein. Jesus war für

Mohammed zwar ein großer Prophet, nicht aber »Gottes Sohn« – ein zentraler Streitpunkt mit dem Christentum, der auch die Ablehnung der christlichen Idee der Heiligen Dreifaltigkeit Gottes (des Vaters, des Sohnes und des Heiligen Geistes) in sich schloss. Auch die Kreuzigung Christi wird im Koran bestritten. Die wohl wichtigste Differenz mit der Lehre der Juden ist dagegen die Weigerung der Letzteren, Mohammed als Propheten im Sinn der jüdischen Tradition anzuerkennen.

Aus Sicht der Affektlogik tragen Mohammeds Eingebungen alle Merkmale eines fortlaufenden schöpferischen Fühl- und Denkprozesses, der sich auf dem Boden einer bestimmten Gesellschaftssituation entfaltet, von einer spezifischen Gefühlsstimmung getragen ist und strukturdynamisch genau der schritt- und stoßweisen Inspiration eines großen Künstlers, Denkers oder Wissenschaftlers entspricht. Für diese Sichtweise spricht auch, dass Mohammed – jedenfalls nach der Darstellung des bekannten französischen Islamexperten Rochdy Alili – seine Eingebungen selbst zunächst gar nicht recht ernst genommen, sondern als »dämonisch« bezweifelt haben soll.[4] Erst aufgrund der positiven emotionalen Resonanz aus seiner nächsten Umgebung – eine entscheidende Rolle soll dabei seine Ehefrau Chadischa, sein Onkel Abu und sein Cousin Ali, die spätere Leitfigur der Schiiten, gespielt haben – hätte er selbst an deren göttliche Natur und an sein eigenes Prophetentum zu glauben begonnen. Frühe Bestrebungen eines Teils seiner Anhänger, Mohammed ähnlich wie Jesus nach seinem Hinschied zu vergöttlichen und auf seine Wiederauferstehung zu hoffen, wurden dagegen vom Onkel Abu unter Verweis auf überlieferte Worte des Propheten dezidiert unterbunden.

Wenige Jahre nach seinem Tod wurden Mohammeds zunächst nur mündlich weitergegebenen oder fragmentarisch auf Steinen, Kamelknochen, Leder oder Holzstücken aufgeschriebenen Eingebungen im Koran – was so viel wie »Erzählung«, »Bericht« bedeutet – auch schriftlich festgehalten. Eine Art von Redaktionskomitee, ausgelesen unter seinen nächsten Getreuen, sorgte für die Vereinheitlichung von mehreren unterschiedlichen Versionen und Lesarten. Definitiv festgelegt wurde der Korantext allerdings erst ungefähr 200 Jahre später. Der Koran gilt als wörtlicher Auszug aus einem im Himmel verwahrten Urbuch Allahs. Neben dem Koran, in welchem die Offenbarungen Mohammeds in 114 Suren gesammelt (und weder chronologisch noch thematisch, sondern nach ihrer Länge geordnet) sind, bildet auch die Überlieferung vom exemplarischen Leben Mohammeds (die so genannte Sunnah) und die Sitten und Gepflogenheiten der mohammedanischen Urgemeinde die Grundlage des mohammedanischen Glaubens.

Ganz ähnlich wie die meisten anderen Religionen und ebenfalls der Buddhismus ging also auch der Islam von einem einzelnen charismatischen »erleuch-

4 Alili (1996, S. 28).

teten« Menschen aus, der fähig war, eine affektiv-kognitive Gesamtsituation – hier eine, wie der deutsche Historiker Robbe schreibt, mit emotionalen Energien aufgeladene und nach sozialem Wechsel drängende Nomadengesellschaft in Wechselwirkung mit der seit langem in der Luft liegenden Idee des Monotheismus – sensibel zu erspüren und in packenden Worten »zur Sprache zu bringen«. Diese neue Sichtweise des »Ganzen« wurde zunächst von einem kleinen Kreis von Getreuen aufgenommen und anschließend durch die emotionalen Resonanz- und Multiplikationseffekte von Wir-Gefühlen einer immer größeren Zahl von Anhängern explosionsartig verbreitet. Gleichzeitig wurde sie zunehmend formalisiert und dogmatisiert. Emotionale Mobilisierung und kognitive Kanalisierung bilden auch kollektiv einen aufs Engste verbundenen Prozess. Offensichtlich haben wir es mit einem affektlogischen Mechanismus von hoher Allgemeingültigkeit zu tun, der in verschiedensten Formen in Erscheinung treten kann und, wie wir gesehen haben, auch bei der Entstehung des Nationalsozialismus eine zentrale Rolle gespielt hat. Sogar die postumen Tendenzen zur Vergöttlichung sowie Ansätze zu einem Auferstehungsglauben fehlen hier wie dort nicht. Die affektiv-kognitiven Grundmechanismen sind somit immer wieder ähnlich; die Unterschiede liegen in den vorherrschenden Ideen und Leitgefühlen.

Die entscheidende Neuerung von Mohammeds Lehre im Vergleich zur stammesgeschichtlich verankerten lokalen Götterhierarchie war, wie gesagt, die Intuition einer einheitlichen, alle bisherigen Götter in eins zusammenfassenden göttlichen Kraft. Diese Lehre begegnete zunächst der empörten Ablehnung und Verfolgung insbesondere seitens der Kaufleute in der Pilgerstadt Mekka, die auch finanziell an der Verehrung einer großen Zahl von Stammesgöttern interessiert waren. Anfänglich vermochte sich die neue Religion deshalb nur im Untergrund – in geheimen Zusammenkünften in der Wüste, in Höhlen und Privatwohnungen – zu halten. In wechselvollen Kämpfen gegen lokale und regionale Widersacher errang Mohammed mit seiner wachsenden Schar von Getreuen indessen zunächst in Medina und um 630, zwei Jahre vor seinem Tod, schließlich auch in Mekka eine sowohl religiöse wie auch politische Vormachtstellung. Alle Erfolge der neuen Lehre wurden der überlegenen Kraft des neuen Übergottes Allah, zeitweilige Niederlagen und Rückschläge dagegen notwendigen göttlichen Prüfungen seiner Anhänger zugeschrieben.

Kaum in Mekka eingezogen, schaffte Mohammed sämtliche in der dortigen Kaaba, dem gemeinsamen Heiligtum aller Wüstennomaden, aufgestellten über 360 göttlichen Idole sofort ab. An Stelle der vielen ethnischen und sozialen Unterschiede, die diese Götter verkörperten, setzte Mohammed seine einzige, für alle Menschen gleichermaßen zuständige göttliche Kraft. Sein Ziel war, die verheerenden jahrzehntelangen Stammesfehden und Blutrachespiralen zwischen verfeindeten Nomadenclans und gleichzeitig auch die drückenden sozialen Widersprüche zwischen Arm und Reich in einer für alle verbindlichen islamischen Glaubensgemeinschaft – der so genannten Ummah – zu überwinden. Letztlich war der Anspruch des Islams von allem Anfang an universal, das heißt für die ganze Menschheit gedacht.

Die wichtigsten Gebote des Islams sind die berühmten »fünf Pfeiler«: die Anerkennung Allahs als einzigem Gott mit Mohammed als seinem größten und letzten Propheten, das rituelle Gebet, die Abgabe einer (seinerzeit auf 5–10 % der landwirtschaftlichen Erträge und 2,5 % vom Silber-, Gold- oder Warenbesitz angesetzten) Almosensteuer für die Armen, das Einhalten des Fastenmonats Ramadan und die Pilgerfahrt nach Mekka. Alle fünf Gebote sind hochgradig ritualisiert oder, wie Freud sich ausdrückte, obsessionalisiert, speziell auch zwecks Aufhebung von sexueller und menstrueller »Unreinheit« (was nach der psychoanalytischer Interpretation auf explosive, durch das Ritual gebändigte verdrängte Gefühle libidinöser und angst- oder aggressionsbetonter Art schließen lässt). Als Leitfaden für das tägliche Leben des Gläubigen dient außerdem die Überlieferung von Mohammeds exemplarischem Leben – »das schöne Beispiel«, genannt Sunnah, sowie die so genannte Hadith, die überlieferte Auslegung der Koranverse. Das davon abgeleitete islamische Recht, die Scharia, fasst sämtliche relevanten Glaubensgebote zu rechtsverbindlichen Normen zusammen. Diese regeln sowohl im engeren Sinn religiöse als auch (nach moderner westlicher Auffassung) private Lebensbereiche wie das Verhalten bei Geburt und Tod, die Stellung von Mann und Frau, das Ehe- und Scheidungsrecht, die Ernährung, das Geldwesen (mit dem Verbot der Zinsnahme) usw.[5] Auf dieser Basis strebt der Islam einen »Gottesstaat« mit weitgehendem sozialem Ausgleich, das heißt eine in jeder Hinsicht vom Glauben beherrschte Gesellschaftsordnung an, wie sie zur Zeit Mohammeds in Medina existiert haben soll und von radikalen Kräften neuerdings wieder im Iran, in Afghanistan und anderswo zu errichten versucht wird.

Als religiöses Leitgefühl im Sinn der obigen Definition können wir somit im Islam, ganz ähnlich wie im Christentum, ein mystisches Gefühl eines umfassenden Weltzusammenhangs und damit eine Art von allumfassender »Liebe zum Ganzen« identifizieren. Indessen sind im Zusammenhang mit der politischen Ausgangssituation im islamisch-religiösen Grundgefühl von allem Anfang an auch ausgesprochen kämpferisch-aggressive Elemente enthalten, die im Christentum fehlen. Nicht selten nahmen (und nehmen) diese die Form eines so genannten Dschihads, eines im Koran als muslimische Pflicht bezeichneten »Heiligen Krieges gegen die Ungläubigen« an.[6] Wohl nicht zu Unrecht wird der Islam deshalb oft auch als eine »Religion des Schwerts« bezeichnet. Außerdem handelt es sich – allen Gegenargumenten zum Trotz, auf die wir noch zurückkommen

5 Seit einigen Jahrzehnten entwickelt sich auf der Basis der Scharia ein spezifisch islamisches Bank- und Finanzwesen, in welcher die Zinsnahme durch andersartige, im Endeffekt aber recht ähnliche Methoden ersetzt ist (vgl. Robbe, 1991, S. 250).

6 Der Begriff des Dschihads ist allerdings nicht eindeutig: Er impliziert nicht nur einen Kampf gegen die »Unreinheit« von außen, sondern auch einen Kampf gegen sich selbst (vgl. Alili, 1996, S. 102 f.).

werden – zweifellos um eine ausgesprochen patriarchalische Religion, in der die Frau, obwohl spirituell als gleichwertig bezeichnet, sozial nur eine untergeordnete Rolle spielt.

Von Interesse ist für das Thema der Affektdynamik zwischen dem Islam und dem Westen auch, dass der Islam den umliegenden christlichen und – von vorübergehenden Spannungen abgesehen – auch jüdischen Glaubensgemeinschaften gegenüber theologisch seit jeher relativ tolerant war, was insbesondere in Spanien zu einer jahrhundertelang vorwiegend friedlichen und für alle Teile fruchtbaren Koexistenz der drei großen monotheistischen Religionen beitrug. Sowohl das Juden- wie auch das Christentum wurden von Mohammed als dem Islam ähnliche »Schriftreligionen« respektiert und dem besonderen Schutz der Gläubigen anempfohlen – freilich ohne die Doktrin von der »besten aller Gesellschaften« und damit den wie selbstverständlichen Überlegenheits- und Absolutheitsanspruch des Islams aufzugeben.

Auch gewisse demokratieartige Elemente fehlten in der islamischen Urgemeinschaft nicht. So waren im muslimischen Selbstverständnis alle Glaubensgenossen (mit Einschluss der Frauen) einander in der Ummah gleichgestellt. Jeder Gläubige konnte auch ohne die Vermittlung eines Priesterstands direkt mit Gott verkehren und Gottes Wort auf seine Weise auslegen. Begünstigt wurde diese individuelle Interpretierbarkeit auch durch den abstrakten Charakter des islamischen Übergotts. Später bildete sich vielerorts allerdings doch eine privilegierte Schicht von Gottesgelehrten aus, welche die Funktion von Vorbetern in der Moschee (Imame), von Rechts- und Schriftgelehrten (Ulamas oder Mullahs) oder von höchsten spirituellen Ratgebern und Autoritäten (die bei den Schiiten den Ehrentitel Ayatollah, wörtlich = »Zeichen Gottes«, tragen) übernahmen. Die für einen islamischen Schriftgelehrten nötige vertiefte Kenntnis der Glaubens- und Rechtslehre kann heute nur durch ein vieljähriges intensives Studium erworben werden, das neben dem Auswendiglernen des gesamten Korans und seiner möglichen Auslegungen auch eine genaue Kenntnis des Lebens Mohammeds und aller seiner prominenten Anhänger erfordert.

Expansion, goldenes Zeitalter und Diversifikation des Islams – affektdynamische Motoren

Bereits zu Lebenszeiten Mohammeds und noch viel stärker kurz nach seinem Tod setzte eine rasante geografische Expansion nach allen Seiten und zugleich eine starke Diversifikation des Islams ein, zu der neben religiösen Faktoren ebenfalls militärische Eroberungen und handelspolitische Interessen beitrugen. Auch diese explosionsartige Ausbreitung einer Religion erscheint im historischen Rückblick, ähnlich wie vor Jahrzehnten das Überhandnehmen des Nationalsozialismus in Deutschland oder vor kurzem, viel kleinräumiger, der Ausbruch der Zweiten Intifada im Israel-Palästina-Konflikt, als ein typisch nichtlinearer sozialer Phasensprung im Sinn der Affektlogik. Im Jahr 638 eroberten die Muslime Jerusalem, wo sie auf dem umstrittenen Tempelberg – dort, wo seinerzeit der Tempel Salomons gestanden und im September 2000 Ariel Scharons provokativer Auftritt die erwähnte Zweite Intifada ausgelöst hatte – in der Folge den berühmten Felsendom und die Al-Aqsa-Moschee errichteten. 639 stießen sie nach Ägypten vor, 642 fiel Alexandria, und dreißig Jahre nach Mohammeds Tod umfasste das muslimische Großreich neben der arabischen Halbinsel bereits den gesamten Mittleren Osten sowie große Teile von Nordafrika.

Gegen Süden und Osten drangen die Araber zu Beginn des achten Jahrhunderts bis ins Industal – dem Gebiet des heutigen Pakistan – vor, im Jahr 712 nahmen sie Samarkand an der Seidenstraße nach China ein, und in den folgenden Jahrzehnten verbreiteten muslimische Kaufleute den Islam von Zentralasien und Indien aus bis weit nach Malaysia, Indonesien und China. Im Westen überschritten die muslimischen Eroberer, inzwischen von der Dynastie der Umaijaden in Damaskus beherrscht, im Jahr 711 die Meerenge von Gibraltar und besetzten innerhalb kurzer Zeit ganz Spanien. Erst in der Schlacht von Poitiers in Südwestfrankreich vom Jahr 732 konnte ihr ungestümer Vormarsch nach Norden vom fränkischen Heerführer Karl Martell gestoppt werden. Große Teile von Spanien blieben indessen fast 800 Jahre lang – bis zum Fall von Granada 1492 – mohammedanisch, und von Nordafrika aus erfasste das arabische Weltreich ebenfalls ausgedehnte subsaharisch-schwarzafrikanische Randgebiete, die bis heute islamisch geblieben sind. Auch im Südosten Europas breitete sich der Islam immer weiter aus. Nach der Einnahme von Konstantinopel 1453 durch die Osmanen reichte sein Machtbereich über die Türkei und den Balkan bis an die Grenzen von Österreich-Ungarn. Erst vor Wien, das von den Türken zwei Mal (1529 und 1638) erfolglos belagert wurde, kam der islamische Vorstoß nach Südosteuropa zum Stehen. Indes umfasste das fast fünfhundert Jahre bestehende ottomanische Großreich bis zu seinem Zusammenbruch nach dem Ersten Weltkrieg (1923) neben der Türkei und großen Teilen des Balkans immer noch fast den gesamten südlichen Mittelmeerraum von Algerien und Tunesien über Libyen und Ägypten bis zum heutigen Syrien, dem Irak, dem Libanon und Israel/Palästina.

Wie lässt sich diese enorme Expansionskraft des Islams aus affektlogischer Sicht verstehen? Neben der emotionalen Anziehungskraft des neuen Glaubens und damit vermischten handfesten handelspolitisch-wirtschaftlichen Interessen (hinter denen letztlich aber, wie schon in der Einleitung zu diesem Buch betont, immer auch emotionale Antriebe wie das Streben nach Macht und Reichtum, die Konkurrenzangst, der Ehrgeiz oder der Neid stehen) ist diese Expansion zweifellos in erster Linie der Jahrhunderte dauernden kulturellen und technisch-zivilisatorischen Überlegenheit der Araber zuzuschreiben. In der Tat erlebten die islamischen Kernländer in ihrem »goldenen Zeitalter« vom 8. bis ins 13. Jahrhundert eine kulturelle Blüte, die alles, was das mittelalterliche Europa zu jener Zeit zu bieten hatte, bei weitem in den Schatten stellte. Sowohl politisch, wirtschaftlich und administrativ wie auch wissenschaftlich, philosophisch und künstlerisch hatte die Kultur des Islams damals ein Gewicht, von dessen Wirkung auch die muslimische Glaubenslehre profitierte. Von Belang mag ebenfalls sein, dass die islamischen Krieger nicht nur militärisch besser gerüstet und organisiert, sondern in ihrer Kampfesmoral offenbar auch von religiös verankerten emotionalen Energien angetrieben waren, die ihren Gegnern fehlten. Zudem scheint der monotheistische Islam mit seinen klaren Geboten und Verboten manche Menschen stärker angezogen zu haben als beispielsweise das Christentum. Nach dem Islamspezialisten Martin Robbe war jedenfalls »breiten Kreisen der Bevölkerung die neue Religion mit ihrer einfachen Lehre, die dazu noch jüdische und christliche Elemente enthielt, angesichts der Spitzfindigkeiten christlicher Dogmen willkommen«[7]. Auch aus sozialen Gründen war – speziell in Indien mit seinem Kastensystem – die islamische Lehre von der sozialen Gleichheit aller Gläubigen in der Ummah attraktiv. Eine wichtige Rolle spielte im Kontakt mit fremden Kulturen des Weiteren die große Anpassungsfähigkeit des Islams an örtliche Gegebenheiten. So nahm er an seiner Peripherie aus den afrikanischen oder süd- und südostasiatischen Naturreligionen nicht selten so viele lokale Elemente in sich auf, dass er sich einer synkretistischen Mischreligion anzunähern drohte und von Puristen und Fundamentalisten deshalb immer wieder als reinigungsbedürftig empfunden wurde. Gleichzeitig wirkte indes die Idee der Synthese statt Konfrontation von unterschiedlichen religiös-weltanschaulichen Auffassungen auch anziehend und entspannend.

Die Kehrseite dieser religiösen Vielfalt war freilich auch eine zunehmende Zersplitterung in unzählige rivalisierende und sich gegenseitig befehdende Untergruppen. Sie trug Entscheidendes zur späteren Stagnation und Schwächung des Islams bei und zeigt sich auch heute noch in seiner Unfähigkeit, sich politisch oder weltanschaulich auf eine gemeinsame Linie zu einigen. Weitaus am schwerwiegendsten war von allem Anfang an bis heute – wie dies die bürgerkriegsartigen Ereignisse im Irak nach der amerikanischen Invasion von 2003 wieder mit erschreckender Deutlichkeit gezeigt haben – die Spaltung in Sunniten und Schiiten. Sie trat sofort nach Mohammeds Tod ein und wurzelt im Streit um das Kalifat, die spirituelle und politische Nachfolge des Propheten: Während die vorwiegend in Mekka ansässigen liberaleren Sunniten (Anhänger der Sunnah, das heißt der überlieferten Tradition) die Meinung vertraten, jeder Angehörige der egalitären Glaubensgemeinschaft sei zu dieser Nachfolge prinzipiell berechtigt, erkannten die buchstabengläubigeren Schiiten (von Schia = Gruppe, Partei) und Anhänger von Ali in Medina, des Vetters und Schwiegersohns des Propheten, dieses Recht aufgrund gewisser Äußerungen Mohammeds einzig Ali selbst und seinen direkten Nachkommen zu.

7 Robbe (1991, S. 64).

Neben religiösen Motiven standen (und stehen nach wie vor) auch hier massive machtpolitische und persönliche Interessen und entsprechende Emotionen hinter diesem Dauerkonflikt. Heute sind rund 90 % der um das Jahr 2000 vermutlich an die 1,2 Milliarden Menschen zählenden Mohammedaner Sunniten; die meisten der rund 110 Millionen Schiiten leben im Iran und Irak. Auch zahlreiche weitere, im Lauf der Geschichte aufgetretene Abspaltungen bleiben bis in die Gegenwart von Bedeutung; besonders wichtig ist noch heute die im 18. Jahrhundert gegründete dogmatisch-konservative Bewegung der Wahhabiten in Saudi-Arabien. Auch die im elften Jahrhundert von den Schiiten abgefallenen Ismailiten oder Assassinen sind im Hinblick auf Aktuelles von Interesse, da sie die Technik des Selbstmordattentats erfanden und einen heute noch damit verbundenen Todes- und Märtyrerkult pflegten. Unter einer Untergruppe der Ismailiten, den Drusen, gab es im zehnten Jahrhundert auch einen blutrünstigen Herrscher namens Al-Hakim, dessen Gewalttätigkeit, Unmenschlichkeit und Judenfeindlichkeit durchaus an Hitler erinnern.

Beträchtlichen religiösen, kaum aber politischen Einfluss erlangte zu verschiedenen Zeiten des Weiteren der Sufismus, eine mystisch verinnerlichte Variante des Islams. Zusätzliche Differenzierungen ergeben sich dadurch, dass entgegen einer geläufigen Annahme nur eine kleine Minderheit von etwa 12 % aller Mohammedaner Araber sind und der Islam seit jeher auch ethnisch und dynastisch in viele rivalisierende Machtbereiche aufgesplittert war.

Noch wichtiger als alle diese Unterschiede, wenn auch in vieler Weise überlappend mit ihnen, ist für das Verhältnis zwischen dem Islam und dem Westen der konstante innerislamische Antagonismus zwischen buchstabengläubigen Fundamentalisten auf der einen und veränderungswilligen Reformern auf der anderen Seite. Begünstigt durch die fast unendliche Interpretierbarkeit der in ihrem Wesen abstrakten Gotteslehre des Islams zieht sich dieser Gegensatz durch die gesamte muslimische Geschichte. Der islamische Konservatismus ist weitgehend verantwortlich für die relative Stagnation des Islams seit seinem »goldenen Zeitalter« und stellt damit zweifellos ein Kernproblem der muslimischen Gesellschaft dar. Auch im Zusammenhang mit der seit einigen Jahrzehnten zu beobachtenden islamistischen Radikalisierung, auf die wir später eingehen, ist er aktueller denn je. Als vorläufiges Fazit ergibt sich jedenfalls, dass »der Islam« als Einheit ebenso wenig existiert wie etwa »der Westen«. Beide stellen eine komplexe Vielfalt mit je ihren Extremismen, Fundamentalismen und einem überwiegend gemäßigtem Zentrum dar. Dennoch ist nicht zu bezweifeln, dass es eine spezifisch islamische wie auch eine spezifisch westliche Weltsicht und Grundstimmung gibt, die für unterschiedliche Sensibilitäten und Wertehierarchien sorgt und für die aktuellen Spannungen von Belang ist. Da solche Unterschiede an den beiden Extrempolen besonders deutlich hervortreten, werden wir erst im Zusammenhang mit den beidseitigen Fundamentalismen näher auf sie eingehen.

Für die erwähnte politische Hochblüte und technisch-zivilisatorische Vormachtstellung des Islams war auch die Aufgeschlossenheit vieler führender Muslime für fremde Denk- und Fühlweisen von Bedeutung. So hatten etwa arabische Gelehrte schon lange vor der europäischen Renaissance zentrale Elemente aus der griechisch-antiken, persischen und indischen Philosophie und Wissenschaft nicht nur assimiliert, sondern auch selbst kreativ weiterentwickelt. Speziell in der Medizin, der Mathematik, der Astronomie, der Architektur, der Ingenieurskunst und Landwirtschaft (Wasserwirtschaft), aber auch in der Philosophie, Literatur und Poetik war die arabisch-persisch-islamische Hochkultur über Jahrhunderte hinweg weltweit führend. Die ganze Algebra (nicht aber das so genannte »arabische«, in Wirklichkeit aber aus Indien stammende Zahlensystem) ist arabischen Ursprungs. Arabisch, die Sprache des Korans, diente über Jahrhunderte vom ganzen südlichen Mittelmeerraum bis weit nach Asien hinein als »Lingua franca«. Städte wie Jerusalem, Damaskus, Antiocha, Alexandria, Kairo, Ifsahan oder Buchara entwickelten sich zu großen Zentren mit einer enormen kulturellen Ausstrahlung. Unter den wichtigsten Errungenschaften des arabisch-islamischen Denkens figurieren – ganz entgegen dem verbreiteten westlichen Vorurteil von dessen Obskurantismus und Irrationalismus – neben Algebra und Mathematik auch andere typisch rationale Denk- und Untersuchungsmethoden. So hatte der persischstämmige islamische Universalgelehrte Al-Biruni (973–1048) schon an die fünfhundert Jahre vor Kopernikus und Galileo mit selbst entwickelten Messmethoden entdeckt, dass die Erde eine um die Sonne kreisende Kugel ist. Auch den Erdumfang hatte er bereits auf rund 2 % genau berechnet. Eine besonders wichtige arabische Errungenschaft war (nach indischen und anderweitigen Vorläufern) die Einführung der Zahl Null: Sie ermöglichte nicht nur die Entwicklung des Dezimalsystems, sondern hat auch tiefe wissensphilosophische und -theoretische Implikationen.[8] Die medizinischen und philosophischen Konzepte von Avicenna (arab. Ibn Sina, 980–1037), einem aus Buchara in Zentralasien gebürtigen und vor allem in Ifsahan/Persien tätigen Universalgelehrten, galten an den europäischen Universitäten noch bis ins 17. Jahrhundert hinein als wegleitend. Averroës (arab. Muhammed Ibn Ruschd) seinerseits, ein 1126 in Cordoba geborener und 1198 in Marrakesch verstorbener islamischer Denker, hatte in lebenslanger Arbeit einen vielbändigen Kommentar zu Aristoteles verfasst, dabei die Philosophie klar von der Religion getrennt und das logische Denken als einzig möglichen Zugang zur Wahrheit gepriesen. Für unser Thema von besonderem Interesse ist ferner Ibn Khaldun (1332–1406), der erste Historiker, der die Geschichte systematisch mit sozialen, wirtschaftlichen und klimatischen Fakten zu erklärten versucht

8 »Null« (oder »nichts«) ist das absolute Gegenteil von »etwas«, und ohne ein solches Gegen-Teil kann, wie die moderne Teilchenphysik nahelegt, vermutlich überhaupt nichts existieren.

hat. Er gilt als der eigentlicher Begründer der Geschichtswissenschaft und Soziologie und inspirierte als solcher unter anderem Karl Marx und den berühmten britischen Historiker Arthur Toynbee. Nicht unähnlich dem in diesem Buch vertretenen Ansatz stand im Zentrum seines Geschichtsverständnisses eine Art von Wir-Gefühl, genannt *asabiyya* (was u.a. mit »Gruppengefühl«, »Sippensolidarität« oder »Blutsbande« übersetzt wird), von dessen Stärke nach Ibn Khaldun der Aufstieg, Zusammenhalt und Niedergang einer jeden Zivilisation abhängt.

Über die Kreuzzüge, die venezianischen Handelsbeziehungen und die Jahrhunderte währenden islamisch-westlichen Kontakt- und zugleich Reibeflächen in Spanien erreichte das arabisch-islamische Denken nach und nach das übrige Europa. Es trug entscheidend zu der geistigen Aufbruchsstimmung im Europa des 14. und 15. Jahrhunderts bei, die in der Folge zur Renaissance und von dort weiter zur Aufklärung und zur ganzen modernen westlichen Wissenschaft und Technik führte. In gewissem Sinn verdankt der Westen somit seine spätere zivilisatorische Vormachtstellung dem Islam. Dass die westliche Welt, wie eingangs erwähnt, davon meistens nichts weiß und wissen will, ist verständlicherweise für viele Muslime ein Anlass zur Demütigung und Empörung. Zum emotionsdynamischen Verständnis der aktuellen Spannungssituation zwischen »dem Islam« und »dem Westen« – um doch noch einmal auf diese problematische Verallgemeinerung zurückzugreifen – sind, wie wir noch genauer sehen werden, gerade solche Leitgefühle von zentraler Bedeutung.

Der Zusammenprall des Islams mit dem Westen – gegenseitige Feindbilder und Ambivalenzen

Den ersten großen Zusammenprall zwischen dem Islam und dem Westen brachten die Kreuzzüge. Im Jahr 1095 rief Papst Urban II. in Clermond (Südfrankreich) aus komplexen religiösen, strategischen und auch handelspolitischen Gründen, auf die wir hier nicht näher eingehen können, die Christenheit zur Befreiung von Jerusalem durch einen »heiligen Kreuzzug gegen die Ungläubigen« auf. Die Folge waren sieben große westliche Plünderungs- und Zerstörungszüge ins Heilige Land innerhalb von 200 Jahren. Der Einzug der Kreuzfahrer in Jerusalem wird im Buch »Welt des Islams« von Martin Robbe wie folgt beschrieben:

»Im Jahre 1096 zogen die ersten Kreuzfahrer übers Meer in den Kampf. 1099 eroberten sie nach langer Belagerung Jerusalem. Sie richteten in der Stadt ein furchtbares Blutbad unter Muslimen und Juden an; die Angaben über die Zahl der Getöteten schwanken zwischen zehn- und hunderttausend. In einer christlichen Chronik heißt es: ›Der Patriarch zog eine Straße entlang und mordete auf seinem Wege alle Ungläubigen. So kam er zur Kirche des Heiligen Grabes, die Hände blutverklebt am Griff seines Schwertes. Dort wusch er sich die Hände mit den Worten des Psalmes »Der Gerechte freut sich in dem Herrn, wenn er solche Rache sieht, die er ausführt. Er wird seine Hände baden im Blut der Gottlosen.« Dann feierte er die heilige Messe und sagte, er habe niemals Gott ein wohlgefälligeres Opfer gebracht.‹«[9]

Dass ein derartiger Antrittsbesuch keine guten Gefühle hinterlassen konnte, versteht sich von selbst. Die Kreuzzüge haben, wie alle Kenner versichern, tiefe Spuren im islamischen Bild vom Westen hinterlassen. Dass die seinerzeit aufgerissenen Wunden auch heute noch keineswegs verheilt sind, zeigte sich mit aller Deutlichkeit unter anderem an den empörten Reaktionen der islamischen Welt auf die Tatsache, dass der amerikanische Präsident George W. Bush unmittelbar nach den New Yorker Attentaten vom 11. September 2001 nichts Gescheiteres zu tun wusste, als zu einem neuen »Kreuzzug gegen den Terrorismus« aufzurufen. Umgekehrt trägt das kollektive christliche Gegenbild des Islams nach wie vor den Stempel der »Ungläubigkeit« beziehungsweise des fanatischen Irr- und Aberglaubens.

Eine andere bemerkenswerte Dauerwirkung der Kreuzzüge war, dass Europa sich im Konflikt mit dem Islam zum ersten Mal als kulturelle Einheit zu erleben und ein identitätsschaffendes Wir-Gefühl zu entwickeln begann. Zugleich setzten unter dem Vorwand, dass die Juden Christus gekreuzigt hätten, vielerorts grausame Judenverfolgungen ein. Schon damals verbargen sich allerdings hinter dem religiös verbrämten Judenhass nicht selten auch massive finanzielle Interessen, so zum Beispiel von Schuldnern. Hervorzuheben ist aus der Perspektive der kollektiven Affektlogik außerdem die einigende Kraft, welche bekanntlich immer wieder von der Polarisierung aller Affektenergien auf einen gemeinsamen »äußeren Feind« ausgeht.

Auch in den folgenden Jahrhunderten bis zur Gegenwart kam es immer wieder zu traumatischen Zusammenstößen zwischen der westlichen und muslimischen Welt. Ein Höhepunkt dieses langwierigen »Kampfes der Kulturen« – wie der Titel des bekannten Buchs des amerikanischen Politikwissenschaftlers Samuel Huntington zu diesem Thema heißt[10] – war die von einem ähnlich grausigen Blutbad begleitete Eroberung Konstantinopels durch die Ottomanen unter Mohammed II. im Jahr 1453. Dem damit besiegelten Zusammenbruch des oströmisch-byzantinischen Reichs folgte die fast fünfhundert Jahre währende Türkenherrschaft über das südliche Mittelmeer, den Mittleren Osten und den Balkan mitsamt den erwähnten Belagerungen Wiens. Emotional besonders schockierend wirkte auf den Islam andererseits die napoleonische Invasion von Ägypten von 1798. Sie enthüllte schlagartig die krasse militärisch-technische Überlegenheit des Westens und verschärfte zugleich die Schmach der vielerorts in Gang gekommenen Kolonialisierung von muslimischen Gebieten durch

9 Robbe (1991, S. 73), zitiert nach Erbstösser (1976, S. 97).
10 Huntington (2002).

die christlich-europäischen Großmächte. Ähnliche Reaktionen auf die Überlegenheit des Westens sind auch heute noch zu beobachten. Sie beruhen wesentlich auf dem Umstand, dass es für das muslimische Selbstverständnis dabei nie bloß um religiöse, militärisch-politische oder wirtschaftliche Fakten geht. Implizit steht immer auch ein zentrales kollektives Identitäts- und Selbstwertgefühl auf dem Spiel. Die religiöse »Affektlogik« vieler Muslime beschreibt Walter Hottinger, der bekannte Islamspezialist und frühere Nahostkorrespondent der »Neuen Zürcher Zeitung«, wie folgt:

»Gott hat versprochen, dass die Muslime das beste aller Völker seien (Koran 3, 110). Wenn sich nun plötzlich Nichtmuslime christlicher Tradition als die stärkeren und wirksameren Machthaber, Wirtschaftsfachleute, Militärs, Wissenschaftler usw. erweisen […], kann dies nach dem Empfinden eines jeden wahrhaft Gläubigen nicht daran liegen, dass Gottes Versprechen nicht mehr gelte. Es muss vielmehr darauf zurückzuführen sein, dass die heutigen Muslime ihren Glauben nicht mehr ernsthaft genug leben. […] Jeder kollektive Rückschlag wird so immer auch als ein Zeichen dafür genommen, dass mit der Religionsausübung der eigenen Gemeinschaft etwas nicht stimmt; im Umkehrschluss wird dann leicht angenommen, wäre die Religionsausübung der Muslime einwandfrei, müsste auch ihr Erfolg in dieser und in jener Welt sichergestellt sein.«

»Viele einfache Muslime sprechen in diesem Zusammenhang von ihrer ›Ehre‹. Diese, so sagen sie, müsse gerettet werden, koste es, was es wolle. Ihr heutiger Zustand, unter der Machtfuchtel der Israelis, der Amerikaner, der Europäer, die militärisch, wirtschaftlich, kulturell, organisatorisch überlegen scheinen, wird als ›entehrend‹ empfunden. Die Ehre wäre erst dann gerettet, wenn man sich diesen heute überlegenen und ihre Überlegenheit auf tausend Arten spürbar machenden Fremden gegenüber endlich einmal als mindestens gleichwertig erweisen könnte.«[11]

Die islamische Welt steht deshalb, wie Hottinger hervorhebt, unter einem beständigen Erfolgsdruck bzw. -notstand. Die Folgen dieser Logik für die aktuelle affektgesteuerte Radikalisierung erheblicher Teile der islamischen Bevölkerung sind gravierend. Die gleichen Zusammenhänge machen auch das Gemisch von kollektiver Wut, Scham und Enttäuschung verständlich, das sich als Folge des expansiven westlichen Kolonialismus im Laufe des 19. und frühen 20. Jahrhunderts vieler Muslime bemächtigte. Der Kolonialismus beruht auf der wachsenden Überlegenheit des Westens über die seit Jahrhunderten stagnierende islamische Zivilisation, und diese Überlegenheit ihrerseits wurzelt in der wirtschaftlichen und militärischen Entwicklungsdynamik, die im Westen seit der Renaissance, Aufklärung und Industrialisierung im Verein mit der Entdeckung Amerikas von 1498 in Schwung gekommen war.

Schon während des 18. und 19. Jahrhunderts war es in vielen westlich beherrschten Kolonialgebieten – so namentlich in Indien, Ägypten, Indonesien

11 Hottinger (1993, S. 16, S. 18).

und Algerien – immer wieder zu wilden, nicht selten zum »heiligen Krieg« (Dschihad) ausgerufenen Revolten und Befreiungsbewegungen gegen die englischen, portugiesischen, holländischen oder französischen Eindringlinge gekommen. Ihr Scheitern vertiefte die muslimischen Selbstzweifel und führte als Reaktion entweder zu fundamentalistisch orientierten Erneuerungsbewegungen – so im 18. Jahrhundert in Saudi-Arabien zum dort noch heute vorherrschende Wahhabismus – oder aber zu forcierten Modernisierungsversuchen nach westlichem Vorbild. Das eindrucksvollste Beispiel für Letzteres ist die Schaffung eines laizistischen türkischen Staates durch Kemal Atatürk nach dem Zusammenbruch des ottomanischen Weltreichs von 1924. Wenig später folgte der Versuch der gewaltsamen Verwestlichung des Irans unter der Herrschaft der Pahlavi-Dynastie mit Reza Schah von 1926 bis 1941 und seinem Sohn Mohammed Reza von 1941 bis 1978, dem Jahr des konservativ-fundamentalistischen Umsturzes von Ayatollah Khomeini.

Auch die 1928 in Ägypten gegründete Gesellschaft der Muslimbrüder, die in mehreren Ländern rasch zu einem politischen Faktor ersten Ranges aufstiegen, war von starken emotionalen Motoren angetrieben. Die Muslimbrüder wollten die alte Kraft des Islams durch eine radikale, wenn nötig mit Gewalt erzwungene Rückkehr zu einem reinen Glauben wiedergewinnen. Diese fundamentalistische so genannte Reislamisierung sollte sich auf sämtliche Bereiche des Lebens erstrecken, von den alltäglichen Sitten und Gebräuchen (speziell auch in Bezug auf die Frauen) über die Erziehung bis zur Wiedereinführung des islamischen Rechts (der Scharia) und der Islamisierung aller politischen Einrichtungen mit dem Endziel des »Gottesstaates«. Da die Muslimbrüder ihr Prestige im Volk auch dadurch zu erhöhen wussten, dass sie sozial aktiv wurden und Freiwillige zum Kampf gegen die zionistischen Siedler in Palästina entsandten, erlangten sie innerhalb kurzer Zeit insbesondere in Ägypten, aber auch im übrigen mittleren Osten und Nordafrika einen für die bestehenden Regimes derart bedrohlichen Einfluss, dass sie fast überall streng verboten und grausam verfolgt wurden.

Der andauernde innerislamische Zwist zwischen Modernisten und Fundamentalisten ist nicht nur ein Zeichen der Schwäche, sondern zeugt gleichzeitig auch von einer kreativen Mobilität des Islams und von einer echten, mit Neid und Bewunderung vermischten Ambivalenz gegenüber dem Westen. Einerseits ging und geht es den Muslimen immer wieder darum, die eigene Identität zu bewahren und die Verbindung zu ihrer großen Tradition nicht zu verlieren. Andererseits aber ist es für sie lebenswichtig, von den westlichen zivilisatorischen und wissenschaftlichen Errungenschaften nicht nur zu profitieren, sondern an deren Entwicklung auch selbst wieder aktiv mitzuwirken. Den Ausweg aus diesem Dilemma suchen viele Muslime in der – auch schon zur Zeit der kulturellen islamischen Hochblüte oft erfolgreich praktizierten – gleichzeitigen Bejahung von Religion, Wissenschaft und Technik. Manche islamische Intellektuelle berufen sich dabei auf den abstrakt-undogmatischen Kern des mohammedanischen

Glaubens. Im Iran, in Pakistan, in Saudi-Arabien, Dubai und in anderen Emiraten sind verschiedenste aktuelle Varianten dieses von außen oft halsbrecherisch anmutenden Spagats zu beobachten. Schweren Identitätskonflikten sind nicht selten auch die im Westen lebenden Muslime ausgesetzt. Einige von ihnen, darunter offenbar gewisse spätere Selbstmordattentäter, scheinen dabei der Versuchung erlegen zu sein, ihre innere Zerrissenheit durch eine fanatische Hinwendung zu Extremismus und Terrorismus gewaltsam zu lösen oder vielmehr zu überspielen.[12]

Ein Ambivalenzkonflikt zwischen einem mit negativen Gefühlen besetzten Feindbild vom Islam auf der einen und einem positiven Gegenbild auf der anderen Seite besteht seit jeher aber auch im Westen. Die seinerzeitige Übernahme von zahlreichen wissenschaftlichen, philosophischen und technischen Errungenschaften aus der Zivilisation des Islams wirkt, obwohl vielfach verleugnet oder vergessen, im kollektiven westlichen Fühlen und Denken unterbewusst weiter. So benutzen wir etwa in unserer Alltagssprache ständig eine Unzahl von typisch arabischen Lehnworten (wie z. B. Alkohol, Benzin, Droge, Kaffee, Laute, Matratze, Tasse, Zucker …), ohne von deren Herkunft das Geringste zu ahnen. Viele islamische Bau- und Kunstwerke erfüllen uns spontan mit Bewunderung und Staunen. Ähnliches sagt jeder Kenner von der islamischen Wissenschaft und Philosophie und teilweise sogar von der islamischen Religion. Gleichzeitig sind aber auch im westlichen kollektiven Unterbewussten die emotionalen Spuren vergangener grausamer Konflikte noch keineswegs verheilt. Insbesondere die jahrhundertelange Angst vor der »Türkengefahr« tritt seit den Belagerungen Wiens bei jeder sich bietenden Gelegenheit wieder zu Tage, von der jubelnden Unterstützung von ganz Westeuropa für die griechischen Befreiungskriege gegen die Türken im 19. Jahrhundert bis zum aktuellen Disput für und wider die Aufnahme der Türkei in die Europäische Union.

Die eskalierende westlich-islamische Emotionsspirale seit der israelischen Staatsgründung und die islamistische Radikalisierung

Mehr als alles andere sorgt indessen, wie schon in der Einleitung zu diesem Buch vermerkt und im vorangehenden Kapitel des Näheren ausgeführt, die israelische Staatsgründung von 1948 für eine dauernde emotionale Hochspannung nicht nur im ganzen Mittleren Osten, sondern in der islamischen Welt überhaupt. Infolge der engen Allianz mit den USA wird Israel von den Muslimen fraglos dem Westen zugerechnet. Seit dem Sieg der Israelis über die Araber im Krieg von 1947–1949 und den darauf folgenden arabischen Niederlagen, vom Sechs-Tage-

12 Ash (2007).

Krieg von 1967 über die im Vorkapitel erwähnten Massaker in den Flüchtlingslagern von Sabra und Shatila von 1982[13] bis zu dem empörenden dreiwöchigen Gazakrieg von 2008/2009 sind Welle um Welle von kollektiven Gefühlen der Angst, Demütigung und ohnmächtigen Wut gegen Israel und den Westen über den Islam hinweggeflutet. Umso frenetischer fielen dann – auch auf dem Hintergrund des bereits erwähnten Erfolgsnotstands – die islamischen Freudekundgebungen über die ephemeren arabischen Erfolge gegen Israel vom Yom-Kippur-Krieg von 1973 und vom zweiten Libanonkrieg von 2006 aus.

Die wichtigste – und affektlogisch zwingende – Langzeitfolge dieser Dauerspannung ist die seit den Siebzigerjahren des letzten Jahrhunderts ständig zunehmende antiwestliche Orientierung und Radikalisierung von wachsenden Teilen der muslimischen Gesellschaft. Tatsächlich entwickeln sich, zusätzlich zu der im Vorkapitel beschriebenen israelisch-palästinensischen Emotionsspirale und in ständiger Wechselwirkung damit, seit zwei bis drei Jahrzehnten auch zwischen dem Islam und dem Westen eskalierende Gefühle von gegenseitiger Angst, Wut und Misstrauen, die das Klima zwischen den beiden Kulturen vergiften.

Zwar warnen gute Islamkenner wie Walter Hottinger vor unzulässigen Verallgemeinerungen, indem sie den Unterschied zwischen dem auf religiöse Fragen beschränkten Mehrheitsislam und dem nur von einer Minderheit getragenen ideologisch-politisch-religiösen Fundamentalismus, genannt Islamismus, betonen. Den Anteil des Letzteren schätzte Hottinger vor 17 Jahren auf etwa 15 %; seither dürfte er weiter zugenommen haben.[14] Indessen können sich weder die Vertreter eines gemäßigten Mehrheitsislams noch die Mehrheit von besonnenen Bürgern im Westen der besagten kollektiven Fühl-Denk-Spirale einfach entziehen. Sie ist stimmungsmäßig allgegenwärtig und wird auch durch die zunehmende Vermischung oder vielmehr Überlagerung der beiden Kulturen als Folge der massiven muslimischen Einwanderung im Westen und der starken militärischen, ökonomischen und politischen Präsenz des Westens in muslimischen Ländern immer weiter geschürt. Das Resultat ist eine beidseits im Wachsen begriffene Logik der Angst, des Misstrauens und der mehr oder weniger offenen Aggressivität. Sie äußert sich im Westen unter anderem im zunehmenden Widerstand gegen den Bau von neuen Moscheen und Minaretten und das Tragen des Kopftuchs durch muslimische Mädchen in der Schule, und in vielen islamischen Ländern in den wachsenden Spannungen zwischen religiös-politischen Fundamentalisten auf der einen und veränderungswilligen Modernisten auf der anderen Seite.

Mächtig in Schwung gebracht wird die sich drehende Emotionsspirale außerdem immer wieder durch die Tatsache, dass seit den Achtzigerjahren des ver-

13 Vgl. S. 128.

14 Unter den rund 1,5 Millionen Muslime in Deutschland schätzte Hottinger (1993, S. 136) indessen den Anteil von radikalen Elementen zur selben Zeit nur auf 0,43 %.

gangenen Jahrhunderts weltweit islamistische Kampfgruppen in Szene getreten sind, die vor massiver terroristischer Gewalt nicht zurückschrecken. Schon die 444-tägige Geiselnahme von amerikanischen Diplomaten von 1979–1981 in der US-Botschaft von Teheran kurz nach dem fundamentalistischen Umsturz Khomeinis wirkte in West wie Ost zutiefst schockierend. Es folgten die blutigen Selbstmordattentate gegen die amerikanische Botschaft in Beirut von 1983 mit 370 Todesopfern und gegen den amerikanischen Zerstörer USS Cole im Hafen von Aden von 2002 mit 17 Todesopfern. Der irakische Einmarsch in Kuwait auf Befehl von Saddam Hussein von 1990 und dessen Vertreibung durch die Amerikaner im Zweiten Golfkrieg von 1990/1991[15] brachte die kollektiven Emotionen auf beiden Seiten erstmals zum Sieden. Ihren absoluten Höhepunkt erreichten sie indessen mit dem islamistischen Terroranschlag auf das New Yorker World Trade Center vom 11. September 2001 und die tsunamiartigen emotionalen Schockwellen, die von diesem Ereignis weltweit ausgelöst wurden und noch heute (2010) nicht verebbt sind.

Bevor wir uns diesem kollektiv-emotionalen Großereignis zuwenden, müssen wir uns noch näher mit den zwei zutiefst unterschiedlichen affektiv-kognitiven Eigenwelten befassen, die ihm als Nährboden und Energiequelle dienten. Denn erst die krasse Gegensätzlichkeit dieser Eigenwelten mit ihren je spezifischen Selbstverständlichkeiten und blinden Flecken vermag ein solches Ereignis »affektlogisch« hinreichend verständlich zu machen.

Zwei konträre affektiv-kognitive Eigenwelten – oder: Das Gute des Einen ist das Böse des Anderen und umgekehrt

Das vorherrschende westliche Klischeebild vom Islam im Vorfeld des »9/11« und das westliche Eigenbild lassen sich etwa wie folgt beschreiben: Für den Durchschnittsmenschen im Westen war (und ist) es ganz selbstverständlich und keiner Hinterfragung bedürftig, dass die typisch »westlichen« Grundwerte – politische und religiöse Freiheit, Demokratie, Menschenrechte, Vorrang von individuellen gegenüber kollektiven Werten, soziale Gleichberechtigung der Frau, vielleicht auch möglichst unbeschränkte Handelsfreiheit und Kapitalismus – im Vergleich zum Islam eindeutig »besser« sind. Der Islam wird fast in jeder genannten Hinsicht als rückständig, verbohrt, fanatisch und »unaufgeklärt« angesehen. Speziell auch in religiösen Dingen gilt er als irrational und obskurantistisch. Als völlig inakzeptabel gelten im Westen namentlich die Rolle der Frau, das islamische Eherecht und überhaupt die Rechtsordnung der Scharia – dies auch wegen der dort vorgesehen archaischen Körperstrafen wie Auspeitschen bei geringfügigen Vergehen, Handabhacken bei Diebstahl, Steinigung der Frau bei ehelicher Untreue.

15 Der Erste Golfkrieg war der iranisch-irakische Krieg von 1980–1988.

Obwohl sie zwar tatsächlich nur noch selten vollzogen werden, verstärkt die teils einseitige Berichterstattung in den westlichen Medien das Bild eines rückständigen und fanatischen Islams. Unterstützt wird diese Sichtweise von der bislang völlig fraglosen technisch-zivilisatorischen und militärisch-machtpolitischen Überlegenheit des Westens, von der ganz automatisch auch auf eine kulturelle und spirituelle Superiorität geschlossen wird.

»Der Islam« seinerseits sieht sich – um mit aller nötigen Vorsicht doch nochmals eine solche Verallgemeinerung zu wagen – als eine im Vergleich zum angeblich christlichen, in Wirklichkeit für ihn aber zutiefst »gottlosen« Westen spirituell viel wertvollere Religion und Kultur an, deren legitime Vorherrschaft nur durch widrige geschichtliche Umstände und eigenes Verschulden verloren gegangen ist. Nur der Islam nehme den Glauben an einen allmächtigen Gott wirklich ernst, indem er Gottes Gebote in eine verbindliche Lebenspraxis umsetze. Der tatsächliche »Gott« des Westens sei bloß das Geld, der materielle Reichtum und der technische Fortschritt um jeden Preis, kurz die Maßlosigkeit in allen Dingen – durchaus mit Einschluss seines Verhaltens zur Frau beziehungsweise zur Sexualität (sprich: Pornografie), welche durch eine schamlose Zurschaustellung und publizistische Ausbeutung des weiblichen Körpers charakterisiert sei. Der Islam dagegen verwirkliche ein harmonisches Gleichgewicht zwischen Geist und Körper, Wissenschaft und Glaube, Diesseits und Jenseits und stelle daher »die beste aller denkbaren Gemeinschaften« dar. Besonders aufschlussreich sind hierzu die Formulierungen Muhammed Asads, eines zum Islam bekehrten jüdischen Intellektuellen und Gottessuchers, die pikanterweise heute von vielen islamistischen Fundamentalisten als wegweisend betrachtet werden.[16] Im Buch »Islam and the West. From the Perspective of Asad's Thought« von Safwat Halilovic, in welchem Asads Ideen zusammenfassend dargestellt sind, heißt es zum Beispiel:

»Was wir religiöse Haltung nennen, basiert immer auf dem Glauben, dass ein allumfassendes transzendentes moralisches Gesetz existiert, dem wir Menschen uns zu unterwerfen haben. Aber die westliche Zivilisation anerkennt nicht, dass der Mensch sich irgendetwas zu unterwerfen hat außer ökonomischen, sozialen oder nationalen Geboten. Sein wirklicher Gott ist nicht spiritueller Art: Es ist der Komfort. Und seine real gelebte Philosophie ist der Wille zur Macht um der Macht willen. [...] Er kennt nur eine positive ›Religion‹, und das ist das Streben nach materiellem Fortschritt [...]. Und doch sind die Menschen im Westen in ihrer Arroganz und Blindheit überzeugt, dass ihre Zivilisation Licht und Glück in die Welt bringen wird.«

16 Muhammed Asad (1900–1992) hieß ursprünglich Leopold Weis und war der Sohn eines polnischen Rabbi. Nachdem er sowohl die jüdische wie die christliche Religion eingehend studiert hatte, bekehrte er sich 26-jährig zum Islam. Er war unter anderem Nahostkorrespondent der »Frankfurter Allgemeinen Zeitung«, Schüler und Freund von Muhammad Iqbal, dem geistigen Vater Pakistans sowie UNO-Vertreter dieses Landes in New York.

Zugleich übt Asad allerdings auch harsche Kritik am aktuellen Mehrheitsislam:

»Wir treiben dahin, und niemand weiß, zu welchem kulturellen Ende. Kein intellektueller Mut ist übrig geblieben, kein Wille, der Flut von fremden Einflüssen, die unsere Religion und Gesellschaft zerstören, zu widerstehen. Wir haben die besten moralischen Lehren, welche die Welt je kannte, beiseite geworfen. Wir verleugnen unseren Glauben, der für unsere fernen Vorfahren ein lebendiges Bedürfnis war; wir schämen uns, während sie stolz waren; wir sind engstirnig und auf uns selbst zentriert, während sie großzügig und weltoffen waren; wir sind leer, während sie voll waren.«

»Es kann nur einen Weg aus unserer Scham und Dekadenz geben: diese Scham anzuerkennen, sie Tag und Nacht vor Augen zu haben und in all ihrer Bitternis zu kosten, bis wir uns entschließen, ihre Ursachen zu beseitigen. [...] Es hilft nichts zu behaupten [...], dass unsere Demütigung nicht bodenlos sei. Denn sie ist bodenlos. Aber muss dies das Ende sein? Das kann nicht sein. Unsere Sehnsucht nach Erneuerung, der Wunsch von so vielen von uns, besser zu werden als wir zur Zeit sind, gibt uns das Recht zu hoffen, dass mit uns nicht alles vorbei sei. Es gibt einen Weg zur Erneuerung, und dieser Weg ist klar sichtbar für jedermann, der Augen hat ihn zu sehen. Unser erster Schritt muss sein, den Geist der Apologie des Islams, der nur ein anderer Name für Defaitismus ist, aufzugeben [...]. Der nächste Schritt muss unser bewusstes und entschiedenes Befolgen der Sunnah unseres Propheten sein. Denn Sunnah bedeutet nicht mehr und nicht weniger als das Umsetzen der Lehren des Islams in die Praxis. Wenn wir dies als letzten Test der Gebote des Islams tun, so werden wir rasch erkennen, welche Impulse aus der westlichen Zivilisation anzunehmen und welche zu verwerfen sind. Anstatt den Islam fremden intellektuellen Normen zu unterwerfen, müssen wir – einmal mehr – lernen, den Islam als die Norm zu sehen, an welcher die Welt zu messen ist.«[17]

Es besteht kein Zweifel, dass die emotionalen Energien, die den aktuellen islamistischen Fundamentalismus antreiben, ihre wichtigste Quelle in dem von Asad hervorgehobenen schmerzlichen Gegensatz zwischen einer glorifizierten Vergangenheit und einer zutiefst demütigenden Gegenwart haben. Und ebenso offensichtlich ist, dass sowohl die islamischen Selbst- und Fremdbilder wie auch die westlichen Gegenbilder in hohem Maß von den Selektions- und Schaltwirkungen von religiösen und anderen (u. a. nationalistischen, ethnozentrischen, rassistischen) Gefühlen verzerrt sind. Alles in allem ist es nicht übertrieben zu behaupten, dass zumindest in den beidseitigen Extremwahrnehmungen das Gute des Einen das Böse des Anderen ist und umgekehrt. »Das größte aller Übel ist [...] eine heidnische Regierung, die das befiehlt, was Gott verboten hat. Gegen sie muss in Predigt und Dschihad vorgegangen werden«, zitiert Hottinger den libanesischen Prediger Qadi Faysal Mawlawi.[18] Fast alles, was wir bereits als westliche Grundwerte identifiziert haben, erscheint in der Tat dem gläubigen Islamisten als suspekt, wenn nicht überhaupt des Teufels. Andererseits

17 Nach Asad, »Islam at the Crossroads«, zitiert nach Halilowic (2003, S. 23, 37). Übersetzung aus dem Englischen von L. C.

18 Hottinger (1993, S. 152).

reihte der frühere amerikanische Präsident George W. Bush – und mit ihm ein nicht geringer Teil der westlichen Welt – alles, was von nah oder fern mit islamistischen Denkweisen zu tun hat, ohne Zögern in die »Achse des Bösen« ein.

Den beidseitigen Extrembildern könnten und müssten freilich eine Fülle von relativierenden Fakten entgegengehalten werden, so dem westlichen Bild vom Islam etwa eine hinter den Kulissen oft sehr viel »modernere« Denk- und Verhaltensweise als im Westen gemeinhin angenommen. Gerade der verschriene Iran zum Beispiel überraschte den westlichen Besucher zumindest bis zur Repressionswelle nach der umstrittenen Präsidentenwahl von 2009 durch eine wesentlich größere Denk- und Redefreiheit und auch durch eine facettenreichere Stellung der Frau, als wir allgemein anzunehmen geneigt sind: Wer weiß schon, dass im Iran offiziell eine Art von beliebig kurzer oder langer Probeehe auf Gegenseitigkeit möglich ist, die von emanzipierten Frauen rege genutzt wird?[19] Erstaunlich ist auch das Echo, das die öffentlich verkündeten Thesen der militanten Frauenrechtlerin Zahra Rahnavard, der Ehefrau des Präsidentschaftskandidaten Mir Hossein Moussavi von 2009, bei vielen iranischen Frauen fand. Genau so wäre natürlich den islamistischen Vorurteilen vom Westen eine sehr viel differenziertere Wirklichkeit sowohl der Rolle der Frau wie auch der westlichen Wertewelt überhaupt entgegenzustellen.

Beide kulturellen Eigenwelten sind, dies ist der Schluss, der sich aus der distanzierenden Perspektive einer kollektiven Affektlogik aufdrängt, komplexe kollektive Fühl-Denk-Verhaltens-Systeme mit ihren je spezifischen Rand-, Extrem- und Zentralerscheinungen. Als zentrale alltagslogische Grundannahme finden wir im traditionellen Islam den Glauben an das absolute Primat Gottes, im Westen dagegen den Glauben an das Primat des »freien Individuums«. Und als systemkonsolidierender (»systemrationaler«) blinder Fleck figuriert beidseits die Blindheit für die Problematik der eigenen Grundannahmen und die daraus resultierenden »Splitter im eigenen Auge«. So moniert etwa Walter Hottinger, dass die einfache Identifizierung des Islams mit dem extremen Islamismus dasselbe wäre, als wenn jemand ganz Deutschland der Ideologie der seinerzeitigen terroristischen Baader-Meinhof-Gruppe bezichtigen würde.

Ein weiterer Schluss von allgemeiner Bedeutung ist, dass die zwei unterschiedlichen Eigenwelten keineswegs bloß durch »vernünftiges Denken« auf der einen und ein »unvernünftiges Denken« auf der anderen Seite charakterisiert sind. Beide sind im Laufe der Geschichte aufgrund einer (im Prinzip) gleichermaßen sinnvollen »systemrationalen« Verarbeitung von unterschiedlichen kollektiven Erfahrungen entstanden. Zudem werden beide durch zahlreiche der Systemerhaltung dienende (so genannte »autopoietische«) emotionale Feedback- und Schaltmechanismen, die alles Geschehen selektiv beachten und ordnen, laufend selbstorganisatorisch verstärkt. Viel trägt dazu auch eine voreingenommene

19 Vgl. Alili (2003, S. 118 f.).

Medieninformation nicht nur in den islamischen Ländern, sondern ebenfalls im Westen bei. Denn selektiv ist die allgemein zugängliche Information nicht bloß wegen einer offiziellen oder inoffiziellen Zensur, wie sie in manchen autoritären islamischen Regimes üblich ist: Die unwillkürlichen Schalt- und Selektionswirkungen von aktuellen und vergangenen Gefühlen auf die kollektive Wahrnehmung und Aufmerksamkeit, die in jeder Alltagslogik präsent sind, konditionieren in einem viel höheren Ausmaß, als wir gewöhnlich zuzugeben bereit sind, auch die Art und Weise, wie unsere »freien« westlichen Medien ihre Informationen auswählen und aufbereiten. Es wäre deshalb eine gefährliche Illusion zu glauben, die beidseitigen Eigenwelten könnten einfach durch etwas mehr »vernünftiges Denken« und »objektive Aufklärung« verändert werden. Bis in die beidseitige kollektive Affekt- und Alltagslogik reichende Veränderungen stellen sich nur langsam und aufgrund von neuen gefühlswirksamen Kollektiverlebnissen ein. Das alltagslogische kollektive Denken reicht viel tiefer als das formallogische Denken und Wahrnehmen. Denn es berücksichtigt – wiederum im Prinzip durchaus sinnvollerweise – neben bloß kognitiven Informationen systematisch eben auch alle mit dem kognitiven Erleben einhergehenden Affekte und die damit verbundenen Denk- und Verhaltensanweisungen.

Es liegt auf der Hand, dass die Situation, die aus den geschilderten Gegensätzen der zwei sich gegenüberstehenden kollektiven Fühl- und Denkwelten resultiert, labil bis explosiv ist. Die periodischen Attentate und sonstigen Gewaltakte, mit denen wir uns nun befassen wollen, erscheinen deshalb aus affektenergetischer Sicht als die durchaus logische oder vielmehr affektlogische Folge dieser gespannten Ausgangslage.

Der emotionale Schock des »9/11« und der westliche »Krieg gegen den Terrorismus«

Der zweifellos tiefste emotionale Schock, den die westliche Welt in ihrem Verhältnis zum Islam je erlitten hat, war der von der al-Qaida am 11. September 2001 verübte Terroranschlag auf die beiden Türme des World Trade Centers in New York. Schon die symbolische Bedeutung der völlig unerwarteten Zerstörung dieser zwei über 400 Meter hohen Wahrzeichen des westlichen Kapitalismus mitten in der amerikanischen Finanzmetropole war enorm. Emotional wohl am nachhaltigsten wirkte das von allen Fernsehstationen der Welt immer wieder gezeigte Life-Bild vom Aufprall eines gekaperten und auf Hochgeschwindigkeit angetriebenen Passagierflugzeugs mitten in einen Turm, gefolgt von einer Feuerexplosion und dem kartenhausartigen Zusammensturz der beiden Gebäude. Dazu kommt die emotionale Schockwelle, die von den über 3000 Todesopfern, den insgesamt fünf entführten Flugzeugen und den gleichzeitig versuchten Angriffen auf das Pentagon und andere Regierungsgebäude in Washington ausgelöst wurde. Die darauf folgende schrittweise Entdeckung der im Verborgenen jahrelang auch auf amerikanischem Boden vorangetriebenen Attentatsvorbereitungen, und nicht zuletzt die triumphalen Freudenkundgebungen in Teilen der islamischen Welt taten das ihrige, um die weltweiten Gefühlswogen zu verstärken.[20]

Die materiellen wie ideellen Folgen rund um den Erdball waren gewaltig. Schon wenige Tage nach dem Attentat proklamierte George W. Bush, wie schon erwähnt, einen weltweiten »Kreuzzug« – ein böser Lapsus, den er dann rasch durch das Wort »Krieg« ersetzte – »gegen den Terrorismus«. Von einer gleichzeitigen Frage nach den tieferen Ursachen dieses Anschlags war allerdings weder damals noch später je die Rede, zumindest nicht offiziell. Seither hat sich das emotionale Klima in der ganzen Welt tiefgehend verändert, und nicht zum Besseren. Überall, und insbesondere an allen Flughäfen, sind immer strengere Kontrollen der zu potenziellen Verbrechern gestempelten Reisenden eingeführt worden. Biometrische Pässe, Fingerabdrücke und demnächst sogar die Kleider automatisch durchdringende Nacktscanneraufnahmen durchforschen jeden Mann und jede Frau bis in ihre intimsten Winkel. In vielen großen Städten, und sogar in kleineren Ortschaften bis hinein in die (schein)friedliche Schweiz, werden Überwachungskameras aufgestellt, die 24 Stunden pro Tag filmen, was sich rund um die Bahnhöfe und andere belebte Plätze abspielt. Die Erde wird von immer leistungsfähigeren Satelliten umkreist, die mit einem Auflösungsvermögen von wenigen Dezimetern ständig alles beobachten und elektronisch verrechnen, was sich am Boden bewegt, wo etwa Wärmequellen – mögliche Raketen – plötzlich aufflammen und was sich in verdächtigen Regionen von Tag zu Tag verändert. Auch der gesamte E-Mail-Verkehr wird dauernd weltweit überwacht und auf terrorverdächtige Elemente durchkämmt. Von Zeit zu Zeit belegen Meldungen von rechtzeitig entdeckten Terrorvorbereitungen, wenn nicht von trotz allem gelungenen Großanschlägen (wie in den letzten Jahren in London, Madrid, Bombay), Sinn und Zweck dieses laufend perfektionierten erdumspannenden Überwachungsapparats. Gleichzeitig steigt überall der emotionale Spannungspegel und damit obligat auch die Gewaltbereitschaft. Selbst in so friedlichen Ländern wie der kleinen Schweiz macht sich die wachsende allgemeine Aggressivität immer wieder in scheinbar völlig sinnlosen und jedenfalls total unerwarteten Gewalttaten mit oder ohne rassistischen Anstrich Luft.[21] Vielleicht am alarmierendsten sollte eigentlich sein, dass alle diese Fakten inner-

20 Diese Freude war allerdings keineswegs einhellig. Im Iran zum Beispiel haben gemäß einem 2009 auf ARTE gezeigten Fernsehfilm viele Menschen die amerikanischen Opfer auf offener Straße beweint.

21 So brach in der Schweiz 2001 ein Paranoiker mit einem Sturmgewehr in das Kantonsparlament von Zug ein und tötete 14 Politiker. Und auch in Lausanne drohte 2008 ein schwer bewaffneter Schüler nach dem Vorbild der Schulmassaker von Littleton in den USA (1990), in Erfurt (2003) und anderswo alle seine Klassenkameraden zu erschießen.

halb weniger Jahre schon fast so selbstverständlich geworden sind, dass wir sie – jedenfalls wenn sie in genügender Entfernung geschehen – gar nicht mehr sonderlich beachten. Offensichtlich sind sie auf dem besten Weg, in unsere Alltagslogik einzugehen und dort vielleicht gar zu einem jener Tabus oder blinden Flecke zu mutieren, deren bloße Nennung uns verstört und verärgert.

Die westliche Welt ist im September 2001 durch islamistische Fundamentalisten drastisch aus ihrer Selbstsicherheit aufgerüttelt worden. Unglücklicherweise stand aber auch sie selbst gerade damals unter der »Leadership« einer quasi fundamentalistischen und religiös verbrämten Ideologie, nämlich des Weltbilds von George W. Bush und seiner in erster Linie auf die Macht des Stärkeren und einen möglichst unbeschränkten Kapitalismus vertrauenden Hintermänner. Das Resultat war, dass im Westen eine kollektive Logik der Angst, des Misstrauens und der unterdrückten Wut gegen den Islam (oder eigentlich: gegen den Islamismus – aber wen kümmern solche Unterschiede noch) überhand nahm, die schließlich jeden halbwegs muslimisch aussehenden dunkelhäutigen und bärtigen Mann auf der Straße potenziell verdächtig machte. Und eine durchaus symmetrische Affektlogik scheint sich auch des Fühlens und Denkens weiter Teile der islamischen Gegenwelt bemächtigt zu haben. Jedenfalls hören wir immer wieder von Angst, Spannung, Misstrauen und Wut nicht nur rund um die so genannten Madrasas (Koranschulen) in Ost und West (Letzteres speziell in den ghettoartigen Ansammlungen von muslimischen Immigranten in westeuropäischen Großstädten), die zu Recht oder Unrecht als Brutstätten des Islamismus gelten. Auch aus anderen »heißen Zonen« liegen ähnliche Stimmungsberichte vor, so aus dem ganzen Mittleren Osten, aus dem pakistanisch-afghanischen Grenzgebiet, wo immer wieder angeblich friedliche Dörfer von so genannten Drohnen (unbemannten Flugzeugen) wegen dort vielleicht versteckten Terroristen bombardiert werden, und auch aus dem Sudan, aus Malaysia und Indonesien.

Außerdem erreichen uns über den panarabischen Fernsehsender Al Jazeera von Zeit zu Zeit Video- oder Tonbandaufnahmen des Al-Qaida-Führers Bin Laden, der immer weiter zu Gewalt gegen den Westen aufruft und damit die kollektiven emotionalen Spannungen weiter schürt. Es lohnt sich, auch diese geheimnisumwitterte, trotz aller westlichen Spitzenfahndungstechnik bis heute (Sommer 2010), neun Jahre nach dem »9/11« nicht gefasste Galionsfigur des militanten Islamismus noch kurz aus der Perspektive der kollektiven Affektlogik zu betrachten. Osama Bin Laden, geboren 1957 in Riad und wahhabitisch erzogen, stammt aus einer neureichen saudi-arabischen Unternehmerfamilie, die seit langem sowohl mit dem saudischen Königshaus wie auch mit den Amerikanern zusammenarbeitet. Der als zurückhaltend, intelligent, eher weich und schüchtern, aber gleichzeitig vehement islamistisch und antiamerikanisch beschriebene Osama sagte sich – extrem verkürzt dargestellt – um 1994 von Land und Familie los und begann von seinem Exil im Sudan und später in Afghanistan aus zuerst mit Geld, Wort und Schrift und dann mit speziell trainierten Kämpfern und Attentätern sowohl gegen das aus seiner Sicht dekadente saudische Regime als auch gegen die angeblich dafür verantwortlichen Amerikaner zu agieren.[22] Schon bevor, insbesondere aber nachdem er die Urheberschaft für die Attentate vom 9. September 2001 für sich und die al-Qaida beansprucht hatte, fokalisierte, elektrisierte und polarisierte Bin Laden das Fühlen und Denken von beträchtlichen Teilen der muslimischen Gemeinschaft. Ganz ähnlich wie seinerzeit Hitler für das gebeutelte deutsche Volk oder – um auch positiv konnotierte Vergleiche heranzuziehen – Churchill oder de Gaulle für die (vorläufig) besiegten Westmächte verblüffend schnell zu Hoffnungsträgern für eine entscheidende Wendung zum Besseren aufgestiegen waren, so schwang sich ebenfalls Bin Laden innerhalb weniger Jahre zu einer quasi mythischen Leit- und Symbolfigur für den radikalen Islamismus auf. Einmal mehr haben wir es mit mächtigen emotional-kognitiven Ansteckungs- und Resonanzwirkungen zwischen einer gedemütigten, verunsicherten und identitätsgefährdeten Gemeinschaft und einer charismatischen Führergestalt zu tun. Zwar lehnt offenbar die große Mehrheit der verantwortlichen Muslime Bin Laden und seine Methoden nach wie vor ab. Aber es steht zu befürchten, dass jede neue Gewalttat, ganz gleich, von welcher Seite sie ausgeht, die einmal in Gang gekommene Angst-, Wut- und Hassspirale zwischen der islamischen und westlichen »Basis« ganz ähnlich weitertreiben wird, wie dies seit vielen Jahren zwischen Israel und Palästina der Fall ist.

Reflexionen zum »9/11« – und eine überraschende Abschlussfrage

Unter der unübersehbaren Flut von wissenschaftlichen und anderen Publikationen, die seit dem 11. September 2001 versuchen, dieses kollektive emotionale Großereignis intellektuell zu verarbeiten, wollen wir zum Abschluss noch einige für unsere Fragestellung wichtige Elemente aus der interessanten Schrift »Der 11. September – Ursachen und Folgen«[23] herausgreifen, die auf einer im Sommer 2002 abgehaltenen interdisziplinären Vorlesungsreihe im Rahmen des »Studium generale« an der Universität Heidelberg beruht. Der Theologe Volkmar Krech weist dort einleitend darauf hin, dass Religionen in ihrem Wesen keineswegs immer friedlich, sondern vielfach auch eine Quelle von schwerer Gewalt waren.[24] Etwa 20 % der fünfzig bekannten Terrorgruppen seien nach Bruce Hoffmann, dem bekannten amerikanischen Terrorismusexperten, religiös motiviert und würden ihr Handeln als »heiligen Terror« verstehen. Krech bezieht sich auch auf den Berliner Religionshistoriker Carsten Colpe, der im Zusammen-

22 Nach Coll (2008).
23 Bothe et al. (2003).
24 Krech (2003, S. 9–23).

hang mit der Heiligung des Krieges von einer häufig zu beobachtenden Wendung von religiöser Demut zu »theokratischer Anmaßung« spricht. Dies führt zu der seltsamen Erscheinung, dass im Krieg wie selbstverständlich immer wieder beide Seiten den gleichen Gott gleich inbrünstig für sich allein in Anspruch nehmen. Religiöse Motive spielten übrigens, ähnlich wie in der ganzen amerikanischen Gesellschaft, aller Wahrscheinlichkeit nach auch bei George W. Bushs persönlicher Reaktion auf den »9/11« eine erhebliche Rolle; jedenfalls wissen wir, dass Bush an seinem 40. Geburtstag durch den berühmten amerikanischen Massenprediger Billy Graham ein intensives religiöses Bekehrungserlebnis erfuhr und dass er vor jeder Kabinettssitzung durch einen seiner Minister ein Gebet sprechen ließ.[25]

Affektlogisch von Interesse ist ferner, dass nach dem renommierten amerikanischen Filmregisseur Steve Soderberg die ungeheuer medienwirksame Dramaturgie des »9/11« von der Hollywooder Filmindustrie in Form von auffällig ähnlichen Horror- und Katastrophenszenarien nicht nur um Jahre vorweggenommen, sondern auch richtiggehend inspiriert worden sei.[26] Der von sensiblen Künstlern und gerissenen Geschäftsleuten intuitiv erahnte Erfolg einer solchen grausigen »Unterhaltung« verweist auf einen hohen untergründigen Angst- und Aggressionspegel in der Gesellschaft, den der Gruselfilm, im bequemen Kinosessel erlebt, sowohl »zur Sprache bringt« wie auch zu bewältigen versucht. Gleichzeit aber ruft er mögliche Gewaltszenarien ins Bewusstsein. Für mögliche handlungsbahnende Wirkungen solcher Bilder spricht ebenfalls, dass nach dem 11. September die Darstellung von ähnlichen Gewaltszenen in amerikanischen Filmen mit allen Mitteln verhindert oder höchstens noch im Rahmen der Darstellung von Opfermut und Heldentum der Retter zugelassen wurde. Einem ähnlichen posttraumatischen Wechsel zwischen Tabuisierung, Idealisierung und Relativisierung sind wir im Vorkapitel auch schon bei der kollektiven Verarbeitung des Holocausttraumas durch die israelische Gesellschaft begegnet.

Mit diesen Überlegungen wollen wir unsere Untersuchung der gegenseitigen islamisch-westlichen kollektiven Affektlogik beschließen. Sie zeigt insgesamt, dass wir es, ganz ähnlich wie im Israel-Palästina-Konflikt, und damit komplex verschränkt, mit zwei tiefgehend unterschiedlichen affektiv-kognitiven Eigenwelten zu tun haben, die sich zur Zeit in einer gefährlich eskalierenden, auf beiden Seiten von Extremisten angetriebenen Emotionsspirale befinden. Extremismus aber bedeutet so viel wie Absolutismus, Dogmatismus und totale Unfähigkeit zur Empathie mit Denk- und Fühlweisen, die der eigenen Sichtweise widersprechen. Die schon eingangs gestreifte Frage, die sich angesichts der involvierten muslimischen, jüdischen und christlichen Extremismen überraschend erhebt, lautet: Könnten diese Extremismen etwas mit dem Monotheismus zu

25 Vgl. Junker (2003, S. 28).
26 Hurst (2003, S. 56).

tun haben, den die beteiligten drei Religionen und Kulturen so konsequent wie keine anderen vertreten? Mehr als aus einer polytheistischen, buddhistischen oder auch atheistischen Weltsicht könnte aus dem starren Glauben an einen einzigen – nämlich den *eigenen* – absoluten Gott die Notwendigkeit erwachsen, sich schon aus Gründen der Identitätsbewahrung wie auch der intellektuellen Konsistenz vehement gegen jegliche Relativierung eines solchen Glaubens zu wehren.

Ähnliche Gedanken tauchen auch in den bereits erwähnten Heidelberger Analysen der Ursachen des »9/11« wiederholt auf. Und der Schweizer Theaterschriftsteller Fritz Dürrenmatt hat die dem Monotheismus immanenten Verständigungsschwierigkeiten in der schriftlichen Ausarbeitung einer Rede zum Israel-Palästina-Konflikt in Tel Aviv (1974/1975) zu einer phantastischen Parabel ausgestaltet: Ein jüdischer Rabbi, ein islamischer Mullah und ein christlicher Priester werden zusammen auf unabsehbare Zeit in ein dunkles Gefängnis geworfen. Erst nach Jahrzehnten verbissenen gegenseitigen Schweigens werden sie endlich fähig, miteinander zu reden, die versteckten Gemeinsamkeiten hinter den drei scheinbar so gegensätzlichen Welt- und Gottesvorstellungen allmählich zu entdecken und schließlich für konstruktive Problemlösungen zu nutzen.[27] – In der Tat vermag, von außen gesehen, einzig ein respektvoller Dialog oder vielmehr Trialog den Boden für solche doch eigentlich recht naheliegende Problemlösungen zu bereiten. Genau dies forderte der amerikanische Präsident Barack Obama in seiner großen Rede an die Muslime vom 4. Juni 2009 in Kairo.

Wir können und wollen dieser komplexen Problematik hier nicht weiter nachgehen, werden darauf aber im Zusammenhang mit unseren Überlegungen zu dem aus der kollektiven Affektlogik resultierenden Menschen- und Weltbild (Kapitel 6) und der Frage »Was tun?« (Kapitel 7) noch einmal zurückkommen. Ebenso wenig können wir uns jetzt schon mit einer anderen naheliegenden Frage befassen: der Frage nämlich, ob aus der Sicht einer kollektiven Affektlogik wenigstens »theoretisch« den beschriebenen Eskalationen irgendwie Einhalt geboten werden könnte. Bevor wir in der Lage sind, uns mit solchen vitalen Fragen auseinanderzusetzen, müssen wir unseren Blick auch auf die Auswirkungen einer ganz anderen Art von kollektiven Emotionen, nämlich der so genannten positiven oder prosozialen Gefühle, richten.

27 Dürrenmatt (1998, S. 11–117).

5 Die gemeinschaftsbildenden Wirkungen von positiven Gefühlen

Kollektive Emotionen haben keineswegs nur unerwünschte Wirkungen. Positive Leitgefühle wie Freude, Sympathie und Liebe schaffen Bindung, Kooperationsbereitschaft und sozialen Zusammenhalt. Solche »prosozialen Gefühle« sind für Entstehung und Bestand von Paaren, Familien und Institutionen beliebiger Größe genau so unerlässlich wie für den Zusammenhalt von ganzen Nationen. Beispiele für die Wirkung von gemeinschaftsbildenden Gefühlen reichen von den Folgen eines guten oder schlechten Betriebsklimas über die Entstehung der europäischen Nationalstaaten im 19. Jahrhundert bis zur deutschen Wiedervereinigung. Auch bei der überraschenden Wahl von Barack Obama zum ersten schwarzen Präsidenten der USA im November 2008 und den weltweiten Auswirkungen dieser Wahl spielten positive Kollektivgefühle eine entscheidende Rolle. Das »Phänomen Obama« stellt ein frappierendes Gegenbeispiel zu der Wirkung von negativen kollektiven Leitgefühlen wie Scham, Hass und Wut dar, die seinerzeit zum »Phänomen Hitler« und zum deutschen Nationalsozialismus geführt hatten.

Was sind prosoziale Gefühle?

Kollektive Gefühle und Stimmungen haben durchaus nicht nur negative soziale Folgen, wie die bisher untersuchten Beispiele vielleicht nahelegen könnten. Ob Kollektivgefühle positiv oder negativ wirken, hängt in erster Linie von der Art der beteiligten Leitaffekte ab: Gefühle der Angst und Wut, des Hasses, der Demütigung und Erniedrigung wirken, wie wir gesehen haben, konfliktfördernd und sozial zerstörend, zumindest nach außen (nach innen freilich stärkt bekanntlich nichts den Gruppenzusammenhalt so sehr wie der gemeinsame Hass auf einen äußeren Feind). Positive Gefühle wie Freude und Vergnügen, Sympathie und Liebe dagegen wirken gemeinschaftsbildend oder »prosozial«. Dies hängt in erster Linie mit den unterschiedlichen Schalt- und Filterwirkungen von positiven im Vergleich zu negativen Gefühlen zusammen. Im Gegensatz zu Letzteren sind positive Gefühle, wie im Eingangskapitel erklärt, durch eine Bewegung »hin zu« einem Objekt charakterisiert, sei dies nun ein einzelner Mensch, eine Gruppe oder ein ganzes Volk. Sie schaffen Nähe, Bindung und Vertrauen; erst auf dieser Grundlage wird Gemeinschaftsbildung und Zusammenarbeit überhaupt möglich. Zudem verstärken sich positive Gefühle fortlaufend durch die positiven Folgen, die sie zeitigen. Sie leiten die Aufmerksamkeit primär auf die guten Seiten des Partners, während die negativen in den Hintergrund treten. Ähnlich selektiv beeinflussen sie das individuelle und kollektive Gedächtnis. Ohne positive Wir-Gefühle gibt es weder Gruppenzusammenhalt noch Kooperationsbereitschaft. Überspitzt könnte man in Anlehnung an die Wirkung von Stimmen- oder Aktienmehrheiten sogar formulieren, dass ohne ein mindestens 51-prozentiges Überwiegen von positiven über negative Kollektivgefühle der Bestand einer jeglichen Gemeinschaft, von Paaren und Familien bis zu ganzen Nationen gefährdet ist.

Allerdings äußern sich positive Kollektivgefühle nicht nur in offener Freude oder Begeisterung, wie sie zum Beispiel anlässlich von sportlichen, politischen oder auch militärischen Erfolgen eine ganze Gesellschaft und in glückhaften Momenten eine Familie oder ein Liebespaar zu ergreifen vermögen. In viel versteckterer und von mancherlei praktischen Interessen beeinflusster Form manifestieren sie sich ebenfalls im Alltag – in der scheinbar gefühlsarmen kollektiven wie individuellen Alltagslogik in unserem Sinn also –, so etwa im wie selbstverständlichen Vertrauen in das reibungslose »Funktionieren« sowohl der Gesellschaft als Ganzer wie auch ihrer einzelnen Bestandteile mit Einschluss der politischen Einrichtungen, des Geld- und Rechtswesens, der Post und der Versorgung mit alltäglichen Konsumgütern.

Dass solches Alltagsvertrauen überhaupt ein Gefühl ist, wird wegen der oft ausgeprägt kognitiven Aspekte dieses Begriffs zwar von gewissen Autoren bezweifelt. Indessen ist das Phänomen des Vertrauens in eine bestimmte Person oder Sache nicht grundsätzlich anders strukturiert als dasjenige des Hasses gegen oder der Angst vor demselben Gegenstand: Immer wieder geht es um die enge Verbindung eines bestimmten – und im Fall des Vertrauens eindeutig positiven – Gefühls mit einem bestimmten kognitiven Objekt. Auch das »blinde« Vertrauen in die Zuverlässigkeit eines Verkehrsmittels, etwa eines Automobils, eines Flugzeugs oder einer Seilbahn, ist in diesem Sinn nichts als ein Ausdruck von positiven Gefühlen, die sich aufgrund der Erfahrung bis zur Selbstverständlichkeit mit einem solchen Objekt verbunden haben. Ganz ähnlich gehen wir im Alltag ganz automatisch davon aus, dass bestimmte Menschen oder Institutionen uns weder enttäuschen noch gar betrügen werden, dass niemand uns auf offener Straße plötzlich anfällt, oder dass uns in einer unübersichtlichen Straßenkurve nicht unvermittelt ein gefährlicher Linksfahrer begegnen wird. Es genügt indessen, dass eine solche Erwartung ein einziges Mal empfindlich enttäuscht wird – und schon schlägt Vertrauen in Misstrauen, das heißt in ein negatives Gefühl wie Angst, Wut oder Ärger um, das sich nun seinerseits mit der betreffenden Person, Gruppe oder Sache verknüpft und in der Folge nur höchst mühsam, nämlich aufgrund vielfältiger erneut positiver Erfahrungen, wieder in Vertrauen zurückverwandeln lässt.

Bei dieser Gelegenheit sei auf die bemerkenswerte Tatsache hingewiesen, dass negative Erfahrungen aus evolutionär sinnvollen Gründen ein viel größeres Gewicht haben als positive: Ein einziges Verkennen einer möglichen Gefahrenquelle kann tödlich sein, ein Verkennen einer Lustquelle dagegen kaum. »Wer einmal lügt, dem glaubt man nicht, und wenn er auch die Wahrheit spricht«, so fasst das Sprichwort diesen in der Chaostheorie unter dem Namen »Hysteresis« (griech. = Verspätung, Verzögerung) gut bekannten Verzögerungseffekt zusammen. Dieser ist unter anderem bei der Planung von »vertrauensbildenden Maßnahmen« etwa im Rahmen einer Befriedungsaktion oder Mediation von großer Bedeutung.

Der Soziologe Niklas Luhmann spricht in seinem Buch »Vertrauen. Ein Mechanismus der Reduktion sozialer Komplexität«[1] zu Recht von einer automatischen Vorleistung, die wir in Form von Vertrauen einer Vielzahl von sozialen Einrichtungen gegenüber zu machen gezwungen sind. Ohne sie vermöchten wir die komplexe soziale Wirklichkeit überhaupt nicht sinnvoll zu bewältigen. Zwar klammert gerade Luhmann den emotionalen Aspekt von Vertrauen aus seiner Untersuchung gänzlich aus.[2] Dennoch gelten seine Schlussfolgerungen auch aus unserer Sicht ganz uneingeschränkt: Ohne ein ausreichendes allseitiges »Ver-

1 Luhmann (1973).
2 Vgl. hierzu Ciompi (2004).

trauenskapital« vermag auf Dauer keine Gemeinschaft zu existieren; (begründetes) Vertrauen ist somit zusammen mit Freude, Sympathie und Liebe eines der wichtigsten prosozialen Gefühle.

Neuere emotionsbiologische Befunde und der Traum vom kollektiven Glück

Bevor wir uns der Untersuchung konkreter Beispiele zuwenden, müssen wir noch einmal auf die moderne neurobiologisch-evolutionäre Forschung zu sprechen kommen, in welcher Emotionen und ihre Wechselwirkungen mit kognitiven Funktionen zur Zeit, wie schon im ersten Kapitel berichtet, eine prominente Rolle spielen. Neuerdings hat diese Forschung nämlich eine Reihe von Zusammenhängen zutage gefördert, die für das Thema der gemeinschaftsbildenden Gefühle von großer Bedeutung sind. Dazu gehören namentlich die bereits erwähnten Befunde zu den so genannten Spiegelneuronen, die das motorische, sensorische und emotionale Verhalten von beobachteten Menschen im Gehirn richtiggehend spiegeln. Sie gelten heute als die wohl wichtigste neurobiologische Grundlage für die Fähigkeit zu Empathie und Mitgefühl, zur Nachahmung und zur emotionalen Ansteckung.[3] Auf dieser Basis spielen persönliche Vorbilder bei der sozialen Ausbreitung von positiven Emotionen eine Schlüsselrolle. Auf demselben Mechanismus beruhen vermutlich ebenfalls die uns schon mehrfach begegneten Synchronisierungserscheinungen innerhalb einer Menschenmenge. Insofern gibt es auch auffällige Parallelen zwischen dem menschlichen Kollektivverhalten und dem Verhalten von Fisch- oder Vogelschwärmen, auf die wir am Schluss des Buches noch einmal zurückkommen werden. Eine menschliche »Schwarmintelligenz«, die weniger durch herausragende Einzelpersonen als vielmehr durch das Gesamt der kollektiven Intelligenzleistungen verkörpert wäre, ist denn neuerdings auch Gegenstand regen wissenschaftlichen Interesses.[4]

Andere für unser Thema bedeutsame Befunde zeigen, dass soziale Erniedrigung hormonal praktisch gleich wirkt wie körperlicher Schmerz und Körper wie Geist auch entsprechend beeinflusst. Einer der eindrucksvollsten Belege für die tiefen psychosomatischen Wirkungen von sozialer Entwertung ist der so genannte psychogene Tod aufgrund eines Voodoo-Zaubers, durch den ein Mensch so radikal entwertet werden kann, dass er – wie vielfach belegt – aus Beschämung nicht selten innerhalb kurzer Zeit stirbt.[5] Der »Zauber« besteht darin, dass einer symbolischen Puppe Schmerz zugefügt wird. Gleichzeitig wird der

3 Vgl. hierzu insbesondere Bauer (2005, 2008) und Pineda (2009).
4 Vgl. Surowiecki (2007).
5 Vgl. Bauer (2005, S. 110).

Betroffene auf erniedrigende Weise aus der Gruppe ausgestoßen. Daraus entwickelte sich sekundär der Aberglaube, dass die symbolischen Handlungen an der Puppe allein den Tod herbeizuführen imstande seien. Dass soziale Demütigung und Ächtung wie körperliche Schmerzen empfunden werden können, ist auch für das Thema Mobbing und die Erscheinung des Amoklaufens von Bedeutung. Ebenso wichtig ist es für das Verständnis von psychischen Traumata und die Eskalation von Konflikten. Wie tief biologische Reaktionen auf soziale Entwertung in der Evolution verankert sind, zeigt sich übrigens frappant an Beobachtungen einer mittelamerikanischen Leguanart, bei der sich das hierarchisch führende Männchen durch eine leuchtend weiße Stirnfärbung auszeichnet. Wird es aber im Zweikampf von einem stärkeren Rivalen besiegt, so verwandelt sich diese Färbung augenblicklich in ein schmutziges Braun. Gleichzeitig macht das bisherige Dominanzgebaren des Männchens einer schlaffen und unterwürfigen Körperhaltung Platz, und entsprechend verändert sich sofort auch das Verhalten der ganzen Gruppe.

Die Erforschung der neurochemischen Grundlagen solcher Phänomene hat ergeben, dass vom Gehirn abgesonderte so genannte Botenstoffe wie Oxytocin, Dopamin und opiumähnliche Stoffe (Endorphine = körpereigene Opioide) für die Entstehung und Ausbreitung von positiven Gefühlen verantwortlich sind. Die Produktion des so genannten Glückshormons Oxytocin etwa wird, wie experimentell nachgewiesen, von der körperlichen Nähe einer sympathischen oder antipathischen Person signifikant beeinflusst. Ein richtiger »Oxytocinstoß« erfolgt zum Beispiel, wenn eine sympathische Person ihre Hand auf die Hand einer Versuchsperson legt.[6] Endorphine, die eine protektive und euphorisierende Wirkung haben, werden sowohl bei körperlicher Anstrengung wie auch bei starken physiologischen Schmerzen – zum Beispiel unter der Geburt – ausgeschüttet. Das (unter anderem) in Verbindung mit lustvollen Gefühlen freigesetzte Dopamin seinerseits befördert die Entstehung von neuen neuronalen Verschaltungen und spielt damit bei der Entwicklung des kindlichen Gehirns eine Schlüsselrolle. Insbesondere in den ersten drei Lebensjahren erweitert das lustvolle Spiel zwischen Mutter und Kind den kognitiven wie emotionalen Horizont eines Kindes nachgewiesenermaßen signifikant.[7] Aber auch noch im Erwachsenenalter öffnen Liebe und andere prosoziale Gefühle durch neurobiologische Veränderungen buchstäblich »Sinn und Herz«. Andererseits sind unverarbeitete Traumata und Ängste imstande, durch schädigende Dauerwirkungen von Stresshormonen wie Adrenalin, Noradrenalin und Cortisol vorhandene neuronale Verschaltungen bis ins Erwachsenenalter hinein zu hemmen oder gar zu zerstören.

6 Vgl. hierzu unter anderem Kosfeld et al. (2005) und Burgdorf und Panksepp (2006).
7 Vgl. Maturana und Verden-Zöller (1994).

Bedeutungsvoll ist für unser Thema des Weiteren die Erkenntnis, dass Zusammenarbeit zwischen Individuen, also ein eminent prosoziales und mit entsprechend positiven Affekten verbundenes Verhalten, nach der neueren Evolutionsforschung keineswegs nur bei höheren Tieren mit entscheidenden Selektionsvorteilen einhergeht. Eine für die Gemeinschaft förderliche Kooperation wurde schon bei einfachsten Organismen, so etwa bei Hefe, nachgewiesen, bei denen sich ein Teil einer Population in einer »Hungersnot« (wie man anthropozentrisch formulieren könnte) zugunsten des Überlebens eines anderen Teils »opfert«, das heißt gewissermaßen »Selbstmord begeht«. Einfachste Ansätze zur Zusammenarbeit, wie sie bereits bei Kleinstlebewesen zu finden sind, entwickelten sich im Lauf der Evolution zu differenzierten Formen der sozialen Bindung und gegenseitigen Abhängigkeit, wie sie das Leben der meisten Säugetiere bestimmen und im menschlichen Dasein ein Höchstmaß an Vielschichtigkeit und Variantenreichtum erreicht haben. Ganz entgegen dem lange Zeit dominierenden (und vor allem vom britischen Biologen und »Evolutionspapst« Richard Dawkins prominent vertretenen) Dogma des so genannten Sozialdarwinismus, der von seinen Anhängern flugs zu einer »wissenschaftlich fundierten« ultraliberalen Wirtschafts- und Gesellschaftstheorie emporstilisiert wurde, überlebt evolutionär also keineswegs einfach nur der Stärkste oder auch Brutalste und Gerissenste, sondern vielmehr derjenige, der individuelle Stärke mit einer differenzierten Fähigkeit zur Zusammenarbeit – mit »sozialer Kompetenz«, wie es heute heißt – zu verbinden weiß. Ebenfalls entgegen dieser Saga ahnte diesen Sachverhalt, wie Gerald Hüther in seinem Buch »Die Evolution der Liebe« mit eindrucksvollen Zitaten belegt,[8] durchaus auch schon Darwin selbst. Jedenfalls ist auch ihm nicht entgangen, dass angeborenes Kooperationsverhalten im Tierreich weit verbreitet und überlebenswichtig ist.

Insgesamt belegen alle diese Befunde die evolutionär verankerte Unverzichtbarkeit jener prosozialen Gefühle, die wir schon beim Tier als positive Affekte und beim Menschen letztlich als Liebe im weiten wie engen Sinn bezeichnen. Obwohl Freude, Lust und Liebe eher flüchtige Erscheinungen sind, die sich höchstens momentweise voll entfalten, spielen die dadurch bewirkten tiefen neurobiologischen Bahnungen doch sowohl auf der individuellen wie kollektiven Ebene die Rolle eines mächtigen, von der weisen Natur in unsere genetische Ausstattung eingebauten Attraktors ganz im chaostheoretischen Sinn. Dieser Attraktor leitet unser ganzes Tun und Lassen wie ein Kompass ständig auf die Suche nach Lust beziehungsweise nach Vermeidung von Unlust hin und ist damit ein lebenswichtiger Gegenpol zu allem Leid, dem wir immer wieder ausgesetzt sind. Er hält aller Unbill zum Trotz die Hoffnung auf Besserung aufrecht und ist damit auch die Basis unserer kollektiven Sehnsucht nach

8 Hüther (2007, S. 32 ff.).

einer friedlicheren und glücklicheren Welt. Nur dieser »Traum vom kollektiven Glück« befähigt letztlich eine Gemeinschaft, sich selbst nach schwersten Traumen wieder zu erholen, anstatt in Verzweiflung und Resignation zu versinken.

Die Wirkung von gemeinschaftsbildenden Gefühlen in sozialen Kleingruppen

Jedermann kennt die nähe- und bindungsschaffende Wirkung von positiven Gefühlen aus dem eigenen persönlichen oder beruflichen Erleben. Einer Person, einer Örtlichkeit oder Sache, die uns Freude und Lust bereitet, suchen wir nahe zu kommen und nahe zu bleiben. Ein glückliches Liebesverhältnis ist gewiss die aufregendste Erfahrung dieser Art. Die erste grundlegende Situation aber, die soziale Bindungen und günstigenfalls ein so genanntes Urvertrauen schafft, ist zweifellos die Mutter-Kind-Beziehung. Die Qualität der ersten Beziehung zwischen Kind und nächster Bezugsperson ist, wie zahlreiche Studien beweisen, von grundlegender Wichtigkeit für die spätere soziale Entwicklung des Kindes. Fehlende Liebe und Geborgenheit in der Frühphase der Entwicklung gefährdet die körperliche und seelische Gesundheit und führt im schlimmsten Fall zum Tod. Dies hatte vor Jahrhunderten schon ein grausames Experiment des Staufenkaisers Friedrich II. (1194–1250) an den Tag gebracht: Er wollte herausfinden, welche Sprache Neugeborenen in die Wiege gelegt sei. Zu diesem Zweck isolierte er mehrere Säuglinge von der Außenwelt und befahl den Ammen, sie zu ernähren und sauber zu halten, jedoch ohne mit ihnen zu sprechen und ohne jede Form der zärtlichen Fürsorge. Die Folge war, dass alle Säuglinge trotz guter körperlicher Pflege starben. Durchaus analoge Beobachtungen machte im 20. Jahrhundert der Genfer Psychoanalytiker René Spitz bei Säuglingen, die lieblos in Heimen dahinsiechten.[9]

Auch die emotionale Familienatmosphäre hinterlässt nachhaltige Spuren je nach Art der vorherrschenden Leitgefühle. Landesweite Vergleichsstudien in Finnland haben zum Beispiel ergeben, dass Adoptivkinder mit einer erblichen Belastung mit Schizophrenie, die in einer harmonischen Familienumgebung aufwuchsen, im Erwachsenenalter nicht häufiger an psychischen Störungen erkrankten als die Durchschnittsbevölkerung. Dagegen stieg die Erkrankungswahrscheinlichkeit bei ungünstiger Familienatmosphäre hochsignifikant an.[10] Parallel dazu bestätigten englische Untersuchungen zu den so genannten »expressed emotions«, dass eine aggressiv-invadierende Familienatmosphäre bei

9 Spitz (2005).
10 Vgl. Tienari et al. (1985).

Psychosegefährdeten krankheitsauslösend, eine liebe- und verständnisvoll tolerante Haltung dagegen protektiv wirkt.[11]

Vielerlei Erfahrungen aus dem Bereich der Sozialpsychiatrie,[12] dem früheren Arbeitsfeld des Erstautors, weisen in die gleiche Richtung, darunter die erstaunlich positiven Wirkungen der Wohngemeinschaft »Soteria Bern«, einer seit 1984 bestehenden, kleinen und familienartigen Spezialeinrichtung zur milieu- und psychotherapeutischen Behandlung von Menschen, die an einer akuten schizophrenen Psychose leiden. Gewöhnlich werden solche Patienten in der »unruhigen Abteilung« einer psychiatrischen Großklinik mit hohen Dosen von beruhigenden Medikamenten (den so genannten Neuroleptika) behandelt, die ihrer psychischen und körperlichen Nebenwirkungen wegen indes nicht ungefährlich sind. Nicht nur die vielfach wechselnden Betreuer und Mitpatienten, sondern auch die meist sehr kurzen Aufenthaltszeiten auf den einzelnen Abteilungen machen es nahezu unmöglich, dass sich nachhaltige Vertrauensbeziehungen zwischen Betreuern und Betreuten entwickeln können. In der »Soteria« dagegen liegt das Hauptgewicht auf einem emotional möglichst positiven, konstanten, Vertrauen und Geborgenheitsgefühl einflößenden Behandlungsmilieu und einem entsprechend gestalteten Umgang mit den Bewohnern. Die Betreuer werden aufgrund ihrer Fähigkeit zur Empathie speziell ausgewählt und regelmäßig weiter geschult. Gemeinsam erledigte Hausarbeiten wie kochen, einkaufen, Mahlzeiten planen, putzen und gärtnern werden therapeutisch zur Beziehungsgestaltung und Wiederherstellung eines normalen Realitätsbezugs genutzt. Vergleichsuntersuchungen haben ergeben, dass auf diesem Weg mit drei- bis fünfmal weniger Medikamenten (und notabene auch mit um 10–20 % geringerem finanziellem Aufwand) objektiv mindestens ebenso gute und hinsichtlich des subjektiven Erlebens von Patienten und Angehörigen häufig deutlich bessere Resultate erzielt werden konnten als mit der klinischen Routinebehandlung. Der zentrale therapeutisch wirksame Faktor ist aller Wahrscheinlichkeit nach die nachhaltige emotionale Entspannung, die dieses Milieu befördert, und damit dem spannungsbedingten Umschlag vom Normalverhalten zur Psychose entgegenwirkt.[13]

Ein weiteres Beispiel aus demselben sozialtherapeutischen Rahmen zeigt frappant, was für Folgen eine negative oder positive Arbeitsatmosphäre in einem mittelgroßen Betrieb zu zeitigen vermag. Zugleich weist es auf bemerkenswerte emotionale Wechselwirkungen zwischen Belegschaft und Chef hin:

11 Leff und Vaughn (1985).

12 Die Sozialpsychiatrie sucht psychische Störungen in ihrer Wechselwirkung mit ihrem engeren und weiteren sozialen Umfeld (Familie, Arbeitsplatz, Wohnquartier, Gesellschaft) zu verstehen und zu behandeln.

13 Für genauere Informationen vgl. Ciompi et al. (1991, 2001), Ciompi (1993a, 1993b) und www.ciompi.com.

1977 übernahm ich (L. C.) die Leitung der neu geschaffenen sozialpsychiatrischen Universitätsklinik Bern. Meine Aufgabe war es, ein regionales Netzwerk von damals neuartigen gemeindenahen Einrichtungen wie Tagesklinik, Kriseninterventionsstation, Ambulatorien, Wohnheime, geschützte Werkstätten und Wohnungen zur Teilzeitbetreuung und sozialen Wiedereingliederung von psychisch kranken Menschen aufzubauen. Das Personal hierfür (anfänglich rund 40, mit der Zeit rund 70 Schwestern, Pfleger, Sozialarbeiter, Werkstattleiter, Psychologen und Ärzte) musste größerenteils vom Stellenetat der seit Jahrzehnten bestehenden psychiatrischen Universitätspoliklinik abgezweigt werden, was von vornherein für viel Ärger, Misstrauen und Trennungsängste sorgte. Obendrein führte ich als frischgebackener Chef tatenlustig sofort allerhand Neuerungen ein, die auf Unverständnis stießen, darunter eine wöchentliche Betriebsversammlung. Auch veröffentlichte ich zur Erläuterung meiner Absichten einen Zeitungsartikel, in welchem ich ein von mir in einem anderen Kanton geschaffenes ähnliches Netzwerk wenig diplomatisch als Vorbild hinstellte. Die Folge war, dass die emotionalen Spannungen im Betrieb kontinuierlich anstiegen. Einige wichtige Mitarbeiter kündigten mit Eklat, andere bildeten eine konspirative Gruppe, um meine Pläne zu durchkreuzen, und die Betriebsversammlungen verliefen chaotisch. Was immer ich unternehmen wollte, begegnete kompaktem Teamwiderstand.

Eine gewisse Entspannung stellte sich nach Monaten überraschenderweise nach einem Eklat meinerseits ein, als ich, statt wie bisher immer krampfhaft ruhig und sachlich zu bleiben, in einer Betriebsversammlung plötzlich explodierte und meinem Unmut deutlich Luft machte. Später erfuhr ich, dass die Leute erst dann begonnen hätten, mich »emotional zu spüren« und meine Pläne ernst zu nehmen. Ein erstes Zeichen einer Änderung war eine wie nebenbei gemachte Bemerkung einer zufällig in der Stadt angetroffenen Mitarbeiterin, dass es »sicher hart« sei für mich. Auch persönlich ausgewählte neue Mitarbeiter, die an die Stelle der Ausgetretenen traten, trugen zur Beruhigung bei. Etwa nach einem Jahr forderte eine Gruppe von chronisch Unzufriedenen in der Betriebsversammlung energisch die Realisierung einer angeblich von der Leitung nicht gebührend beachteten Idee für ein quartierzentriertes Ambulatorium, die in Wirklichkeit ich selbst vor Monaten in Umlauf gebracht hatte. Nachdem die Leitung »nachgegeben« und die Verwirklichung dieses Projekts ermöglicht hatte, ging es sowohl hinsichtlich der kollektiven emotionalen Atmosphäre wie der Arbeitsleistung und -qualität fast kontinuierlich aufwärts. Auch andere Gruppen begannen kreative Initiativen zu entwickeln; in den wöchentlichen Teamsitzungen bildete sich eine konstruktive, auch zur Konfliktbewältigung geeignete Gesprächskultur heraus. Nach außen erlangte die Klinik zunehmend den Ruf einer attraktiven Pionierinstitution, deren Arbeitsweise zahlreiche Besucher aus dem In- und Ausland anlockte. Heute, über 15 Jahre nach meiner Emeritierung, verbinden mich immer noch freundschaftliche Beziehungen mit vielen meiner ehemaligen Mitarbeiterinnen und Mitarbeiter.

Das Beispiel zeigt insbesondere, dass und wie eine kollektive Missstimmung einen ganzen Betrieb zu blockieren, eine positive Stimmung dagegen eine konstruktive und kreative Entwicklung in Gang zu bringen vermag. Affektlogisch von Interesse sind wie gesagt auch die emotionalen Wechselwirkungen zwischen Belegschaft und Chef sowie der überraschend durch einen Gefühlsausbruch des Letzteren ausgelöste Umschlag von vorwiegend negativen zu vorwiegend positiven Kollektivgefühlen.

Zwischen dem sozialen Klein- und Großbereich gibt es unzählige Zwischenstufen, auf denen Emotionen ähnlich wirken wie an den beiden Extrempolen. Überall erscheinen bestimmte Emotionen, angefacht durch Interessen aller Art, als die eigentlichen Motoren und Organisatoren des kollektiven Denkens und Verhaltens. Auf einer solchen Zwischenstufe spielen sich, wie schon erwähnt, auch die Wellen von kollektiver Begeisterung ab, die etwa nach sportlichen Siegen über ganze Nationen hinwegzufluten pflegen. Wir sehen in diesen oft nur von einer winzigen Minderheit – zum Beispiel einer Fußballmannschaft – oder gar einem einzigen Athleten vollbrachten, aber alsbald von der ganzen Gemeinschaft als Eigenleistung verbuchten Erfolgen stellvertretende kollektive Wunscherfüllungen, die im Dienst eines positiven kollektiven Selbstbildes stehen und oft genug auch dazu dienen, ein ramponiertes Selbstgefühl wieder aufzuwerten. Besonders deutlich war dies in den letzten Jahren beispielsweise in der Schweiz der Fall, wo sowohl die stürmisch gefeierten Turniersiege des Tennisidols Roger Federer wie auch der Triumph der Schweizer Juniorenmannschaft in der Fußballweltmeisterschaft der unter 17-Jährigen im Jahr 2009 Balsam auf die Wunden war, die dem Schweizer Nationalgefühl in den letzten Jahren durch eine Folge von beschämenden Affären zugefügt worden waren.[14]

Staatenbildende Wir-Gefühle und die Folgen ihres Fehlens

Eine Fülle von weiteren Erscheinungen belegt die gemeinschaftsschaffende Wirkung von positiven Kollektivgefühlen auch auf der makrosozialen Ebene. Besonders interessant ist darunter das staatenbildende Phänomen des Nationalismus, das, erwachsen aus dem Lebensgefühl der Romantik und dessen Suche nach den eigenen Wurzeln, auf die politische Vereinigung von Volksgruppen gleicher Herkunft, Sprache und Kultur hinzielt. Ein solcher Nationalismus, charakterisiert durch positive Kollektivgefühle für die eigene Volksgruppe und negative für

14 So war in den Neunzigerjahren an den Tag gekommen, dass Schweizer Großbanken »herrenlose Gelder« verschollener Juden seit dem Krieg stillschweigend genutzt hatten. 2001 folgte die »nationale Katastrophe« der Swissair-Pleite, 2009/2010 die erfolgreichen Attacken der internationalen Gemeinschaft auf das Schweizer Bankgeheimnis und das Erlebnis der kollektiven Ohnmacht gegen die Vergeltungsmaßnahmen des libyschen Diktators Gaddafi für eine kurze Inhaftierung seines Sohnes Hannibal in Genf. Auch das 2009 durch eine Volksinitiative durchgesetzte, die Muslime diskriminierende Minarettverbot wurde von vielen Schweizern als nationale Schande empfunden.

»Volksfremde«, begann im Europa des 19. Jahrhunderts plötzlich wie eine Seuche um sich zu greifen. Vorher war der – angeblich erstmals vom deutschen Humanisten Johann Gottfried Herder (1744–1803) in Umlauf gebrachte – Begriff der »Nation« im heutigen Sinn so gut wie unbekannt. Fast alle politischen Gebilde waren (wie durch Jahrhunderte hindurch insbesondere die habsburgische Donaumonarchie, aber auch das »Heilige Römische Reich Deutscher Nation«) Vielvölkerstaaten, die ihre Grenzen je nach den wechselnden Eroberungszügen, Zweckheiraten und Erbschaftsangelegenheiten mächtiger Fürsten über alle ethnischen Schranken hinweg verschoben und veränderten.

Begünstigt auch durch die tiefen sozialen Umwälzungen, welche die Französische Revolution, die Industrialisierung und die Verbürgerlichung der Gesellschaft im 19. Jahrhundert mit sich gebracht hatten, entwickelten sich nationalistische Gemeinschaftsgefühle mehr und mehr zu einem der mächtigsten Motoren und Organisatoren, die imstande waren, Volksgruppen (angeblich) gleicher Herkunft, Sprache und Kultur zu »nationalen Einheiten« zusammenzuschweißen – und Angehörige anderer Kulturen gleichzeitig nicht selten auf grausamste Weise auszugrenzen. Ohne Berücksichtigung des historischen Nationalismus bleibt die heutige politische Landkarte weit über Europa hinaus unverständlich. Griechenland, Italien, Deutschland, Serbien, Ungarn, Norwegen, Tschechien und nicht zuletzt auch Israel verdanken ihm – um nur einige Beispiele herauszugreifen – ihre Existenz. Im zweiten Kapitel dieses Buches haben wir zudem die verhängnisvolle Rolle beschrieben, die auf Hochglut getriebene nationalistische Kollektivgefühle im deutschen Nationalsozialismus von 1933 bis 1945 gespielt haben. Von Interesse ist im Hinblick auf die gemeinschaftsbildende Rolle von positiven Gefühlen aber auch, dass selbst ethnisch ganz uneinheitliche Staatsgebilde wie etwa die USA oder, im Kleinen, die multikulturelle Schweiz aufgrund einer gemeinsamen Vergangenheit positive Identitätsgefühle zu entwickeln vermögen, die für den nationalen Zusammenhalt unentbehrlich sind und zuweilen auch durchaus chauvinistische Züge annehmen können.

Besonders augenfällig trat die staatenbildende Wirkung von nationalistischen Gefühlswogen seinerzeit bei der Einigung Italiens in der Ära des so genannten »Risorgimento« (von rund 1815 bis 1870) und speziell beim berühmten »Zug der 1000« des Volkshelden Giuseppe Garibaldi im Jahr 1860 in Erscheinung: Zur Verblüffung von ganz Europa gelang es Garibaldi damals mit einer Schar von anfänglich nur rund 1000 begeisterten Freiwilligen, die indes in kürzester Zeit auf über 30.000 Mann angeschwollenen war, unter der Devise der nationalen Einigung von Sizilien her im Handumdrehen den gesamten italienischen Süden mit Einschluss von Neapel zu erobern. Dass er bald auch Rom und den Vatikanstaat zu Fall bringen würde, schien nur eine Frage der Zeit. Aufgrund dieser Situation konnte dann Graf von Cavour, Garibaldis geschickter Mit- und zugleich Gegenspieler, noch im selben Jahr den bis heute bestehenden italienischen Nationalstaat schaffen. Ein anderes ebenfalls sehr sprechendes

Beispiel aus dem 19. und beginnenden 20. Jahrhundert ist der Befreiungskampf der Griechen von der Herrschaft der Osmanen, der von der Begeisterung des ganzen gebildeten Europas mitgetragen wurde. Auch hier spielten kollektive emotionale Energien, die von hochschlagenden Gefühlswogen freigesetzt wurden, als Motoren und Organisatoren des kollektiven Denkens und Handelns eine Schlüsselrolle.

Unserem eigenen Erleben noch viel näher sind die spektakulären Ereignisse, die sich am 9. November 1989 rund um den Fall der Berliner Mauer und die nachfolgende deutsche Wiedervereinigung abgespielt haben. Auch sie waren eminent von kollektiven Emotionen angetrieben. Wir haben in diesem Zusammenhang schon wiederholt von einem typischen Schmetterlingseffekt – einer von einer vergleichsweise winzigen Ursache ausgelösten riesigen Wirkung – gesprochen. Genauer besehen handelt es sich hier sogar um mehrere solche Schmetterlingseffekte beziehungsweise um eine Kaskade von verhältnismäßig kleinen Anlässen, die alle zum gewaltigen schließlichen Endeffekt – zuerst zur deutschen Wiedervereinigung und dann zur Implosion des ganzen riesigen Sowjetreichs und zum abrupten Ende des jahrzehntelangen »Kalten Krieges« zwischen dem Osten und dem Westen – beigetragen haben. Dass solche verhältnismäßig kleinen, aber wichtigen Anstöße von verschiedensten Seiten zugleich kamen, ist denn auch an den großen Berliner Festlichkeiten vom 9. November 2009 zum zwanzigjährigen Jahrestag des Mauerfalls in eindrücklicher Weise augenfällig gemacht worden: Quer durch die ganze Stadt liefen Reihen von überdimensionierten, erleuchteten Dominosteinen, die von verschiedenen Seiten angestoßen und zu Fall gebracht wurden. Den ersten Anstoß gab der ehemalige polnische Arbeiterführer Lech Wałęsa zur Erinnerung an die von der Gewerkschaft »Solidarność« 1981 ausgelösten Danziger Unruhen, die die sowjetische Herrschaft erstmals ernsthaft von innen her erschütterten. Ein weiterer Anstoß kam vom früheren ungarischen Premierminister Miklós Németh, der im Sommer 1989 mit seinem Entschluss, die ungarisch-österreichischen Grenze für zehntausende Flüchtlinge zu öffnen, das dortige Regime entscheidend labilisierte. Auf die affektdynamisch und -energetisch zweifellos ausschlaggebende Bedeutung der allwöchentlichen Leipziger Montagsdemonstrationen im Vorfeld des Mauerfalls, die die kollektive emotionale Spannung auf einen kritischen Siedepunkt hintrieben und damit den Umschlag in ein ganz anderes affektiv-kognitives Funktionssystem oder »Regime«, chaostheoretisch formuliert, richtiggehend erzwangen, haben wir schon einleitend hingewiesen. Aber auch die »Perestroika« (zu deutsch »Umbau«, »Umstrukturierung«) des damaligen russischen Regierungschefs Michail Gorbatschow und sein Verzicht auf Gewaltanwendung im kritischen Moment sowie der kurz zuvor ertönte Ruf des US-amerikanischen Präsidenten Ronald Reagan »Weg mit dieser Mauer!« können mit einem gewissen Recht den Anspruch erheben, den entscheidenden Anstoß zur Wende gegeben zu haben. Und als ein letzter typischer Schmetterlingseffekt ist schließlich der groteske Kommunikationsfehler des ostdeutschen Regierungssprechers Günter Schabowski zu werten, der in einer Pressekonferenz am Abend des 9. November irrtümlich von einer ab sofort erlaubten Ausreise in den Westen sprach und damit den – dann nicht mehr aufzuhaltenden – ostdeutschen Massenansturm auf die Berliner Mauer auslöste.

Wie wichtig positive Wir-Gefühle gerade auch auf der makrosozialen Ebene sind, zeigt sich nicht zuletzt an den Folgen ihres Fehlens: Wenn an ihre Stelle überwiegend negative Leitgefühle wie Misstrauen, Angst und Aggressivität zwischen ethnischen oder anderen Untergruppen treten, so fallen selbst große Staatsgebilde wie etwa Ex-Jugoslawien nach dem Tod Titos im Jahr 1980 oder die Sowjetunion nach 1989 früher oder später unweigerlich auseinander. Hier wie dort nahmen zentrifugale Tendenzen sofort überhand, sobald einmal die Macht eines totalitären Regimes, welche verfeindete Volksgruppen eine Zeit lang mit Gewalt zusammenhielt, genügend abgebröckelt war. Einer ganz ähnlichen Dynamik folgen ebenfalls kleinräumigere Kollektivbewegungen wie etwa die lokalen Separatismen in Spanien oder Irland. Im selben Zusammenhang ist ferner an die vielen gespaltenen oder »gescheiterten« Staaten wie aktuell Somalia oder der Sudan zu erinnern, wo Gemeinschaftsgefühle entweder überhaupt nicht existieren oder viel zu schwach sind, um einen staatlichen Zusammenhalt zu gewährleisten.

Eine andere Kehrseite von Wir-Gefühlen ist die Tatsache, dass Gemeinschaftsbildung immer mit Ausgrenzung einhergeht: Ausgeschlossen werden unausweichlich diejenigen, die »nicht dazu gehören«. Mit größter Brutalität erfolgte eine solche Ausgrenzung im Nationalsozialismus; in mehr oder weniger krasser Form war oder ist sie aber auch in den USA oder Südafrika (gegenüber den Indianern, den Schwarzen und/oder Latinos), in Israel (gegenüber den Arabern), bei allen »ethnischen Säuberungsaktionen« und, bei genauem Hinsehen, praktisch in jeder Gesellschaft gegen »die Fremden« zu erkennen. »Liebe« im weitesten Sinn geht offenbar unausweichlich mit Aggressivität einher – ein tiefgründiger Sachverhalt, mit dem wir uns im nächsten Kapitel noch näher auseinandersetzen werden.

Das Phänomen Obama – ein universaler Hoffnungsträger

Beschäftigen wir uns zum Abschluss dieses Kapitels noch mit einem ebenfalls stark von kollektiven Emotionen gesteuerten Makrophänomen, das zur Zeit der Niederschrift dieses Buches (2009/2010) noch in vollem Gang war und dessen Ausgang aller Wahrscheinlichkeit nach entscheidend von emotionalen Faktoren abhängen wird: Wie der Fall der Berliner Mauer von 1989 und der nachfolgende Kollaps der Sowjetunion, so ist auch die Tatsache, dass der farbige demokratische Präsidentschaftskandidat Barack Obama am 4. November 2008 zum 44. Präsidenten der Vereinigten Staaten von Amerika gewählt wurde, eines jener kurz zuvor noch völlig undenkbar scheinenden politischen Großereignisse, wie sie, von mächtigen emotionalen Kollektivenergien angetrieben, entgegen allen Expertenerwartungen doch immer wieder passieren können. Innerhalb weniger Monate war dieser bis anhin selbst den meisten Amerikanern kaum bekannte 47-jährige Senator aus Illinois zu einem universalen Hoffnungsträger aufgestiegen, von dem sich unzählige Menschen nicht nur in den USA, sondern auch in ganz Süd- und Mittelamerika, Europa, Afrika und Asien nach den düsteren Jahren der Bush-Administration eine Wendung zum Besseren erhofften. Prosoziale Leitgefühle wie Sympathie, Vertrauen und vor allem Hoffnung spielten ohne Zweifel in dieser erstaunlichen Entwicklung eine zentrale Rolle. Sie verdeutlicht nicht nur die Macht von positiven Gefühlen wie kein anderes politisches Großereignis aus der jüngeren Vergangenheit, sondern stellt auch ein weiteres Schulbeispiel für die emotionalen Wechselwirkungen dar, die sich unter geeigneten Umständen zwischen einer charismatischen Einzelfigur und einer empfänglichen Gesellschaft zu entwickeln vermögen.[15]

Barack Hussein Obama wurde am 4. August 1961 als Sohn eines schwarzen Kenianers und einer weißen Amerikanerin auf Hawaii geboren. Sein Vater Barack Hussein Obama senior, der Sohn eines angesehenen kenianischen Landwirts und Heilers muslimischen Glaubens namens Hussein Onyango Obama aus dem Stamm der Luo, war ein brillanter Student der Nationalökonomie an der Manoa-Universität in Hawaii. Die Mutter Stanley Ann Dunham, eine fröhlich-unbekümmerte Frau mit ausgeprägten sozialen Fähigkeiten, stammte aus einer in Kansas ansässigen amerikanischen Mittelstandsfamilie schottisch-englischer Herkunft und studierte an der gleichen Universität Anthropologie. Als Barack junior drei Jahre alt war, ließen sich die Eltern scheiden; bis ins sechste Jahr wurde er in Hawaii liebevoll von der Mutter und deren Eltern aufgezogen. Nach der zweiten Heirat der Mutter mit einem Indonesier lebte Barack 1967–1971 in Jakarta, wo er rasch Indonesisch lernte und für je rund zwei Jahre zuerst eine vorwiegend muslimische und dann eine katholische Schule besuchte. Mit zehn Jahren kehrte er zu den Großeltern nach Hawaii zurück und ging dort in eine renommierte amerikanische Privatschule. Sein Vater, der nach der Scheidung sein Studium an der Harvard University in Cambridge (Massachusetts) mit Glanz zu Ende geführt und darauf unter wechselnden Umständen in Kenia gelebt hatte, starb 1982 an einem Autounfall; Barack sah ihn anlässlich eines Besuchs in Hawaii mit zehn Jahren zum letzten Mal. Die Mutter verstarb 1995 an Krebs.

15 Die folgenden Ausführungen stützen sich, neben Presseberichten und Internetinformationen, hauptsächlich auf die autobiografischen Bücher Barack Obamas (2007, 2009) sowie auf das Buch von Peter Rudolf über die amerikanische Außenpolitik unter Obama (Rudolf, 2010).

Von 1979–1983 studierte Obama in New York und Los Angeles Politikwissenschaften mit Schwerpunkt »Internationale Beziehungen«. Darauf arbeitete er ein Jahr lang in einem New Yorker Wirtschaftsberatungsunternehmen und engagierte sich ab 1985 drei Jahre als Community Organizer und Sozialarbeiter in einem schwarzen Armenviertel in Chicago. 1988–1991 studierte er Verfassungsrecht an der berühmten Harvard Law School; anschließend arbeitete er in Chicago als Bürgerrechtsanwalt und unterrichtete zehn Jahre lang als Professor für Verfassungsrecht an der University of Chicago. Öffentliches Aufsehen erregte er erstmals, als er 1990 zum ersten afroamerikanischen Präsidenten der landesweit renommierten Fachzeitschrift »Harvard Law Review« gewählt wurde. Ein Verleger veranlasste ihn daraufhin zur Abfassung seines autobiografischen Buches »Ein amerikanischer Traum. Die Geschichte meiner Familie« (1995), das zusammen mit dem politisch-programmatischen Zweitbuch von 2006 »Hoffnung wagen. Gedanken zur Rückbesinnung auf den American Dream«[16] zu einer wichtigen Grundlage für seine politischen Erfolge wurde. Obamas Bücher bestechen, neben einem blendenden journalistischen Stil, nicht nur durch die Klarheit und Weitsicht seines Denkens und die durchweg prosoziale Natur der diesem Denken zugrunde liegenden Leitgefühle, sondern auch durch seine persönliche Bescheidenheit, Selbstkritik und Ehrlichkeit. Selbst wenn beide Bücher, wie von gewissen Kritikern behauptet, nicht ohne die Hilfe eines »Ghostwriters« zustande gekommen sein sollten, so ist doch an deren inhaltlicher Authentizität aufgrund der ganzen übrigen Haltung des Autors überhaupt nicht zu zweifeln.

Obamas politische Tätigkeit begann mit einer Kampagne zur Wählerregistrierung von afroamerikanischen Bürgern in Chicago anlässlich des Präsidialwahlkampfs von Bill Clinton im Jahr 1992, in der er mehr als 150.000 neue Wähler zu mobilisieren vermochte. 1996 wurde er als Vertreter der Demokraten in den Senat von Illinois gewählt, wo er in den folgenden Jahren zahlreiche Gesetzesinitiativen sozialen Inhalts (Hilfe für arme Arbeiterfamilien, Unterstützung für Menschen ohne Krankenversicherung, schärfere Waffengesetze, videobasierte Verhörskontrollen bei Anklage auf Todesstrafe u. a. m.) durchbrachte. Im Jahr 2000 unterlag er auf nationaler Ebene als demokratischer Kandidat für das Repräsentantenhaus, aber 2004 schaffte er den Sprung in den amerikanischen Senat mit der sensationellen Mehrheit von 70 % gegen 27 % der Stimmen seines demokratischen Gegenspielers. Ein Meilenstein auf dem Weg zu diesem Erfolg war eine begeisternde Grundsatzrede vor dem demokratischen Parteitag von 2004, in der er sich unter anderem mit den folgenden Worten als Mittler über alle ideologischen, politischen und ethnischen Gegensätze hinweg profilierte:

16 Vgl. Obama (2007). Die amerikanischen Erstausgaben erschienen 1995 unter dem Titel »Dreams from My Father. A Story of Race and Inheritance« bzw. 2006 unter dem Titel »The Audacity of Hope. Thoughts on Reclaiming the American Dream«.

»Es gibt kein liberales und kein konservatives Amerika, es gibt die Vereinigten Staaten von Amerika. Es gibt kein schwarzes und kein weißes Amerika, kein Amerika der Latinos und kein asiatisches Amerika, es gibt die Vereinigten Staaten von Amerika. Die Statistiker lieben es, das Land in rote und blaue Staaten zu zerteilen und aufzuspalten: rote Staaten für die Republikaner und blaue Staaten für die Demokraten. Aber ich habe Neuigkeiten auch für sie: Wir dienen einem allmächtigen Gott auch in den blauen Staaten, und wir wollen auch in den roten Staaten keine Staatspolizei, die in unseren Bibliotheken herumschnüffelt. Wir trainieren Kindersportclubs auch in den blauen Staaten und ja, wir haben auch einige schwule Freunde in den roten Staaten. Es gibt Patrioten, die gegen den Krieg im Irak waren, und es gibt Patrioten, die den Krieg im Irak befürwortet haben. Wir sind *ein* Volk, wir sind alle auf das Sternenbanner eingeschworen, wir verteidigen alle die Vereinigten Staaten von Amerika.«

Mit seiner rassisch gemischten Herkunft und seinen Wurzeln sowohl in den USA wie auch in Afrika und Asien, seinen Erfahrungen im multikulturellen amerikanischen Schmelztiegel Hawaii und den Großstadtmilieus von New York, Los Angeles und Chicago, seinem sozialen Engagement und nicht zuletzt mit seiner hohen sowohl kognitiven wie emotionalen Intelligenz verkörpert er in seiner Person eine solche Brückenfunktion in einmaliger Weise. Manche Beobachter haben ihn sogar mit einer Art von Rorschachtestfigur verglichen, auf die jedermann seine persönlichen Wünsche und Aspirationen zu projizieren vermag.

Dass die Grundideen und -gefühle, die Obamas Denken und Handeln leiten, wesentlich prosozialer Natur sind, lässt sich in vielfacher Weise belegen. Positive Gefühle wie Hoffnung, Liebe und einfühlende Toleranz spielen in seinem Vokabular eine Schlüsselrolle. Schon in der Widmung an »die Frauen, die mich aufzogen«, die seinem Buch »Hoffnung wagen« voransteht, ist von einem ihn tragenden »liebenden Geist« die Rede, den er seiner Mutter und Großmutter verdanke. Ein ähnliches Motiv scheint auch in den Schlusssätzen wieder auf. Die Mutter beschreibt er als die »in vieler Hinsicht [...] spirituellste Person, der ich jemals begegnet bin. Sie besaß einen unfehlbaren Sinn für Freundlichkeit, Mitgefühl und Liebe und handelte ihr ganzes Leben danach, manchmal zu ihrem eigenen Nachteil. Ohne die Hilfe religiöser Texte und äußerer Autoritäten vermittelte sie mir Werte, die viele Amerikaner in der Sonntagsschule lernen: Ehrlichkeit, Einfühlungsvermögen, Disziplin, Durchhaltevermögen und harte Arbeit«[17]. Im Kapitel über amerikanische Grundwerte beruft sich der Verfassungsrechtler immer wieder auf die Ideale der Gründerväter: »Das Recht, zu sagen, was wir denken, eine oder keine Religion auszuüben; das Recht, uns friedlich zu versammeln, um an die Regierung zu appellieren; das Recht, Eigentum zu besitzen, zu kaufen und verkaufen und nicht ohne angemessene Entschädigung enteignet zu werden; das Recht, nicht willkürlich durchsucht oder verhaftet zu werden; das Recht, nicht ohne ordentlichen Prozess ins Gefängnis geworfen zu werden; das Recht auf

17 Obama (2007, S. 265).

ein faires und möglichst kurzes Verfahren; und das Recht, mit minimalen Einschränkungen selbst über unser Familienleben und die Erziehung unserer Kinder zu entscheiden.«[18] Zu seinen zentralen Werten gehört ebenfalls der Respekt vor anderen Kulturen und Meinungen, das friedliche Austragen von Konflikten, die Suche nach einem kompromissfähigen gemeinsamen Nenner auf einem demokratischen »Markt der Ideen«. Aggression, Verunglimpfung des Gegners oder gar Hasstiraden, wie sie etwa in Hitlers »Mein Kampf« fast auf jeder Seite zu finden sind, sucht man in Obamas Reden und Schriften vergebens. Dafür wendet er sich entschieden gegen jede Art von Fanatismus: »Ich bin überzeugt, dass wir verlieren, wenn wir übertreiben oder dämonisieren, zu sehr vereinfachen oder zu dick auftragen. Wir verlieren, wenn wir das Niveau der politischen Debatte senken. Denn gerade das Streben nach ideologischer Reinheit, die rigide Orthodoxie […] hindern uns daran, neue Lösungen für die Probleme des ganzen Landes zu finden. Wegen dieser ideologischen Vereinfachung bleiben wir dem Schwarz-Weiß-Denken verhaftet, der Vorstellung, dass wir nur einen sehr starken Staat oder gar keinen Staat haben können; der Annahme, dass wir entweder zulassen müssen, dass 46 Millionen Amerikaner keine Krankenversicherung haben oder für die Verstaatlichung des Gesundheitswesens eintreten müssen.«[19] Zum religiösen Fanatismus sagte er in seiner tiefschürfenden Reflexion über das Wesen von Krieg und Frieden anlässlich der Verleihung des Friedensnobelpreises vom 11. Dezember 2009 in Oslo im Zusammenhang mit dem islamistischen Extremismus: »Diese Extremisten sind nicht die ersten, die im Namen Gottes töten. Es gibt reichlich Belege für die Grausamkeit der Kreuzzüge. Sie erinnern uns daran, dass kein Heiliger Krieg jemals ein gerechter Krieg sein kann […]. Solch eine verzerrte Auffassung von Religion ist nicht nur unvereinbar mit dem Konzept des Friedens, sondern meiner Meinung nach auch unvereinbar mit dem grundlegenden Zweck des Glaubens – denn es gibt eine Regel, die jeder Weltreligion zugrunde liegt: dass wir andere so behandeln, wie wir selbst behandelt werden wollen.«

Die lawinenartig anschwellende emotionale Resonanz, die Obamas positive Leitideen und -gefühle und sein hoffnungsvolles »Yes, we can!« zunächst in den USA und nach erfolgter Wahl fast weltweit ausgelöst haben, wäre nicht zu verstehen ohne den Hintergrund einer allgemeinen Stimmung der Hilf- und Machtlosigkeit gegenüber beängstigenden Entwicklungen wie dem auf Zwecklügen und Illusionen aufgebauten Irakkrieg (Saddam Husseins angebliche Massenvernichtungswaffen und das unerreichbare Ziel der Errichtung einer friedlichen Demokratie nach westlichem Muster), dem unaufhaltsam eskalierenden Israel-Palästina- und Islam-West-Konflikt mit Einschluss des menschenverachtenden Gazakrieges, der selbstgemachten Klimaerwärmung und der vom

18 Obama (2007, S. 117).
19 Obama (2007, S. 59).

amerikanischen Extremkapitalismus verursachten Weltwirtschaftskrise von 2008/2009. Vielen Menschen schien das Weltgeschehen seit der Bush-Ära nur noch von Negativgefühlen und -bildern wie Aggression und Gegenaggression, Angst und Misstrauen, »Krieg gegen den Terrorismus«, Bedrohung durch »Schurkenstaaten« und die »Achse des Bösen« beherrscht zu sein. Gleichzeitig waren frühere hohe Kollektivwerte wie partnerschaftliche internationale Zusammenarbeit, atomare Abrüstung, Menschenrechte, Genfer Konventionen und zu ihrer Verwirklichung unverzichtbare Institutionen wie die UNO und der Internationale Gerichtshof bis zur Unkenntlichkeit entwertet und verwässert worden. Dass in einer Situation des allgemeinen Zynismus und der unverhüllten Gier nach Macht und Geld ein Mann, und dazu noch ein Farbiger, aufstand und mit seinen prosozialen Leitideen und -gefühlen das einflussreichste Amt der Welt zu erobern vermochte, löste weltweit eine Grundwelle von Hoffnung auf eine allen gegenteiligen Anzeichen zum Trotz vielleicht doch noch realisierbare bessere und friedlichere Welt für alle aus.

Ein Jahr nach Obamas Amtsantritt waren diese hochgespannten Hoffnungen zwar nicht ganz verflogen, aber doch erheblich gedämpft. Noch Obamas brückenschlagende Rede an die muslimische Welt vom 4. Juni 2009 in Kairo hatte durchaus den Anfangserwartungen entsprochen. Das Gleiche gilt sowohl für seinen schon am zweiten Amtstag erfolgten Befehl zur Schließung des völkerrechtswidrigen amerikanischen Gefangenenlagers Guantanamo auf Kuba, für den im Sommer 2009 bekanntgegebenen Verzicht auf den Bau der provokativen Raketenabwehrstellungen in Polen und Tschechien nah an der russischen Grenze sowie für seine Vision einer atomwaffenfreien Welt. Zweifellos war es ihm damit gelungen, das unter Bush schwer geschädigte Ansehen der USA in der Welt erheblich zu verbessern. Aber Obamas ostentative Nichtbeachtung des israelkritischen UNO-Berichts des jüdischen südafrikanischen Richters Richard Goldstone über beidseitige Menschenrechtsverletzungen im – auch in den Augen vieler Israeli selbst – skandalösen Gazakrieg wie auch der womöglich noch skandalöseren israelischen Blockade eines jeglichen Wiederaufbaus in Gaza, die harte israelische Ablehnung seiner Forderung nach einem definitiven Siedlungsstopp in Palästina, die ausweichenden Reaktionen der islamistischen iranischen Führung auf seine »Politik der ausgestreckten Hand« und vor allem seine zunehmend tiefe Verstrickung in den von vielen Experten als aussichtslos beurteilten Afghanistankrieg zeigten die Grenzen von Obamas prosozialen Konzepten in der Weltpolitik. Auch sein Konzept eines »gerechten Krieges« und des fast ebenso fraglos wie bei Bush auf Seiten des ideologischen Gegners lokalisierten »Bösen« in der Welt (»gerecht« und »gut« oder »böse« für wen?) erscheint aus einer distanzierten affektlogischen Sicht als problematisch. Genau so deutlich wurden Obamas Grenzen im erbittert geführten, wenn auch ganz knapp gewonnenen innenpolitischen Kampf um Annahme oder Ablehnung seiner heiß erstrebten Reform des amerikanischen Gesundheitswesens erkennbar. Guantanamo beherbergte eineinhalb Jahre nach Obamas Amtsantritt noch immer fast 200 Gefangene. Und nach wie vor können Terrorismusverdächtige unter Berufung auf das von Bush deklarierte Kriegsrecht im Kampf gegen die al-Qaida ohne Anklage und Verfahren auf unbestimmte Zeit inhaftiert werden. Noch bedenklicher mutet es an, dass offenbar sowohl gewisse »verschärfte Verhörmethoden« der CIA wie auch die Praxis der so genannten »rendition«, das heißt der Überstellung von Verdächtigen an Länder mit zweifelhaften Verhörmethoden, weiterhin zur Anwendung kommen.[20] Auch die viel beklagte »schleichende Militarisierung« der amerikanischen Außenpolitik geht durchaus weiter; sie manifestiert sich unter anderem in der Tatsache, dass das amerikanische Militärbudget für 2010 nochmals erhöht wurde und mit rund 46 % sämtlicher globalen Rüstungs- und Militärauslagen eine neue Rekordhöhe erreichte.[21]

Ob oder vielmehr in welchem Ausmaß sich Obamas »prosoziale« Absichten tatsächlich werden verwirklichen lassen, wird zweifellos für den künftigen Lauf der Welt von größter Bedeutung sein. Dass der Ausgang dieses weltweiten emotionssoziologischen Experiments, wie man Obamas Auftreten und Zielsetzungen nennen könnte, keineswegs von ihm allein, sondern in erster Linie von einer Unzahl von unberechenbaren wirtschaftlichen, militärischen, politischen und sozialen Gegebenheiten abhängt, ist allerdings (wenn es eines solchen Beweises bedurft hätte) schon kurz nach seinem Amtsantritt nur zu klar geworden. Denn die negative Kehrseite der weltweiten Grundwellen der Hoffnung, die seine Wahl aufgeworfen hatten, ist die Tatsache, dass ein einziges emotional hinreichend wirksames Negativereignis – so etwa ein gelungener Terroranschlag der al-Qaida auf amerikanischem Boden, eine unzureichend gebändigte Wirtschaftskrise oder ein massiver militärischer Rückschlag in Afghanistan – genügen könnte, um Obama zu Fall zu bringen oder doch entscheidend zu schwächen. Fest steht jedenfalls, dass gleich wie jene Kräfte und Energien, die ihn an die Macht gespielt haben, so auch die Einflüsse, die über das Gelingen oder Scheitern seines »Experiments« entscheiden werden, über alle Sachaspekte hinaus ganz wesentlich emotionaler Art sein werden.

Hitler versus Obama – zwei absolute Gegenpole

Von böswilligen Gegnern ist Obama seines kometenhaften Aufstiegs, seines charismatischen Rednertalents und seiner kollektiven emotionalen Resonanzwirkungen wegen auch schon mit Hitler verglichen worden. Es gibt zusätzliche Parallelen: Wie Hitler litt auch Obama lange Zeit – wie aufgrund seiner multiethnischen Herkunft und Erziehung kaum anders zu erwarten – an einer aus-

20 Nach Rudolf (2010, S. 47 ff.).
21 Nach Rudolf (2010, S. 67).

geprägten Identitätsunsicherheit,[22] wie bei Hitler wirkte das »Zur-Sprache-Bringen« seines Werdegangs und Denkens in einer Art von Bekenntnisbuch in hohem Maße identitätsstiftend, und nicht unähnlich wie bei Hitler begann auch Obamas öffentliche Karriere mit der überraschenden Entdeckung, dass er hinreißend zu reden verstand. Obama beschreibt dieses Erlebnis sogar als »tranceartigen Zustand«.[23]

Dennoch könnten die Unterschiede zwischen den beiden um rund acht Jahrzehnte auseinander liegenden weltpolitischen Figuren nicht größer sein: Obama verkörpert alles, was Hitler zutiefst verabscheute, allem voran seine ethnisch gemischte Herkunft und Hautfarbe, dann seine demokratische und antirassistische Gesinnung, sein Respekt für andere Kulturen und Sichtweisen und überhaupt seine gesamten ethisch-moralischen und politischen Überzeugungen. Noch viel grundlegender verbirgt sich hinter allen solchen Unterschieden der polare Gegensatz zwischen den fremd- wie letztlich auch selbstzerstörerischen negativen Leitgefühlen wie Wut, Misstrauen und abgrundtiefer Hass auf der einen Seite, die, erwachsen aus Demütigungen und pathologischem Narzissmus, das Denken und Handeln Hitlers und seiner Gefolgschaft geprägt hatten, und den ausgleichend-aufbauenden, unterschiedliche Menschen und Kulturen miteinander verbindenden – kurzum: umfassend prosozialen Leit- und Grundgefühlen Obamas auf der anderen Seite.

Neben diesem entscheidenden Gegensatz könnte man noch unzählige weitere affektiv-kognitive oder besser gesagt affektlogische Eigenschaften und Charakterzüge aufzählen, in denen sich Obama von Hitler radikal unterscheidet. Ersterer ist ein vielseitig gebildeter, erfolgreicher, weltoffener und bis zur humorvollen Selbstironie selbstkritischer Akademiker – »Mist gebaut«, so hatte er beispielsweise nach einem groben Kommunikationspatzer an einem der ersten Amtstage lachend und laut genug zu sich selbst gesagt, dass es alle anwesenden Mitarbeiter und Pressevertreter hören konnten –, während Letzterer trotz seines erstaunlichen Halbwissens letztlich nur ein engstirnig-größenwahnsinniger Autodidakt und verbissener Möchtegern-Künstler ohne irgendwelche Fähigkeit zur Selbstkritik war. Auch Humor ging Hitler im Gegensatz zu Obama gänzlich ab. Außerdem erscheint Obama als ein von Grund auf frohmütiger und liebevoller Familienvater, während Hitler zu tiefen und echten Liebesbeziehungen offensichtlich überhaupt nicht fähig war.

Greifen wir aus dieser fast beliebig fortsetzbaren Reihe von Einzelaspekten nur noch einen einzigen Unterschied heraus, der aus unserer Sicht, weil mit Emotionalität aufs Engste verbunden, besonders wichtig ist, obwohl er vielfach kaum beachtet wird: Es ist die jeweilige Körpersprache. Hitler war in sei-

22 Entsprechende Hinweise finden sich insbesondere in Obama (2004, S. 44, 76 f., 125, 128, 216, 319, 353).

23 Obama (2004, S. 120 f.).

nem ganzen körperlichen Gebaren – abgesehen vielleicht von seinen immer halb gespielt und halb echt anmutenden hysterischen Wutausbrüchen – steif, verkrampft, völlig unsportlich und offensichtlich in seinem Körper in keiner Weise »zu Hause«. Obama dagegen wirkt selbst noch in seinen offiziellen und auf Autorität angelegten Auftritten gelöst und verbindlich-umgänglich. In seinem federnd-elastischen Gang und seiner Körperhaltung ist immer noch etwas vom früheren passionierten Basketballspieler zu spüren. Auch lacht Obama gern und sein herzliches Grinsen wirkt auf natürliche Weise ansteckend, während Hitlers gespielt-freundliche Grimassen etwa Kindern gegenüber eher so etwas wie ein distanzschaffendes heiliges Grauen erweckten. Ganz ähnlich Gegensätzliches wäre von beider Blick und Stimme zu sagen, und nicht zuletzt auch von ihrer Art, sich zu kleiden: Obama wirkt sowohl bei offiziellen Gelegenheiten wie in der Freizeit auf besondere Weise sowohl gelöst-natürlich wie auch elegant, Hitler dagegen war auch hier immer wieder entweder steif und gekünstelt oder provinziell bieder.

Nun mag freilich manches von diesen natürlich völlig subjektiven und bloß auf Fotos und Film- beziehungsweise Fernsehaufnahmen gegründeten Eindrücken auf Vorurteilen und historischen Unterschieden beruhen. Wichtig ist aus unserer Sicht indes in jedem Fall, dass die beiden Figuren schon rein durch ihre bloße Körperlichkeit völlig unterschiedliche Gefühle und Gedanken wecken: bei Hitler, wie schon angedeutet, eher ins Mystisch-Ekstatische entrückte, mit Ideen von Kampf und Wut und Dominanz verbundene Gefühle der Bewunderung bei seinen Anhängern und von kaltem Abscheu und Unverständnis bei seinen Gegnern. Bei Obama dagegen eine Art von unmittelbarer Nähe und elementarer emotionaler Resonanz, die zu Kontakt und Toleranz und identifikatorischer Zusammenarbeit – kurzum, zu typisch prosozialen Fühl-, Denk- und Verhaltensweisen – förmlich auffordert. »Diese besondere Haltung und Vision, die Präsident Obama einnimmt, möchte ich mittragen und teilen«, so kommentierte Professor Alexander Matte die deutsche Fassung von Obamas Nobelpreisrede im Internet. Und sogar einer seiner schärfsten ideologischen Gegner, der venezuelanische Regierungschef Hugo Chavez, hat ihn bei einer ersten Begegnung spontan mit »mein Freund« angeredet.

Aus der affektlogischen Perspektive sind die unbewussten Wirkungen von Körperbild und -sprache letztlich vielleicht noch wichtiger als alle noch so großen ideologischen Unterschiede. Wenn es beispielsweise Obamas Gegnern gelingen sollte, dessen Körperbild – sein ganzes Auftreten, seine Mimik, und nicht zuletzt seine Hautfarbe – im kollektiven Unbewussten seiner Landsleute ganz ähnlich als Symbol für enttäuschte Hoffnungen oder für einen verabscheuungswürdigen »Sozialismus« zu verankern, wie das Gesicht seines Vorgängers George W. Bush im Fernsehen für unzählige Amerikaner zum Inbegriff für verschlagene Lügenhaftigkeit geworden war, so könnte Obama künftig noch so Vernünftiges tun oder vorschlagen: Er müsste immer wieder an irrationalen

Negativemotionen aggressiver und unterschwellig sicher auch rassistischer Art scheitern, die seine Körpersprache nunmehr automatisch wecken würde. Denn nichts ist auf Dauer so wirksam wie ein unbewusst gewordenes – und das heißt: automatisiertes – emotionales Vorurteil. Ein solches könnte allerdings auch im umgekehrten Sinn wirken: Der große Kredit, den sich Obama aufgrund der frühen erfolgreichen Koppelungen seines Bildes an positive Gefühle in den Augen vieler Zeitgenossen anzulegen vermochte, könnte ihn für geraume Zeit über manche Misserfolge und Rückschläge hinwegtragen.

6 Ein neues Menschenbild: Der Homo sapiens emotionalis

Unser gängiges Welt- und Menschenverständnis bedarf einer tiefgehenden Revision. Entgegen den Idealen von Humanismus und Aufklärung ist unser Denken und Handeln nicht logisch, sondern affektlogisch strukturiert. Affekte sind ein wichtiges Bindeglied zu unserer evolutionären Vergangenheit; sie organisieren sowohl unser Bewusstsein und Wollen wie auch all unsere religiösen, wissenschaftlichen und philosophischen Welterklärungsversuche. Die menschliche Gemeinschaft ist in unzählige affektiv-kognitive Eigenwelten aufgeteilt, die miteinander sowohl konkurrieren wie auch kooperieren. Ihr Kern sind kollektive Identitäts- und Selbstwertgefühle, die der Anerkennung durch die Umwelt bedürfen. Liebe und Aggression sind gleichermaßen überlebenswichtig; langfristig kann der spezifisch menschliche Sinn für Schönheit vielleicht als Kompass bei der kollektiven Suche nach einem gangbaren Weg dienen.

Die Notwendigkeit einer Neuorientierung

Es liegt wohl auf der Hand, dass unser herkömmliches Menschen- und Weltverständnis, sofern wir die Grundthesen der kollektiven Affektlogik akzeptieren, einer gründlichen Revision bedarf. Allen alltäglichen Erfahrungen und wissenschaftlichen Erkenntnissen zum Trotz ist unser Bild vom Menschen noch immer stark geprägt vom Gedankengut der Aufklärung, des Humanismus und des Fortschrittsglaubens des 19. Jahrhunderts: Der Mensch ist und bleibt die »Krone der Schöpfung«, er ist mit Vernunft, einem freien Willen und einer allen Tieren haushoch überlegenen rationalen Intelligenz begabt, die ihn befähigt, eine hoch differenzierte Technik und Kultur zu entwickeln, die letzten Geheimnisse des Lebens zu ergründen, vielleicht gar »das Weltall zu erobern« und letztlich »die Natur zu beherrschen«. Wenn er sich zuweilen immer noch gebärdet wie ein wildes Tier – so namentlich in der Masse und unter besonderen Umständen –, wenn er irrationalen Heilslehren anhängt und sich überhaupt nicht als so »edel, hilfreich und gut« erweist, wie er seinem Wesen gemäß nach Goethe eigentlich sein sollte, so liegt dies einzig an seiner »selbstverschuldeten Unmündigkeit« (Kant) – also an einer mangelhaften Aufklärung, einer unvernünftigen Erziehung oder an sonst wie »rückständigen Verhältnissen«.

Allerdings ist dieses idealistische Menschenbild im Lauf des 20. Jahrhunderts mit seinen grauenhaften zwei Weltkriegen, seinen Massenvernichtungslagern und Völkermorden, mit der Atombombe, der selbstverschuldeten Umweltverschmutzung und Klimaerwärmung zusehends fragwürdig geworden. Auch die Evolutionslehre, die Freud'sche Psychoanalyse und die Einsicht in den stets nur vorläufigen Charakter all unseres scheinbar so objektiven Wissens haben immer tiefer an ihm gekratzt. Die wachsende Erkenntnis, dass auch Gefühle in allen unseren Wahrheitskonstruktionen eine wichtige Rolle spielen, sorgt für zusätzliche Verunsicherung. Offensichtlich ist es höchste Zeit, alle diese »Störelemente« in ein neues und realistischeres Bild sowohl des Menschen wie auch der Natur einzufügen, welch letzterer wir ein für alle Mal entwachsen zu sein glaubten.

Die im Konzept der Affektlogik zusammengefassten Erkenntnisse zu Herkunft, Wesen und Funktion der Affekte und ihren Wirkungen auf das Denken vermögen dazu einen Beitrag zu liefern. Denn Affekte sind an einer zentralen Schnitt- und Schlüsselstelle zwischen Tier und Mensch, Körper und Geist, Natur und Kultur angesiedelt. Und Wechselwirkungen zwischen Affekt und Intellekt prägen, wie wir gesehen haben, nicht nur unser ganzes Sozialverhalten von der Paar- und Familienebene bis zu den Beziehungen zwischen Nationen und

Kulturen. Sie spielen (wie noch zu zeigen sein wird) auch in so bedeutsamen Erscheinungen wie dem menschlichen Bewusstsein und Selbstbewusstsein, dem »freien« Willen und unseren im weitesten Sinn als religiös verstehbaren Versuchen eine wichtige Rolle, etwas vom Wesen des »großen Ganzen« zu erfassen, von dem wir ein winziger Teil sind. Mit anderen Worten, das angeschnittene Thema führt unweigerlich zu zentralen Fragen des Menschseins überhaupt. Dass wir aus unserer beschränkten Warte davon nur einige kleine Ausschnitte zu gewahren und näher zu betrachten vermögen, versteht sich von selbst.

Der Homo sapiens emotionalis als Produkt der Evolution

Dass der Mensch zutiefst in der Evolution allen Lebens verwurzelt und so gesehen »nichts als« ein Tier besonderer Art (genauer: dank seinem überdimensionierten Gehirn, seiner Sprache, seinen kognitiven Fähigkeiten und seiner Technik das raffinierteste aller Raubtiere) ist, erregt trotz aller fast täglich von allen Seiten einlaufenden wissenschaftlichen Bestätigungen – nicht zuletzt anlässlich der Informationsflut über Darwin im zweifachen Jubeljahr 2009[1] – nach wie vor Anstoß. Die Gründe sind vielfältig und auch affektlogisch von Interesse: Sie beruhen in erster Linie auf verletzten religiösen Gefühlen, die so eng mit bestimmten Vorstellungen verkoppelt sind, dass sie sich nicht mehr aus dieser – wie wir noch sehen werden keineswegs zwingenden – Verstrickung zu lösen vermögen. Die Folge sind wütende argumentative Angriffs- und Verteidigungskriege, die primär der Identitätsbefestigung und Zementierung der eigenen religiösen Überzeugungen dienen. Das bekannteste Beispiel hierfür sind die Thesen der Kreationisten verschiedenster Schattierung; sie reichen von einer strikten, auf die biblische Schöpfungsgeschichte von insgesamt etwa 6000 Jahren gestützten Ablehnung jeglicher Evolution über das pseudowissenschaftliche Zugeständnis von sieben längeren Schöpfungsetappen oder »Tagen« seit der göttlichen Erschaffung der Welt bis zu selektiv aufgebauschten Aussagen von Nobelpreisträgern, die Zweifel an gewissen Punkten der Evolutionslehre äußerten.

Ein weiterer Grund für eine emotionale Ablehnung der Darwin'schen Erkenntnisse besteht, wie seinerzeit schon von Freud hervorgehoben, in einer dreifachen narzisstischen Kränkung des Menschen durch die neuzeitliche Wissenschaft: Nicht nur ist der Mensch durch die »kopernikanische Wende« aus dem Mittelpunkt des Sonnensystems und Kosmos verdrängt und von der Freud'schen Psychoanalyse vom Sockel der Vernunft gestoßen worden; nach Darwin soll er

1 Im Jahr 2009 feierte man sowohl den 200. Geburtstag von Charles Darwin sowie die Publikation seines Hauptwerkes »On the Origin of Species« (Die Entstehung der Arten) in London vor 150 Jahren.

obendrein noch »vom Affen« abstammen, anstatt, wie es die Bibel sagt, von Gott am letzten Schöpfungstag nach seinem eigenen Antlitz geschaffen worden zu sein. Eine zusätzliche Kränkung sind die zahlreichen Verhaltensähnlichkeiten zwischen Mensch und Tier bis in unser differenziertestes Sozialverhalten hinein, die von der vergleichenden Verhaltensforschung in den letzten Jahrzehnten aufgedeckt worden sind. Auch die Tatsache, dass Bau und Funktion des menschlichen und tierischen Körper praktisch identisch sind und unser Genom mit demjenigen des Schimpansen, unserem nächsten Verwandten, zu fast 99 % übereinstimmt, spricht unmissverständlich für eine engste Verwandtschaft.

Allerdings stellt das Klischee von einer direkten Abstammung des Menschen »vom Affen« ein genauso schwer ausrottbares populäres Missverständnis der modernen Evolutionslehre dar wie das Vorurteil, dass mit dem Begriff des »survival of the fittest« einfach nur das Überleben des Stärksten und Egoistischsten gemeint sei. In Wirklichkeit geht es einerseits um einen vor rund 80 Millionen Jahren lebenden gemeinsamen Vorfahren des Homo sapiens und der heute lebenden menschenähnlichen Primaten (den Schimpansen, Bonobos, Gorillas und Orang Utans). Und andererseits ist mit dem »Fittesten« heute keineswegs mehr obligat der physisch Stärkste gemeint (sonst wären die Saurier wohl kaum ausgestorben), sondern derjenige, der sich am besten an seine Umwelt anzupassen weiß. Schon Darwin scheint – wie mit vielen eindrücklichen Zitaten auch im Buch »Die Evolution der Liebe« von Gerhard Hüther belegt – zumindest geahnt zu haben, dass zu dieser Anpassung ebenfalls die Fähigkeit zu einer zunehmend differenzierten Zusammenarbeit mit seinesgleichen, also zu eine Art von Liebe im weiten Sinn gehört. Seit die britische Schimpansenforscherin Jane Goodall in den 1960er Jahren die verblüffende Entdeckung gemacht hatte, dass nicht nur der Mensch, sondern auch die intelligentesten Primaten Werkzeuge zu gebrauchen wissen, sind auch auf der kognitiven Ebene die Grenzen zwischen Mensch und Tier immer fließender geworden. Nicht zu bestreiten ist außerdem, dass manche Tiere über gewisse kognitive Fähigkeiten (etwa hinsichtlich Wahrnehmung, Gedächtnis oder Orientierungsfähigkeit) verfügen, die diejenigen des Menschen bei weitem übertreffen.

Was uns indessen an der Evolutionslehre am meisten interessiert, ist die tiefe evolutionäre Verwurzelung der Affekte insgesamt. In der Tat sind, wie schon im ersten Kapitel betont, zumindest alle Grundgefühle, ob nun so genannte »positive« oder »negative«, evolutionär gleich überlebenswichtig: Ohne Interesse und Neugier gäbe es keine Umgebungsexploration, ohne Angst keine Vermeidung von Gefahr, ohne offene oder verdeckte Aggressivität keine Abgrenzung und Verteidigung gegen Eindringlinge (oder, auf höherer Stufe, keine Identitätsabgrenzung) und ohne »positive« Gefühle wie Freude, Liebe und Vertrauen keine soziale Bindung und Kooperation. Ebenso wichtig ist Trauer zur Verarbeitung von Verlusten. Alle diese Affekte passen den Gesamtorganismus –

Körper wie Geist, Wahrnehmung wie Motorik – sinnvoll an bestimmte Umweltsituationen an. Sie dienen sowohl der Bewältigung des Begegnenden wie auch der nötigen Verringerung seiner schier unendlichen Komplexität. Negativ wirken gewisse Affekte einzig dann, wenn das Gleichgewicht zwischen ihnen – und insbesondere das Gleichgewicht zwischen Kompetition und Kooperation – schwerwiegend gestört ist. Auf die Tatsache, dass solche Gleichgewichtsstörungen beim Menschen viel eher auftreten können als beim Tier, werden wir noch zurückkommen.

Von Interesse ist des Weiteren die faszinierende Beobachtung, dass neue Affekte nach eigenen Befunden evolutionär erst aufgrund des Erwerbs von neuen kognitiven Fähigkeiten in Erscheinung treten. Gerade dies zeigten jedenfalls unsere bereits erwähnten Computersimulationsstudien zur Evolution von Emotionen: So entstand zum Beispiel ein aggressionsartiges Konkurrenzverhalten zwischen Artgenossen erst aufgrund der neuen Fähigkeit, Artgenossen überhaupt wahrzunehmen. Auch trat eine gegenseitige Anziehung oder »Sympathie« zwischen Angehörigen der eigenen (Jagd-)Gruppe im Verein mit gleichzeitiger »Antipathie« Fremden gegenüber erst im Zusammenhang mit der Fähigkeit auf, eigene von fremden Gruppenmitgliedern zu unterscheiden.[2] Etwas durchaus Analoges ist auf der menschlichen Stufe etwa bei der Entwicklung von Wir-Gefühlen auf der Ebene von Paaren oder Gruppen bis hin zu Nationen zu beobachten, die sich ebenfalls erst aufgrund der Wahrnehmung von bestimmten Gemeinsamkeiten zu entwickeln vermögen. Auf diesem Mechanismus beruht auch die zentrale Rolle von Herkunftsmythen bei der Entstehung von Nationalstaaten im 19. und 20. Jahrhundert: Erst das Bewusstwerden von gemeinsamen Ursprüngen führte im Gefolge der Romantik zur Entstehung von nationalistischen Wir-Gefühlen, die die nötigen emotionalen Energien zur Bildung von ethnisch definierten Staaten lieferten. Dies ist mit ein Grund für den Umstand, dass Dichter oder Historiker nationale Mythen zuweilen nicht nur gestaltet, sondern auch richtiggehend konstruiert haben. Einschlägige Beispiele reichen von Vergils »Aeneis« – dem Mythos von der Abstammung Roms von Troja – zur Befestigung des fragilen Nationalgefühls der Römer über die Bedeutung der (von Friedrich Schiller gestalteten) Tellsage für das Nationalbewusstsein der Schweizer bis zu der den Zionismus begründenden Bedeutung der elfbändigen »Geschichte der Juden« von Heinrich Graetz (1817–1891) von der angeblichen Abstammung aller Juden von Abraham und ihrer Vertreibung aus dem Gelobten Land.

Emotion und Kognition differenzieren sich gemeinsam (»koevoluieren«), dies ist der allgemeine Schluss aus all diesen Beobachtungen, auf allen möglichen kollektiven Ebenen in komplexen Wechselwirkungen. Der Mensch ist somit nicht nur intellektuell und technisch, sondern auch seiner reichen Gefühls-

2 Vgl. Ciompi und Baatz (2008), s. auch S. 21.

palette wegen ein sehr besonderes Wesen: Er ist nicht bloß ein Homo sapiens oder Homo faber (ein überragender Denker und Techniker), sondern auch ein Homo sapiens emotionalis.

Vom Faustkeil zum Computer – eine »ganz natürliche Entwicklung«

In der Eingangshalle des kleinen Museums in der geschichtsträchtigen Wüstenoase Palmyra in Syrien ist eine Vitrine aufgestellt, in welcher fünf Stufen der Entwicklung von Steinzeitwerkzeugen über die letzten 100.000 Jahre aus der Region des so genannten »fruchtbaren Halbmonds« zu sehen sind.[3] Sie reichen von primitiven, wohl vorwiegend als Schaber oder Messer verwendeten Faustkeilen mit einer vielleicht nur zufällig entstandenen Kante bis zu kunstvoll gefertigten rasiermesserscharfen Klingen und Pfeilspitzen mit fein ziselierten Widerhaken aus Feuerstein. Was besonders auffällt, ist die immer schnellere Abfolge der fünf Etappen: Nachdem die Steinzeitmenschen über viele Zehntausende von Jahren stereotyp immer wieder die gleichen primitiven Werkzeuge benutzt hatten, begannen sie diese seit etwa 50.000 Jahren mittels neuer Abschlagtechniken von glasharten Silexkernen Stufe um Stufe zuerst ganz langsam und dann in immer schneller aufeinanderfolgenden Entwicklungssprüngen Stufe um Stufe zu verbessern. Eine ähnliche, aber fast eine Million Jahre zurückreichende Sammlung im Berliner Museum für Vor- und Frühgeschichte zeigt, dass die Phase der kaum merklichen Veränderung von primitiven Faustkeilen in Wirklichkeit nicht nur rund 80.000, sondern an die 800.000 Jahre währte. Etwa ebenso lang liegt der wohl folgenschwerste Entwicklungsschritt des Menschen, nämlich der Erwerb des Feuers, zurück. Die Gesamtdauer der Menschheitsentwicklung vom ersten Hominiden mit einem Hirnvolumen von etwa 350 ccm bis zum heutigen Homo sapiens sapiens mit 1250 ccm wird aufgrund von neuesten Schädelfunden im Tschadgebiet in Zentralafrika zur Zeit auf rund sieben Millionen Jahre veranschlagt. Erste »abstrakt« anmutende Zeichen von unklarer Bedeutung haben Urmenschen schon vor mehr als 300.000 Jahren in Knochen und Steine eingeritzt.[4] Die bahnbrechende »Erfindung« der abstrakten Wortsprache dagegen soll nur etwa 30.000 Jahre zurückliegen.[5] Seither hat sich das Gehirn und Genom des Homo sapiens offenbar nicht mehr verändert; trotzdem mussten nochmals an

3 Als »fruchtbarer Halbmond« wird eine Winterregenzone ungefähr im Bereich des heutigen Iraks, Syriens, Israels, Palästinas und des Libanons bezeichnet, in welcher Menschen schon seit rund 10.000 Jahren sesshaft wurden und Landwirtschaft, Tierzucht, erste große Städte und eine Kultur zu entwickeln begannen, aus der in der Folge unsere ganze westliche Zivilisation hervorging.

4 Nach Eibl-Eibesfeldt und Sütterlin (2007, S. 27).

5 Nach Reichholf (2008).

die 20.000 Jahre verstreichen, bis er die phantastischen Möglichkeiten dieses Gehirns voll auszunutzen begann.

Was bedeutet all dies? Es bedeutet zum einen, dass der Mensch sich in seinen Anfängen genau so langsam und in winzigen Schrittchen über ungeheure Zeiträume entwickelt hat, wie wir dies für die Evolution etwa der Schimpansen, der Delfine oder der Biber annehmen müssen, die sich ebenfalls durch besondere soziale und technische Fertigkeiten auszeichnen. Die Grenzen zwischen Mensch und Tier – oder zwischen Kultur und Natur – verwischen sich, evolutionär gesehen, bis zur Ununterscheidbarkeit. Zu einer Beschleunigung der Entwicklung kam es beim Menschen erst im Laufe der letzten rund 100.000 und insbesondere der letzten 10.000 Jahre, als im Anschluss an die letzte große Eiszeit gewisse bisher nomadisierende Jäger- und Sammlergruppen sich in klimatisch besonders günstigen Regionen der Erde sesshaft zu machen und eine Landwirtschaft zu entwickeln begannen. Die Folge der Domestizierung von Pflanzen und Tieren war eine enorme Erhöhung des Nahrungsangebots und eine erste große Bevölkerungsexplosion; ähnliche solche Umwälzungen setzten nach dem interessanten Buch von Jared Diamond »Arm und Reich. Die Schicksale menschlicher Gesellschaften« fast zeitgleich nicht nur im erwähnten »fruchtbaren Halbmond«, sondern ebenfalls in umschriebenen Regionen von Nord- und Mittelamerika, China und den Anden ein. Im Mittleren Osten entstanden schon vor rund 8000 Jahren die ersten großen Städte wie Jericho, Aleppo und Damaskus.[6] Mit der Entlastung von Teilen der Bevölkerung vom Nahrungserwerb wurde eine zunehmende berufliche Spezialisierung möglich, die Entscheidendes zu der Erfindung von neuen Produktionsverfahren und Werkstoffen wie Ton, Glas und schließlich Metall und damit zur Ausbreitung des Handels beitrug, deren schrittweise Symbolisierung durch Geld und Schrift über viele weitere Entwicklungsstufen schließlich zu unserer ganzen heutigen Technik und Zivilisation weiterführte. Offensichtlich begünstigte die Evolution kreative, auf Neuerung bedachte Tüftelmenschen. Ob die Folge dieser Begünstigung – nämlich die immer rasantere Beschleunigung des »Fortschritts« – dem Überleben des Menschen auch auf Dauer zuträglich bleibt, erscheint heute allerdings zunehmend als fraglich.

Von besonderem Interesse ist für unsere Fragestellung ferner die Tatsache, dass die besagte technisch-zivilisatorische Entfaltung offenbar den gleichen Entwicklungsgesetzen folgt wie zuvor die »rein« biologische Evolution. Der österreichische Verhaltensforscher Konrad Lorenz war unseres Wissens einer der Ersten, der – unter anderem anhand der Entwicklung von Uniformen, Kleidermoden oder moderner Beförderungsmittel von Pferdekutsche und Motorkutsche bis zum Auto – auf die verblüffenden Parallelen zwischen der biologischen und der technisch-kulturellen Evolution hinwies: längste Zeiten der Stagnation oder der kaum merklichen Veränderung in winzigen Schrittchen. Dann plötzlich die Ent-

6 Diamond (2000).

deckung eines grundlegend neuen Bau- oder Funktionsprinzips, das gleichsam spielerisch unendlich abgewandelt und auf alle seine Möglichkeiten hin »ausgereizt« wird, bis sich einige besonders robuste oder zweckmäßige Varianten durch natürliche Selektion definitiv durchsetzen und so lange dominieren, bis sie entweder ihrerseits aus irgendeinem Grund (beispielsweise durch eine selbst verursachte Zerstörung der Umwelt) »veralten« oder aussterben, oder aber durch etwas Neues und Besseres aus dem Feld geschlagen werden.

In der Tat lässt sich dieser im Prinzip immer wieder gleichartige Prozess bei der Perfektionierung des Autos oder Flugzeugs, der Waschmaschine und des modernen Computers genauso nachweisen wie bei der seinerzeitigen Weiterentwicklung der Faustkeile, der Einführung der Metallverarbeitung und der Erfindung des Schießpulvers. Auch mehr geistig-kulturelle als »bloß« technische Neuerungen wie die Entwicklung von Sprache und Schrift, von sozialen Organisationsformen und von neuen Kommunikationsmitteln, vom Buchdruck über Radio und Fernsehen bis zum Internet, folgen den gleichen Gesetzmäßigkeiten. Mit anderen Worten: Die angeblich so naturferne technisch-zivilisatorische und geistige Entfaltung des Menschen ist im Grunde genommen genauso »natürlich« wie seine biologische Entwicklung. Auch so gesehen ist der Mensch mitsamt all seiner Kultur und Technik nichts als ein Teil der Natur und bleibt deren Grundgesetzen bis in seine verstiegensten Errungenschaften hinein unterworfen. Oder anders formuliert: Die Kultur ist (um die Clausewitz'sche Definition des Krieges als »Fortsetzung der Diplomatie mit anderen Mitteln« abzuwandeln) nichts als eine »Fortsetzung der Natur mit anderen Mitteln«.

Welchen Mitteln? Offenbar werden diese Mittel immer geistiger – wobei das schwer zu definierende, aber ebenfalls schon lange vor dem evoluierten Menschen in Erscheinung tretende »Wesen« des Geistigen in diesem Zusammenhang wohl am ehesten als Fähigkeit zur abstrahierenden Verdichtung von Information über konkrete und materielle Vorgänge zu fassen ist: Es geht (wie bei der Erfindung der Wortsprache, des Geldes, der Schrift, aber auch schon bei manchen Lock- oder Warnrufen der Tiere und bei ihrer und unserer Körpersprache) um eine zunehmend dichte Darstellung von solchen Informationen durch ein abstraktes Symbol oder Zeichen[7] davon bis hin zu den Zeichen der Algebra und der 0-1-Zeichensprache der modernen Informatik. Dass solche geistigen Verdichtungen – so etwa die Einstein'sche Grundformel $e = mc^2$[8] – ihrerseits

7 Die Semiotik oder Lehre von den Zeichen unterscheidet seit dem berühmten Genfer Linguisten Ferdinand de Saussure (1847–1913) zwischen Signalen, die noch Teil eines konkreten Gegenstands oder Geschehens sind (Beispiel: Rauch zeigt Feuer an), Symbolen, die damit noch eine gewisse Ähnlichkeit haben (z. B. Gesten), und reinen Zeichen (z. B. Worten, Buchstaben), die davon völlig abgelöst sind.

8 Die Formel $e = mc^2$ (Energie = Masse mal Geschwindigkeit im Quadrat) begründete die Einheit von Energie und Materie und damit unter anderem die Möglichkeit der Entwicklung einer Atombombe.

massive materielle Wirkungen zu entfalten vermögen, sei hier nur am Rande vermerkt. Zwischen Materie und Geist bestehen so gesehen also auch klare Wechselwirkungen.

Wir haben schon im ersten Kapitel darauf hingewiesen, dass affektive Motoren und Organisatoren aus unserer Sicht selbst noch bei der Entstehung von Mathematik und Algebra eine Rolle spielen: Unlustspannungen geben den Anstoß, um nach einfacheren Lösungen im Umgang mit kniffligen Problemen zu suchen. Und die lustvolle Spannungsreduktion, die etwa durch den energiesparenden Umgang mit abstrakten Symbolen anstelle des Umgangs mit den konkreten Gegebenheiten selbst verbunden ist, weist den Weg zu solchen Lösungen und befestigt sie. Gleichzeitig begünstigt die »Leimwirkung« von Affekten den Zusammenbau von emotional ähnlich lustgefärbten kognitiven Einzelelementen zu größeren Gedankengebäuden oder Theorien. Untersuchen wir nun, welche Rolle die Affekte bei weiteren als »spezifisch menschlich« angesehenen Erscheinungen spielen.

Sprache, Bewusstsein und »freier« Wille[9]

Eine differenzierte Sprache, ein helles Bewusstsein und ein »freier« Wille gelten sicher zu Recht als höchste geistige Errungenschaften des evoluierten Menschen im Vergleich zum Tier. Der evolutionäre Hauptvorteil eines klaren Bewusstseins liegt vermutlich in der Schärfung und effizienteren Fokussierung der Aufmerksamkeit auf Neues, potenziell Gefährliches, besonders Interessantes oder Schwieriges. Eine wichtige Rolle dürfte dabei die so genannte multimodale Informationsverarbeitung – die Zusammenfassung von Wahrnehmungen aus verschiedenen Sinneskanälen – spielen. Insofern erscheint Bewusstsein, da mit hohem affektenergetischem Aufwand verbunden, als eine Art von Luxus für Außerordentliches. Sobald die neuen Fühl-, Denk- und Verhaltensmuster, die zu dessen Bewältigung nötig sind, im »hellen Feuer des Bewusstseins« einmal konstruiert und eingeübt sind, verfallen sie zunehmend der Automation, das heißt dem Halbdunkel der Alltagslogik.

Allerdings sind bei genauem Hinsehen die Übergänge zwischen Mensch und Tier auch hier fließend: Die Erforschung der Frühformen von Kommunikation beim Kleinkind und bei höheren Primaten deutet darauf hin, dass sich die menschliche (Wort-)Sprache – eine erste und ungeheuer folgenreiche abstrahierende Verdichtung von Information im bereits genannten Sinn – ähnlich langsam entwickelt hat wie seine Technik. Und die Entdeckung, dass auch

9 Für eine detaillierte Diskussion dieses ganzen Fragenkreises siehe insbesondere das Kapitel »Exkurs über Sprache und Bewusstsein« in Ciompi (1982, S. 123–176), ferner Ciompi (1997, S. 324–330, 2003a, 2003b).

Schimpansen sich im Spiegel zu erkennen und von anderen Artgenossen zu unterscheiden vermögen, legt nahe, dass mindestens sie, und vermutlich ebenfalls andere Säuger und selbst niedrigere Tiere, über eine Art von Bewusstsein und angedeutetes Selbstbewusstsein verfügen.

Denken kann, wie schon mehrfach betont, als ein »Zur-Sprache-Bringen« eines vorher unklaren Gemenges von Gedanken und Gefühlen verstanden werden. Spannungsschaffende und -lösende »Begleitgefühle« spielen auch in diesem Prozess eine zentrale mobilisierende und strukturierende Rolle. Ganz Ähnliches gilt für das nach wie vor so rätselhafte Phänomen des menschlichen Bewusstseins: Bewusst ist in erster Linie, was zur Sprache gebracht werden kann. Was nicht sagbar ist, bleibt weitgehend unbewusst. Bedeutsam ist des Weiteren, dass Bewusstsein nach der einschlägigen Forschung immer »Bewusstsein von etwas« ist,[10] das heißt einen kognitiven Inhalt hat. Und dieser Inhalt wird von den Schalt- und Filterwirkungen von Affekten genau so entscheidend beeinflusst wie der Inhalt von Aufmerksamkeit, Gedächtnis und Denken.

Wichtig ist indessen, klar zu unterscheiden zwischen einem diffusen Bewusstsein oder »Wissen-Fühlen« von sich und seiner Umwelt (etwa von Gefahren- und Futterquellen darin, von Freunden oder Feinden, von bestimmten Rhythmen etc.), wie es offensichtlich auch den Tieren eigen ist, und einem klaren »Wissen von sich selbst«, das heißt einem spezifisch menschlichen Selbstbewusstsein: Letzteres entwickelt sich beim Kleinkind gegen das Ende des ersten Lebensjahres, wenn es langsam fähig wird, sich von seiner Mutter und seiner Umwelt abzugrenzen. Erst sehr viel später lernt der Mensch unter Umständen auch, sich von sich selbst zu distanzieren, das heißt sich zu »dezentrieren«, wie Piaget diesen sowohl individuell wie menschheitsgeschichtlich hoch bedeutsamen Entwicklungsschritt nennt. Diese Fähigkeit entscheidet unter anderem darüber, ob und wie weit wir uns in andere Menschen oder Kulturen einzufühlen vermögen. Nicht übersehen werden sollte allerdings, dass auch der Mensch keineswegs ständig seiner selbst bewusst ist: nicht dann jedenfalls, wenn er von Emotionen geschüttelt drauflos agiert, wenn er »selbstvergessen« spielt, arbeitet oder »hingegeben« liebt, von einem begleitenden dunklen »Ich-Gefühl«, das vielleicht aber allem Lebendigen eigen ist, einmal abgesehen. Konzentrierte Aufmerksamkeit kann sogar mit weitgehender »Geistesabwesenheit« einhergehen. Ein explizites Selbstbewusstsein erlangen wir eigentlich nur dann, wenn wir uns vor dem Spiegel (auch vor dem »Spiegel der Geschichte« oder dem Spiegel, den uns andere Menschen vorhalten) betrachten, oder wenn wir im Rahmen einer wissenschaftlich-philosophischen Diskussion (wie der vorliegenden) versuchen, »unserer selbst inne zu werden«.

Auch im neuerdings wieder heiß diskutierten Phänomen des »freien« Willens spielen Affekte eine wichtige Rolle, was allerdings nach wie vor von vielen

10 Vgl. hierzu zum Beispiel Jaspers (1953), Scharfetter (1976) und Ciompi (2003a).

Experten völlig übersehen wird. Nach der tiefschürfenden Analyse des Genfer Kognitionsforschers Jean Piaget jedoch, der wir uns hier voll anschließen, muss der Wille als ein konzentrierter übergeordneter Affekt (»eine affektive Regulation von Regulationen«) aufgefasst werden, der sich mit bestimmten kognitiven Vorstellungen verbindet und alles diesbezügliche Fühlen und Denken beherrscht.[11] Dies gilt gleichermaßen für kurze und lange Willensakte wie etwa für den Beschluss, ein Haus zu bauen: Ein solches Vorhaben kann nur dann gelingen, wenn über längere Zeit alles, was dazu nötig ist, unter Ausschaltung von allen möglichen Gegenaffekten und -argumenten durch eine übergeordnete Willensanstrengung dominiert, organisiert und koordiniert wird.

Die aktuelle wissenschaftliche Kontroverse rund um die Frage, ob der menschliche Wille »frei« sei oder nicht, ist im Anschluss an die umstrittenen elektroencephalografischen[12] Laborbeobachtungen des amerikanischen Physiologen Benjamin Libet entbrannt, der 1979 erstmals festgestellt hatte, dass rund 300 Millisekunden vor jedem bewussten Willensakt im Gehirn ein so genanntes Bereitschaftspotenzial entsteht. Manche neurobiologisch orientierte Experten haben daraus geschlossen, dass nicht ein »freier Wille«, sondern ein vorauslaufender unbewusster Hirnmechanismus darüber entscheidet, was wir »wollen«.[13] Gegen diese extensive Interpretation sind in der Folge zahlreiche methodologische und philosophische Einwände erhoben worden. Aber auch aus anderen und vielleicht noch triftigeren Gründen wurde unseres Erachtens die Tragweite der Libet'schen Experimente allgemein weit überschätzt: Erstens ist doch seit langem klar, dass jeder noch so simple Willensakt letztlich in vielfältigen unbewussten und namentlich emotionalen Motivationen wurzelt, die natürlich erst einmal aktiviert (»bereitgestellt«) werden müssen, bevor es zu einem bewussten Entscheid kommen kann. Dass ein bewusster Willensakt unbewusst vorbereitet wird, ist somit nichts als eine Selbstverständlichkeit. Noch viel selbstverständlicher erscheint eine solche Vorbereitungszeit bei komplexen Entschlüssen von der Art des obigen Beispiels, von einer Berufs- oder Partnerwahl ganz zu schweigen. Überhaupt mutet die diskutierte rigide Dichotomie zwischen einem »freien« und »unfreien« Willen reichlich realitätsfremd an. Denn zum einen steht längstens fest, dass der Mensch in all seinem Tun und Lassen von unzähligen und nur sehr teilweise bewussten persönlich-biografischen, situativen und kulturellen Zwängen abhängt, was ein wirklich freies Wollen von vornherein ausschließt. Und zum anderen ist gleichzeitig ja ganz unbestritten, dass er über sehr viel mehr Freiheitsgrade verfügt als jedes Tier. Sein Wille ist somit weder einfach

11 Vgl. Piaget (1995), ferner Ciompi (1988, S. 195 ff., 1997, S. 84 ff., 330 ff.).

12 Das Elektroencephalogramm (EEG) misst die elektrischen Ströme im Gehirn, die bei der Aktivität von Nervenzellen entstehen.

13 Vgl. zum Beispiel Roth (1994), Singer (2003), Wuketits (2007). Eine gute Zusammenfassung der aktuellen Diskussion rund um den freien Willen findet sich auch bei Schlimme (2007).

»frei« noch »unfrei«, wohl aber »freier«, und sein subjektives Gefühl von relativer Freiheit und Unfreiheit zugleich erscheint damit als mindestens ebenso stimmig wie alle elektroencephalografischen Objektivierungsversuche.

Noch viel offensichtlicher wird all dies, wenn wir die Frage so stellen, wie sie uns hier primär interessiert: Gibt es auch ein *kollektives* Bewusstsein und einen *kollektiven* »freien« Willen? Beide Fragen lassen sich in Analogie zu unserer Definition von kollektiven Gefühlen relativ leicht beantworten, obwohl sie komplexe Implikationen haben: Kollektiv bewusst ist ganz einfach alles Wissen, das einer größeren Zahl von Menschen gemeinsam ist. Durchaus zu Recht spricht man deshalb etwa von einem wachsenden kollektiven Bewusstsein von einer selbstgemachten Klimaerwärmung oder von kollektiven Ängsten vor einer aus der Kontrolle geratenen Technologie. Der kollektive Wille manifestiert sich je nach Umständen in Massendemonstrationen und Volksaufständen, in demokratischen Wahlen oder auch in langsamen kollektiven Willensbildungen wie etwa im wachsenden Streben mancher ehemaliger Sowjetstaaten nach einem Anschluss an den Westen. Gerade auch auf diesem Niveau wirken Fühlen und Denken offensichtlich ständig untrennbar zusammen.

Auch ein kollektives Selbstbewusstsein gibt es zweifellos, so etwa in Form von nationalistischen Wir-Gefühlen. Einer echten Einfühlung in eine fremde Eigenwelt im Sinn der Dezentration dagegen ist eine Gemeinschaft wohl höchstens in Ausnahmefällen fähig, so etwa anlässlich eines Erdbebens oder einer sonstigen Naturkatastrophe, kaum oder gar nicht dagegen in Konfliktsituationen wie zwischen der israelischen und palästinensischen oder der westlichen und islamischen Welt. Noch viel weniger scheint es angesichts der vielen wirtschaftlichen, politischen und kulturellen Zwänge, denen jede Gemeinschaft unterworfen ist, berechtigt, von einem kollektiven freien Willen zu sprechen. Wohl aber verfügt – und dies hat zahlreiche praktische Implikationen – auch jedes Kollektiv noch über gewisse Freiheitsgrade: Selbst in einer sozialen Zwangssituation bleiben noch gewisse Wahlmöglichkeiten offen, die von Unwägbarkeiten wie dem größeren oder kleineren Einfluss von herausragenden Einzelpersonen und deren Entschlüssen, Emotionen auf- oder abwiegelnden Vorfällen, Naturkatastrophen oder anderen Zufälligkeiten abhängen. In welche Richtung sich ein derart komplexes selbstorganisatorisches System wie eine menschliche Gemeinschaft schließlich bewegen wird, bleibt – dies ist jedenfalls eine der wichtigsten Lehren der Chaos- oder Komplexitätstheorie – schon deshalb grundsätzlich unberechenbar, weil es darin unter gewissen Umständen zu plötzlichen nichtlinearen Phasensprüngen und Schmetterlingseffekten kommen kann, die kein noch so leistungsfähiger Computer vorauszusagen vermag. Der plötzliche Zusammenbruch des sowjetischen Weltreichs nach der Öffnung der Berliner Mauer liefert hierfür, wie schon in der Einleitung zu diesem Buch erwähnt, ein spektakuläres Beispiel.

Einmal mehr stoßen wir in diesem Zusammenhang auch auf das faszinierende Problem der Wechselwirkungen zwischen Individuum und Gemeinschaft:

Während als wichtigste Träger des kollektiven Willens die allgemeine öffentliche Meinung (oder der »Mainstream«, die »Masse«) gelten kann, erscheinen soziale Außenseiter – originelle Künstler und Denker, sensible Einzelgänger, auch manche »Verrückte« oder »Extremisten« – im kollektiven Denk- und Fühlsystem gewissermaßen als die Repräsentanten und Wortführer des kollektiven Unbewussten. Manche Elemente dieses »kollektiven Unbewussten« sind in gewissen Bereichen der Gesellschaft also durchaus bewusst; ähnlich wie in der individuellen Psyche bleibt ebenfalls im Kollektiv das Verdrängte im Hintergrund ständig präsent. Und auch hier kann vorher Randständiges, wenn in einem kritischen Moment von einem »charismatischen« (das heißt sprachgewaltigen und emotional ansteckenden) Wortführer zur Sprache gebracht, plötzlich zu dominieren und den Mainstream zu »versklaven« beginnen. Frühere Außenseiter steigen damit – wie seinerzeit Hitler, oder wie im Wahljahr 2008 etwa Obama – plötzlich zu Leit- und Führergestalten auf, die das allgemeine Fühlen und Denken zur Sprache bringen und auf neue Ziele hinlenken. Dass die dabei wirksamen Leitaffekte – Fremdenhass und Aggressivität bei Hitler, möglicherweise so etwas wie eine allgemeine »Liebe zum Ganzen« bei Obama – von größter praktisch-konkreter Bedeutung sind, braucht nach allem Gesagten nicht weiter ausgeführt zu werden.

Religion, Wissenschaft und Philosophie

Ebenfalls in Palmyra sind die Ruinen eines riesigen, im Jahr 32 nach Christus dem obersten »Gott aller Götter« Baal (oder Bel, weitgehend identisch mit Zeus und Jupiter) geweihten viereckigen Tempelhofs zu finden, in dem neben dem großen Baalstempel lange Zeit auch die Symbole sämtlicher anderer Götter, die den Bewohnern dieser Wüstenoase heilig waren, aufgestellt blieben. Diese erstaunliche Koexistenz zeugt von jenem schon einmal erwähnten jahrhundertelangen Fühl-Denk-Prozess, der im Mittleren Osten über viele Zwischenstufen zur Formulierung der drei großen monotheistischen Religionen des Judentums, des Christentums und des Islams führte. Als »Götter« und schließlich »Gott« wurden immer wieder die übermächtigen Kräfte bezeichnet, deren Wirken die Menschen sich ausgesetzt fühlten; der Monotheismus vereint sie zu einer einzigen, allem übergeordneten »Superkraft«. Religionen sind, so gesehen, kollektive Welterklärungen, Versuche des sich langsam seiner selbst bewusster werdenden Menschen, zu begreifen und in Worte und Bilder zu fassen, was und wo er ist, woher er kommt und wie er allenfalls die Richtung der großen Reise, auf die er sich »mitgenommen« sieht, günstig beeinflussen könnte.

Denselben Urfragen entspringen Wissenschaft und Philosophie, die ursprünglich ja keine von der Religion abgetrennte »Disziplinen« waren, sich aber zunehmend unterschiedlicher Denk- und Fühlmethoden bedienten: Die

Wissenschaft ging, verkürzt gesagt, von praxisnahen Fragen der Landvermessung (Geometrie) und Schifffahrt (Astronomie/Astrologie, Geografie, Meteorologie) aus und entwickelte sich auf dem Weg der zunehmend genauen Natur- und später auch Menschenbeobachtung, des deduktiven Denkens und des Experiments schließlich bis zu den modernen Natur- und auch Geisteswissenschaften weiter. Die Philosophie ihrerseits – wörtlich: die Liebe zu Wissen und Weisheit – denkt *über* unser Wissen und Glauben und deren Konsequenzen nach und findet unseres Erachtens in dieser übergeordneten Funktion, ganz entgegen der verbreiteten Meinung, die moderne Wissenschaft mache die Philosophie im Grunde überflüssig, nach wie vor ihre vornehmste Aufgabe.

Bei allen diesen Versuchen, etwas vom »großen Ganzen« zu verstehen, gibt es allerdings eine Reihe von Problemen, die viel mit Affektlogik zu tun haben: Religion, Wissenschaft und Philosophie sind, bei all ihrer unendlichen Diversität, je typische affektiv-kognitive Eigenwelten mit ausgeprägten autopoietischen Selbstorganisationsmechanismen, die sie voneinander abschotten. Insbesondere die großen monotheistischen Religionen haben eine starke Tendenz, ihre Lehren als »einzige Wahrheiten« zu verabsolutieren, ihre Begründer zu vergöttlichen und die Anhänger der eigenen Religion als »auserwählt« zu glorifizieren. Diese »heiligen« und somit unantastbaren Dogmen dienen primär der Selbstbestärkung und führen immer wieder zu Krieg und Gewalt gegen »Ungläubige«.

Vor Intoleranz und Verabsolutierung ihrer Teilwahrheiten ist indes auch die Wissenschaft nicht gefeit, obwohl sie sich den systematischen Zweifel eigentlich auf ihre Fahnen geschrieben hat. So gibt es auch einen wissenschaftlichen Fundamentalismus, der ungeachtet aller Lippenbekenntnisse zur Relativität all unseres Wissens keinerlei andersartige Zugänge zur »Wahrheit« mehr gelten lassen will, weder die Intuitionen und Träume, die jeder Erkenntnis notwendigerweise vorauslaufen, noch die Versuche, etwas vom »großen Ganzen« auf spirituelle oder religiöse Weise zu erahnen. Und was die Philosophie anbetrifft, so hat sie sich im Laufe der Zeit derart tief in sich selbst und ihre eigene Geschichte vergraben, dass ihre hohe Relevanz für Fragen wie »Wie weiter?«, »Nach welchen Werten? und »In welche Richtung?«, die sich heute allen Menschen stellen, dem Nichtspezialisten zunehmend entgeht.

Indes werden in allen drei Fachdisziplinen auch immer wieder Versuche unternommen, sich ihrer ursprünglichen Einheit anzunähern. In der Religion gehört dazu, soweit wir von unserer wie gesagt beschränkten Warte aus sehen können, das Streben nach einer so genannten »negativen« Theologie, das heißt der konsequente Verzicht auf jede Beschreibung und Dogmatisierung dessen, was das Göttliche ist oder sein könnte, ohne aber gleichzeitig ein (im weiten Sinn) tief religiöses Grundgefühl des Verbundenseins mit einem nie erfassbaren »großen Ganzen« aufzugeben. »Gott ist nicht gut und nicht gerecht, nicht vollkommen und nicht allmächtig«, formuliert beispielsweise der deutsche Theologe Andreas Benk provokativ, um alle Versuche, Gott irgendwie zu definieren, von vornherein ad absurdum zu führen.[14] Aus diesem Ansatz lässt sich eine tolerante »zivile Religion« ohne enge Glaubenslehren und -institutionen ableiten, wie sie seinerzeit schon Rousseau vorgeschwebt hatte und auch heute wieder von vielen Menschen gesucht wird. Ein jüngstes Beispiel ist der »gläubig-atheistische« Pfarrer Klaas Hendrikse in Middelburg/Holland, dessen Predigten Sonntag für Sonntag Scharen von Zuhörern aus dem ganzen Land anziehen.

In der Wissenschaft sehen wir in erster Linie die Wissenssoziologie und wissenschaftliche Erkenntnistheorie, darunter insbesondere den psychologischen und neurobiologischen Konstruktivismus, der einer fundamentalistischen Verabsolutierung von wissenschaftlichen Teilerkenntnissen entgegenwirkt. Genau auf einer solchen Linie bewegt sich auch die Affektlogik mit ihrem Postulat der Beteiligung von Gefühlen an allem Denken und Wissen.[15] Und in der Philosophie – dem Gebiet, über das etwas auszusagen wir uns am wenigsten kompetent fühlen – sind es neben gewissen Lehren des Buddhismus vielleicht am ehesten die Ideen zum antiautoritären »schwachen Denken« von Gianni Vattimo, zur multikulturell orientierten »postmodernen Moderne« von Wolfgang Welsch oder zu einer neuartigen philosophischen Anthropologie nach Ernst Tugendhat oder Beatrice Nunold, die neue Integrationsmöglichkeiten eröffnen.[16]

Das Menschenbild der kollektiven Affektlogik

Auf dieser Basis können wir nun daran gehen, das Menschenbild der kollektiven Affektlogik noch etwas schärfer zu umreißen. Der Homo sapiens emotionalis bleibt, obwohl er über weit mehr Freiheitsgrade verfügt als jedes Tier, doch seinen evolutionären Ursprüngen zutiefst verhaftet. Lebenswichtige Grundaffekte bilden das entscheidende Bindeglied sowohl zu seiner animalischen Herkunft wie auch zu seiner Körperlichkeit. Von den Schalt- und Filterwirkungen von Affekten wird sein gesamtes Denken und Verhalten tiefgehend beeinflusst. Dies gilt insbesondere für alles kollektive Denken; entsprechend beschränkt ist die kollektive Willens- und Entscheidungsfreiheit.

Kollektives Fühlen und Denken stellt zweifellos die ursprünglichste Weise des menschlichen Funktionierens dar. Regressive massenpsychologische Mechanismen der von Le Bon und Freud beschriebenen Art nehmen deshalb namentlich dann leicht überhand, wenn Gefahr droht oder der emotionale Spannungspegel aus anderen Gründen kritisch ansteigt. Unbewusste Schaltwirkungen

14 Benk (2008).

15 Näheres dazu ist im Kapitel »Zur erkenntnistheoretischen Ausgangslage: Ein obligat beschränkter Horizont« und insbesondere im Unterkapitel »Radikaler versus relativer Konstruktivismus« in Ciompi (1997, S. 19–44) zu finden.

16 Vgl. Welsch (1988), Vattimo (1990), Tugendhat (2007), Nunold (2004, 2008).

von Affekten sind indessen auch in unserem Alltagsdenken und -handeln andauernd am Werk; besonders stark wirken emotional aufgeladene Bilder. Wie tief sie die öffentliche Meinung selbst in unseren (pseudo)aufgeklärten westlichen Demokratien zu beeinflussen vermögen, zeigen die emotionsbasierten Verkaufs-, Wahlkampf- und Kommunikationsstrategien, die heute große Firmen, politische Gremien und neuerdings sogar Generalstäbe mit Hilfe großer Werbeagenturen systematisch anwenden. Neuere Beispiele reichen von den letzten französischen oder amerikanischen Präsidentschaftskampagnen bis zu der manipulierten Kriegsberichterstattung im Irak- oder Gazakrieg. In der leichten emotionalen Beeinfluss- und Verführbarkeit von Kollektivitäten namentlich in Krisenzeiten sehen wir sogar eine der beiden wohl gravierendsten Schwachstellen von modernen Demokratien: Einerseits sind auch sie, wie seinerzeit schon Hitlers Wahlsiege und in jüngerer Zeit wiederum die fundamentalistischen Wahlerfolge in Algerien, im Gazastreifen und in Israel gezeigt haben, vor Extremismus nicht gefeit. Andererseits sind demokratische Mehrheiten zur Lösung von Langzeitproblemen (wie etwa der Klimaerwärmung) wenig geeignet: Kollektive jeder Art sind ähnlich wie Kinder ausgesprochen frustrationsintolerant, das heißt, viel weniger als reife Erwachsene fähig, kurzfristige Nachteile zugunsten von langfristigen Vorteilen in Kauf zu nehmen. Parteiprogramme und Volksvertreter, die einen derartigen »Triebaufschub« (wie Freud diesen wichtigen Aspekt psychischer Reife genannt hatte) von ihnen verlangen würden, haben deshalb kaum Wahlchancen. Als weitere Gefahr sollte man ferner die – auch von Obama in einer Diskussion der Mängel der Demokratie hervorgehobene – Möglichkeit nicht vergessen, dass eine demokratische Mehrheit eine Minderheit geradezu diktatorisch versklavt und vergewaltigt.

Soziale Systeme beliebiger Dimension sind – dies ist ein weiteres Hauptresultat unserer Untersuchung – Schicksals- und Interessengemeinschaften mit je eigenen und für selbstverständlich gehaltenen Wertvorstellungen im Sinn von affektiv-kognitiven Eigenwelten. Der wichtigste »Leim«, der Familien, Gruppen und auch ganze Nationen zusammenhält, sind positive Wir- und Selbstwertgefühle mitsamt den Schaltwirkungen der dabei beteiligten Affekte auf Aufmerksamkeit, Gedächtnis und kollektives Denken. Positive Selbstwertgefühle verleihen der Gemeinschaft eine konstruktive Dynamik. Sie bedürfen, was vielfach übersehen wird, immer auch der Bestätigung von außen: Auf Freunde, die Anerkennung spenden, und ein Stück weit sogar auf äußere Feinde, die den inneren Zusammenhalt stärken, sind Gemeinschaften emotional genau so angewiesen wie jeder einzelne Mensch. Sobald dagegen negative Kollektivgefühle wie Selbsthass, Verbitterung und entsprechende Denkinhalte überhand nehmen, ist der Weiterbestand einer jeden Gemeinschaft gefährdet. Ebenso zersetzend wirken, wie in Kapitel 2 und 3 gezeigt, durch Niederlagen und Demütigungen verschärfte kollektive Scham- und Beeinträchtigungsgefühle. Versuche, das angeschlagene Selbst- und Identitätsgefühl gewaltsam zu stärken, reichen von der

Anzettelung von regulären Kriegen bis zu, wenn dafür die Mittel fehlen, punktuellen Terrorakten.

Die übergeordnete Finalität eines lebensfähigen und -willigen sozialen Systems beliebiger Größe ist die Selbsterhaltung oder Autopoiese. Diesem Hauptzweck dient letztlich alles kollektive Denken und Handeln. Gedacht, geglaubt und gesagt wird auf der kollektiven Ebene deshalb nicht primär, was »richtig«, »gerecht« oder »wahr« ist, sondern was dem Überleben der Gemeinschaft dient. Mit anderen Worten: *Soziale Systeme funktionieren nicht rational, sondern »systemrational«; das kollektive Denken und Handeln ist nicht logisch, sondern affektlogisch.* Illustrationen hierfür liefern die Vorkapitel in Fülle; von unzähligen weiteren Beispielen aus dem Tagesgeschehen führen wir bloß noch die Erdöllobby an, die im Interesse der Selbsterhaltung jahrzehntelang alle Hinweise auf eine menschengemachte Klimaerwärmung als »unsinniges Gerede« zu diskreditieren versuchte. Ganz ähnlich verleugnete die Tabakindustrie so lange wie nur möglich die Schädlichkeit des Nikotins oder verteidigt zur Zeit die Schweizer Öffentlichkeit das ebenso profitable wie unmoralische Schweizer Bankgeheimnis mit halsbrecherischen Argumenten gegen die Attacken der internationalen Gemeinschaft.

Emotionsgesteuerte pseudorationale Abwehr- und Selbstbestärkungsmechanismen dieser Art sind derart häufig, dass sie wohl zur »affektlogischen« Grundausstattung von Kollektivitäten gehören. So entwickelt fast jede Gemeinschaft auch früher oder später die Überzeugung, sämtlichen anderen von Grund auf überlegen zu sein: Juden und Christen wie Mohammedaner, Engländer und Franzosen wie Deutsche, Europäer wie Amerikaner oder Chinesen behaupteten immer wieder von sich selbst, sie allein seien die »von Gott Auserwählten«, die »einzig wahren Gläubigen«, die »Herrenmenschen« oder zumindest »la grande nation«, »gods own country«, das »Reich der Mitte«. Durchaus ähnliche Wurzeln hat die seinerzeit weit verbreitete und heute grotesk anmutende Überzeugung, dass die jeweils »Anderen« gar keine richtigen Gefühle hätten, sondern »bloß so täten, als ob«. Dies unterstellten nicht nur die alten Griechen allen Sklaven und »Barbaren«, sondern bis weit ins 19. Jahrhundert hinein auch die Weißen den Schwarzen, ja bis gegen Mitte des 18. Jahrhundert sogar die meisten Männer den Frauen! Als ebenso abwegig wird künftig vermutlich erscheinen, dass manche Wissenschaftler noch heute selbst höheren Tieren die Fähigkeit absprechen, Schmerz oder Freude ähnlich wie wir zu empfinden.

Nach prinzipiell den gleichen affektlogisch-autopoietischen Regeln funktionieren ebenfalls alle Untersysteme, in die sich die Gesellschaft gliedert, von der Familie oder Gruppe über Betriebe und Parteien bis zu staatlichen Institutionen wie Verwaltung und Armee. Auch soziale Untergruppen wie etwa Zentrum und Peripherie, Gemäßigte und Extreme, konservative »Rechte« und progressive »Linke«, die sich sowohl befehden wie auch gegenseitig bedingen und bestärken, tragen (wie früher schon erläutert) auf ihre Weise zu der Erhaltung des Ganzen bei: Die konservative, den »Mainstream« und »gesunden Menschenverstand« verkörpernde gemäßigte Mitte verleiht dem System Festigkeit und Dauer, während die extreme Peripherie dessen Grenzen verteidigt und alternative Fühl- und Denkmöglichkeiten erkundet. Randfiguren und -gruppen diverser Färbung repräsentieren außerdem, wie ebenfalls schon erklärt, oft Aspekte des kollektiven Unbewussten. Und eine Art von »Extremisten« sind auch alle hochspezialisierten Forscher, Denker, Künstler und Spitzensportler. Indes können sich die Gewichte verschieben; was einmal außerordentlich war, mag zum Allgemeingut werden. Extremismen stellen zudem letzte Reserven dar, zu denen die Gemeinschaft in Notsituationen nicht selten wie nach einem rettenden Strohhalm greift.

Das Gute und Böse im Menschen

Aus dieser Warte stellt sich ebenfalls die Frage in neuer Weise, was eigentlich das »Gute« und »Böse« im Menschen sei. Evolutionär gesehen sind, wie schon mehrfach betont, so genannte negative Affekte wie Angst oder Wut und zugehörige Verhaltensmuster wie Flucht, Revierverteidigung, Konkurrenzstreben und Egoismus im Prinzip genau so sinnvoll wie Liebe, Vertrauen, Zusammenarbeit und Altruismus.[17] Entscheidend sind aus unserer Sicht nicht die einzelnen Affektqualitäten, sondern ein »gesundes« und überlebensförderndes Gleichgewicht zwischen ihnen.

Freilich erheben sich hier eine Reihe von schwierigen Zusatzfragen: Gesund für wen? Für mich? Für uns? Oder auch für »die Anderen«, etwa gar für die »Feinde«? Und: Wie ist denn ein überlebensbeförderndes Gleichgewicht genauer beschaffen? Schon im Zusammenhang mit dem Islam-West-Konflikt sind wir auf die Tatsache gestoßen, dass das Gute des Einen das Böse des Anderen sein kann, und umgekehrt. Im Israel-Palästina-Konflikt ist es nicht anders, und das gleiche Dilemma finden wir auf der Gruppen- und Familienebene wieder. Gibt es keine sinnvollen Antworten auf die obigen Fragen?

Vielleicht ergibt sich eine gewisse Klärung, wenn wir den Blick vom politisch-religiösen Feld auf das wirtschaftliche lenken, wo die Verhältnisse ähnlich, aber transparenter sind: Gut gedeihen kann jeder kleine oder größere Betrieb vorzugsweise dann, wenn auch das unter- wie übergeordnete System (etwa die Binnen- und Weltwirtschaft) gedeiht. Und die jüngste Geschichte mit dem Scheitern sowohl der extrem konkurrenzarmen Wirtschaft sowjetisch-kommunistischen Gepräges wie auch der extrem kapitalistisch-liberalen Konkurrenzwirtschaft scheint zu zeigen, dass die beste Voraussetzung für ein solches Gedeihen immer wieder ein dynamisches Gleichgewicht zwischen Zusammenarbeit und Konkurrenz oder, verallgemeinernd formuliert, zwischen Altruismus und Egoismus, Liebe und Aggression im weiten Sinn ist.

17 Vgl. unter anderem Lorenz (1963), Fromm (1974).

Dass solche Vergleiche nicht abwegig sind, lehrt auch ein Blick auf einen beliebigen Ausschnitt der Natur, beispielsweise auf ein paar Quadratmeter Bodenfläche, eine gemischte Tier- und/oder Pflanzenpopulation, einen Fisch- oder Vogelschwarm: Überall finden wir, wenn das Ganze gedeihen soll, ein »gutes« (oder auch »schönes«) Gleichgewicht zwischen allen genannten Kräften, und insbesondere zwischen Kooperation und Kompetition. Wird dieses Gleichgewicht dagegen auf die eine oder andere Seite hin auf Dauer gestört, so geht das Ökosystem zugrunde oder fällt auseinander. Nicht anders steht es – wie der deutsche Kultursoziologe Hans Peter Thurn vor Jahren in einem interessanten Buch[18] nachgewiesen hat – mit dem Gleichgewicht zwischen aufbauenden und zerstörerische Kräften: Sowohl im mikro- wie im makrosozialen Bereich macht oftmals erst die Zerstörung des Alten den Aufbau von Neuem überhaupt möglich; Aufbau und Abbau gehören ebenso untrennbar zusammen wie Zusammenarbeit und Konkurrenz oder, am allgemeinsten formuliert, Lebens- und Todestriebe im psychoanalytischen Sinn.

Was bedeuten solche allgemeine Erkenntnisse für unsere Fragestellung? Gestützt auf die im Vorkapitel diskutierten Zusammenhänge glauben wir, dass ein gedeihliches Gleichgewicht am ehesten dann gegeben ist, wenn bindungs- und kooperationsschaffende Leitaffekte zumindest ein klein wenig – zu mindestens 51 %, wie wir in Anspielung auf den Effekt einer Volks- oder Aktienmehrheit im vorangegangenen Kapitel formuliert haben – über aggressive Leitaffekte überwiegen. Wiederum gilt dies »fraktal« auf den unterschiedlichsten Ebenen, von den Beziehungen zwischen ganzen Kulturen und Nationen bis hinab zu Familien und Paaren, ja zum Verhältnis des Einzelnen zu sich selbst. Als lebens- und entwicklungsfeindlich und damit »böse« erscheint dagegen alles, was ein solches Gleichgewicht zerstört, auf unsere Fragestellung übertragen also in erster Linie alle fundamentalistischen Absolutismen und Extremismen.

Aus Sicht der Affektlogik ist somit der Mensch nicht einfach »gut« oder »böse«, weder kollektiv noch einzeln, sondern er ist *notwendigerweise* ein Gemisch von beidem. Dies zu erkennen, bedeutet vielleicht auch eine Art von »Befreiung zu uns selbst«: Wir brauchen nicht mehr um jeden Preis die unmögliche Forderung zu erfüllen, nur gut zu sein; wir dürfen auch mal böse werden und uns wehren und wüten, genauso wie wir »lieb sein« und lieben und uns engagieren dürfen und sollen. Die entscheidende Frage ist, was überwiegt.

Auf konkretere Implikationen dieser These und die naheliegende Frage, wie weit denn unsere Emotionen überhaupt steuerbar seien, kommen wir im nächsten Kapitel zu sprechen. Vorher wollen wir indes noch einen wichtigen Einwand berücksichtigen, der uns zu der Problematik der Freiheit zurückführt.

18 »Das Schaffen ist zerstörend, die Zerstörung schaffend«, erkannte laut Thurn (1990, S. 91) auch schon Hegel.

Zu viel Freiheit, zu wenig Grenzen?

Wie kommt es denn, so wird man zu Recht einwenden, dass Menschen sich immer wieder ausgesucht boshaft, ja sadistisch benehmen, Tiere oder andere Menschen zum Spaß quälen und imstande sind, Folter zum System und Massenmord zur Politik zu erheben? Zeigt dies nicht das Böse im Menschen in Reinkultur?

Hierzu, neben unzähligen Beispielen makrosozialer Art, auch eine ganz kleine private Beobachtung, die indes gewisse fraktale Aufschlüsse enthält:

Genfersee, ein schöner Sommertag, ein hübscher Naturstrand voller Badegäste: Familien mit Kindern jeden Alters, Urlauber, Halbwüchsige, Liebespaare. Eine Gruppe von sieben bis acht jungen Entlein schwimmt in Formation am Ufer entlang und sucht zutraulich mitten zwischen den Badenden nach Nahrung. Aufs Mal beginnt ein acht- bis neunjähriger Junge vor aller Augen zuerst ganz kleine und dann immer größere Steine nach ihnen zu werfen – bis ihm schließlich ein Familienvater mit einem lauten »He da, geht's noch?« Einhalt gebietet und sowohl der erschrockene Junge wie auch die verschreckten Entlein eiligst verschwinden.

Wie in aller Welt kommt ein Kind dazu, herzige Entlein zunehmend gefährlich mit Steinen zu bewerfen? – Aus reinem Spaß offensichtlich, genauso wie neulich drei angetrunkene Schweizer Lehrlinge auf Urlaub in München »rein aus Spaß«, wie sie angaben, einen Rentner und mehrere andere Opfer halb tot geschlagen und vor wenigen Jahren junge amerikanische Soldaten und Soldatinnen im Bagdader Gefängnis Abu Ghuraib nackte irakische Häftlinge rein »zum Vergnügen« gequält, sexuell auf alle erdenklichen Weisen gedemütigt und sich selbst und die Opfer obendrein noch fotografiert hatten. Zahllose analoge Beispiele ließen sich mühelos aufzählen, von den mittelalterlichen Hexenverbrennungen bis nach Auschwitz, Srebrenica und Ruanda. Etwas von dieser immer neu aufflammenden Lust an Grausamkeit scheint tatsächlich in der menschlichen Natur zu liegen, obwohl sie sich andeutungsweise (etwa im grausamen Spiel von Katzen mit gefangenen Mäusen) auch schon bei Tieren findet. Dass ein solches Verhalten beim Menschen extreme Ausmaße anzunehmen vermag, hängt, so meinen wir, mit den erwähnten Freiheitsgraden seines Gehirns zusammen: Der Mensch kann sich alles nur Mögliche – sowohl das »Hirnwütigste« wie auch das Schönste – ausdenken, und was er einmal ausgetüftelt hat, das versucht er früher oder später auch zu verwirklichen (»Denken ist Probehandeln«, hat bekanntlich auch schon Freud erkannt).

Gleichzeitig verdeutlicht die geschilderte Szene aber auch die Notwendigkeit der Begrenzung dieser Freiheit schon im kleinsten Maßstab. Hätte da nicht jemand noch zeitig »He da!« und »Geht's noch?« gerufen, so wäre wahrscheinlich ein kleines Unheil passiert. Ganz gleich droht offensichtlich großes Unheil, sofern es uns nicht gelingt, der potenziell fast unbeschränkten Freiheit unseres Denkapparats gewisse Grenzen zu setzen. Sie bedarf der Regulierung nicht weniger als die Wirtschaft. Es sind in erster Linie unsere angeborenen Gefühle, die solche Grenzen signalisieren: Ganz zu Recht wird uns angst und bange, wenn wir an die seit Tausenden von Jahren immer rasanter voranpreschende technisch-zivilisatorische und demografische Entwicklung und deren mögliches abruptes Ende etwa aufgrund einer umfassenden Klimakatastrophe oder eines globalen Atomkrieges denken. Und wir fühlen uns auch zu Recht heimlich schuldig, wenn wir unbekümmert auf Kosten Anderer und der ganzen Erde immer weiter »nichts als unser Pläsier« haben wollen: immer mehr Komfort, immer mehr Konsumgüter, immer schnellere und deshalb angeblich bessere Maschinen. Auch der Kontrollparameter des kollektiven emotional-aggressiven Spannungspegels zeigt in Form von gehäuften »unbegreiflichen« Gewalttaten etwa in Schulen oder selbst Gerichten an, dass wir uns einem gefährlichen Schwellenwert nähern, bei dessen Überschreiten es zu einem plötzlichen großen »Knall« – einer nichtlinearen Bifurkation im sozialen Getriebe – kommen könnte, weil es so einfach nicht mehr weitergehen kann.

Das Zeitalter der Entfesselung

Die fortwährende Beschleunigung der zivilisatorisch-technischen Entwicklung des Homo sapiens emotionalis seit Hunderttausenden von Jahren zeigt, wie schon vermerkt, dass Innovationslust als Überlebensfaktor im evolutionären Konkurrenzkampf eine immer größere Bedeutung erlangte: Wer bessere Werkzeuge und Waffen sowie effizientere Formen der Zusammenarbeit und Nutzung natürlicher Energiequellen erfand, der schlug seine weniger kreativen Rivalen unweigerlich aus dem Feld. Die Folge dieses äonenlangen Auswahlprozesses ist die laufend schneller werdende Kadenz des »Fortschritts« bis in die letzten Jahrzehnte hinein. Angesichts der ungeheuren technisch-zivilisatorisch-geistigen Umwälzungen, die mit der Aufklärung, der Französischen Revolution, der Industrialisierung des 19. und den spektakulären technischen, wissenschaftlichen und medizinischen Errungenschaften des 20. Jahrhunderts für große Teile der Menschheit einhergingen, kann die Neuzeit gewiss mit Fug als das Zeitalter der Entfesselung bezeichnet werden – im doppelten Sinn sowohl der Befreiung aus beengenden Fesseln aller Art wie auch der zauberlehrlingshaften Freisetzung von unheimlichen und unkontrollierbaren Kräften. Fast alle aktuellen Neuerungen zeigen in der Tat dieses beunruhigende Janusgesicht: Die Kehrseite der Befreiung des Denkens aus den Fesseln von Kirche und Tradition ist eine überhandnehmende ethisch-moralische Verunsicherung und Orientierungslosigkeit. Der explosiven Ausweitung unseres Wissens bis in alle Tiefen des Weltalls und des molekularbiologischen und subatomaren Mikrokosmos hinein steht die Möglichkeit der nuklearen Selbstzerstörung oder gentechnologischen Verstörung aller natürlichen Gleichgewichte gegenüber. Die globale Mechanisierung und Automatisierung der Güterproduktion bringt sowohl mehr Wohlstand und Bequemlichkeit für die einen wie auch mehr Hunger und Armut für viele andere hervor. Unsere noch nie dagewesene Mobilität führt, verkürzt formuliert, zur aktuellen Luftverschmutzung und Klimaerwärmung, die Verlängerung der mittleren Lebensdauer dank moderner Medizin zur weltweiten Bevölkerungsexplosion – und so könnte man endlos weiterfahren, bis hin zur sakrosankten Kreativität selbst, deren Kehrseite die Instabilität und Diskontinuität aller Verhältnisse ist. Zu leicht vergessen wir, dass Neues für manche Kulturen – so im alten Ägypter und im Mittelalter – keineswegs fraglos gut, sondern primär Hybris und Sünde war. Ebenso vergessen scheint die antike Weisheit »Nichts im Übermaß« zu sein, die noch heute am Giebel des Apollotempels zu Delphi zu lesen ist.

Im Sonderbereich der kollektiven Emotionen, denen unser spezielles Interesse gilt, ist neben der Befreiung von zahllosen abergläubischen Ängsten und Zwängen auch eine neuartige Entfesselung von aggressiven und sexuellen Affekten unter anderem in Form von zügellos grausamen, pornografischen oder sonst wie perversen Computerspielen und Internetbildern zu verzeichnen, deren Gefahr vielfach unterschätzt wird: Speziell bei Jugendlichen wirken solche Eindrücke vor allem deshalb so verheerend, weil durch die Abkoppelung der virtuellen Erlebnisse von der Realität die Ausbildung einer wirklichkeitsgerechten Fühl-Denk-Welt im Allgemeinen und eines konstruktiven Gleichgewichts zwischen »positiven« und »negativen« Leitgefühlen im Besonderen untergraben wird. Gerade ein solches Gleichgewicht aber stellt, wie bereits erklärt, die unabdingbare Voraussetzung für den Aufbau einer gedeihlichen Sozialwelt dar.

Der Sinn für das Schöne

Fragen wir uns zum Abschluss dieses Kapitels indessen noch, ob in den besonderen Anlagen des Menschen nicht auch Elemente enthalten sein könnten, die dem drohenden Verlust von Maß und Gleichgewicht entgegenwirken. In der Tat zeichnet sich der Mensch durch eine einmalige Fähigkeit aus, die für unsere kollektive Zukunft langfristig vielleicht wichtiger sein könnte, als wir gemeinhin anzunehmen pflegen: Es ist sein Sinn für das Schöne. Erste Kultgegenstände, Höhlenzeichnungen, Schmuck- und schließlich auch Schriftstücke wie diejenigen von Homer oder Sappho zeigen diesen Sinn schon in den frühesten Artefakten des Menschen, die uns überliefert sind. In ihrem faszinierenden Buch »Weltsprache Kunst. Zur Natur- und Kunstgeschichte bildlicher Kommunikation« vertreten der bekannte österreichische Evolutionsforscher Irenäus Eibl-Eibesfeldt und die Schweizer Kunstwissenschaftlerin Christa Sütterlin die

Meinung, dass der Schönheitssinn des Menschen angeboren, evolutionär verankert und auf die Überlebensvorteile von Situationen zurückzuführen sei, in denen sich der Urmensch wohl und sicher fühlte – so namentlich in einer grünen und leicht hügeligen Savannenlandschaft mit Wasser, Bäumen und Büschen, die sowohl Nahrung wie Überblick und Deckung spenden.[19] In der Tat empfinden die meisten Menschen noch heute eine solche Landschaft instinktiv als schön. Freilich hat sich mit der Ausweitung unserer Überlebensfähigkeit auf Situationen etwa im Hochgebirge, in der Wüste oder der Arktis, die bis vor kurzem allgemein als wüst, gefährlich und von teuflischen Dämonen bevölkert galten, auch unser Schönheitssinn enorm diversifiziert. Extremkletterer zum Beispiel empfinden selbst noch eine für die meisten Menschen grausige Felswand, deren Gefahren sie zu meistern wissen, als schön. So gesehen würde das so schwer zu definierende »Wesen« des Schönen gemäß dem vielleicht doch nicht überholten Postulat der klassischen Antike letztlich wieder mit dem Guten zusammenfallen.

Aus dem Blickwinkel der Affektlogik lässt sich Schönheit wohl am ehesten als ein stimmiges Gleichgewicht zwischen Fühlen und Denken oder, präziser ausgedrückt, zwischen emotionaler Energie und deren geglückter kognitiver Kanalisierung fassen. Jedenfalls ergibt sich beim Erleben von Schönheit immer wieder das wunderbar entspannende und lustvolle Gefühl, »in eine Stimmigkeit zu fallen« – sei dies beim Sehen einer Landschaft, eines Gesichts, eines Bildes, beim Hören von Musik, aber auch beim plötzlichen Verstehen eines »schönen« geistigen Zusammenhangs, einer »schönen« Idee oder Haltung. Auch solches Verstehen entspringt einer Art von Dezentrierung und Einfühlung in ein Anderes und Ganzes unter dem Leitaffekt der Liebe. Ein Gefühl von Schönheit blitzt immer dann beglückend auf, wenn etwas, das die längste Zeit einfach nicht »aufgehen« wollte (und insofern hässlich = hassenswert war), endlich »schön zusammenpasst« und »stimmt«. Der angeborene Schönheitssinn des Menschen wäre somit eine Art von Kompass hin zu Mäßigung und Spannungsausgleich, die – nicht unähnlich wie am entgegengesetzten Gefühlspol die Fähigkeit zu exzessiver Grausamkeit und Destruktivität – einem bedeutsamen Aspekt der relativen menschlichen Freiheit entsprechen würde: Wenn nämlich, wie wir vermuten müssen, das längerfristige Überleben der Spezies Mensch davon abhängt, ob konstruktive soziale und zivilisatorische »Stimmigkeiten« letztlich über destruktive Tendenzen und Maßlosigkeit überwiegen, so würde sich ein tiefer Sinn des evolutionären »Experiments Mensch« in dessen Gelingen oder Misslingen selbst sowohl enthüllen wie auch konstituieren. Und nicht nur das Goethe'sche Tätigsein, sondern darüber hinaus auch das Schaffen von Schönheit könnte somit eine erste Bestimmung des Menschen sein.

19 Eibl-Eibesfeldt und Sütterlin (2007).

Über diesen Umweg gewinnen wir – vielleicht ebenfalls mit einem gewissen Gefühl von Schönheit – überraschend auch wieder Anschluss an unser Thema der Lösung von Widersprüchen und Konflikten, nicht zuletzt des Widerspruchs zwischen Zusammenarbeit und Konkurrenz oder Liebe und Aggression im weitesten Sinn. Im nächsten und letzten Kapitel werden wir versuchen, auf die praktischen Konsequenzen von solchen Zusammenhängen einzugehen.

7 Praktische Konsequenzen

Abschließend setzen wir uns mit der Frage auseinander, welche praktischen Konsequenzen sich aus den Erkenntnissen der kollektiven Affektlogik ergeben. Wie lässt sich das Wissen um die denk- und verhaltenssteuernden Wirkungen von kollektiven Emotionen sinnvoll nutzen, beispielsweise zur Schlichtung von Konflikten oder zur Bewältigung von kollektiven Traumen? Sind Emotionen überhaupt beeinfluss- und damit kontrollierbar oder sind wir ihnen ohnmächtig ausgeliefert? Anhand von konkreten Beispielen wie den modernen Methoden der Krisenintervention, der Mediation und der Traumaverarbeitung werden diese allgemeinen Fragen näher untersucht. Den Abschluss bilden einige grundsätzliche Überlegungen zum Verhältnis zwischen Praxis und Theorie aus der Sicht der Affektlogik.

Was tun?

Wenn die in diesem Buch verfochtene These stimmt, dass vor- oder hintergründige Affekte das kollektive Geschehen weit stärker beeinflussen als gemeinhin angenommen, so ergeben sich hieraus praktische Konsequenzen in fast allen Bereichen des sozialen Lebens. Mit einigen von ihnen haben wir uns bereits auseinandergesetzt, so namentlich mit den emotionszentrierten Propagandamethoden des Nationalsozialismus. Auch zahlreichen anderen Situationen, in denen die Wirkung von kollektiven Emotionen praktisch angewendet wurde, sind wir begegnet, darunter modernen Werbe-, Kommunikations- und Verkaufstechniken, Wahlkampfstrategien oder den Effekten eines »guten« oder »schlechten« Betriebsklimas. Es ist nicht möglich, hier auf Nutzanwendungen der kollektiven Affektlogik in aller Breite einzugehen. Das primäre Anliegen dieses Buches ist es, das Verständnis für die vielfältigen sozialen Wirkungen von gemeinsamen Emotionen zu schärfen. Dennoch wollen wir uns abschließend noch mit einigen praktischen Fragen befassen, die mit den behandelten Themen in besonders naher Beziehung stehen.

Sind Emotionen steuerbar?

Emotionen sind evolutionär verankerte Reaktionen auf bestimmte Umweltsituationen und insofern von außen im Prinzip leicht beeinflussbar: Eine angenehme Nachricht oder Begegnung macht Freude, eine unangenehme Ärger oder Angst, und ein Verlust weckt Trauer. Durch äußere Einflüsse (mit Einschluss der gezielten Gestaltung von Umwelt und Kommunikation) lassen sich Emotionen und damit verknüpfte Denk- und Verhaltensweisen somit in vielfacher Weise provozieren und gegebenenfalls auch manipulieren. Emotional wirksame Kommunikation ist denn auch der Kern aller Werbung und Propaganda; Politiker inszenieren nicht selten emotional aufwühlende Ereignisse bewusst, um die öffentliche Meinung auf bestimmte Fakten hin- und von anderen abzulenken. Und die leichte emotionale Beeinflussbarkeit der »Massen« stellt, wie wir gesehen haben, sogar eine der zwei großen Schwachstellen der Demokratie dar (die andere ist, wie erinnerlich, der zur Lösung von Langzeitproblemen meist viel zu kurze Zeithorizont von demokratischen Wahl- und Entscheidungsprozessen).

Gleichzeitig hängen aber Emotionen, wie insbesondere in den so genannten Attributionstheorien genauer konzeptualisiert, auch in hohem Maße von den bestehenden Erwartungen ab: Wenn wir statt der erwarteten Belohnung für eine bestimmte Tat bestraft werden, so sind wir enttäuscht und wütend; rechneten wir aber von vornherein mit einer Strafe, so reagieren wir gelassener. Auch über die Veränderung von Erwartungshaltungen lassen sich somit die Emotionen anderer Menschen beeinflussen; klugerweise versuchen deshalb neu gewählte Politiker oder Firmenchefs nicht selten, zu hoch gespannte Anfangserwartungen zunächst einmal zu dämpfen.

Ganz anders verhält es sich allerdings mit der Steuerbarkeit der eigenen Gefühle: Gerade weil sie primär von äußeren Einflüsse abhängen und automatisch auftreten, entziehen sie sich weitgehend unserer Kontrolle. Zwar können wir eigene zu hohe Erwartungen, soweit sie uns bewusst sind, ein Stück weit mäßigen und unangenehme Gefühle bis zu einem gewissen Grad unterdrücken oder verleugnen. Die Fähigkeit zu lügen ist (von Ansätzen zu lügenartigen Täuschungsmanövern bei gewissen Tieren und speziell den höheren Primaten einmal abgesehen) sogar ein besonderes Privileg des Menschen und zugleich ein Aspekt seiner einmaligen Freiheit. Aber unterdrückte Gefühle bleiben, wie wir heute wissen, im Untergrund – in der Körpersprache, im Verhalten und ebenfalls in der unbewussten Verknüpfung einzelner kognitiver Inhalte zu einem größeren Gedankengebäude – weiterhin wirksam. Auf der individuellen Ebene äußern sie sich unter anderem in Form von Veränderungen von Blutdruck, Puls, Pupillenweite, Schweißabsonderung und anderen körperlichen Erscheinungen, wie sie von so genannten Lügendetektoren registriert werden. Längerfristig vermögen gewaltsam verdrängte Gefühle zu schweren Verhaltensstörungen etwa in Form von plötzlichen Gewaltausbrüchen, Depressionen oder so genannten neurotischen (auf unbewussten Abwehrmechanismen beruhenden) Ängsten und Zwängen zu führen. Analog können unterdrückte Gefühle von Angst, Wut, Scham oder Erniedrigung auch auf der kollektiven Ebene – wie wir namentlich bei der Entstehung der nationalsozialistischen und der je auf ihre Weise gewaltbereiten israelischen, palästinensischen oder islamistischen Eigenwelten gesehen haben – unter Umständen jahrzehntelange verhängnisvolle Wirkungen zeitigen. Alle einmal intensiv erlebten Gefühle hinterlassen Spuren in Form von unbewussten affektiv-kognitiven Bahnungen, die nach Jahr und Tag wieder überraschend wirksam werden können. Kollektive emotionale »Reminiszenzen« vermögen sogar Jahrhunderte zu überdauern; ein frappierendes Beispiel hierfür sind die Gefühle von nationaler Schmach und Wut der Serben gegen die Moslems wegen ihrer Niederlage gegen die Ottomanen in der Schlacht auf dem Amselfeld von 1389, die im Bosnienkrieg von 1992–1995 vom Serbenführer Milošević mit Erfolg neu geschürt und für aktuelle Zwecke missbraucht wurden.

Für die Praxis bedeutsam ist ferner, dass Gefühle und die damit verbundenen Gedanken nur dann kontrolliert und bearbeitet werden können, wenn sie bewusst sind. Indessen werden insbesondere Gefühle der Scham und Erniedrigung, der Trauer oder Wut gerade auch auf der kollektiven Ebene nicht selten verdrängt. Ein erstes Ziel fast aller Techniken der Konflikt- und Traumabekämpfung ist es deshalb, solche unterdrückten Gefühle – die »geheimen Skripte«, wie sie der amerikanische Konfliktforscher Vamık Volkan nennt – allen Beteiligten mit geeigneten Methoden erst einmal zum Bewusstsein zu bringen.

Ein weiterer Aspekt der beschränkten Kontrollierbarkeit von kollektiven Emotionen ist der Mechanismus, den wir als unvorhersehbaren Rössel- oder Phasensprung im allgemeinen Fühlen und Denken (als nichtlineare Bifurkation im chaostheoretischen Jargon) beschrieben haben: An einem kritischen Punkt der emotionalen Spannung kippt jedes kollektive Fühl-Denk-System quasi automatisch in ein anderes »Regime« um; in welche Richtung ein solcher Umschlag erfolgt (zum Beispiel von einer dominierenden Liebes- zu einer Hasslogik, von einer Friedenslogik zu einer Kriegslogik, oder umgekehrt) ist primär eine Frage der dabei wirksamen Leitgefühle. Dies spielt auch beim Zustandekommen von so genannten Schmetterlingseffekten eine wichtige Rolle. Ein durchweg von Negativgefühlen gesteuertes Beispiel eines solchen Kippphänomens ist etwa die im Kapitel 3 beschriebene explosive Wirkung des Besuchs des israelischen Premierministers Ariel Scharon auf dem Tempelberg der Moslems in Jerusalem am 28. September 2000, der die mehrjährige blutige Zweite Intifada der Palästinenser gegen die israelischen Besetzer auslöste. Als Gegenbeispiel sind im Zusammenhang mit dem Vermittlungsversuch des amerikanischen Präsidenten Jimmy Carter im Israel-Palästina-Konflikt von 1978 erstaunliche Langzeitwirkungen von plötzlich aufkommenden positiven Leitaffekten überliefert: Die ersten zwölf Tage des Gipfeltreffens von Camp David zwischen Jimmy Carter, dem ägyptischen Präsidenten Anwar el-Sadat und dem israelischen Premierminister Menachem Begin verliefen ergebnislos und in eisiger Atmosphäre. Begin und Sadat sollen während der ersten zehn Tage nicht einmal miteinander gesprochen haben. Trotzdem wurden von den drei Staatsmännern schließlich einige gemeinsame Fotoaufnahmen gemacht, die sie sich gegenseitig signierten. Carter versah die Fotos für Begin mit persönlichen Bemerkungen, in denen er auch Begins Enkelkinder erwähnte. Laut Carters Erinnerungen schaute sich Begin jedes Foto einzeln an und sprach dabei die Namen seiner Enkelkinder laut aus: »Seine Lippen zitterten, die Tränen stiegen ihm in die Augen. Er erzählte mir von jedem Kind […]. Wir waren emotional sehr gerührt, während wir einige Augenblicke so ruhig über Enkelkinder und über Krieg sprachen.«[1] Nach diesem Vorfall veränderte sich Begins Haltung von Grund auf. Carter beschrieb die folgenden Ereignisse, für die alle drei Politiker später den Friedensnobelpreis erhielten, als eine Art »Liebesfest«. Die Namen seiner Enkelkinder mögen Begin die Zukunft seines Landes vor Augen geführt haben, die Liebe zu ihnen und die sehnsüchtige Hoffnung nach einer friedlicheren Welt für seine Nachkommen. Jedenfalls führte Carters persönliche Anteilnahme, Einfühlung und Widmung zu einer plötz-

1 Carter (1982, S. 399), zitiert nach Volkan (2003a, S. 210).

lichen emotionalen Umstimmung, die in der Folge nicht nur das Abkommen von Camp David und den Friedensvertrag zwischen Israel und Ägypten ermöglichte, sondern auch den Weg zu weiteren hoffnungsvollen Entwicklungen wie dem – später dann allerdings tragisch gescheiterten – »Osloer Friedensprozess« eröffnete.

Schließlich ist auch noch zu bedenken, dass selbst die stärksten Gefühle dazu neigen, nach einer gewissen Zeit spontan wieder abzuklingen, namentlich wenn sie sich zuvor »nach Herzenslust« hatten Luft verschaffen können. Auf diesem Umstand beruht nicht nur das sprichwörtlich kurze Gedächtnis der Öffentlichkeit, die sich vielleicht eine Zeit lang mit größter Heftigkeit über einen Skandal empören oder mitfühlend eine kollektive Naturkatastrophe betrauern kann, nur um sich kurz darauf ebenso leidenschaftlich den lokalen Fußballmeisterschaften zuzuwenden. Er führt auch zu der therapeutisch wichtigen Forderung, unangenehme Gefühle nach Möglichkeit frühzeitig auszudrücken und so unter günstigen Umständen buchstäblich »loszuwerden«.

Sollen also, allgemein gesprochen, Gefühle möglichst eingedämmt und kontrolliert oder im Gegenteil so weit wie nur möglich ausgedrückt und »ausgelebt« werden? – Die Antwort auf diese Frage fällt nicht so eindeutig aus, wie man aufgrund des Gesagten vielleicht annehmen könnte, jedenfalls was Gefühle der Scham, Angst und Wut anbetrifft. Aus der individuellen Kriseninterventionstechnik und Traumatherapie ist nämlich bekannt, dass einerseits Scham und Angst zur Verhütung von Spätschäden möglichst früh bewusst gemacht und ausgedrückt werden sollten, da es nur so möglich wird, sie weiter zu verarbeiten. Wichtig ist dabei vorab ein mitfühlend-aufmerksamer und respektvoller Zuhörer, der das Gehörte dann vielleicht in einen allgemeineren Zusammenhang einzuordnen und damit auch ein Stück weit zu entschärfen versteht. Dies gilt bis zu einem gewissen Grad ebenfalls für aggressive Gefühle wie Wut und Ärger. Aber deren unkontrollierte Aktivierung kann leicht zur Folge haben, dass sich negative Gefühle und Gedanken teufelskreisartig immer weiter aufschaukeln – ein Mechanismus, der namentlich auch auf der kollektiven Ebene verheerend wirken kann und von Agitatoren wie Hitler immer wieder zur Aufwiegelung des Volkszorns zwecks Entfesselung der damit verbundenen destruktiven Energien ausgenutzt wurde. Zur Verhütung von solchen Entgleisungen sollte Aggressivität deshalb nur vorsichtig und unter möglichst konstruktiver kognitiver Kanalisierung (beispielsweise durch Aufzeigen auch von positiven Aspekten des schmerzhaften Erlebens) »abgeführt« werden. Als Quintessenz ergibt sich jedenfalls, dass im Umgang mit Gefühlen immer zu bedenken ist, dass es sich dabei um elementare Energien vergleichbar mit Naturgewalten wie Feuer, Wind oder Wasser handelt, die einerseits, wenn sinnvoll gesteuert und kanalisiert, Großartiges zu bewirken, aber andererseits, wenn unkontrolliert und entfesselt, schwerste Zerstörungen anzurichten vermögen.

Einstimmen, Zustimmen, Abstimmen, Umstimmen, Bestimmen

Allgemeine praktische Konsequenzen lassen sich schon aus den sieben Grundthesen zur kollektiven Affektlogik ableiten, die wir am Schluss des ersten Kapitels formuliert haben. So ist es sicher viel realistischer und auch sinnvoller, die Existenz von emotionalen Einflüssen in allem sozialen Geschehen voll anzuerkennen und nach Möglichkeit zu nutzen, anstatt Emotionen weiterhin bloß als Störfaktoren zu betrachten, die aus allem rationalen Denken und Handeln so weit wie nur möglich zu verbannen wären. Erste Voraussetzung, um emotionale Schalt- und Filterwirkungen auf Aufmerksamkeit, Gedächtnis und Denken zu erkennen und unkontrollierte affektbedingte Fehlbeurteilungen und -handlungen zu vermeiden, ist somit, Emotionen so weit wie nur möglich bewusst zu machen. Auch die These, dass Weltanschauungen, Denkstile, Ideologien etc. von Emotionen geleitete gruppen- oder kulturspezifische Eigenwelten sind, die niemals der »ganzen Wahrheit« entsprechen, führt zu klaren allgemeinpraktischen Forderungen: Sie verlangt sowohl Toleranz gegenüber Andersdenkenden wie auch eine dezidierte Ablehnung jeglicher politischen, ideologischen oder auch religiösen Absolutismen und Fundamentalismen. Zu vielerlei praktischen Konsequenzen führt des Weiteren unsere zentrale These, wonach Emotionen evolutionsbiologisch verankerten Energien entsprechen, die als solche zu berücksichtigen und nach Möglichkeit zu kanalisieren in allen mikro- wie makrosozialen Prozessen angezeigt ist.

Es fragt sich nun, ob und wie sich solche allgemeine Einsichten bei spezifischen Problemen wie der Bewältigung von kollektiven Krisen und Traumen oder der Bearbeitung von Gruppenkonflikten nutzen lassen. Dies ist, wie zahlreiche Erfahrungen belegen, ganz zweifelsfrei der Fall. Dabei geht es immer wieder um bestimmte emotionale (oder vielmehr gleichzeitig emotionale und kognitive) Schritte, die – beispielsweise von einem Vermittler – der Reihe nach zu beachten sind. Sie lassen sich in die »Zauberformel« »Einstimmen, Zustimmen, Abstimmen, Umstimmen, Bestimmen« zusammenfassen. Was ist damit gemeint?

Jede Krisen- oder Konfliktsituation ist durch eine ausgeprägte anfängliche Miss- oder Verstimmung gekennzeichnet, die das kollektive Denken und Handeln bestimmt: Von Kriegswirren, Naturkatastrophen oder Gewalttätigkeiten Betroffene sind in der Regel schwer verängstigt oder verunsichert, sie schämen sich, sind wütend oder verzweifelt, sie trauern um verlorene Angehörige oder materielle Verluste und sehen im Konfliktfall alle Fehler vorab beim verhassten Anderen. Die erste und wichtigste Forderung, die außenstehende Helfer aus Sicht der Affektlogik zu beachten haben, besteht darin, solche Gefühle, ganz gleich, ob sie sie nun für angemessen halten oder nicht, weder zu minimisieren noch gar zu verleugnen, sondern sie ausdrücklich wahr- und gleichzeitig auch ernst zu nehmen. Ein solches »Sicheinstimmen« auf eine andere

»emotionale Wellenlänge« verlangt allerdings, sich zumindest vorübergehend mit der Fühl- und Denkweise von »Anderen« ein Stück weit zu identifizieren – was kaum Schwierigkeiten zu bereiten pflegt, solange es sich bei diesen Anderen um Freunde oder sonst wie nahestehende Menschen handelt, bei Fremden oder gar Feinden aber außerordentlich schwer fallen kann.

Erst eine solche Dezentration aber ermöglicht es, in einem nächsten Schritt auch zunächst befremdliche Reaktionen (etwa Scham, Stolz oder Freude über Vorfälle, die entsprechende Gefühle in der eigenen Kultur nicht nach sich zu ziehen pflegen) als verständlich und berechtigt anzuerkennen, das heißt, ihnen »prinzipiell« beizustimmen. Da ein solches »Beistimmen« selbst noch einem Feind erlaubt, »das Gesicht zu wahren«, schafft es die nötige Ausgangs- und Vertrauensbasis, von der aus dann nächste Schritte unternommen werden können: zunächst ein gegenseitiges »Sichabstimmen« und anschließend der Versuch, eine nachhaltige emotionale Umstimmung zu bewirken und damit neue Möglichkeiten des Fühlens und Denkens zu eröffnen.

Mit »Abstimmen« ist eine weitere Klärung der Ausgangssituation zwecks Konsolidierung des bisher Erreichten gemeint. Dies geschieht insbesondere durch die Um- und Eingrenzung von Zonen von Dissens wie Konsens sowie von Bereichen, die besonders dringlich der Hilfe bedürfen, und Bereichen, wo keine Hilfe nötig ist. Vordergründiges Ziel dieser Phase ist die Erstellung einer möglichst konsensuellen Prioritätenordnung. Gleichzeitig und vielleicht noch wichtiger aber soll damit erreicht werden, dass sich der Blick der Betroffenen nicht mehr ausschließlich auf Schwierigkeiten und Probleme, sondern auch auf Positiva richtet, was den Boden für den nächsten und letztlich entscheidenden Schritt, nämlich für den Versuch bereitet, eine umfassende emotionale Umstimmung zu erreichen.

Es gibt unendlich viele Weisen, wie eine solche Umstimmung in der Praxis zustande kommen kann; anhand der berichteten Carter-Sadat-Begin-Episode von 1978 beispielsweise haben wir gesehen, dass sie sich manchmal scheinbar fast zufällig (in Wirklichkeit damals aber aufgrund der ansteckenden positiven Leitgefühle Jimmy Carters) einstellen kann. Ein anderes lehrreiches Beispiel ist die sich seit Jahren verstärkende griechisch-türkische Entspannung. Allen ungelösten Schwierigkeiten (Zypernkonflikt, Grenzstreitigkeiten in der Ägäis, beidseitige jahrhundertealte historische Ressentiments) zum Trotz hatten die Griechen beim verheerenden Erdbeben von Izmit vom 17. August 1999 ihre türkischen Erzfeinde durch ein tiefes, in tatkräftige Hilfe umgesetztes spontanes Mitgefühl überrascht, wofür sich die Türken ihrerseits wenige Tage später anlässlich eines Erdbebens in Griechenland in ähnlich emotional wirksamer Weise revanchierten. »Vergessen und verziehen« betitelte damals die »Zeit« einen diesbezüglichen Online-Artikel.[2] Die Tatsache, dass Griechenland seither einen eventuellen Bei-

2 www.zeit.de/1999/39/

tritt der Türkei zur Europäischen Union bei jeder Gelegenheit befürwortet, zeigt die Nachhaltigkeit dieser Entspannung und fördert sie weiter. In beiden Fällen haben, neben handfesten (und natürlich ihrerseits emotionswirksamen) politischen, militärischen und wirtschaftlichen Interessen, vermutlich auch eine seit langem untergründig bestehende Konfliktmüdigkeit und Friedenssehnsucht den Boden für diese plötzliche »vernünftige« Umstimmung vorbereitet.

Das – manchmal auch von allem Anfang an nützliche – »Bestimmen« in der obigen Formel schließlich verweist auf die positiven Wirkungen, die von der kognitiven Strukturierung und Kanalisierung eines emotional oft chaotischen Krisen- oder Konfliktgeschehens entweder durch die Betroffenen selbst oder durch außenstehende Dritte ausgehen können. Es mag in einer konstruktiven sachbezogenen Beratung, im Aufstellen von Rechtsnormen, im Setzen von zeitlichen oder örtlichen Grenzen mit Einschluss von eventuellen Ultimaten oder im Vorspuren von Konfliktlösungswegen bestehen; ein Beispiel für letzteres (das wegen der mangelnden Handlungsfähigkeit der Konflikthelfer allerdings bislang kaum Wirkung gezeigt hat) wäre etwa der als »feuille de route« bezeichnete gemeinsame Friedensplan der UNO, EU, USA und Russlands im Israel-Palästina-Konflikt von 2005. Auch die kognitive Kanalisierung von Affekten durch Rituale, Gedenk- oder Trauerfeiern, Mahnmäler und symbolische Gesten gehört zu den Möglichkeiten eines solchen »Bestimmens«.[3]

Zusätzliche affektlogisch fundierte Weisen, auf kollektive Krisen und Konflikte Einfluss zu nehmen, ergeben sich aus der sorgfältigen Beachtung des emotionalen Spannungspegels als Kontrollparameter: In Kapitel 1 (S. 29–31) haben wir theoretisch erklärt, dass und wie ein kritischer Anstieg der emotionalen Spannung zu einem plötzlichen Umschlag beispielsweise von einem prekären Friedens- in einen offenen Kriegszustand führen kann. Umgekehrt vermag ein kritisches Absinken der emotionalen Spannung einen Umschlag von einer gewalttätigen in eine friedlichere Auseinandersetzung zu bewirken. Auf spannungserhöhende Provokationen konsequent zu verzichten und spannungslösende Maßnahmen gleichzeitig konsequent zu fördern, stellt somit ein probates Mittel zur Konfliktmilderung und -lösung dar – vor allem, wenn es von einem gleichzeitigen »Aussäen« von kreativen Alternativideen als mögliche neue Ordnungsparameter für eine umfassende Neustrukturierung begleitet ist.

Als weiteres affektlogisch gut begründbares Mittel sei auch noch die dem »Abstimmen« verwandte Narration erwähnt, das heißt die erstaunliche Wirkung, die nicht selten vom »Erzählen einer Geschichte« ausgehen kann. Krisen, Konflikte und Traumata gehen vielfach mit ausgesprochenen Diskontinuitäten einher; traumatische Erlebnisse werden als willkürliche Folge unzusammenhängender Ereignisse erlebt, die Betroffenen empfinden sich als Opfer sinnloser höherer Gewalt. Gelingt es, dieses chaotische Durcheinander in eine zusammen-

3 Näheres zur emotionskanalisierenden Wirkung von Ritualen vgl. Ciompi (2002b).

hängende Geschichte mit Anfang und Ende zu verwandeln, so kann sich aus einer solchen affektiv-kognitiven Strukturierung und Kontextualisierung ein neuer konstruktiver Sinn des schmerzlichen Geschehens ergeben: Da selbst noch in schlimmsten Situationen versteckte positivere Elemente (etwa Momente des »kleinen Glücks« während einer Ruhepause in einem Gefecht) enthalten sind, vermag – wie auch psychotherapeutische Erfahrungen mit schwer verängstigten oder depressiven Menschen lehren – die Fokussierung auf solche kleine relative Besserungen neue Möglichkeiten der Distanzierung und »Positivierung« in einer scheinbar ausweglosen Situation zu eröffnen. Ähnlich wie ein geübter Kletterer verborgene kleine Tritte und Griffe in einer scheinbar spiegelglatten Felswand zu einer zusammenhängenden, aus der Wand herausführenden Kletterroute zu verbinden weiß, so lassen sich dank der »Leimwirkung« von gleichartigen Affekten einzelne positiv gefärbte Aspekte der negativen Gesamtsituation zu einer konstruktiven (Affekt-)Logik zusammenfügen. Als aktuelle Beispiele seien die untergründigen Besserungspotenziale genannt, die etwa hinter der weltweiten Finanzkrise der Jahre 2008/2009 oder der verheerenden Ölpest im Golf von Mexiko von 2010 aufgedeckt und nutzbar gemacht werden könnten.

Krisenintervention und Mediation aus Sicht der kollektiven Affektlogik

Praktisch alle vorgenannten Elemente finden sich implizit oder explizit in den professionellen Methoden der Krisenintervention und Mediation (= Vermittlung), die sich in den letzten Jahrzehnten entwickelt haben.[4] Krisen können als Ereignisse verstanden werden, die alle gewohnten Denk- und Handlungsweisen tiefgehend in Frage stellen und zu schmerzhaften Umstellungen zwingen. Sicher zu Recht gelten sie deshalb seit jeher – wie auch im doppelsinnig positiv-negativen chinesischen Schriftzeichen für »Krise« zum Ausdruck kommt – nicht nur als Gefahr, sondern auch als Chance. Erste Ansätze zu emotionsbasierten professionellen Kriseninterventionstechniken entstanden im Anschluss an die Brandkatastrophe im Tanzlokal »Coconut Grove« in Boston im Jahr 1942, bei der über 140 Jugendliche jämmerlich umkamen. Weil die Notausgänge verriegelt blieben, trampelten viele Flüchtende einander im Versuch, durch die einzige offene Tür zu entkommen, zu Tode. Nicht nur die Familien der Opfer, sondern auch zahlreiche Überlebende und Helfer waren schwer traumatisiert. Unfähig, ihren Emotionen Ausdruck zu verleihen, wirkten sie wochenlang wie erstarrt und gefühllos. Verdrängte akute Schuld-, Scham-, Wut- und auch Rachegefühle wurden bei diesem Unglück erstmalig unter psychoanalytischen Gesichtspunkten

4 Vgl. unter anderem Caplan (1964), Jacobson (1975), Schnyder und Saurant (1993), Ciompi (1993b), Ciompi et al., 1993), Volkan (1999).

gezielt aufgedeckt und behandelt. Die gesammelten Erfahrungen führten im Verein mit weiteren Resultaten der Konflikt- und Traumaforschung in den folgenden Jahrzehnten zur Ausarbeitung von differenzierten Kriseninterventionsmethoden in mehreren logischen, der bereits erwähnte »Zauberformel« weitgehend entsprechenden Schritten: Am Anfang einer Krisenintervention sollte immer ein gegenseitiges emotional-kognitives Sicheinstimmen in Form einer zwischen Beteiligten und Helfern gemeinsam »ausgehandelten« – und nicht etwa einseitig nur von den Helfern festgelegten – Situationsanalyse und Krisendefinition stehen. Ziel dieser Phase ist es, eine emotional tragfähige gemeinsame Ausgangs- und zugleich Vertrauensbasis für alles Weitere zu schaffen. Ein nächster Schritt ist die Valorisierung und Abfuhr von aufgestauten Affekten im erläuterten Sinn des differenzierten »Zustimmens«. Erst nachher sollten – zumindest im Schema, wenn auch nicht immer in der komplexen Wirklichkeit – äußere Maßnahmen zur Krisenbekämpfung mit dem Ziel einer konstruktiven affektiv-kognitiven Umstimmung folgen, darunter (im mikrosozialen Rahmen) vorab die Wiederaufnahme von vernachlässigten Alltagsaktivitäten wie etwa Putz- oder Aufräumarbeiten, persönliche Hygiene, Einkaufen und Kochen oder entsprechende organisatorische Maßnahmen im makrosozialen Feld. Eine Umstellung auf Neues (z. B. Umzug oder Arbeitswechsel, Trennung, Scheidung im Kleinen oder Umsiedlung, Nahrungs- und Arbeitsbeschaffung im Großen) dagegen sollte nur dann ins Auge gefasst werden, wenn keine andere Lösungen bleiben, da neue Situationen nicht selten auch neue und die Krise möglicherweise wieder verschärfende Probleme mit sich bringen können. Gerade in diesem Stadium vermag auch ein strukturierendes Beraten und »Bestimmen« im erwähnten Sinn sehr hilfreich zu sein. Erfahrene Krisenforscher betonen außerdem die Wichtigkeit einer retrospektiven Bilanz hinsichtlich zweckmäßigen und unzweckmäßigen Verhaltens mit genügender zeitlicher Distanz, um so das in jeder Krise enthaltene Lern- und Stärkungspotenzial für die Zukunft prophylaktisch zu nutzen.

Emotional ähnlich strukturierte Phasenmodelle haben sich ebenfalls in den vielen Mediationsstrategien als erfolgreich erwiesen, die in den letzten Jahren vorgeschlagen wurden. Im Unterschied zu nicht von Menschen verursachten Krisen – etwa Naturkatastrophen – treffen hier zwei verfeindete Parteien aufeinander, zwischen denen ein Mediator oder Konfliktberater zu vermitteln sucht. Ähnlich wie in der beschriebenen Kriseninterventionstechnik beginnt jedes Konfliktmanagement mit einer umfassenden Analyse der vorliegenden Streitsituation. Dies mag überraschen, da man oft meint, dass die Beteiligten bereits im Vorfeld wissen, warum sie sich zu einer Konfliktlösung zusammengefunden haben. Doch die polar gegensätzliche emotionale Aufladung eines jeden Konflikts bringt es mit sich, dass die Streitparteien den Dialog meist mit sehr unterschiedlichen Konfliktdefinitionen beginnen. Unterschiedliche Leitaffekte führen zu einer je eigenen Wahrnehmung der Realität, zu typischen »Eigenwelten« also im

Sinn der Affektlogik, die mit den Vorstellungen der Gegenpartei oft unvereinbar sind. In jedem Konflikt, von einem Paarkonflikt oder Scheidungshandel bis zu Großkonflikten vom Typus des israelisch-palästinensischen Zwists sieht jede Seite das Problem naturgemäß zunächst einzig beim Gegner. Allein schon die Anerkennung von unterschiedlichen, aber gleichberechtigen Konfliktdefinitionen und Erwartungshaltungen bedeutet deshalb einen Fortschritt, der entsprechend viel Zeit und Mühe kostet.

An diese Phase der gegenseitigen affektiv-kognitiven »Einstimmung« schließt sich auch in der Mediation eine Phase der Affektabfuhr im Sinn der »Zustimmung« an, gefolgt vom Versuch, eine emotionale Umstimmung und kognitive Neubewertung der Situation zu erreichen. Einen solchen Stimmungswandel herbeizuführen, gehört zu den zentralen Aufgaben eines Konfliktberaters. Nach Vamık Volkan ist eine der wichtigsten Voraussetzungen hierfür die Aufdeckung der bereits erwähnten »geheimen Skripte«, also der versteckten Hintergedanken und Gefühle, die eine offene Kommunikation blockieren. Aufbauend auf seinen vielfältigen Erfahrungen in Krisengebieten hat Volkan eine psychoanalytisch fundierte Konflikttheorie aufgestellt, in welcher neben den »geheimen Skripten« auch die Großgruppenidentität eine wichtige Rolle spielt. Letztere definiert er als »die subjektive Erfahrung von Tausenden oder Millionen von Menschen, die durch ein dauerndes Gefühl des Gleichseins miteinander verbunden sind«[5]. Volkan vergleicht die kollektive Identität mit einem Großgruppenzelt, unter dessen Plane eine große Menschengruppe Schutz und Zugehörigkeit findet. Das Zelt wird von einer Stütze im Zentrum – dem Führer – aufrechterhalten, um ihn herum schart sich die Menge und rückt bei Angriffen von außen umso enger zusammen. Geteilte Vorstellungen über den Wert der eigenen Gruppe, Gründungsmythen, Zukunftsziele, Feindbilder, Führeridole, gemeinsam erlittene Traumata sowie entsprechende Symbolbildungen stehen innerhalb dieses Vergleichsbildes für die verschiedenen eng miteinander verwobenen Fäden der Zeltplane. Jedes unter diesem Dach geborene Individuum verinnerlicht kontinuierlich die Wert- und Sinnvorstellungen der Gruppe, so wie die Fäden der Zeltplane sind auch die individuellen und kollektiven Identitäten miteinander verknüpft. – Diese Metapher passt vorzüglich zu unseren Begriffen von Wir-Gefühlen und kollektiven Eigenwelten, abgesehen davon, dass man sich auch Großzelte vorstellen kann, die nicht nur von einer einzelnen, sondern (wie etwa ein Festzelt oder ein indianisches Tipi) von zahlreichen Stützen getragen und damit gleichsam demokratisch strukturiert sind. Auch wenn dies den meisten Menschen im Alltag nicht bewusst ist, wirkt die Großgruppenidentität in Konflikten wie eine unsichtbare geheime Kraft, die das kollektive Denken und Fühlen bestimmt.

5 Volkan (2003a, S. 48), vgl. auch Volkan (2003b).

Dass die Enthüllung von »geheimen Skripten« zur Konfliktlösung Entscheidendes beitragen kann, zeigt Volkan am Beispiel des russisch-estnischen Konfliktes Ende des letzten Jahrhunderts. Nach dem unblutig verlaufenen Unabhängigkeitskampf der Esten im Jahre 1988 entwickelte sich die Frage der estnischen Staatsbürgerschaft zu einem explosiven Streitpunkt mit den vielen in Estland lebenden Russen. Zur Erlangung der Staatsbürgerschaft verlangten die Esten von ihnen, eine Sprachprüfung abzulegen. Da die meisten Russen weder estnisch sprechen noch schreiben konnten, waren sie der Willkür der Prüfungskommissionen ausgesetzt, die dadurch verschärft wurde, dass die Esten sich weigerten, diese Prüfungen zu standardisieren. Sie begründeten diese Haltung mit dem Fehlen finanzieller Mittel und mangelnden Organisationskapazitäten. Viele Russen reagierten hierauf mit einer Verweigerungshaltung, die sie mit der fehlenden Standardisierung begründeten. Der Zugang zur estnischen Staatsbürgerschaft blieb ihnen verwehrt, wodurch neue Konflikte entstanden.

In einer Reihe von Gruppendialogen, die von Volkans psychologisch geschulten Teams durchgeführt wurden, konnte aufgedeckt werden, dass sich hinter diesen rationalen Argumenten tief sitzende Ängste um die Bewahrung der jeweils eigenen Identität verbargen. Obwohl die Esten über ihre friedlich errungene Unabhängigkeit von Stolz und Freude erfüllt waren, fühlten sie sich von der Anwesenheit der Russen verunsichert, weil diese die in einem jungen Staat erst entstehenden Identitätsgefühle gefährdeten. Hinter der Weigerung, die Sprachprüfungen zu standardisieren, verbarg sich der geheime Wunsch, dass die russischsprachigen Menschen Estland verlassen sollten. Die Vorstellung, die Russen in Estland zu integrieren, weckte die Befürchtung vor einer Vermischung der Kulturen, in welcher die estnische Identität verloren ginge. Dass die Russen der ehemaligen Besatzungsmacht angehörten, verstärkte diese Ängste zusätzlich. Auch ließen die Erinnerungen an das vielfältig erfahrene Leid während der russischen Okkupation geheime Rachephantasien entstehen. Auf der russischen Seite bestanden ebenfalls Vorbehalte gegen das Erlernen der estnischen Sprache. Als ehemalige Herrschende hatten die Russen mit einem Statusverlust zu kämpfen, der ihre Gruppenidentität zutiefst in Frage stellte. Ihre Welt war über Nacht auf den Kopf gestellt worden: »Am Tag zuvor waren sie noch die Herrschenden gewesen, und am nächsten Tag waren sie Bürger zweiter Klasse und gestrandete Flüchtlinge.«[6] Die Sprachprüfungen, auf die sie sich wegen der fehlenden Standardisierung nicht vorbereiten konnten, wurden als demütigende Erniedrigung erlebt. Gleichzeitig kam das Erlernen der estnischen Sprache der Anerkennung der neuen Verhältnisse gleich und zerstörte alle anfangs noch bestehenden Hoffnungen auf eine Wiederherstellung der alten Machtverhältnisse. Unter der Vermittlungsarbeit von Volkans Teams gelang es, diese »geheimen Skripte« auf beiden Seiten aufzudecken. Erst auf dieser Basis entstand eine entspannte

6 Volkan (1999, S. 287).

Verhandlungsatmosphäre, in der konstruktive und realistische Lösungen nun diskutiert und auch umgesetzt werden konnten.

Dieses Beispiel belegt eindrucksvoll, dass die Bewusstmachung von verdrängten oder geheim gehaltenen Gefühlen am Beginn jeder Konfliktlösung stehen sollte. Die hierfür notwendige Atmosphäre der gegenseitigen Anerkennung herzustellen, ist die zentrale Aufgabe der Vermittler. Als neutrale Beobachter dienen sie als »Auffangbecken« vehementer Gefühlsausbrüche und geben gleichzeitig ein Vorbild für einfühlendes Zuhören. Nur wenn beide Konfliktparteien eine vertrauensvolle Beziehung zu den Vermittlern entwickeln, kann es auf beiden Seiten zu einer Umstimmung der Leitaffekte kommen.

Warum konnte eine Eskalation im estnisch-russischen Konflikt verhindert werden, während zahlreiche israelisch-arabische Gesprächsversuche auf unterschiedlichsten Ebenen keine nachhaltigen Wirkungen erzielten? Der norwegische Friedens- und Konfliktforscher Johan Galtung hebt hervor, dass gewalttätig ausgetragene Konflikte eine andere Form der Konfliktbewältigung erfordern als gewaltfreie Auseinandersetzungen. Gewalt, so Galtung, mache »die Menschen unfähig zur Versöhnung und Wiedervereinigung, aber bereit zur Rache und Vergeltung«[7]. Die Esten hatten zwar unter der Okkupation der Sowjetunion viel Leid erfahren, doch der Kampf um die Unabhängigkeit war völlig unblutig verlaufen. Im Gegensatz hierzu stehen zwischen Israel und den arabischen Staaten unzählige Opfer, deren Leiden gegenseitig keine Anerkennung finden. In solchen Fällen ist der Wille zur Versöhnung Voraussetzung für jede Art der Konfliktbewältigung. Von versöhnenden Gesten sind indessen sowohl die Israelis wie auch die Palästinenser nach wie vor himmelweit entfernt.

Aus unserer Sicht hängt dies – neben den unzähligen gravierenden Sachproblemen, die wir im Kapitel 3 kennengelernt haben – nicht unwesentlich mit der fehlenden Anerkennung der beidseitigen Gefühle und Sichtweisen mit Einschluss der blockierenden Wirkung von gewissen »geheimen Skripten« zusammen. Zu vermuten ist nämlich, dass ganz ähnlich wie die Esten auch viele Israelis sich insgeheim wünschen, die Palästinenser möchten Israel inklusive Judäa und Samaria (Westjordanland) definitiv verlassen. Die Anwesenheit der Palästinenser verhindert die Verwirklichung des israelischen Traums einer friedlichen und gerechten Gesellschaft unter jüdischer Herrschaft. Indes können die Israelis die geheime Wut, die sie hierüber empfinden, nicht direkt zum Ausdruck bringen, ohne die gesamte Weltöffentlichkeit gegen sich aufzubringen. Viele Israelis mögen wohl solche Gedanken nicht einmal sich selbst gegenüber eingestehen, da sie ihren eigenen Ansprüchen von Gerechtigkeit und Gleichbehandlung zuwiderläuft. Doch wie sollen sie mit den Palästinensern Frieden schließen, wenn sie sich insgeheim wünschen, dass diese das Land verlassen? – Für ein solches »geheimes Skript« spricht nicht nur die immer weitergetriebene Besiedlung

7 Galtung (2007, S. 112).

des Westjordanlands allen imperativen Forderungen selbst der engsten Verbündeten zum Trotz. Auch die Tatsache, dass die bisher größte jährliche israelische Verteidigungsübung 2009 von der Annahme ausging, die rund 1,4 Millionen Araber in Israel würden sich im Fall eines Angriffs auf Israel gegen die jüdische Mehrheit erheben,[8] sowie die immer unverhüllteren Versuche, die Araber nicht nur aus Ostjerusalem und dem Westjordanland, sondern selbst aus ihren »heiligen« Tempelbezirken rund um die Al-Aqsa-Moschee zu vertreiben, weisen in dieselbe Richtung. Nicht zuletzt werden solche Vermutungen auch durch verbale oder nonverbale Reaktionen prominenter Israelis gestützt. Bei einem Vortrag des israelischen Gesandten Emmanuel Nahshon im Jahre 2010 in Halle beispielsweise schlugen dessen Tonfall und Körperhaltung von einer souveränen Gelassenheit plötzlich ins gespannt Aggressive um, als aus dem Publikum kritische Fragen zum Ausbau der jüdischen Siedlungen in Ostjerusalem und zur Grenzmauer zum Westjordanland gestellt wurden. Mit einer keinen Widerspruch duldenden Härte in der Stimme antwortete Nahshon, er habe als ehemaliger Mitarbeiter des israelischen Außenministeriums, zuständig für die Informationen an die Presse über die Opfer von Selbstmordattentaten, in wenigen Jahren mehr Tote und Blut gesehen als alle hier anwesenden Zuhörer zusammen. Der Sicherheitszaun habe weitere Selbstmordattentate verhindert. Ohne es direkt auszusprechen, hatte er damit unmissverständlich zum Ausdruck gebracht, dass er den Anwesenden das Recht absprach, Israel zu kritisieren, und er nicht bereit sei, darüber zu diskutieren. Entsprechend seiner unduldsamen Stimmlage folgte aus dem Publikum ein anhaltendes betretenes Schweigen.

Eine Äußerung des früheren Botschafters Israels in Berlin, Avi Primor, in einem Fernsehinterview zum umstrittenen israelischen Militäreinsatz gegen eine türkische Schiffsflottille mit Hilfsgütern für Gaza im Juni 2010 zeigt außerdem den engen Zusammenhang solcher Reaktionen mit dem im Untergrund ständig präsenten Gedanken an die Shoah. Primor kritisierte zwar den Militäreinsatz, aber sagte dann den kurzen Satz: »Die Juden werden sich nicht noch einmal wie Lämmer zur Schlachtbank führen lassen.« Nach einer kleinen Pause fügte er hinzu, wer diese Gefühlslage der Israelis nicht verstehe, könne dem Konflikt als Ganzem nicht gerecht werden. Daraus ergibt sich zwingend, dass es eine zentrale Aufgabe einer jeden israelisch-palästinensischen Mediation sein müsste, solche Gefühle voll ernst zu nehmen und ihnen gebührend Raum zu gewähren. Als ebenso berechtigt müssten indessen die Gegengefühle der Palästinenser, in erster Linie ihre Trauer und Wut um das verlorenen Land, anerkannt werden. Zugleich müsste verständlich gemacht werden, dass viele arabische und islamische Israelgegner die von ihnen nicht verursachte Shoah als Rechtfertigung für die israelische Aggression in Palästina nicht gelten lassen können und deshalb dazu neigen – auch dies eine Art von geheimem Skript –, sie nach Mög-

8 »Le Temps« vom 1. Juni 2009.

lichkeit zu bagatellisieren oder gar zu negieren. Neben Gemäßigten müssten aus Sicht der Affektlogik in einer Mediation auf beiden Seiten jedenfalls gerade auch die Extremisten – also sowohl die fundamentalistischen Großisrael-Zionisten wie die radikalen islamistischen Hamasvertreter – zu Wort kommen, da sonst ausgerechnet die virulentesten Affekte weder kontrollier- noch offen diskutierbar blieben und damit nur umso zerstörerischer weiterwirken müssten.

Im Übrigen können aus systemtheoretischen Gründen, wie schon mehrfach betont, so tief ineinander verkrallte Konfliktgegner wie die Israelis und Palästinenser wohl nur noch durch das bestimmende Eingreifen eines mächtigen und handlungsfähigen Dritten »zur Vernunft« gebracht werden. Selbst wenn man an der Nachhaltigkeit einer solchen Intervention zweifeln mag, so vermag sie doch nicht selten – wie etwa das erfolgreiche Eingreifen von NATO und USA im Bosnienkonflikt der Neunzigerjahre – weiteres Blutvergießen auf geraume Zeit zu verhindern und damit vielleicht den Boden für Dauerlösungen zu bereiten. Es liegt wohl auf der Hand, dass eine solche Rolle im Israel-Palästina-Konflikt einzig die USA (mit oder ohne die Hilfe anderer Großmächte und der UNO) zu spielen imstande wären. Nach dem kläglichen Scheitern aller Versuche Obamas, den jüdischen Siedlungsbau in Ostjerusalem und im Westjordanland – zweifellos einer der wichtigsten Faktoren, der die Spannung im Mittleren Osten permanent schürt – endlich wirksam zu stoppen, erscheinen indes (u. a. aus wahlpolitischen Gründen) Wille und Macht der aktuellen amerikanischen Regierungsequipe, einen solchen Siedlungsstopp durchzusetzen, als immer fraglicher. – Dies führt uns zu einer kleinen Zwischenbetrachtung.

Zwischenbetrachtung über Macht und Ohnmacht und die Bedeutung von positiven Leitaffekten

Macht ist ein schillernder Begriff; vielen, die darüber nachgedacht haben, gilt jede Macht von Grund auf als böse. Dies ist verständlich, sofern man Macht als die Fähigkeit definiert, anderen mit Gewalt seinen Willen aufzuzwingen. Aus psychoanalytischer Perspektive ist Macht eng mit Narzissmus, Größenphantasien und zerstörerischem Allmachtstreben verquickt. Da solche Machtaspekte – wie auch Norbert Elias annimmt[9] – aus keinem zwischenmenschlichen Verhältnis ausgeklammert werden können, wird man zumindest für ein Gleichgewicht der Macht plädieren, um eine »Versklavung« einzelner Menschen oder Gruppen durch andere zu verhindern.

Aus Sicht der Affektlogik lässt sich Macht aber auch neutraler als die Fähigkeit verstehen, seinen Willen durchzusetzen – und damit verschiebt sich das Problem zunächst auf Wesen und Qualität des Willens: Wenn nämlich der Wille,

9 Vgl. Elias (1981, S. 77).

wie im Vorkapitel erklärt, nichts anderes als eine Art von übergeordnetem Affekt ist – sozusagen eine gebündelte Ladung von psychischer Energie, die auf ein bestimmtes Ziel ausgerichtet ist –, so wäre der »Wille zur Macht« nur dann »böse«, wenn er von zerstörerischen Leitgefühlen wie Hass, Wut oder Aggressivität beherrscht ist. »Gut« wäre Macht dagegen dann, wenn sie im Dienst von gemeinschaftsbildenden Leitaffekten wie Mitgefühl und Friedensliebe steht. Denn auch der Wille, Menschen in Not zu helfen, oder (um auf das Beispiel des Israel-Palästina-Konflikts zurückzukommen) zwei ausweglos ineinander verkrallte Kampfhähne, die mit ihrem Streit den Weltfrieden gefährden, zum Frieden richtiggehend zu zwingen, bedarf es der Macht. Und solche Macht kann man nicht als böse ansehen, ohne in arge Widersprüche zu geraten. »Guter Wille« ohne Macht nützt (wie sich gerade auch im Israel-Palästina-Konflikt immer wieder schmerzlich zeigt) wenig.

Ohnmacht andererseits löst Gefühle der Erniedrigung und Beschämung aus und kommt, psychoanalytisch formuliert, einer tiefen narzisstischen Kränkung gleich. Deren Kern ist das Gefühl des totalen Kontrollverlusts, der Hilflosigkeit einer gewaltigen Übermacht gegenüber. Weit traumatischer als Naturkatastrophen wirken in der Regel von Menschen zugefügte Erniedrigungen. Die Folge von beschämenden Folter-, Verfolgungs- und Vernichtungserlebnissen ist – gerade auch auf der kollektiven Ebene, wie wir immer wieder gesehen haben – eine existenzielle Gefährdung lebensnotwendiger Selbstwert- und Identitätsgefühle, die entsprechend massive Abwehrmechanismen auslöst: Verabsolutierung der eigenen Sichtweise, fanatischer Hass bis zur Selbstaufgabe, Terrorismus, Selbstmordattentate, »unbegreifliche« Grausamkeiten gegen Unschuldige wie bei den islamistischen Anschlägen von New York, London und Madrid sind nur auf dem Hintergrund von extremen kollektiven Ohnmachtsgefühlen zu verstehen. Als praktische Nutzanwendung ergibt sich, dass derartige Zusammenhänge zunächst hinreichend verstanden und dann gebührend berücksichtigt werden sollten. Insbesondere müsste jede Erniedrigung eines Gegners – und speziell eines besiegten oder geschwächten Gegners – vermieden werden. »Ritterlicher Respekt« und großzügige Aufwertung wäre zwecks dauerhafter Befriedung hier die »affektlogisch« klügste Haltung. Da indes eine solche Haltung von Extremisten beider Seiten immer wieder als Schwäche ausgelegt wird, vermöchte wohl auch ihr nur ein von positiven Leitgefühlen inspirierter »starker Dritter« zum Durchbruch zu verhelfen.

Einmal mehr stoßen wir damit auf die überragende Bedeutung der Qualität von Leitgefühlen beziehungsweise der von ihnen vermittelten »Fundamentalbotschaften« – wie existenziell wichtige Kommunikationen, die durch die gesamte Haltung vermittelt werden, auch genannt werden können.[10] Bleiben solche

10 Näheres zum Begriff der Fundamentalbotschaft siehe Ciompi (1982, S. 217f., 397f.), Ciompi (1997, S. 299), Ciompi (2000).

Leitgefühle, bei aller darin notwendig enthaltenen Aggressivität, überwiegend von einer Art von »Liebe zum Ganzen« (mit Einschluss der Liebe zu sich selbst und letztlich sogar zu unseren Feinden) beherrscht, so mögen selbst schwierigste Probleme wie der Israel-Palästina-Konflikt mit der Zeit lösbar werden. Die »Fundamentalbotschaften« von Gandhi in Indien oder von Mandela in Südafrika liefern hierfür leuchtende Beispiele. Überwiegen dagegen Leitgefühle wie Hass, Aggression und Wut, so kann die Folge nur eine überwiegend zerstörerische und zerstörte Welt sein.

Die Bewältigung kollektiver Traumata

In den vorangegangenen Kapiteln sind wir vielfach auf kollektive Traumata und deren Folgen gestoßen; besonders intensiv haben wir uns mit den Auswirkungen von kollektiven Demütigungen zunächst für die Entstehung des Nationalsozialismus in Deutschland und anschließend, als schreckliche Folge davon, mit der Shoah und deren Langzeitwirkungen auf das israelische Denken und Handeln befasst. Als medizinischer Fachbegriff steht Trauma für eine körperliche Wunde, im übertragenen Sinne handelt es sich bei psychischen Traumen um seelische Verletzungen, die durch äußere Gewalt oder andere schmerzliche Erlebnisse entstehen. Kollektive Traumata entstehen als Folge von Katastrophen, die – wie etwa ein Erdbeben- oder Tsunamiunglück – viele Menschen gleichzeitig treffen. Im Vergleich zu individuellen Traumata wird der emotionale Schock durch die Vielzahl der Betroffenen, ihre gegenseitige emotionale Resonanz und durch das Ausmaß der Zerstörungen verstärkt. Jedoch kann die gemeinsame Not auch eine Art von Schicksalsgemeinschaft begründen, in der starke Zusammengehörigkeitsgefühle stützend wirken. Auch wird die für die Traumabewältigung so wichtige Anteilnahme und Hilfe von außen umso wahrscheinlicher, je mehr Menschen betroffen sind. Dabei sind, wie schon angedeutet, die Folgen von Naturkatastrophen von denjenigen der »man-made disasters« wie Großattentate, Völkermord, Folterung oder, als Summum aller Grausamkeiten, der Shoah zu unterscheiden. Letztere bedrohen die Existenz einer Gemeinschaft viel tiefer und haben besonders langfristige Folgen. Das Erleiden absichtlich zugefügter Schmerzen und der Verlust von Gruppenangehörigen durch Mord und Totschlag gehen mit dem Erlebnis der Erniedrigung einher, derer man sich umso intensiver schämt, je ohnmächtiger man seinen Peinigern ausgeliefert ist. Scham- und Ohnmachtsgefühle aber wirken zerstörerisch auf die Selbstwertgefühle einer jeden Gruppe und stellen deren sinnstiftende Weltbilder zutiefst in Frage. Während bei Naturkatastrophen Tod und Zerstörung traumatisierend wirken, ist es im Falle von »man-made disasters« diese Gefährdung der Gruppenidentität, die den Kern des kollektiven Traumas ausmacht.

Da die Selbstwertgefühle eines jeden Einzelnen eng mit der kollektiven Identität verknüpft sind, kann deren Verletzung als ebenso schmerzhaft empfunden werden wie ein individuelles Trauma. Dies erklärt, warum auch Menschen, die nur indirekt von einer Gewalttat betroffen sind, mit traumaähnlichen Symptomen reagieren können. Besonders frappant waren solche Erscheinungen wie bereits erwähnt (S. 115) nach den Großanschlägen der al-Qaida vom 11. September 2001 in New York und Washington. Nicht nur die unter dramatischen Umständen aus den brennenden Türmen des World Trade Centers Geretteten und die Angehörigen der Opfer waren durch das schreckliche Ereignis schwer traumatisiert, auch unter den Millionen New Yorkern, die die Katastrophe als Augenzeugen miterleben mussten, reagierten viele mit den für ein Trauma typischen Symptomen. Die alles Bisherige übertreffende Dimension des Anschlages sowie die endlose Wiederholung seiner Bilder in allen Fernsehkanälen versetzte selbst weit von New York oder Washington entfernt lebende Amerikaner in eine Art von emotionalem Schockzustand. Zu dem Entsetzen und der Trauer um die nahezu 3000 Toten kam eine gravierende Verletzung des kollektiven amerikanischen Selbstverständnisses. Die historisch gewachsene Gewissheit, vor Angriffen von außen gefeit zu sein, war mit einem Mal in Frage gestellt, viele Amerikaner fühlten sich den feindlichen Absichten der Al-Qaida-Terroristen nahezu schutzlos ausgeliefert. Das plötzliche Gewahrwerden der Verwundbarkeit der »Supermacht USA« überschwemmte das gesamte Land mit einer Welle von Angst, die in einem krassen Gegensatz zu den ausdrücklichen oder latenten amerikanischen Überlegenheitsgefühlen stand. Dass ein vermeintlich unterlegener Feind die ganze Nation vor den Augen der Weltöffentlichkeit gedemütigt hatte, erschütterte die kollektive Identität der Amerikaner zutiefst. Einmal mehr spielte das Gefühl von Kontrollverlust und Ohnmacht eine Schlüsselrolle; die von Angst, Scham und Wut geleiteten Reaktionen mündeten in George W. Bushs aggressiven Angriffskrieg gegen die »Achse des Bösen«.

Die Folgen von individuellen psychischen Traumata reichen von Schlaflosigkeit, Unruhezuständen, Panikattacken, depressiven Verstimmungen, emotionaler Taubheit, Unwirklichkeitsgefühlen und gestörtem Zeiterleben bis zu jähen Stimmungswechseln, extremer Schreckhaftigkeit, unvermittelt auftretenden Erinnerungsbildern (so genannte Flashbacks) und unkontrollierbaren Wutausbrüchen. Ganz ähnlich stehen auch auf der kollektiven Ebene Angstgefühle, Verwirrung, Depressivität, gestörtes Zeiterleben und Schreckhaftigkeit im Vordergrund. Nicht selten sind ferner kollektive Überempfindlichkeiten, Intoleranz und Aggressivität bis hin zu Verhaltensweisen, die wir als kollektive Identifikation mit dem Aggressor kennengelernt haben. Aus der individuellen Traumatherapie wissen wir, dass Sicherheit, Einfühlung und Anerkennung sowie die Schaffung einer tragfähigen Vertrauensbeziehung zum Therapeuten zu den wichtigsten Voraussetzungen der Bewältigung von psychischen Traumen zählen. Der therapeutische Prozess ist ein schwieriger Balanceakt zwischen mitfühlender Anteilnahme und haltgebender Distanz seitens des Therapeuten auf der einen und vorsichtiger Annäherung an schmerzhafte Erinnerungen auf der anderen Seite. Die sich daraus ergebende Komplexität der Traumatherapie kann hier im Einzelnen nicht dargestellt werden, sinnbildlich kann man sich den Prozess als die Heilung einer seelischen Wunde vorstellen. Dem Verschließen einer offenen Verletzung entspricht hier die Wiederherstellung zerstörter Sinnzusammenhänge. Eine solche »Reparaturarbeit« kann nur mittels tragfähiger zwischenmenschlicher Beziehungen gelingen, denn jedes Trauma ist ein zutiefst soziales Phänomen. Zugleich spielt aber auch eine effiziente, Schutz und Sicherheit vor weiterer Gefährdung vermittelnde Sachhilfe eine zentrale Rolle. So hatte nach dem verheerenden Erdbeben auf Haiti vom Februar 2010 die schnellstmögliche Versorgung mit lebenswichtigen Gütern wie Nahrungsmittel, Trinkwasser und medizinischer Versorgung oberste Priorität. Jenseits dieser materiellen Hilfe kam durch die internationalen Hilfseinsätze und zahlreiche Spendenaktionen eine weltweite Anteilnahme zum Ausdruck, die den Menschen das wichtige Gefühl gab, nicht allein gelassen zu werden.

Traumatisierte Menschen leben in dem Gefühl, dass das Schreckliche, das ihnen widerfahren ist, sich jederzeit wiederholen könnte, ohne dass sie etwas dagegen zu tun vermöchten. Deshalb besteht ein anderer wichtiger Schritt der Überwindung eines kollektiven Traumas darin, den Betroffenen zu helfen, das Gefühl der Kontrolle über ihr Leben zurückzugewinnen. Wie in der individuellen Krisenintervention geht es auch hier zunächst um die Wiederaufnahme von Alltagsaktivitäten etwa hinsichtlich Nahrungsbeschaffung, Unterkunft, Hygiene sowie um Aufräumarbeiten und Maßnahmen zur Aufrechterhaltung von Ruhe und Ordnung. In der Fachsprache hat sich hierfür der schwer übersetzbare Begriff des »Empowerments« eingebürgert.[11] Gemeint ist, dass sowohl der Gruppe wie auch jedem Einzelnen die Mittel in die Hand gegeben werden, ihre Interessen zu vertreten und aktiv am öffentlichen Leben teilzunehmen. Nach Jack Saul, einem amerikanischen Traumatherapeuten, der sich mit der traumatisierten Gemeinschaft von rund 50.000 Menschen zu befassen hatte, die den »9/11« in unmittelbarer Nähe des »Ground Zero« (dem Ort maximaler Zerstörung) erlebt hatten, gehört die Stärkung des sozialen Zusammenhalts zu den wirksamsten antitraumatischen Maßnahmen. »Kollektive Traumen verlangen nach kollektiven Traumabekämpfungsmethoden.«[12] Ein solches Empowerment sei insbesondere im akuten Stadium eher über gemeinsames Tun und materielle Hilfe zur Selbsthilfe als über »therapeutische Gespräche« zu erreichen; akut traumatisierte Menschen wollten nicht in erster Linie reden, sondern sinnvoll handeln.

11 Vgl. Becker (2006, S. 179–184). »Power« steht im Englischen nicht nur für Macht, sondern auch für Stärke, Kraft, Kompetenz, Alltagsvermögen und Energie.
12 Saul (2005).

Längerfristig ist zur Überwindung von kollektiven Traumen ebenfalls die so genannte Trauerarbeit unverzichtbar. Unter diesem von Freud eingeführten Begriff ist der schmerzhafte Prozess zu verstehen, unwiederbringliche Verluste wie den Tod von geliebten Menschen, schwere soziale oder materielle Einbußen, auf der kollektiven und internationalen Ebene vielleicht den Verlust von ganzen Landstrichen oder von Macht und Einfluss nicht nur oberflächlich anzunehmen, sondern auch echt zu überwinden. Nach Freud ist der Schmerz, den eine solche Trauerarbeit kostet, der unausweichliche Preis, der für die gelungene Überwindung eines Verlusts zu bezahlen ist. Nur eine solche Trauerarbeit mache es möglich, die an das verlorene Objekt gebundenen emotionalen Energien zu befreien und für Neues verfügbar zu machen. Sowohl individuell wie kollektiv wird diese »Arbeit« jedoch nicht selten vermieden oder unter dem Vorwand frühzeitig abgebrochen, dass das ausgiebige Beweinen und Betrauern von Verlusten – das Zulassen von Schmerz – überflüssig oder gar schädlich sei. Gerade auch kollektive Trauerprozesse werden immer wieder mit der Aufforderung zum Vergessen und zum »Blick nach vorn« unterbunden, was indes das Problem nicht löst. Ein entsprechendes Beispiel ist uns im Kapitel 3 in Form des zeitweiligen Versuchs der israelischen Gesellschaft begegnet, die ganze schmerzhafte Vergangenheit und insbesondere die Shoah zu »vergessen«.

Trauerarbeit kann auch mit der Anerkennung einer Schuld und mit dem Verzicht auf ein narzisstisch überhöhtes Selbstbild verbunden sein. Ganz ähnlich wie Trauergefühle sind aus Sicht der Affektlogik ebenfalls Schuldgefühle und Schuldanerkennung keineswegs überflüssige und deshalb um jeden Preis zu vermeidende, sondern im Gegenteil höchst sinnvolle Gefühle, die insbesondere für jede Versöhnung mit einem früheren Gegner unverzichtbar sind. Gerade auch in inner- und zwischenstaatlichen Versöhnungsprozessen meinen die Beteiligten vielfach, dass das langwierige Beklagen und Betrauern der Toten einerseits und das Eingestehen der Schuld andererseits einer Versöhnung im Wege stehen. Wie falsch diese Auffassung ist, zeigt beispielhaft der berühmte Kniefall des seinerzeitigen deutschen Bundeskanzlers Willy Brandt vor dem Ehrenmal des jüdischen Ghettos in Warschau anlässlich der Unterzeichnung des polnisch-bundesdeutschen Vertrags vom 7. Dezember 1970. Überwältigt von Schmerz und Scham sank Brandt nach der Kranzniederlegung vor dem Mahnmal auf die Knie und verharrte dort für mehrere Sekunden. »Am Abgrund der deutschen Geschichte und unter der Last der Millionen Ermordeten tat ich, was Menschen tun, wenn die Sprache versagt«, kommentierte Brandt später diesen Tag.[13] Die Bilder dieser ergreifende Szene gingen um die ganze Welt, Brandts Geste wurde als Schuldanerkennung wahrgenommen, die um so mehr Respekt erhielt, als Brandt während des NS-Regimes keine persönliche Schuld auf sich geladen hatte. Er kniete nicht um seinetwillen, sondern stellvertretend für alle Deutschen. In ihrem

13 Brandt (1994, S. 214), zitiert nach Rauer (2004).

Namen trug er die schwere Schuld und bat um Vergebung. Brandts demütige Haltung gegenüber dem Leiden der polnischen Juden veränderte nicht nur die als kalt und dunkel beschriebene Verhandlungsatmosphäre entscheidend, sondern der Kniefall wurde auch zum wichtigsten Symbol seiner Ostpolitik, für die Brandt 1971 den Friedensnobelpreis erhielt.

Bei der Bewältigung jener Traumata, die durch »man-made disasters« ausgelöst wurden, kommt außerdem der Wiederherstellung von Gerechtigkeit eine zentrale Bedeutung zu. Die gesellschaftliche Anerkennung, »dass ein Verbrechen Unrecht war, nicht Unglück«,[14] gilt als wesentliche Voraussetzung zur Überwindung derartiger Erlebnisse. Eine solche Anerkennung war das Ziel der von Nelson Mandela nach dem Ende des Apartheidregimes in Südafrika eingesetzten Wahrheits- und Versöhnungskommissionen, die auch in Ländern wie Chile, Argentinien oder Guatemala Nachahmung fanden. Rassistische Diskriminierung, Folter und Mord waren im Apartheidregime unter einem Deckmantel des Schweigens und Verheimlichens verborgen geblieben. Mit den öffentlich stattfindenden Zusammenkünften der Kommissionen wurde dieses Schweigen mit dem Ziel der Wahrheitsfindung gebrochen. Die hohe nationale und internationale Aufmerksamkeit für diese Form der Geschichtsaufarbeitung gab den Opfern das Gefühl, dass ihr erlittenes Unrecht endlich Anerkennung fand. Um das Ziel einer möglichst vollständigen Aufdeckung der Wahrheit zu gewährleisten, wurde den Tätern Straffreiheit zugesichert. Diese Zusage hatte den Vorteil, dass die Geschädigten nicht als Zeugen, sondern als Opfer aussagten und so genügend Raum erhielten, ihre Erlebnisse und Gefühle subjektiv darzustellen. Jedoch ist die eingeplante Straflosigkeit auch ein Hauptkritikpunkt an den Wahrheits- und Versöhnungskommissionen, da sie dem Gerechtigkeitsprinzip zuwiderlaufe. Straffreiheit könne wie eine stille Zustimmung zu den Geschehnissen empfunden werden, während sich die Gesellschaft durch Bestrafung der Täter mit den Opfern solidarisiere. – Indes ist die Wiederherstellung der Würde der Opfer ein ebenso wichtiges Moment wie die Bestrafung der Täter. Langfristig hängt der Erfolg der Wahrheitskommissionen davon ab, wie die Opfer nach dem Abschluss der Verfahren entschädigt werden und Wiedergutmachung erfahren. Sicher ist jedenfalls, dass Mandelas versöhnliche Haltung den ehemaligen Machthabern gegenüber die kollektive Identität der schwarzen Bevölkerung Südafrikas tief geprägt und mit Stolz über den gewaltfreien Machtwechsel erfüllt hat – umso mehr, als Mandelas Politik der Versöhnung weltweit hohe Anerkennung fand, die 1993 mit dem Friedensnobelpreis gekrönt wurde. Auch dieser internationale Respekt hat dazu beigetragen, die beschädigten Selbstwertgefühle der Schwarzen aufzuwerten und Selbstachtung zurückzugewinnen.

Trotz aller Fortschritte in der Erforschung und Behandlung von seelischen Traumen ist nicht zu übersehen, dass viele Experten den Möglichkeiten einer

14 Reemtsma (2002, S. 81).

Heilung skeptisch gegenüberstehen. »Nichts ist, wie es vorher war« – mit diesem kurzen Satz versuchen viele traumatisierte Menschen ihre Situation zu erklären. Man kann sich zum Beispiel gut vorstellen, dass das Leben der Haitianer auf unabsehbare Zeit nicht nur in materieller Hinsicht von den Folgen des schockierenden Erdbebens vom Januar 2010 gezeichnet sein wird. Auch Folter, sexuelle Misshandlung oder extreme Gewalterfahrungen können irreparable Schäden hinterlassen. »Das ganze Leben liegt in Scherben« ist eine weitere Metapher für das Lebensgefühl traumatisierter Menschen. Diese Scherben können gekittet werden, doch eine Heilung ist vielfach nicht möglich. Anzuerkennen, dass selbst vernarbte Wunden noch schmerzen, ist sowohl für die Traumatisierten selbst wie für ihre Mitmenschen eine wichtige Voraussetzung, um mit den Langzeitfolgen eines Traumas leben zu können. Mit »Bewältigung kollektiver Traumata« ist also nicht die Überwindung im Sinne eines Ungeschehenmachens gemeint, sondern die Verringerung des Leidens und die Eingrenzung destruktiver Folgen.

Wie schwer die richtige Balance in der Traumabearbeitung zu finden ist, wird unter anderem durch die Tatsache verdeutlicht, dass viele Menschen in Südafrika erst durch die Geständnisse von Polizei und Militär von den grausamen Todesumständen ihrer Verwandten erfuhren und hierdurch statt Gerechtigkeit neue Traumatisierungen erlitten. Auch das Beispiel der serbischen Erinnerungskultur rund um die Schlacht auf dem Amselfeld zeigt, dass die Erinnerung an vergangenes Leid negative Leitaffekte wie Wut und Hass zu reaktivieren vermag, die dann für kriegerische Aggression und Rachefeldzüge instrumentalisiert werden können. Ein solcher Missbrauch der Gedenkkultur ist, wie im Kapitel 3 thematisiert, verschiedentlich ebenfalls dem Staat Israel vorgeworfen worden. So vertritt der frühere israelische Parlamentspräsident und Knesset-Sprecher Avraham Burg die Meinung, dass die Fixierung auf den Holocaust den Frieden im Nahen Osten verhindere. In seinem aufsehenerregenden Buch »Hitler besiegen« unterzieht er die aggressive Verteidigungspolitik Israels einer vehementen Kritik und erkennt einen direkten Zusammenhang zwischen der israelischen Heldenkultur und der Palästinapolitik. Die ausschließliche Konzentration auf negative Fakten aus der jüdischen Geschichte schaffe eine Atmosphäre von Misstrauen, Angst und Wut, die sich immer wieder in Übergriffen auf die Palästinenser entlade. Eindringlich fordert Burg seine Landsleute dazu auf, die Fixierung auf Negativereignisse aufzugeben und diese durch positive Erinnerungen zu ersetzen. Einer seiner Vorschläge lautet:

»In meinem erwachenden Israel werden daher die Sommerferien einer erheblich sinnvolleren Reise gewidmet sein. Statt einer eindimensionalen Fahrt in eine Zeit und an einen Ort des Schmerzes, der Demütigung und der Vernichtung[15] möchte ich eine

15 Gemeint sind die für jugendliche Israelis verpflichtenden Gedenkreisen zu den Vernichtungslagern in Polen.

mehrdimensionale Reise zu Hoffnung und Vertrauen vorschlagen. Gruppen israelischer Jugendlicher, jüdischer wie arabischer, werden Spanien besuchen: Aragon, Kastilien und Andalusien. Dort werden sie das goldene Zeitalter kennenlernen, als Islam und Judentum Beziehungen pflegten, von denen beide Seiten profitierten. Jeder Einzelne von ihnen wird erleben und begreifen, dass es eine Zeit geistiger Alternativen zu Militärdienst, Selbstmordattentaten und Terror gab.«[16]

Burgs Idee, die israelische Identität mehr auf Optimismus, Glauben an die Menschen und Vertrauen in die Völkerfamilie als auf Angst und Aggressivität zu gründen, entspricht sehr genau unseren Thesen zu der Wirkung von positiven Leitaffekten. Gleichzeitig erklärt die Affektlogik aber auch, warum einmal eingefahrene negative Fühl- und Denkschienen sich unter der Herrschaft von entsprechenden Leitaffekten immer weiter verfestigen. Wie kaum ein anderes Phänomen führen uns die kollektiven Traumen der Juden die schwer zu behebenden Langzeitwirkungen von psychotraumatischen Schäden vor Augen. – Schwer traumatisiert und in negativen Leitaffekten festgefahren sind indes ebenfalls die Palästinenser. Ohne solche »Barrieren im Kopf« hätten zweifellos beide Seiten längst erkannt, dass es im tiefsten Interesse aller Beteiligten läge, ihre (berechtigten) bitteren Ressentiments aufzugeben und ihre enormen intellektuellen, menschlichen und demografischen Ressourcen zusammenzulegen, beispielsweise um eine beidseits profitable Wirtschaftsunion im Nahen Osten zu begründen. – Utopie? Zukunftsmusik? Wer weiß es? Offensichtlich sind die allseits erlittenen Verletzungen heute noch viel zu lebendig, um solche radikalen Umstimmungen zu erlauben – abgesehen vielleicht von plötzlichen unvorhergesehenen Schmetterlingseffekten, wie sie, angestoßen von unerwarteten Ereignissen oder charismatischen Einzelpersonen, gerade in einer Situation ständiger emotionaler Hochspannung prinzipiell durchaus möglich bleiben.

Zusammenfassend wollen wir festhalten, dass wir in der von der Traumatheorie offenbarten Verletzlichkeit und Abhängigkeit des Menschen eine wichtige Ergänzung zum affektlogischen Menschenbild sehen. Die Erkenntnisse der Traumaforschung zeigen, dass Einfühlung und Anerkennung der einzige Weg ist, die destruktiven Folgen von Traumata in Grenzen zu halten – nicht Vergessen oder Beschweigen. Das Trauma und seine Zerstörungen wahrzunehmen heißt, die emotionalen Grenzen des Menschen anzuerkennen: Menschen sind weder grenzenlos belastbar noch endlos »wiederherstellbar«. Sie sind auch nicht so autonom, wie uns die Aufklärung glauben machen wollte, sondern in allen Höhen und Tiefen verstrickt in ein weitläufiges Netz von zwischenmenschlichen Beziehungen. Dies gilt auch für Großgruppen wie Nationen und kulturelle Gemeinschaften. Sie sind nicht nur in materieller Hinsicht auf Zusammenarbeit angewiesen, sondern bedürfen zur Wahrung einer positiven kollektiven Identität der gegenseitigen Anerkennung. Wir haben in diesem Buch immer wieder

16 Burg (2009, S. 268 f.).

gesehen, welch verheerende Wirkung die beschämende Erniedrigung von Gemeinschaften haben kann. In der Frage, was zu tun sei, muss daher die Vermeidung von kollektiven Demütigungen oberste Priorität erhalten. Der Weltgemeinschaft muss klar sein, dass kollektive Traumatisierungen nicht ohne Folgen bleiben können.

Praxis und Theorie aus Sicht der kollektiven Affektlogik

Zum Abschluss dieses Kapitels noch einige Gedanken zum Stellenwert von Praxis und Theorie im Rahmen der Affektlogik. Aus unserer Sicht gehören beide untrennbar zusammen: Theorie ist reflektierte Praxis, Praxis ist angewandte Theorie; beide bedingen und beeinflussen sich ständig gegenseitig. Entwicklungspsychologisch betrachtet ist sogar schon alles Denken gewissermaßen »Theorie«, denn Denken ist nach Piaget (wie in Kapitel 1 erläutert)[17] ursprünglich immer »mentalisierte Aktion«, das heißt eine vom Handeln abgeleitete Abstraktion. Zugleich ist Denken nach Freud gewissermaßen Probehandeln. Denken wie Handeln – oder Theorie und Praxis – aber sind von Affekten mobilisiert und organisiert; grundsätzlich gibt es deshalb weder ein theoriefreies Handeln, selbst wenn die darin wirksamen »Theorien« unbewusst bleiben, noch eine affektfreie Theorie. So gesehen sind (wie ebenfalls in Kapitel 1 näher erklärt) sämtliche theoretischen »Denkgebäude« mit Einschluss von wissenschaftlichen Theorien von bestimmten Leitaffekten beeinflusste Abstraktionen oder Konstrukte, deren Wert oder »Viablität«[18] sich letztlich nur in der Praxis erweisen kann. Theorien ohne praktischen Nutzen verschwinden dank evolutionsähnlichen soziokulturellen Selektionsmechanismen mit der Zeit meist von selbst.

Im Unterschied zu manchen soziologischen Theorien ohne ersichtlichen Praxisbezug haben wir in diesem Buch versucht, mit der kollektiven Affektlogik ein Modell vorzulegen, das nicht nur das Verständnis von sozialen Prozessen theoretisch vertieft, sondern auch zu praktischen Konsequenzen führt. Mit ausgewählten solchen Konsequenzen haben wir uns im Voranstehenden befasst. Die wichtigsten theoretischen Neuerungen, die die Anwendbarkeit der kollektiven Affektlogik erleichtern, bestehen unseres Erachtens erstens in der klaren, dank der Auffassung von Emotionen als Energien möglichen Unterscheidung zwischen Affekt und Intellekt beziehungsweise zwischen dynamischen und strukturellen Aspekten in allen psychosozialen Erscheinungen, zweitens in der These vom allgegenwärtigen zirkulären Zusammenwirken beider, und drittens im Postulat von selbstähnlichen affektiv-kognitiven Wechselwirkungen auf allen nur möglichen mikro- und makrosozialen Ebenen. Diese Theorie hat viel-

17 Vgl. S. 23, Anmerkung 13.
18 Viabel heißt gangbar, gängig.

fältige Wurzeln, die von aktuellen emotions- und kognitionspsychologischen, neurobiologischen und evolutionstheoretischen Erkenntnissen über die klassisch-soziologischen Konzepte von Emile Durkheim und Norbert Elias bis zu den neueren emotionssoziologischen Ansätzen von Autoren wie Jonathan Turner, Randall Collins und Thomas Scheff reichen. Auf einer der unsrigen recht ähnlichen Spur bewegt sich – allerdings ohne irgendwelche theoretischen Begründungen – im Buch »Der Kampf der Emotionen« ebenfalls der französische Politwissenschaftler Dominique Moïsi mit seiner These, dass die westliche Welt zur Zeit von einer »Kultur der Angst«, die islamische von einer »Kultur der Scham« und die fernöstlich-asiatische Welt von einer »Kultur der Hoffnung« beherrscht werde.[19] Zu der Einsicht, dass »kollektive Emotionen das Herzstück und die bewegende Kraft allen, also auch des rational gezügelten sozialen Lebens«[20] sind, führte vor einigen Jahren auch schon die Analyse von unterschiedlichen Aspekten des Liebes- und Bindungsverhaltens in der heutigen globalisierten Gesellschaft des deutschen Soziologen Karl Otto Hondrich. Desgleichen bestätigen die Ergebnisse des unter dem Titel »Emotionen und soziale Strukturen« erschienenen neuesten emotionssoziologischen Fach- und Übersichtsbuches in deutscher Sprache von Christian von Scheve[21] unsere emotionsenergetisch verankerten Grundthesen auf der ganzen Linie. Alle diese Konvergenzen sind in unseren Augen keineswegs zufällig: Wenn, wie wir glauben, die Theorie der kollektiven Affektlogik zur Zeit wissenschaftlich gewissermaßen »in der Luft liegt«, so müssten ähnliche Ansätze in den nächsten Jahren immer häufiger auftauchen.

Auf den vorangehenden Seiten dürfte deutlich geworden sein, dass die Affektlogik trotz ihrer Fokussierung auf das emotionale Geschehen nicht etwa für eine Abschaffung der Vernunft oder für ein beliebiges Ausleben jeglicher Gefühlsimpulse plädiert. Wir sind jedoch davon überzeugt, dass viele unbeabsichtigte und unkontrollierbare Folgeschäden scheinbar rationalen Handelns nur durch Bewusstwerdung und Anerkennung der daran beteiligten Emotionen in Grenzen gehalten werden können. Mit der Aufforderung zur Reflexion der emotionalen Bedingtheit aller sozialen Prozesse steht die Affektlogik der Wissenssoziologie Norbert Elias' am nächsten. Einfühlung, Vertrauen in die Intuition, Zulassen von eigener Betroffenheit waren ihm ebenso wichtig wie das selbstkritische Hinterfragen und bewusste Abstandhalten. Erst eine ausgewogene Balance zwischen »Engagement und Distanzierung«[22] gegenüber dem Forschungsgegenstand ermöglicht eine realitätsgerechte Theorienbildung. Die weitaus häufigere entgegengesetzte wissenschaftliche Haltung, Gefühle zwanghaft aus

19 Moïsi (2009).
20 Hondrich (2004, Umschlagtext).
21 Von Scheve (2009).
22 Elias (1987).

dem wissenschaftlichen Denken auszugrenzen, beschreibt der Soziologe Hans-Peter Waldhoff in Fortschreibung der Elias'schen Wissenssoziologie als »verhängnisvolle Spaltungen«.[23]

Eine »Theorie der Gefühle« hat vor rund 2400 Jahren auch schon Platon aufgestellt, indem er die Gefühle mit zwei vor einen Wagen gespannten Pferden verglich, einem weißen, gesitteten, schönen und einem schwarzen, wilden, hässlichen, die vom Wagenlenker »Vernunft« ständig gezügelt und vor dem Ausbrechen nach der einen oder anderen Seite bewahrt werden müssten.[24] Diese Theorie (von der sich vielfältige Bezüge zu unseren »positiven« und »negativen« Leitgefühlen herstellen lassen) hat sich im »aufgeklärten« westlichen Denken mit der Zeit zu einem einseitig gefühlsfeindlichen Paradigma zugespitzt, in welchem man sich ohne Beachtung der Tatsache, dass in Platons Vergleich der »Wagenlenker« ohne Pferde überhaupt nicht vom Fleck käme, alles Heil schließlich nur noch von einem »rein rationalen«, gefühlsfreien Denken erhoffte. Die Unverzichtbarkeit von emotionalen »Motoren« und Organisatoren hinter allem Denken und Handeln wieder bewusst und salonfähig zu machen, ist ein Hauptziel der Theorie der kollektiven Affektlogik. Gleichzeitig versucht sie einen Beitrag zur Diskussion zu leisten, ob und wie die sensiblen »Pferde des Gefühls« dank einer vertieften Kenntnis der Affekte und ihrer Wirkungen sinnvoll gezügelt werden können.

23 Waldhoff (2009).
24 Platon, Phaidros (Band 3, Teil 4; nach Heitsch, 1997, S. 39 f.).

Ein Abschlussgleichnis: Die Schwarmintelligenz

Rund um die abgelegene Walliser Berghütte auf 1720 Meter Höhe, wo wesentliche Teile dieses Buches entstanden sind, tauchen im Winter von Zeit zu Zeit riesige Schwärme von Bergdohlen auf, diese mittelgroßen samtschwarzen Vögel mit gelbem Schnabel und orangeroten Füßchen, die der Bergwanderer oft einzeln oder in kleinen Gruppen auf Gipfeln und Graten antrifft und wegen ihrer akrobatischen Flugkunst bewundert. Vom Hunger getrieben fliegen sie an sonnigen Winternachmittagen zu Hunderten oder Tausenden im Schwarm zu Tale, lassen sich als aufgeregte schwarze Wolke unvermittelt irgendwo nieder und haben im Nu alles irgendwie Essbare – letzte Hagebutten im Strauch neben der Hütte, liegen gebliebene Nahrungsreste, Abfälle – entdeckt und aufgepickt. Im nächsten Augenblick erhebt sich der Schwarm schon wieder rauschend in die Luft, teilt sich vielleicht in zwei oder drei Unterformationen und findet kreisend einen nächsten Fressplatz – bis sich plötzlich das ganze Geschwader in einer günstigen Thermik wieder den Berg emporschraubt und dem Auge in luftiger Höhe entschwindet.

Von Nahem besehen erweist sich so ein Schwarm, den wir als Abschlussgleichnis und Erinnerungsbild für vieles verwenden wollen, was wir als kollektive Affektlogik am Menschen beschrieben haben, als hoch raffiniert organisiert und strukturiert. Da gibt es Wächter, die von Dachgiebeln und Baumwipfeln aus ständig nach möglichen Gefahren Ausschau halten, da gibt es einzelne Aufklärer, die am Rande des Kollektivs nach weiterer Nahrung suchen, da und dort erheben sich plötzlich einige Vögel ein wenig in die Luft und lassen sich wieder fallen oder ziehen andere nach, bis aufs Mal der ganze Schwarm kompakt davonfliegt. Auch einige »Außenseiter« fallen auf, die weitab vom Gros herumfliegen oder ihm aus großer Distanz folgen. Die Rollen wechseln, ein Leittier ist nicht auszumachen; wer gerade vorn ist oder sich besonders auffällig benimmt – vielleicht einer örtlichen Gefahr oder einer besonders reichen Nahrungsquelle wegen –, führt den Schwarm vorübergehend an; zwischen allen Individuen wie Gruppen herrscht im Kleinen heftige Konkurrenz und gleichzeitig Kooperation; im Großen haben wir offensichtlich ein sinnvoll sich selbst organisierendes Ganzes zum Nutzen aller vor Augen.

Was haben diese Beobachtungen mit den zentralen Themen dieses Buches zu tun, die wir abschließend aus evolutionärer Distanz – buchstäblich aus der Vogelschau – noch einmal kurz überblicken wollen? Menschliche Kollektive sind, so meinen wir, prinzipiell ganz ähnlich wie Vogel-, Fisch- oder auch Insektenschwärme von einem sinnvollen Zusammenspiel von Kognition und Emotion geleitet. Was wir »Kognition« nennen, baut auf Sinneswahrnehmungen und einem entsprechend organisierten Gedächtnis bis hin zu kombinatorischem Denken und Abwägen auf. Gefühle, Emotionen, Stimmungen – also alles, was wir unter dem Sammelbegriff des Affekts zusammengefasst haben – sind situationsabhängige globale psychosomatische Befindlichkeiten gekoppelt mit situationsabhängigen Energieverbrauchsmustern. Alle diese Funktionselemente sind zu selbstorganisatorischen »Eigenwelten« – einem Gesamt von integrierten Fühl-, Denk- und Verhaltensprogrammen – verschmolzen, in denen alle wichtigen Erfahrungen sowohl der Art wie auch des Einzelnen (die Stammes- und Individualgeschichte oder Phylo- und Ontogenese im Fachjargon) gespeichert sind. Diese Eigenwelten sind das zentrale Überlebensinstrument (oder »Funktionsprogramm«) von Individuen wie Gruppen; jede Störung oder Verletzung einer solchen Eigenwelt ist schmerzhaft und gibt zu entsprechenden Vermeidungs-, Abwehr-, Kompensations- oder, wenn nötig, Reparaturmaßnahmen Anlass.

Am Schwarmverhalten lassen sich fast alle Grundphänomene, die das Überleben eines Kollektivs ermöglichen, wunderbar ablesen. Der Schwarm als Ganzes entfaltet, wie die moderne Forschung sagt, eine typische »Schwarmintelligenz«, die über die Intelligenz eines jeden Einzelnen weit hinausgeht. Sie zeigt, dass aus einer Vielzahl von einfachen Einzelreaktionen ein sinnvolles komplexes Gesamtverhalten resultieren kann. Mit einer solchen »Weisheit der Vielen«[1] experimentiert heute namentlich die Robotik und die »Künstliche Intelligenz«. Nach einer Art von Schwarmintelligenz funktioniert auch das Internet, und ein ähnliches Funktionsprinzip wird ebenfalls für die rund 100 Milliarden Neuronen unseres Gehirns vermutet: Jedes Neuron für sich ist »dumm«; es feuert einfach automatisch, wenn es von lokalen Reizen dazu angeregt wird. Das evolutionär selektionierte Zusammenwirken aller Neuronen indes ergibt ein intelligentes Gesamtverhalten.

Die Schwarmintelligenz beruht, wie wir anfügen möchten, auf einer situationsabhängigen »Schwarmemotion«, die von kognitiven Funktionen wie Wahrnehmung, Aufmerksamkeit und Gedächtnis ausgelöst wird und ihrerseits Wahrnehmung und Gedächtnis mittels affektspezifischer Schalt- und Filterwirkungen moduliert. Emotion und Kognition wirken also auch schon in Vogel- und anderen Schwärmen ebenso untrennbar zusammen, wie wir dies für den Menschen postulieren; auch dort schon entstehen auf dieser Grundlage art- und

1 Surowiecki (2004).

vielleicht im Ansatz sogar individuumspezifische affektiv-kognitive Eigenwelten. Besonders frappant ist im Schwarm zudem das Phänomen der emotionalen Ansteckung als Basis eines koordinierten Gesamtverhaltens; sie beruht auf ständiger gegenseitiger Beobachtung und Kommunikation und wird vermutlich bereits durch eine Art von Empathie aufgrund von Spiegelneuronen vermittelt. Auch das dynamische Gleichgewicht zwischen Konkurrenz- und Kooperationsverhalten – zwischen Aggression und Liebe also im weitesten Sinn –, das wir im Kapitel 6 als grundlegend für das menschliche Verhalten beschrieben haben, ist schon hier augenfällig. Interessant sind ferner die Beziehungen zwischen Zentrum und Peripherie (oder »Generalisten« und »Spezialisten«) ebenso wie zwischen Leitfiguren und »Tross«: Zum Leittier wird immer dasjenige Individuum, dessen Verhalten im Moment die Schwarmstimmung am besten ausdrückt; analog wird im menschlichen Kollektiv derjenige (zum Beispiel Hitler, Mohammed, Obama) zum »Führer«, der die aktuelle kollektive Stimmung am besten »zur Sprache« und damit zum Bewusstsein bringt und entsprechend handelt. Alle diese komplementären und – wie etwa bei den besagten Außenseitern – nicht ohne Weiteres als nutzbringend zu erkennenden Funktionen sind offenbar gleichermaßen nötig und überlebenswichtig. Auch Macht und Ohnmacht ebenso wie »Böses« und »Gutes« sind im Schwarm sozusagen gleichmäßig verteilt; insgesamt liefert das tierische Schwarmverhalten bedeutsame Hinweise darauf, wie jedes menschliche Kollektiv und letztlich wohl auch die Menschengesellschaft als Ganze funktioniert.

Andere Charakteristika des menschlichen Kollektivverhaltens, die sich in unserer Untersuchung als zentral herausgeschält haben, sind freilich auf dieser Stufe der Evolution noch nicht oder höchstens in Ansätzen zu erkennen. Dies gilt insbesondere für die vielleicht wichtigsten emotionalen »Motoren«, die wir hinter sozialen Konflikten und Spannungen aller Art gefunden haben: die Frage des »Gesichtsverlusts« beziehungsweise der kollektiven Identität und die damit eng verbundene Dynamik von Scham und Demütigung. Offensichtlich hängt die Kohärenz und Funktionsfähigkeit einer jeden menschlichen Gemeinschaft (und letztlich auch jedes einzelnen Menschen) ganz wesentlich von positiven Selbstwert- und Identitätsgefühlen ab. Diese aber sind zutiefst von den Reaktionen der Umwelt abhängig. Alles, was solche Gefühle in Frage stellt oder verletzt, wird als lebensgefährdend empfunden und weckt massive Abwehrreaktionen. Selbst wenn das Phänomen der Identität (etwa in Form von Zugehörigkeitsmerkmalen wie Körperform oder -farbe, Duftmarken etc.) schon bei vielen Tieren eine wichtige Rolle spielt und gerade in Schwärmen und Herden zu heftigen Aggressionen, Ausschlussmechanismen und auch zu einer Art von Scham- und Entwertungsreaktionen Anlass geben kann (der »entwertete Leguan« aus dem fünften Kapitel ist hierfür ein Beispiel[2]), so geht die komplexe Langzeitdynamik von

2 Vgl. S. 179.

menschlichen Scham- und Erniedrigungsgefühlen doch über solche kurzfristigen Instinktreaktionen weit hinaus.

Eng mit der Identitäts- und Schamproblematik verquickt ist, wie wir vielfach konstatiert haben, auch das Problem des Fundamentalismus und extremistischen Fanatismus bis hin zum Terrorismus, der mit seinem absoluten Anspruch auf Wahrheit alle anderen Sichtweisen zu verteufeln und vernichten trachtet. Man kann in diesen im Tierreich unseres Wissens überhaupt nicht zu beobachtenden Erscheinungen sowohl einen Ausdruck der einzigartigen Freiheit des Menschen wie auch seines Hangs zu Maßlosigkeit und Entfesselung sehen. Gleichzeitig erscheint er als Versuch, die eigene Schwäche und Verzweiflung gewaltsam zu kompensieren. Systemtheoretisch lässt er sich außerdem – nicht mehr ausschließlich negativ konnotiert – als ein dem Menschen immanentes Suchen nach seinen äußersten Grenzen verstehen, das erst aus dem extremen Leiden (wie etwa im Fall des Nationalsozialismus, ein Stück weit auch des Kommunismus und letztlich wohl jedes »allein seligmachenden« Extremismus) die nötige emotionale Energie zu einer radikalen Ab- und Umkehr zu schöpfen vermag. Jedenfalls erscheint jeder Extremismus, zumal wenn er durch einen Auserwähltheits- und Überlegenheitswahn potenziert wird, als eine Art von Grundübel im Zusammenleben zwischen unterschiedlichen Menschen und Kulturen. Dies gilt nicht nur für jeden religiösen, ideologischen und rassistischen, sondern selbst noch für den wissenschaftlichen oder – wie etwa die Ära George W. Bush oder McCarthy gezeigt hat – »demokratischen« Fundamentalismus. Die Forderung, die sich aus der Tatsache ergibt, dass jeder Mensch und jede Gruppe unausweichlich in einer je spezifischen Eigenwelt be- und gefangen ist, ist diejenige nach Toleranz und Respekt für andersartige Sichtweisen – und wären es diejenigen unserer Feinde: Es könnte ja sein, dass auch in allen unseren unterschiedlichen menschlichen Wertsystemen und Kulturen »richtig« und »falsch«, »gut« und »böse«, »sinnvoll« und »unsinnig«, aus der evolutionären Perspektive betrachtet, mehr oder weniger gleich verteilt sind. Nur auf einem so begründeten gegenseitigen Respekt jedenfalls – der aber nicht ohne einen Schuss Aggressivität im Sinn eines zur Selbsterhaltung zuweilen unausweichlichen »Bis hierher und nicht weiter!« auskommt – ließe sich eine friedlichere Welt zum Nutzen aller aufbauen. Auch hierfür könnte uns die tierische Schwarmintelligenz, die Diversität als Chance nutzt und selbst noch in der Aggression Maß hält, ein Sinn- und Vorbild sein.

Ebenfalls Maß hält die Schwarmintelligenz (in der Regel) im Verbrauch ihrer Ressourcen. Auch unser Streben nach immer noch mehr von allem – »citius, altius, fortius« (lat. = schneller, höher, stärker), wie es im typisch neuzeitlichen olympischen Ideal heißt[3] – ist heute, wie schon im Kapitel 6 andiskutiert, zu-

3 Das Motto »citius, altius, fortius« wurde 1894 von Pierre de Coubertin, dem Begründer der modernen olympischen Spiele, vorgeschlagen. Es geht auf eine Idee des französischen Dominikanerpaters Henri Didon zurück, der es bei einem Schulsportfest geprägt hatte.

nehmend zu einem Problem geworden. Warum brauchen wir eigentlich immer mehr materielle Güter, immer mehr Komfort, immer schnellere Maschinen und Kommunikations- und Beförderungsmittel? Die wahrscheinlich über Äonen als überlebensfördernd herausselektionierte menschliche Kreativität und zugleich »Plethomanie« (»Sucht nach immer mehr«, vom griechischen Plethora = Fülle, Überfülle), die unseren rasenden aktuellen »Fortschritt« immer weiter vorantreibt, scheint heute an einer äußersten Grenze des noch Sinnvollen angelangt zu sein. Sie könnte plötzlich – nicht zuletzt wegen der steigenden emotionalen Spannungen, die sie erzeugt – nichtlinear in ein zerstörerisches Gegenteil umschlagen.

Etwas ganz Anderes als ein schrankenloses Streben nach »immer mehr von allem« legt auch das Menschenbild der Affektlogik nahe, so wie wir es im Kapitel 6 skizziert haben: nämlich mehr Respekt und Demut vor der Natur und dem »großen Ganzen« überhaupt, von dem wir alle ein winziges und von unserer Umwelt zutiefst abhängiges Teilchen sind. »Langsamer, tiefer, nachhaltiger« könnte ein zeitgemäßes Gegenmotto zu den überholten Leitideen der Moderne sein. Es würde gut auch zu unserem Thema passen, denn kollektive Leitgefühle wandeln sich langsam, gründen tief und wirken nachhaltig. Das neue weltweite Verantwortungsbewusstsein, das aus den Tiefen der menschlichen Schwarmintelligenz heute an vielen Orten zugleich emporzukeimen scheint, könnte ein Ausdruck der globalen selbsterhaltenden Kräfte sein, die letztlich unser kollektives Denken und Verhalten bestimmen.

Mit diesem evolutionär distanzierenden Rück- und zugleich Ausblick wollen wir schließen – nicht ohne Hoffnung, mit diesem Buch einen kleinen Beitrag zu der notwendigen und tatsächlich bereits in Gang gekommenen Umorientierung unseres kollektiven Fühlens und Denkens geleistet zu haben.

Dank

Ein Buch wie das vorliegende entsteht nur im Austausch mit vielen Menschen aus unterschiedlichen Sachgebieten. Nur wenige von ihnen können wir hier mit Namen erwähnen. Ich, Luc Ciompi, möchte vorab meinen Freunden vom Konrad Lorenz Institut in Altenberg bei Wien, insbesondere Professor Rupert Riedl (gest. 2005), Dr. Manfred Wimmer und Dr. Martin Baatz für unzählige wertvolle Diskussionen und Informationen schon während der vieljährigen Inkubations- und Vorbereitungsphase danken. Ebenfalls sehr wichtig war mir die ganze Zeit über das Gespräch mit meinem alten Freund und ehemaligen Chef Professor Christian Müller. Ihm sowie Christiane Haerlin aus Bonn, Monica Fisch aus Großhabersdorf bei Nürnberg und Barbara Sabine Wolff aus Jerusalem danke ich außerdem für die kritische Lektüre von Teilen des Manuskripts. Auch von meinen Diskussionspartnern Dr. Peter Schläppi, Dr. Fred Legrain und Professor Toni Labhard vom so genannten »Gurtenobligatorium«, einem kleinen akademischen Debattierklub auf dem Berner Hausberg Gurten, bekam ich zahlreiche inspirierende Hinweise. Und ohne die ständige verständnisvolle Begleitung und Unterstützung durch meine Gattin Mary wäre das Buch wahrscheinlich überhaupt nie zustande gekommen.

Ich meinerseits, Elke Endert, danke meinem Soziologenkollegen Dr. Holger Meyer für den wertvollen Austausch während des gesamten Schreibprozesses und das kritische Gegenlesen des Geschriebenen. Außerdem gilt mein Dank all jenen Menschen, die das Entstehen des Buches mit viel Interesse und emotionaler Anteilnahme begleitet haben. Hierzu gehört auch meine Familie, allen voran mein Mann, Dr. Gerold Endert, auf dessen Unterstützung ich mich zu jeder Zeit verlassen konnte.

Nicht zuletzt möchten wir Autoren einander auch gegenseitig danken. Unsere interdisziplinäre Zusammenarbeit auf Distanz war ein Wagnis; dass sie trotz gelegentlich sehr unterschiedlicher Sichtweisen durchweg harmonisch blieb, ist keine Selbstverständlichkeit. Des Weiteren bedanken wir uns beide beim Verlag Vandenhoeck & Ruprecht, insbesondere bei Herrn Günter Presting und Frau Sandra Englisch, für die überaus angenehme Zusammenarbeit während der Drucklegung des Buches.

Literatur

Alili, R. (2000). Qu'est-ce que l'islam. La découverte. Paris: Poche.

Ash, T. G. (2007). Der Islam in Europa. In T. Chervel, A. Seeliger (Hrsg.), Islam in Europa. Eine internationale Debatte (S. 30–54). Frankfurt a. M.: Suhrkamp.

Bajohr, F., Wildt, M. (Hrsg.) (2009). Volksgemeinschaft. Neue Forschungen zur Gesellschaft des Nationalsozialismus. Frankfurt a. M.: Fischer.

Barthes, R. (1977). Fragments d'un discours amoureux. Paris: Seuil.

Bar-On, D. (2006). Erzähl dein Leben! Meine Wege zur Dialogarbeit und politischen Verständigung (2. Aufl.). Hamburg: Körber-Stiftung.

Bateson, G. (1983). Ökologie des Geistes. Frankfurt a. M.: Suhrkamp.

Bauer, J. (2005). Warum ich fühle, was du fühlst. Intuitive Kommunikation und das Geheimnis der Spiegelneuronen. Hamburg: Hoffmann und Campe.

Bauer, J. (2008). Prinzip Menschlichkeit. Warum wir von Natur aus kooperieren. Hamburg: Hoffmann und Campe.

Becker, D. (2006). Die Erfindung des Traumas – Verflochtene Geschichten. Freiburg: edition Freitag.

Benk, A. (2008). Gott ist nicht gut und nicht gerecht. Zum Gottesbild der Gegenwart. Mannheim: Patmos.

Bertalanffy, L. von (1950). An outline of general systems theory. Brititsh Journal for Philosophy of Science, 1, 134–165.

Bode-Richard, M. (2009). L'improbable Etat palestinien de Benjamin Netanyahu. In »Le Monde« vom 25.06.2009.

Bollnow, O. F. (1956). Das Wesen der Stimmungen. Frankfurt a. M.: Klostermann.

Bothe, M., Hurst, M., Junker, D. et al. (Hrsg.) (2003). Der 11. September – Ursachen und Folgen. Studium Generale. Heidelberg: Universitätsverlag Winter.

Brandt, W. (1994). Erinnerungen. Frankfurt a. M.: Ullstein.

Browning, C. (1993). Ganz normale Männer. Das Reservebataillon 101 und die »Endlösung« in Polen. Hamburg: Rowohlt.

Bullock, A. (1953). Hitler. Eine Studie über Tyrannei. Düsseldorf: Droste.

Bundeszentrale für politische Bildung (2010). Zahal – die Armee. Zugriff am 11.08.2010 unter www.bpb.de/themen/63DCVX,0,0,Zahal_die_Armee.html

Bundeszentrale für politische Bildung (2010). Die Bedeutung der Shoa in der israelischen Gesellschaft. Zugriff am 11.08.2010 unter www.bpb.de/themen/GKKQQF,0,0,Die_Bedeutung_der_Shoa_in_der_israelischen_Gesellschaft.html

Burg, A. (2009). Hitler besiegen. Warum Israel sich endlich vom Holocaust lösen muss. Frankfurt a. M. u. New York: Campus.

Burgdorf, J., Panksepp, J. (2006). The neurobiology of positive emotions. Neuroscience and Biobehavioral Reviews, 30, 173–187.

Caplan, G. (1964). Principles of preventive psychiatry. New York: Basic Books.

Carter, J. (1982). Keeping Faith. New York: Bantam.

Ciompi, L. (1982). Affektlogik. Über die Struktur der Psyche und ihre Entwicklung. Ein Beitrag zur Schizophrenieforschung. Stuttgart: Klett-Cotta.

Ciompi, L. (1986). Zur Integration von Fühlen und Denken im Licht der »Affektlogik«. Die Psyche als Teil eines autopoïetischen Systems. In K.P. Kisker, H. Lauter, J.E. Meyer, C. Müller (Hrsg.), Psychiatrie der Gegenwart. Bd. 1 (S. 373–410). Berlin u.a.: Springer.

Ciompi, L. (1988). Außenwelt – Innenwelt. Die Entstehung von Zeit, Raum und psychischen Strukturen. Göttingen: Vandenhoeck & Ruprecht.

Ciompi, L. (1993a). Die Hypothese der Affektlogik. Spektrum der Wissenschaft, 2, 76–82.

Ciompi, L. (1993b). Krisentheorie heute – eine Übersicht. In U. Schnyder, J.-D. Sauvant (Hrsg.), Krisenintervention in der Psychiatrie (S. 13–25). Bern: Huber.

Ciompi, L. (1997). Die emotionalen Grundlagen des Denkens. Entwurf einer fraktalen Affektlogik. Göttingen: Vandenhoeck & Ruprecht.

Ciompi, L. (2000). Affektgesteuerte Wirklichkeitskonstruktion in Alltag, Wissenschaft und Psychopathologie. In H.R. Fischer, S. Schmidt (Hrsg.), Wirklichkeit und Welterzeugung (S. 207–215). Heidelberg: Carl Auer.

Ciompi, L. (2002a). Affekte, Affektlogik. Ihr Stellenwert in unserem Menschen- und Weltverständnis. Wiener Vorlesungen. Wien: Picus.

Ciompi, L. (2002b). Symbolische Affektkanalisation – eine therapeutische Grundfunktion von Ritualen. In R. Welter-Enderlin, B. Hildenbrand (Hrsg.), Rituale (S. 54–70). Heidelberg: Carl Auer.

Ciompi, L. (2003a). Reflections on the role of emotions in consciousness and subjectivity, from the perspective of affect logic. Consciousness and Emotion, 4, 181–196.

Ciompi, L. (2003b). Emotion und Improvisation, Inspiration, Kreativität. Eine emotionsdynamische Analyse aus der Sicht der Affektlogik. In W. Fähndrich (Hrsg.), Improvisation V. 14 Beiträge (S. 11–26). Winterthur: Amadeus.

Ciompi, L. (2004). Ein blinder Fleck bei Niklas Luhmann? Soziodynamische Wirkungen von Emotionen nach dem Konzept der fraktalen Affektlogik. Soziale Systeme, 10, 21–49.

Ciompi, L. (2005). Grundsätzliches zu Emotion, Kognition und Evolution aus der Humanperspektive. In M. Wimmer, L. Ciompi (Hrsg.), Emotion – Kognition – Evolution. Biologische, psychologische, soziodynamische und philosophische Aspekte. Fürth: Filander.

Ciompi, L., Baatz, M. (2005). Do mental and social processes have a fractal structure? The hypothesis of affectlogic. In G. Losa, D. Merlini, T.F. Nonnenmacher, E. Weibel (Eds.), Fractals in biology and medicine. Vol. IV (pp. 107–119). Basel: Birkhäuser Press.

Ciompi, L., Baatz, M. (2008). The energetic dimension of emotions – an evolution-based computer simulation with general implications. Theoretical Biology, 3, 42–50.

Ciompi, L., Dauwalder, H.P., Maier, C., Aebi, E. (1991). Das Pilotprojekt »Soteria Bern« zur Behandlung akut Schizophrener. I. Konzeptuelle Grundlagen, praktische Realisierung, klinische Erfahrungen. Nervenarzt, 62, 428–435.

Ciompi, L., Hoffmann, H., Broccard, M. (Hrsg.) (2001). Wie wirkt Soteria? Eine atypische Schizophreniebehandlung – kritisch durchleuchtet. Stuttgart u. Bern: Huber.

Ciompi, L., Kupper, Z., Aebi, E., Dauwalder, H.P., Hubschmid, T., Trütsch, K., Rutishaus (1993). Das Pilot-Projekt »Soteria Bern« zur Behandlung akut Schizophrener. II. Ergebnisse einer vergleichenden prospektiven Verlaufsstudie über 2 Jahre. Nervenarzt, 64, 440–450.

Ciompi, L., Panksepp, J. (2005). Energetic effects of emotions on cognitions – complementary psychobiological and psychosocial findings. In R. Ellis, N. Newton (Eds.), Consciousness and Emotion (pp. 23–55). Amsterdam u. Philadelphia: Benjamin Publishing Company.

Coll, S. (2008). Die Bin Ladens. Eine arabische Familie. München: Deutsche Verlagsanstalt.

Collins, R. (1981). On the microfoundations of macrosociology. American Journal of Sociology, 86, 984–1014.

Collins, R. (1993). Emotional energy as the common denominator of rational action. Rationality and Society, 5 (2), 203–230.
Damasio, A. R. (1994). Descartes' Irrtum: Fühlen, Denken und das menschliche Gehirn. München: List.
Darwin, C. R. (1965). The expression of emotion in man and animals. Chicago: University Chicago Press (Erstaufl. 1872).
Darwisch, M. (1998). Palästina als Metapher. Gespräche über Literatur und Politik. Heidelberg: Palmyra.
Derryberry, D., Tucker, D. M. (1992). Neural mechanismes of emotion. Journal of Consulting and Clinical Psychology, 60, 329–338.
Deuerlein, E. (1968). Der Aufstieg der NSDAP. 1919–1933 in Augenzeugenberichten. Düsseldorf: Karl Rauch Verlag.
Diamond, J. (2000). Arm und Reich. Die Schicksale menschlicher Gesellschaften. Frankfurt a. M.: Fischer (Orig.: Guns, Germ and Steel. The Fate of Human Societies. Norton & Co. New York, 1997).
Domarus, M. (1988). Hitler. Reden und Proklamationen 1932–1945. Kommentiert von einem deutschen Zeitgenossen, Teil I, Bd. 1932–1934. Leonberg: Pamminger & Partner.
Dörner, K. (1980). Der Krieg gegen die psychisch Kranken. Bonn: Psychiatrie-Verlag.
Durkheim, E. (1988). Über soziale Arbeitsteilung. Studie über die Organisation höherer Gesellschaften (2. Aufl.). Frankfurt a. M.: Suhrkamp (Orig.: De la division du travail social, Paris, 1930).
Durkheim, E. (1998). Die elementaren Formen des religiösen Lebens (2. Aufl.). Frankfurt a. M.: Suhrkamp (Orig.: Les formes élémentaires de la vie religieuse. Paris, 1968).
Dürrenmatt, F. (1998.) Essay über Israel. Eine Konzeption. In F. Dürrenmatt, Zusammenhänge/Nachgedanken (S. 11–117). Zürich: Diogenes.
Eckart, W. U. (2005). Kriegsgewalt und Psychotrauma im Ersten Weltkrieg. In G. H. Seidler, W. U. Eckart (Hrsg.), Verletzte Seelen. Möglichkeiten und Perspektiven einer historischen Traumaforschung (S. 85–105). Gießen: Psychosozial.
Eibl-Eibelesfeld, I., Sütterlin, C. (2007). Weltsprache Kunst. Zur Natur- und Kunstgeschichte bildlicher Kommunikation. Wien: C. Brandstätter Verlag.
Eich, E., Macauley, D. (2000). Fundamental factors in mood-dependent memory. In P. Forgas (Ed.), Feeling and thinking. The role of affect in social cognition (pp. 109–130). Cambridge u. New York: University Press.
Elias, N. (1976). Über den Prozess der Zivilisation. Soziogenetische und psychogenetische Untersuchungen. 2 Bde. Frankfurt a. M.: Suhrkamp.
Elias, N. (1981). Was ist Soziologie? (4. Aufl.). München: Juventa.
Elias, N. (1987a). Die Gesellschaft der Individuen. Frankfurt a. M.: Suhrkamp.
Elias, N. (1987b). Engagement und Distanzierung. Arbeiten zur Wissenssoziologie I. Frankfurt a. M.: Suhrkamp.
Elias, N. (1989). Studien über die Deutschen. Machtkämpfe und Habitusentwicklung im 19. und 20. Jahrhundert. Frankfurt: Suhrkamp.
Ellis, H. C., Moore, B. A. (1999). Mood and memory. In T. Dalgeish, M. J. Power (Eds.), Handbook of cognition and emotion (pp. 193–227). Chichester u. a.: Wiley.
Endert, E. (1997). Über Zusammenhänge von Fühlen und Denken in Wahrnehmungs- und Wissensprozessen. Ein Vergleich der »Affektlogik« von Luc Ciompi mit dem wissenssoziologischen Ansatz Ludwik Flecks. Köln: PapyRossa.
Endert, E. (2006). Über die emotionale Dimension sozialer Prozesse. Die Theorie der Affektlogik am Beispiel der Rechtsextremismus- und Nationalsozialismusforschung. Konstanz: UKV.
Erbstösser, M. (1976). Die Kreuzzüge. Eine Kulturgeschichte. Leipzig: Fortschritt Erfurt.

Fest, J.C. (1974). Hitler. Eine Biographie (6. Aufl.). Frankfurt u. Berlin: Ullstein (9. Aufl. 2006).
Finkelstein, N. (2001). Die Holocaustindustrie. Wie das Leiden der Juden ausgebeutet wird. München: Piper.
Fivaz-Depeursinge, E., Corboz-Warnery, A. (2001). Das primäre Dreieck. Vater, Mutter und Kind aus entwicklungstheoretisch-systemischer Sicht. Heidelberg: Auer.
Fleck, L. (1993). Entstehung und Entwicklung einer wissenschaftlichen Tatsache. Einführung in die Lehre vom Denkstil und Denkkollektiv. Hrsg. von L. Schäfer und T. Schnelle (2. Aufl., Originalausgabe 1935 bei Schwabe und & Co). Frankfurt a. M.: Suhrkamp.
Flug, N., Schäuble, M. (2008). Die Geschichte der Israelis und Palästinenser. Bonn: Lizenzausgabe für die Bundeszentrale für politische Bildung.
Foerster, H. von (1985). Sicht und Einsicht. Versuche einer operationalen Erkenntnistheorie. Braunschweig u. Wiesbaden: Vieweg.
Foerster, H. von (1993). Das Gleichnis vom blinden Fleck: Über das Sehen im Allgemeinen. In G.H. Lischka (Hrsg.), Der entfesselte Blick. Symposion, Workshops, Ausstellung (S. 14–47). Bern: Benteli.
Forgas, P. (2000). Feeling and thinking. Summary and integration. In P. Forgas (Ed.), Feeling and thinking. The role of affect in social cognition (pp. 387–406). New York: Cambridge University Press.
Frei, N. (2005). 1945 und Wir. Das Dritte Reich im Bewusstsein der Deutschen. München: Beck.
Frei, N. (2007). Der Führerstaat. Nationalsozialistische Herrschaft 1933 bis 1945 (8. Aufl.). München: Deutscher Taschenbuch Verlag.
Freud, S. (1921). Massenpsychologie und Ich-Analyse. Die Zukunft einer Illusion. GW Bd. XIII (6. Aufl., S. 71–161). Frankfurt a. M.: Fischer.
Freud, S. (1978). Das Unbehagen in der Kultur (1930). In A. Freud, I. Grubrich-Simitis (Hrsg.), Sigmund Freud. Werkausgabe in zwei Bänden. Band 2. Anwendungen der Psychoanalyse (S. 367–426). Frankfurt a. M.: Fischer.
Friedländer, S. (2000). Das Dritte Reich und die Juden. Die Jahre der Verfolgung 1933–1939. München: Deutscher Taschenbuch Verlag.
Fromm, E. (1974). Anatomie der menschlichen Destruktivität. Stuttgart: Deutsche Verlagsanstalt.
Galtung, J. (2007). Konflikte und Konfliktlösungen. Die Transcend-Methode und ihre Anwendung. Berlin: Kai Homilius.
Gleichmann, P.R. (2006). Soziologie als Synthese. Zivilisationstheoretische Schriften über Architektur, Wissen und Gewalt. Hrsg. von H.P. Waldhoff. Wiesbaden: Verlag für Sozialwissenschaften.
Goldhagen, D.J. (1996). Hitlers willige Vollstrecker. Ganz gewöhnliche Deutsche und der Holocaust. Berlin: Siedler.
Grof, S. (1975). Realms of the human inconscious. New York: Viking.
Grossman, D. (2006). Diesen Krieg kann keiner gewinnen. Chronik eines angekündigten Friedens. Frankfurt a. M.: Fischer.
Habib, I. (2000). Anwesend – abwesend. Palästinenser in Israel. In H. Knoch (Hrsg.), Davids Traum. Ein anderes Israel (S. 307–344). Gerlingen: Bleicher.
Haffner, S. (2006). Geschichte eines Deutschen. Die Erinnerungen 1914–1933 (4. Aufl.). München: Deutscher Taschenbuch Verlag.
Haffner, S. (2008a). Anmerkungen zu Hitler (27. Aufl.). Frankfurt a. M.: Fischer.
Haffner, S. (2008b). Germany: Jekyll & Hyde. 1939 – Deutschland von innen betrachtet. Frankfurt a. M.: Büchergilde Gutenberg (Orig. 1940, London).
Haken, H. (1990). Synergetics. An introduction. Berlin: Springer.

Haken, H. (1991). Erfolgsgeheimnisse der Natur. Synergetik: Die Lehre vom Zusammenwirken. Stuttgart: Deutsche Verlagsanstalt.

Halilovic, S. M. (2004). Islam and the west. From the perspective of Asads thought. Zenica: Islamska pedagoska akademija.

Hartmann, H. (1970). Ich-Psychologie und das Anpassungsproblem (1. Aufl. 1939). Stuttgart: Klett.

Hass, A. (2006). Morgen wird alles schlimmer. Berichte aus Palästina und Israel. München: Beck.

Hatfield, E., Cacioppo, J. T., Rapson, R. L. (1994). Emotional contagion. Paris: Cambridge University Press.

Hebb, D. O. (1949). The organisation of behaviour. New York: Wiley.

Heitsch, E. (1997). Platon Werke. Übersetzung und Kommentar. Bd. III 4. Göttingen: Vandenhoeck & Ruprecht.

Herbert, U. (Hrsg.) (2001). Nationalsozialistische Vernichtungspolitik 1939–1945. Neue Forschungen und Kontroversen. Frankfurt a. M.: Fischer.

Herz, D. (2003). Palästina. Gaza und Westbank. Geschichte, Politik, Kultur (5. Aufl.) München: Beck.

Herzl, T. (1896). Der Judenstaat. Versuch einer modernen Lösung der Judenfragen, Leipzig u. Wien.

Hinterhuber, H. (1995). Ermordet und vergessen. Nationalsozialistische Verbrechen an psychisch Kranken und Behinderten. Innsbruck und Wien: Verlag Integrative Psychiatrie.

Hinz, M. (2002). Der Zivilisationsprozess: Mythos oder Realität? Wissenschaftssoziologische Untersuchungen zur Elias-Duerr-Kontroverse. Opladen: Leske + Budrich.

Hitler, A. (1939). Mein Kampf (252–253. Aufl.). München: Zentralverlag der NSDAP.

Hondrich, K. O. (2004). Liebe in den Zeiten der Weltgesellschaft. Frankfurt a. M.: Suhrkamp.

Hottinger, A. (1993). Islamischer Fundamentalismus. Zürich: Verlag Neue Zürcher Zeitung.

Hsee, C. K., Hatfield, E., Carlson, J. G. (1990). The effect of power on susceptibility to emotional contagion. Cognition and Emotion, 4, 327–340.

Hüther, G. (2007). Die Evolution der Liebe. Was Darwin bereits ahnte und die Darwinisten nicht wahrhaben wollen. Göttingen: Vandenhoeck & Ruprecht.

Huntington, S. (2002). Kampf der Kulturen: Die Neugestaltung der Weltpolitik im 21. Jahrhundert. München: Goldmann.

Hurst, M. (2003). Bilder des Schreckens - Schrecken der Bilder. Hollywoods Katastrophenkino und der Terror der Realität. In M. Bothe et al. (Hrsg.), Der 11. September - Ursachen und Folgen. Studium Generale (S. 55–89). Heidelberg: Universitätsverlag Winter.

Isen, A. M. (1990). The influence of positive and negative affect on cognitive organization: Some implications for development. In N. Stein, B. Leventhal, T. Trabasso (Eds.), Psychological and biological approaches to emotion (pp. 75–79). Hillsdale: L. Erlbaum.

Izard, C. E. (1993). Organizational and motivational functions of discrete emotions. In M. Lewis, J. Haviland (Eds.), Handbook of emotion (pp. 631–641). New York u. London: Guilford Press.

Jacobson, G. F. (1975). Programs and techniques of crisis intervention. In S. Arieti (Eds.), American Handbook of Psychiatry. Vol. 2, ch. 55 (pp. 810–823). New York: Basic Books.

Janka, F. (1997). Die braune Gesellschaft. Ein Volk wird formatiert. Stuttgart: Quell.

Janzarik, W. (1988). Strukturdynamische Grundlagen der Psychiatrie. Stuttgart: Enke.

Jaspers, K. (1953). Allgemeine Psychopathologie. Berlin u. a.: Springer.

Junker, D. (2003). Der 11. September und die Grundlagen amerikanischer Weltpolitik. In M. Bothe et al. (Hrsg.), Der 11. September - Ursachen und Folgen. Studium Generale (S. 23–38). Heidelberg: Universitätsverlag Winter.

Kandel, E. R. (2006). In search of memory. The emergence of a new science of mind. New York: Norton.

Kavanagh, D. J. (1992). Recent developments in expressed emotion and schizophrenia. British Journal of Psychiatry, 160, 601–620.

Keret, E., El-youssef, S. (2004). Alles Gaza. Geteilte Geschichten. München: Luchterhand.

Kershaw, I. (1998). Hitler 1889–1936 (2. Aufl.). Stuttgart: Deutsche Verlagsanstalt.

Kershaw, I. (2003). Der Hitler-Mythos. Führerkult und Volksmeinung (2. Aufl.). München: Deutscher Taschenbuch Verlag.

Keshet, Y. K. (2007). Checkpoint Watch. Zeugnisse israelischer Frauen aus dem besetzten Palästina. Hamburg: Nautilus.

Kleinginna, P. R., Kleinginna, A. (1981). A categorized list of emotion definitions, with suggestions for a consensual definition. Motivation and Emotion, 5, 345–359.

Klemperer, V. (1999a). LTI. Notizbuch eines Philologen (18. Aufl.). Leipzig: Reclam.

Klemperer, V. (1999b). Ich will Zeugnis ablegen bis zum letzten. Tagebücher 1940–1941. Berlin: Aufbau Verlag.

Klemperer, V. (1999c). Ich will Zeugnis ablegen bis zum letzten. Tagebücher 1942. Berlin: Aufbau Verlag.

Knoch, H. (Hrsg.) (2000). Davids Traum. Ein anderes Israel (2. Aufl.). Gerlingen: Bleicher.

Koestler, A. (1966). Der göttliche Funke. Der schöpferische Akt in Kunst und Wissenschaft. Bern u. a.: Scherz.

Krech, V. (2003). Religion und Terror. In M. Bothe, M. et al. (Hrsg.), Der 11. September – Ursachen und Folgen. Studium Generale (S. 9–23). Heidelberg: Universitätsverlag Winter.

Kosfeld, M., Heinrichs, M., Zak, P. J., Fischbacher, U., Fehr, E. (2005). Oxytocin increases trust in humans. Nature, 435, 673–676.

Kuhn, T. (1991). Die Struktur wissenschaftlicher Revolutionen (11. Aufl.). Frankfurt a. M.: Suhrkamp.

Kühner, A. (2007). Kollektive Traumata. Konzepte, Argumente, Perspektiven. Gießen: Psychosozial-Verlag.

Le Bon, G. (1939). Psychologie der Massen. Übersetzung von E. Eissler (6. Aufl.). Stuttgart: Kroner Verlag.

LeDoux, J. (1998). Das Netz der Gefühle. Wie Emotionen entstehen. München und Wien: Hanser.

Leff, J., Vaughn, C. (1985). Expressed emotions in families. Its significance for mental illness. New York u. London: Guilford Press.

Levine, H. B. (2006). Large-group dynamics and world conflict. The contributions of Vamık Volkan. Journal of the American Psychoanalytic Association, 54, 273–280.

Lorenz, K. (1963). Das so genannte Böse. Zur Naturgeschichte der Aggression. Wien: Borotha-Schoeler.

Luhmann, N. (1973). Vertrauen. Ein Mechanismus der Reduktion sozialer Komplexität. Stuttgart: Enke.

Luhmann, N. (1984). Soziale Systeme. Grundriss einer allgemeinen Theorie. Frankfurt a. M: Suhrkamp.

Luhmann, N. (1997). Die Gesellschaft der Gesellschaft. Frankfurt a. M.: Suhrkamp.

Mandelbrot, B. B. (1987). Die fraktale Geometrie der Natur. Basel: Birkhäuser.

Mann, T. (1989/1939). Bruder Hitler. In T. Koebner (Hrsg.), Autoren des Exils und des Widerstands sehen den »Führer« des Dritten Reiches. München: Heyne.

Marks, S. (2007). Warum folgten Sie Hitler? Die Psychologie des Nationalsozialismus. Düsseldorf: Patmos.

Maser, W. (1965). Die Frühgeschichte der NSDAP. Hitlers Weg bis 1924. Frankfurt a. M. u. Bonn: Athenäum.

Maser, W. (1971). Adolf Hitler. Legende, Mythos, Wirklichkeit (13. Aufl.). München: Bechtle.

Matthews, G., Wells, A. (1999). The cognitive science of attention and emotion. In T. Dalgeish, M. J. Power (Eds.), Handbook of cognition and emotion (pp. 171–192). Chichester u. a.: Wiley.

Maturana, H. (Hrsg.) (1982). Erkennen: Die Organisation und Verkörperung von Wirklichkeit. Wiesbaden: Vieweg.

Maturana, H., Verden-Zöller, G. (1994). Liebe und Spiel. Die vergessenen Grundlagen des Menschseins. Heidelberg: Carl-Auer-Systeme.

Maurel, O. (2009). Oui, la nature humaine est bonne! Comment la violence éducative ordinaire la pervertit depuis des millénaires. Paris: Ed. Rob. Laffont.

McDougall, W. (1921). The group mind. Cambridge: University Press.

Meyer, H. G. (2006). Das Ende des Judentums. Der Verfall der israelischen Gesellschaft (2. Aufl.). Neu Isenburg: Melzer.

Meyer, H. (2009). Über das Töten in Genoziden. Marburg: Tectum.

Miller, J. G. (1975) General systems theory. In A. M Freedman, H. J. Kaplan, B. J. Sadock, (Hrsg.), Comprehensive Textbook of Psychiatry (pp. 75–88). Baltimore: Williams and Wilkins.

Miller, J. G. (1969). Living systems. Basic concepts. In W. Gray, F. J. Dual, N. D. Rizzo (Hrsg.), General systems theory and psychiatry (pp. 387–396). Boston: Little & Brown.

Moïsi, D. (2009). Kampf der Emotionen. Wie Kulturen der Angst, Demütigung und Hoffnung die Weltpolitik bestimmen. München: Deutsche Verlagsanstalt.

Mourad, K. (2005). Der Duft unserer Erde. Palästinenser und Israelis sprechen über ihr Land. Graz: Ares.

Nunold, B. (2004). Freiheit und Verhängnis. Heideggers Topologie des Seins und die fraktale Affektlogik. München: Edition fatal.

Nunold, B. (2008). Der große Wald. Phantastischer Roman. Oldenburg: Schardt.

Nusseibeh, S., David, A. (2008). Es war einmal ein Land. Ein Leben in Palästina. München: Kunstmann.

Obama, B. (2007). Gedanken zur Rückbesinnung auf den American Dream. München: Riemann.

Obama, B. (2009). Ein amerikanischer Traum. Die Geschichte meiner Familie. München: Deutscher Taschenbuchverlag (engl. Erstpublikation 1995).

Oz, A. (1984). Im Lande Israel: Herbst 1982. Frankfurt: Suhrkamp.

Panksepp, J. (1998). Affective neuroscience. The foundation of human and animal emotions. Oxford: University Press.

Piaget, J. (1995). Intelligenz und Affektivität in der Entwicklung des Kindes. Hrsg. A. Leber. Frankfurt a. M.: Suhrkamp (frz. Orig. 1954).

Pineda, J. A. (Ed.) (2009). Mirror neuron systems. The role of mirroring processes in social cognition. Contemporary Neuroscience. New York: Humana Press.

Prigogine, I., Stengers, I. (1983). Order out of chaos. London: Heinemann.

Rauer, V. (2004). Geste der Schuld. Die mediale Rezeption von Willy Brandts Kniefall in den neunziger Jahren. In B. Giesen, C. Schneider (Hrsg.), Tätertrauma. Nationale Erinnerungen im öffentlichen Diskurs (S. 133–155). Konstanz: UVK.

Reemtsma, J. P. (2002). Die Gewalt spricht nicht. Drei Reden. Stuttgart: Reclam.

Reichholf, J. H. (2008). Warum die Menschen sesshaft wurden. Das größte Rätsel unserer Geschichte. Frankfurt a. M: Fischer.

Riedl, R., Parey, P. (1980). Biologie der Erkenntnis. Berlin u. Hamburg: Paul Parey.

Robbe, M. (1991). Welt des Islam. Geschichte und Alltag einer Religion (2. Aufl.). Leipzig u. a.: Urania Berlin.

Roth, G. (1994). Das Gehirn und seine Wirklichkeit. Kognitive Neurobiologie und ihre philosophischen Konsequenzen. Frankfurt a. M.: Suhrkamp.

Rothschild, B. (2002). Der Körper erinnert sich. Die Psychophysiologie des Traumas und der Traumabehandlung. Essen: Synthesis.
Rudolf, P. (2010). Das »neue« Amerika. Außenpolitik unter Barack Obama. Berlin: Suhrkamp.
Sand, S. (2010). Die Erfindung des jüdischen Volkes: Israels Gründungsmythos auf dem Prüfstand. Berlin: Propyläen.
Sargant, W. (1957). Battle for the mind. New York: Combleday.
Saul, J. (2005). Promoting community resilience in lower Manhattan after September 11, 2001. In Y. Danieli, R. Dingman (Eds.), On the Ground after September 11: Mental health responses and practical knowledge gained (S. 470–478). Binghamton u. New York: Hayworth Press.
Scharfetter, C. (1976). Allgemeine Psychopathologie. Stuttgart: Thieme.
Scheff, T. J. (1997). Emotions, the social bond, and human reality. Part/whole analysis. Cambridge: University Press.
Scheff, T. J. (2000). Bloody revenge. Emotions, Nationalism and war. Lincoln: iUniverse.
Scherke, K. (2009). Emotionen als Forschungsstand in der deutschsprachigen Soziologie. Wiesbaden: Verlag für Sozialwissenschaften.
Scheve, C. von (2009). Emotionen und soziale Strukturen: Die affektiven Grundlagen sozialer Ordnung. Frankfurt a. M.: Campus.
Schlimme, J. E. (2007). Wollen wir uns unserer selbst vergewissern? – Zur Debatte um die menschliche Willensfreiheit und den neuralen Determinismus. Schweizer Archiv für Neurologie und Psychiatrie, 158, 97–106.
Schnyder, U., Sauvant, J.-D. (Hrsg.) (1993). Krisenintervention in der Psychiatrie. Bern: Huber.
Segev, T. (1995). Die siebte Million. Der Holocaust und Israels Politik der Erinnerung. Hamburg: Rowohlt.
Segev, T. (2008). Die ersten Israelis. Die Anfänge des jüdischen Staates. München: Siedler.
Sighele, S. (1891). La folla delinquente: studio di psicologia collettiva. Biblioteca antropologico-giuridica. Ser. 2 , Vol. 15. Torino: Bocca.
Simon, F. B. (2004). Zur Systemtheorie der Emotionen. Soziale Systeme, 10, 111–139.
Singer, W. (2003). Hirnentwicklung – neuronale Plastizität – Lernen. In R. Klinke, S. Silbernagl (Hrsg.), Lehrbuch der Physiologie (S. 743–756). Stuttgart: Thieme.
Sontheimer, K. (1994). Antidemokratisches Denken in der Weimarer Republik. Die politischen Ideen des deutschen Nationalismus zwischen 1918 und 1933 (4. Aufl.). München: Deutscher Taschenbuch Verlag.
Spencer-Brown, G. (1979). Laws of form. New York: Durron.
Spitz, R. A. (2005). Vom Säugling zum Kleinkind. Naturgeschichte der Mutter-Kind-Beziehung im ersten Lebensjahr. Stuttgart: Klett-Cotta.
Steffahn, H. (1990). Adolf Hitler. Hamburg: Reihe Bildmonographien Rowohlt.
Stierlin, H. (1995). Adolf Hitler. Familienperspektiven. Frankfurt a. M.: Suhrkamp.
Surowiecki, J. (2007). Die Weisheit der Vielen. Warum Gruppen klüger sind als Einzelne. München: Goldmann.
Tienari, P., Sorri, A., Lathi, I., Naurala, M., Wahlberg, K. E., Pohojola, J., Moring, J. (1985). Interaction of genetic and psychosocial factors in schizophrenia. Acta Psychiatrica Scandinavica, 71, 19–30.
Thurn, H. P. (1990). Kulturbegründer und Weltzerstörer. Der Mensch im Zwiespalt seiner Möglichkeiten. Stuttgart: Metzler.
Trotter, W. (1916). Instincts of the herd in peace and war (2. Aufl.). London: Benn.
Tschacher, W., Dauwalder, J. P. (Eds.) (1999). Dynamics, synergetics, autonomous agents. Nonlinear system approach to cognitive psychology and cognitive science. Singapore u. a.: World Scientific.

Tugendhat, E. (2007). Anthropologie statt Mystik. München: Beck.
Turner, J. H. (2007). Human emotions. A sociological theory. London u. New York: Routledge.
Turner, J. H., Stets, J. E. (2005). The sociology of emotions. Cambridge: Cambridge University Press.
Vattimo, G. (1990). Das Ende der Moderne. Stuttgart: Reclam.
Verhey, J. (2000). Der »Geist von 1914« und die Erfindung der Volksgemeinschaft. Hamburg: Hamburger Edition.
Volkan, V. (1999). Blutsgrenzen. Die historischen Wurzeln und die psychologischen Mechanismen ethischer Konflikte und ihre Bedeutung bei Friedensverhandlungen. Bern u. a.: Scherz.
Volkan, V. (2003a). Das Versagen der Diplomatie. Zur Psychoanalyse nationaler, ethnischer und religiöser Konflikte. Gießen: Psychosozial Verlag.
Volkan, V. (2003b). Large group identity: Border psychology and related societal processes. Mind and Human Interaction, 13, 49–76.
Waldhoff, H.-P. (1995). Fremde und Zivilisierung. Wissenssoziologische Studie über das Verarbeiten von Fremdheit. Frankfurt a. M.: Suhrkamp.
Waldhoff, H.-P. (2009). Verhängnisvolle Spaltungen. Versuche zur Zivilisierung wissenschaftlichen Wissens. Weilerswist: Velbrück Wissenschaft.
Watzlawick, P. (1976). Wie wirklich ist die Wirklichkeit? Wahn, Täuschung, Verstehen. München: Piper.
Wehler, H.-U. (2003). Deutsche Gesellschaftsgeschichte. Vierter Band. Vom Beginn des Ersten Weltkrieges bis zur Gründung der beiden deutschen Staaten. München: Beck.
Welsch, W. (1988). Unsere postmoderne Moderne. Acta humaniora. Weinheim: VCH Akademie Verlag.
Welzer, H. (2005). Täter. Wie aus ganz normalen Menschen Massenmörder werden (2. Aufl.). Frankfurt a. M.: Fischer.
Wild, S. (1993). Zum Selbstverständnis palästinensisch-arabischer Nationalität. In H. Mejcher (Hrsg.), Die Palästina-Frage 1917–1948. Historische Ursprünge und internationale Dimensionen eines Nationenkonfliktes (S. 75–88). Paderborn: Schöningh.
Wildt, M. (2007). Volksgemeinschaft als Selbstermächtigung. Gewalt gegen Juden in der deutschen Provinz 1919 bis 1939. Hamburg: Hamburger Edition.
Wildt, M. (2008). Geschichte des Nationalsozialismus. Göttingen: Vandenhoeck & Ruprecht (UTB).
Winkler, A. W. (2005). Der lange Weg nach Westen. Erster Band. Deutsche Geschichte vom Ende des Alten Reiches bis zum Untergang der Weimarer Republik (6. Aufl.). München: Beck.
Wirth, H.-J. (2005). Gruppen-Identität, kulturelles Gedächtnis und kollektives Trauma. In G. H. Seidler, W. U. Eckart (Hrsg.), Verletzte Seelen. Möglichkeiten und Perspektiven einer historischen Traumaforschung. Gießen: Psychosozial-Verlag.
Wuketits, F. M. (2007). Der freie Wille – Evolution einer Illusion. Stuttgart: Hirzel.
Zajonc, R. B. (2000). Feeling and thinking. Closing the debate over the independence of affect. In J. P. Forgas (Ed.), Feeling and thinking. The role of affect in social cognition (pp. 31–57). New York: Cambridge University Press.
Zitelmann, R. (1990). Hitler. Selbstverständnis eines Revolutionärs. Darmstadt: Wissenschaftliche Buchgesellschaft.
Zuckermann, M. (1998). Zweierlei Holocaust: der Holocaust in den politischen Kulturen Israels und Deutschlands. Göttingen: Wallstein.

Register

Personen

Sachbegriffe